Claus Coelius

Fit fürs Bewerbungsgespräch

CC-Verlag

ISBN 3-923930-10-0
Druck: WB-Druck, Rieden

Gern schicken wir Ihnen unser Verlagsverzeichnis:
CC-Verlag GmbH, Postfach 60 04 03, 22204 Hamburg
Fax: 040-6317306 • E-Mail: info@cc-verlag.de
Besuchen Sie uns im Internet: http://www.cc-verlag.de

INHALT

1

Vorbereitung - So machen Sie sich fit

2

Personalfragebögen - Was darf man verschweigen?

3

Häufige und trickreiche Fragen - Überzeugende Antworten

4

Streßinterviews - Gezielte Provokationen

5

Die eigenen Fragen

1

Vorbereitung-
So machen Sie sich fit

Die Einladung zum Vorstellungsgespräch

Herzlichen Glückwunsch! Sie haben bereits eine entscheidende Hürde auf dem Weg zu einer neuen Stelle genommen. Wußten Sie, daß von allen auf ein Stellenangebot eingehenden Bewerbungen durchschnittlich nur rund 10-20% in die engere Wahl kommen und zum Vorstellungsgespräch eingeladen werden? Bei 100 Bewerbungen auf ein Inserat - und so viele sind keine Seltenheit - sind das also nur 10-20 Gespräche. Der Rest wird zurückgeschickt, ohne daß die Firma sich näher mit dem Inhalt befaßt hat.

Bei soviel Konkurrenz ist die Auslese streng. Wenn Sie zum Vorstellungsgespräch eingeladen werden, haben Sie also schon einiges erreicht. Immerhin haben Ihre Bewerbungsunterlagen dem Unternehmen zugesagt und man hält es für denkbar, daß Sie für die ausgeschriebene Position geeignet sind. Damit gehören Sie zum auserlesenen Kreis derjenigen Bewerberinnen und Bewerber, die das Unternehmen für besonders vielversprechend hält.

Die entscheidende Hürde, die es zu meistern gilt, ist in den meisten Unternehmen immer noch das Vorstellungsgespräch. Auch die heute sehr verbreiteten Psycho-Tests und Assessment Center haben nichts daran geändert, daß viele Personalleute nicht darauf verzichten wollen, sich von Bewerberinnen und Bewerbern einen persönlichen Eindruck zu verschaffen. Jetzt hängt alles davon ab, welchen Eindruck Sie beim Gespräch machen werden.

Was erwartet Sie im Vorstellungsgespräch?

Sehen Sie die Sache einmal kooperativ: Sie kommen mit Ihrem Gesprächspartner zusammen, um zu prüfen und zu erörtern, wie gut Sie und das Unternehmen zusammenpassen. Das Unternehmen möchte ein möglichst umfassendes und zutreffendes Bild von Ihnen erhalten. Dazu wird es die schriftlichen Bewerbungsunterlagen durch Ihre Antworten auf noch ungeklärte Fragen und durch den persönlichen Eindruck ergänzen wollen.

Personelle Fehlentscheidungen können teuer werden. Das Unternehmen wird aus diesem Grunde die Risiken einer falschen Auswahl möglichst gering halten wollen. Auch Sie sollten anstreben, das Risiko einer

Fehlentscheidung zu minimieren und sich kritisch mit dem Unternehmen und der neuen Stelle auseinandersetzen. Voraussetzung dazu ist eine gute Vorbereitung. Je besser beide Seiten sich für das Gespräch präpariert haben, desto ergiebiger kann das Gespräch werden.

Aus der Sicht des Unternehmens

Wie kann man sich vorbereiten? Ein guter Ansatz für eine wirkungsvolle Vorbereitung ergibt sich, wenn Sie sich einmal in die Rolle des Unternehmens versetzen: Was alles könnte den Interviewer interessieren? Was wird er besonders beachten? Gewiß wird er Ihre Unterlagen durchgesehen haben. Dabei werden ihm bestimmt einige Fragen gekommen sein. Welche könnten das sein? Gibt es vielleicht Lücken im Lebenslauf? Fehlen Belege? Haben Sie vielleicht einige weniger gute oder gar schlechte Beurteilungen im Zeugnis? Auch auf diese wichtigen Punkte werden wir in den folgenden Kapiteln näher eingehen.

Überlassen Sie möglichst wenig dem Zufall. Gehen Sie Ihre Unterlagen noch einmal genau durch. Fallen Ihnen dabei noch zusätzliche Aspekte ein, auf die man beim Vorstellungsgespräch eingehen könnte, dann schreiben Sie sich diese auf. Ans Beantworten denken Sie später.

Was Firmen besonders interessiert

Der Erfolg einer Firma steht und fällt mit ihrem Personal. Sich für die falschen Leute zu entscheiden, kann die Effizienz eines Unternehmens empfindlich beeinflussen. Kein Wunder, daß viele Firmen bei der Personalauslese keine Kosten scheuen, und sich gern hochbezahlter Spezialisten bedienen, in der Hoffnung, auf diese Weise das Risiko einer personellen Fehlentscheidung möglichst klein zu halten.

Nicht zuletzt zeigt auch das ständige Aufkommen neuer Auswahlmethoden und der häufige Wechsel beruflicher Ausleseverfahren, daß es Unsicherheiten gibt bei der Entscheidung, ob man die Richtigen eingestellt hat.

Bei einer Umfrage erwarteten rund vier Fünftel der befragten Unternehmen eine hohe Leistungsmotivation. Sie können davon ausgehen, daß auch Ihre Interviewpartner großes Interesse an Ihrer Leistungsbereitschaft haben werden. Man wird versuchen herauszufinden, welches berufliche Engagement sie mitbringen. Es stellte sich heraus, daß die meisten Firmen neben der Frage nach beruflicher Kompetenz vor allem auch an den folgenden Themen interessiert sind:

- Inwieweit ist der Bewerber bereit, sich für seine späteren Aufgaben im Unternehmen einzusetzen?
- Wird er sich in seinem beruflichen Umfeld engagieren oder ist er eher ein ´Dienst nach Vorschrift´-Typ?
- Wie sehr ist er motiviert, Eigeninitiative zu entwickeln?

Jedoch nicht nur die Themen Leistung und Initiative werden im Interview eine Rolle spielen. Sie können damit rechnen, daß Ihr Gesprächspartner neben Fragen zur beruflichen Qualifikation und Leistungsfähigkeit auch einen Eindruck über Ihre Fähigkeit zur sozialen Anpassung gewinnen will:

- Paßt der Bewerber in die Firma?
- Paßt er zu den anderen Mitarbeitern?
- Wird er sich in seinem beruflichen Umfeld integrieren oder ist mit Konflikten zu rechnen?
- Ist er eher kontaktfreudig oder introvertiert, eher kooperativ oder eigenbrötlerisch?
- Ist er in der Lage, weitgehend selbständig zu arbeiten oder braucht er viel Führung?

Immer wieder wird von Bewerberinnen und Bewerbern die Wichtigkeit solcher Themen unterschätzt. Ihre Chancen werden steigen, wenn Sie sich auch darauf gründlich vorbereiten.

Informationen über das Unternehmen

Ein Bewerber betonte in seiner schriftlichen Bewerbung, wie attraktiv er das Unternehmen fände:

> *„Ihr Unternehmen besitzt in Ihrer Branche einen sehr guten Ruf. Deshalb würde ich besonders gern bei Ihnen eine Anstellung finden."*

Zum Vorstellungsgespräch eingeladen stellte man ihm prompt die Frage:

> *„Was wissen Sie schon über unseren Betrieb?"*

Was der Stellenkandidat dann an Informationen über das Unternehmen hervorbrachte, war nicht gerade beeindruckend. Seine Interessensbekundung im Anschreiben geriet zur peinlichen Floskel und machte den Bewerber für die enttäuschte Interviewerin nicht gerade attraktiver.

Gut informiert zu sein ist die Basis für erfolgreiches Verhandeln! Selbst gestandene Personalleute in großen Unternehmen sind davon angetan, wenn man zeigt, daß man sich mit dem Betrieb beschäftigt hat. Das zahlt sich aus. Je mehr Sie sich vorher erkundigen, desto gezielter werden Sie Fragen stellen können. Wenn Sie im Gespräch deutlich machen können, daß Ihr Interesse nicht nur eine leere Phrase ist, sind Ihnen Pluspunkte sicher.

Wie beschafft man sich Informationen? Bewerben Sie sich bei einem großen Unternehmen, so dürfte es normalerweise nicht allzu schwer sein, sich zu informieren. Oft reicht ein Anruf bei der Abteilung für Öffentlichkeitsarbeit mit der Bitte um Zusendung von Informationsmaterial. Einige Firmen haben bereits speziell für Bewerber Informationsbroschüren erarbeitet.

Schwieriger wird es bei kleineren Firmen. Jedoch haben auch diese mitunter Prospekte oder Broschüren, um Kundenwerbung zu betreiben. Auch zwischen den Zeilen enthalten diese Prospekte häufig Daten, die für Bewerber informativ sein können. Oft hilft auch eine Anfrage bei der Handelskammer oder beim Arbeitsamt weiter. Wenn Sie erzählen, wozu Sie die Informationen benötigen, wird man Sie in den meisten Fällen gern unterstützen.

Möglicherweise gibt es auch Zeitungsartikel über die Firma. Eine Anfrage bei der Presse sollten Sie auf keinen Fall auslassen. Auch im Gespräch mit Freunden und Bekannten läßt sich manchmal einiges erfahren. Es wäre ein falscher Weg, wenn man seine Umgebung nicht über sein Problem informiert.

Was tun, wenn man trotz aller Bemühungen überhaupt keine Informationen über den Betrieb bekommt? In solchen Fällen muß Ihr Fragenkatalog um so besser sein. Schließlich kann man auch durch gute Fragen sein Interesse an der Firma zeigen.

Wenn Ihnen Informationsmaterial zugesandt wurde

Lag der Einladung zum Vorstellungsgespräch vielleicht Informationsmaterial über die Firma bei?

Studieren Sie das Material gründlich. Merken Sie sich darin enthaltene Daten wie beispielsweise Umsatz, Firmenstruktur, Mitarbeiterzahl oder Produktionsprogramm. Fragen, die sich auf den Inhalt solcher Prospekte und Broschüren beziehen, sind beliebt. Es könnte Ihr erster Test sein!

Wie gründlich sich Stellenkandidaten mit dem ihnen zugesandten Info-Material auseinandergesetzt haben, werten einige Firmen geradezu als ein Auslesekriterium. Werden nicht einmal so leicht erhältliche Informationen genutzt, liegt die Vermutung nahe, daß das Interesse an der Firma nicht sonderlich groß ist.

Aber auch für Sie bietet das Informationsmaterial eine gute Grundlage für Fragen, die Sie später beim Interview stellen sollten. Fragen, die verdeutlichen, daß Sie sich mit den zugesandten Broschüren und Prospekten auseinandergesetzt haben, werden Ihrem Gesprächspartner zeigen, wie ernsthaft Sie an der ausgeschriebenen Position interessiert sind.

Die eigenen Bewerbungsunterlagen

Viele Interviewer werden Ihre schriftlichen Bewerbungsunterlagen vorher sorgfältig durchgelesen und kritisch analysiert haben. Einige Interviewer machen sich direkt eine Checkliste, auf der sie noch ungeklärte Punkte und offene Fragen festhalten. Diese Analyse wird dann meistens die Grundlage des Gesprächs.

Vor allem, wenn Sie sich mit unterschiedlichen Unterlagen bei verschiedenen Unternehmen beworben haben, oder wenn zwischen Vorstellungstermin und Absendung der schriftlichen Bewerbung schon ein längerer Zeitraum liegt, ist es unbedingt ratsam, daß auch Sie sich Ihre Bewerbung vor dem Gespräch noch mindestens einmal durchlesen:

- Was habe ich geschrieben?
- Welche Argumente habe ich im Anschreiben angeführt?
- Wozu könnte der Gesprächspartner Fragen stellen?
- Gibt es Schwachpunkte?
- Wie soll ich antworten?

Gibt es vielleicht noch wichtige Informationen, die Sie vorher in Ihrer schriftlichen Bewerbung nicht erwähnt haben, die aber Ihre Einstellung fördern könnten? Viele Menschen vertiefen ihr Wissen und Können gerade auf solchen Gebieten, zu denen sie eine besondere Neigung haben. Wenn das nicht unmittelbar mit ihrem Beruf zusammenhängt, glauben sie oft nicht, daß das Erwähnen oder auch Zeugnisse und Bescheinigungen solcher Kurse für die Firma wichtig sein könnten.

Gute Interviewer finden dann vielfach heraus, daß es sich bei solchen Kandidaten um sehr interessante und engagierte Bewerber handelt, was aus den vorgelegten schriftlichen Unterlagen aber nicht zu erkennen war. Häufig sind diese Bewerber mindestens ebenso geeignet, wie andere mit ansprechenderen Zeugnissen, bei denen aber keine oder nur wenige außerhalb des beruflichen Pflichtsolls liegende Interessen zu vermerken sind. Vielleicht gibt es in dieser Hinsicht noch etwas zu erwähnen oder zu ergänzen, was Sie vorher nicht geschrieben haben, die Chancen für Ihre Einstellung aber fördern könnte?

Beliebte Standardfragen

Interviews und Gesprächsführung kann man lernen.

Je besser Sie sich auf das Vorstellungsgespräch vorbereiten, desto sicherer werden Sie sich fühlen, wenn es ernst wird. Das wird sich auch in Ihrem Selbstbewußtsein und in Ihrem Auftreten bemerkbar machen.

Üben Sie das Interview auch einmal laut, als hätten Sie Ihren Gesprächspartner schon vor sich. Gesprochen klingt vieles ganz anders als nur still gedacht. Sie werden schneller und sicherer merken, an welchen Stellen Sie ins Stocken geraten, wo Ihnen die Argumente ausgehen und wo es an Überzeugungskraft fehlt, nur weil vielleicht die Betonung falsch ist.

Vielleicht findet sich auch jemand, mit dem Sie das Gespräch als Rollenspiel üben können. Üben Sie allein, so mag Ihnen das laute Reden vielleicht albern vorkommen, aber selbst gestandene Profis bereiten sich so vor.

Natürlich gibt es einige Standardfragen, die bei Bewerbungsgesprächen immer wieder vorkommen. Beliebt sind zum Beispiel Fragen wie:

- *Warum haben Sie sich gerade bei unserer Firma beworben?*
- *Wie haben Sie von uns gehört?*
- *Was versprechen Sie sich von Ihrem neuen Arbeitsplatz?*
- *Was machen Sie in Ihrer Freizeit?*

Beliebte Standardfragen sind auch diese:

- *Wo möchten Sie beruflich heute in 5 Jahren stehen?*
- *Was machen Sie in Ihrer Freizeit?*
- *Warum wollen Sie wechseln?*
- *Wo liegen Ihre Interessensschwerpunkte?*
- *Welche Fächer mochten Sie in der Schule/ im Studium besonders? (Achtung, Vergleich mit den Zeugnisnoten!)*
- *Welche nicht?*
- *Warum nicht?*
- *Worin sehen Sie Ihre größten Stärken?*

Die Frage, was man denn schon über das Unternehmen wisse, wird besonders gern Berufsanfängern gestellt. Auf diese Weise will man herausfinden, wie ernst die Kandidaten ihre Bewerbung überhaupt nehmen.

Legen Sie sich auf solche Fragen schon rechtzeitig eine gute Antwort zurecht. Denken Sie dabei auch daran, welche Neigungen und welche Einstellung man bei einem Stellenanwärter erwarten könnte oder gern sieht, der sich um diesen Job bewirbt.

Die Frage nach dem Lebenslauf

„Erzählen Sie uns bitte einmal Ihren Werdegang".

Mit großer Sicherheit wird man Ihnen diese Frage stellen. Sie ist aus verschiedenen Gründen beliebt. Davon ausgehend, daß es am leichtesten fällt, über den eigenen Lebenslauf zu berichten, wollen viele Interviewer Bewerbern mit dieser Frage eine Brücke bauen, um ihnen so die Befangenheit und Aufregung zu nehmen.

In der Regel fallen Schilderungen des beruflichen Werdegangs etwas länger aus. Aus diesem Grunde bietet diese Frage natürlich auch eine gute Gelegenheit, erste Eindrücke vom sprachlichen Ausdrucksvermögen des Kandidaten zu erhalten.

Es kann daher nicht schaden, wenn Sie sich vor allem auch auf dieses Thema vorbereiten. Geschickte Stellenanwärter flechten in ihren Werdegang noch zusätzliche Informationen oder Hinweise ein, die aus Platzgründen in der schriftlichen Bewerbung fortfallen mußten, zur Unterstreichung ihrer Eignung jedoch ganz hilfreich sein könnten.

Es wird nicht immer angebracht sein, im Interview seinen Lebenslauf in voller Ausführlichkeit zu erzählen. Präparieren Sie sich aus diesem Grunde sowohl für eine ausführliche Version als auch für eine Kurzfassung.

Heben Sie bei der Darstellung Ihres Lebenslaufs die positiven Aspekte hervor, so geben Sie eine optimistische Lebenseinstellung zu erkennen. Dabei ist es von Vorteil, wenn Sie knapp und sachlich berichten. Persönliche Geschichten und Abschweifungen in persönliche Details sollten Sie ebenso vermeiden, wie Eigenlob, Bewertungen Ihrer Leistungen oder gar die Schilderung der eigenen Taten in Superlativen.

Worauf Firmen beim Lebenslauf achten

Einige Interviewer werden die Art Ihrer Selbstdarstellung dahingehend auswerten wollen, zu erkennen, wie Sie selbst sich sehen. Sind Sie eher optimistisch oder eher pessimistisch eingestellt? Ist für Sie das Glas „noch halb voll" oder „schon halb leer"?

Aus der stolzen Aufzählung Ihrer Erfolge oder der entschuldigenden Darstellung von Mißerfolgen, aus Zufriedenheit oder Unzufriedenheit mit dem Erreichten wird man auf Ihren Ehrgeiz und Ihre Motivierbarkeit schließen wollen.

Ihre Schulbildung, Ihre Berufsausbildung und die Stationen Ihres Berufsweges lassen erkennen, ob Sie sich langsam hochgearbeitet haben, oder sich in raschen Sprüngen verbesserten. Haben Sie Berufsausbildungen, Schulbesuche oder das Studium abgebrochen, wird man Sie danach fragen. Dasselbe gilt für oftmalige Wechsel in kürzerer Zeit. Lassen Sie dabei auf keinen Fall den Verdacht aufkommen, daß es Ihnen an Ausdauer und Beständigkeit fehlt, oder daß Sie vielleicht bei Schwierigkeiten schnell die Flinte ins Korn werfen.

Nicht nur bei Führungskräften sind Charaktereigenschaften wichtig für das Betriebsklima. Man wird versuchen, herauszufinden, ob Sie sich sehr wichtig nehmen, oder eher bescheiden und zurückhaltend sind. Welche Wesenszüge gewünscht werden, hängt von der ausgeschriebenen Stelle und vom jeweiligen Unternehmen ab.

Firmen geben meistens solchen Kandidaten den Vorzug, deren Entwicklung kontinuierlich verlief und bei denen die Verfolgung eines beruflichen Ziels zu erkennen ist. Auch für Ihr eigenes Vorankommen und nicht nur aus kosmetischen Gründen ist es wichtig, daß Sie sich berufliche Ziele setzen.

Wenn Sie oft gewechselt haben

Ein wichtiges Kriterium für die Firma ist auch die durchschnittliche Verweilzeit auf den einzelnen Stationen Ihres Berufswegs.

Haben Sie oft gewechselt, so könnte man davon ausgehen, daß Sie auch in der neuen Position nicht sehr ausdauernd sein werden. Haben Sie es lange auf demselben Posten ausgehalten - vielleicht 10 Jahre oder mehr - oder haben Sie vielleicht noch nie gewechselt, so werden vielleicht einige Personalleute in Ihnen nicht viel Aktivität und Flexibilität vermuten.

Allerdings macht es einen Unterschied, ob Sie Ihren Arbeitsplatz im „seßhaften" Alter von 40 oder 50 Jahren wechselten oder ob Sie in den ersten Jahren Ihres Berufslebens alle zwei bis drei Jahre gekündigt haben, um Ihren Horizont zu erweitern und Ihre Erfahrungen zu vervollständigen.

Was sagen Ihre Arbeitszeugnisse aus?

Zur Beantwortung dieser Fragen wird man auch Beurteilungen früherer Arbeitgeber - insbesondere die Zeugnisse - hinzuziehen.

Überhaupt müssen Sie davon ausgehen, daß Ihre Arbeitszeugnisse sehr aufmerksam gelesen und analysiert wurden - auch zwischen den Zeilen. Nicht selten kommt es weniger darauf an, was ins Zeugnis geschrieben wurde, als auf das, was weggelassen wurde. Arbeitsrechtler sprechen in diesem Zusammenhang gern von „beredtem Schweigen". Sollten Sie solche Passagen in Ihren Zeugnissen finden, so überlegen Sie sich auch hier rechtzeitig, was Sie dazu sagen wollen. Man wird Sie mit ziemlicher Sicherheit danach fragen. Wer erst dann nach Argumenten sucht, wirkt meistens wenig überzeugend.

Achten Sie also rechtzeitig auf die Weichenstellung: Gegen entsprechende Formulierungen im Arbeitszeugnis wird Ihr Arbeitgeber in der Regel nichts einzuwenden haben. Andererseits wird den Formulierungen im Zeugnis oft mehr Gewicht gegeben, als Ihren eigenen Worten. Clevere Kandidaten legen sich deshalb schon die Ausscheidungsstrategie zurecht, bevor sie überhaupt ernsthaft an eine Kündigung denken. Auf diese Weise kann der häufig begangene Fehler, aus lange aufgestauter Frustration heraus zu kündigen, vermieden werden.

Schwächen im Lebenslauf?

Läßt der Lebenslauf Ihrer schriftlichen Bewerbung Lücken oder Schwachstellen erkennen, so können Sie ziemlich sicher sein, daß man spätestens im Interview genauere Auskünfte verlangt. In solchen Situationen führen Ehrlichkeit und Offenheit in der Regel noch am ehesten zum Erfolg. Haben Sie Fehler gemacht, so sollten Sie auch dazu stehen. Schwindeln lohnt nicht. Sich selbst etwas vorzumachen durch Vertuschen, Ausweichen oder unscharfe Formulierungen führt nur zu Konflikten und Ablehnung. Die andere Seite merkt es früher oder später doch - je später desto schlimmer. Aus einer Täuschung kann dann schnell eine Enttäuschung werden.

Bei Schwächen im Lebenslauf helfen vor allem gute Argumente. Gerade beim persönlichen Gespräch haben Sie gute Chancen, Ihre Gründe überzeugend darzustellen. Wenn Sie dann plausible Argumente vorbringen, wird man Ihnen zumindest Verständnis entgegenbringen. Auch das ist schon viel wert. Ausflüchte, ausschweifende Formulierungen oder gar Entschuldigungen haben dagegen in der Regel wenig Aussicht auf Erfolg. Sie machen den Gesprächspartner eher skeptisch oder führen zu Vorurteilen.

In diesem Zusammenhang wird man auch versuchen, herauszufinden, wie ausgeprägt die Auf- und Abwärtsbewegungen Ihres Berufsweges waren. Die knappen Ausführungen in der schriftlichen Bewerbung geben dazu meistens nur begrenzten Aufschluß. Um so mehr müssen Sie sich im Vorstellungsgespräch auf entsprechende Fragen vorbereiten. Auch hier kann es helfen, wenn Sie Ihre Antworten und Begründungen schon vorher schriftlich formulieren. Oft fühlt man sich dadurch sicherer und die Argumente werden überzeugender.

Lernen Sie für das Gespräch die Argumente für Ihre Schwachstellen notfalls auswendig. Häufig bietet sich sogar hier die Möglichkeit, auf Stärken hinzuweisen. Grundsätzlich sollten Sie allerdings bei der Schilderung Ihres Lebenslaufs die Akzente möglichst auf Ihre Stärken legen. Das macht sicherer, überzeugt mehr als die Analyse von Schwächen und gibt Ihnen ein selbstbewußteres Auftreten. Können Sie das Unternehmen von Ihren Stärken überzeugen, werden auch Ihre Schwächen eher akzeptiert.

Problematische Zeugnisse und Beurteilungen

Fast jede Bewerbung hat irgendwo einen Haken. Zeigt Ihr Werdegang Schwachpunkte, oder haben Sie vielleicht ein schlechtes Zeugnis oder eine schlechte Beurteilung, so formulieren Sie schon rechtzeitig plausible Argumente.

Versprechen und Versicherungen guter Vorsätze werden den Interviewer in der Regel genausowenig beeindrucken wie der Hinweis, daß man eigentlich zu Unrecht schlecht beurteilt worden ist. Überzeugender ist es da schon, wenn Sie Argumente und Informationen anführen, die signalisieren, daß bei Ihnen bestimmte positive Eigenschaften zu erwarten sind, die eventuelle Schwachpunkte im Zusammenhang mit der angestrebten Stelle zumindest wett machen. Gelingt es Ihnen, das Unternehmen von Ihren Vorzügen zu überzeugen, wird man den Schwächen Ihres bisherigen Werdegangs ein geringeres Gewicht geben. Schließlich will das Unternehmen Ihre Stärken und Ihr Können nutzen.

Im Interview sollten Sie Ihre Begründungen allerdings erst dann präsentieren, wenn Sie danach gefragt werden. Ein Gespräch angefüllt mit Entschuldigen für vermeintliche Schwächen wird wenig positive Resonanz finden. Legen Sie die Schwerpunkte Ihrer Ausführungen daher lieber auf das, was Sie können. Das wirkt überzeugender. Einzelne weniger gute Referenzen sind für die späteren Aufgaben im Unternehmen oft von sekundärer Bedeutung, vor allem, wenn sie eher die Ausnahme bilden und schon weiter zurückliegen.

Falsche Erwartungen geweckt

Wer bei der Darstellung seiner Kenntnisse und Fähigkeiten zu dick aufträgt, gerät spätestens nach der Einstellung unter Druck, wenn die Erwartungen der Firma durch falsches Verhalten zu hoch getrieben wurden. Überzogene Selbstdarstellungen werden schnell entlarvt. Solche Kandidaten geraten leicht in den Ruf eines Blenders, der dann genauso schnell wieder draußen ist, wie er eingestellt wurde. Von erfahrenen Personalmanagern werden solche Bewerber oft schon im ersten Gespräch überführt.

Nicht viel anders ergeht es Kandidaten, die den Eindruck erwecken wollen, sie seien Alleskönner. Nur wenige nehmen einem so etwas ab. Statt Sympathie und Interesse erzeugt diese Art der Selbstdarstellung bei den meisten Firmen eher Mißtrauen und Ablehnung.

Überzeugender wirkt da schon, wer durch die Darstellung früherer Aktivitäten, Tätigkeiten und Problemlösungen andeutet, welche Eigenschaften und Fähigkeiten er besitzt.

Beschränken Sie sich bei Ihren Ausführungen auf Eigenschaften, die für die neue Stelle wirklich bedeutsam sind. Nur diese Fähigkeiten machen Sie für das Unternehmen attraktiv. Zur Vorbereitung empfiehlt es sich daher, wenn Sie vor dem Gespräch auch den Text der Stellenanzeige noch einmal daraufhin studieren, was wirklich gefordert wird.

Fragen, die Streß erzeugen

Unbequeme Fragen können einen ziemlich in Verlegenheit bringen. Einige Interviewer scheinen geradezu darauf spezialisiert zu sein, Bewerberinnen und Bewerber durch geeignete Fragen in die Enge zu treiben. Jeder muß damit rechnen, daß er im Interview in solch stressige Situationen gerät.

Wie kann man sich darauf vorbereiten? Sammeln Sie gezielt solche Fragen, deren Beantwortung Ihnen Schwierigkeiten bereiten und schreiben Sie sich diese auf. In einem nächsten Schritt können Sie sich dann überlegen, wie Sie antworten wollen. Das Resultat sprechen Sie am besten mit Freunden oder Bekannten durch. Der Fragenkatalog in Kapitel 3 wird Ihnen sicher dabei helfen.

Mit Urteilen über andere halten sich erfahrene Stellensuchende zurück. Genauso werden Entschuldigungen oder freiwillige Selbstbekenntnisse von Interviewern mit Vorsicht aufgenommen. Äußerungen dieser Art werden nämlich gern besonders kritisch betrachtet und analysiert. Läßt sich eine Bewertung nicht vermeiden, so gestalten Sie Ihre Meinung über andere möglichst positiv. Vor allem negative Bemerkungen über Ihre früheren Vorgesetzten können den Interviewer schnell an Ihrer Loyalität zweifeln lassen. Er könnte annehmen, daß Sie auch über sein Unternehmen demnächst negativ reden werden.

Kleidung - Was ziehe ich an?

Sie können sicher sein, daß man aufmerksam Ihre Kleidung und Ihr Auftreten registrieren wird. Es ist nun mal so: Solange wir jemanden nicht kennen, beurteilen wir ihn zunächst nach seinem Aussehen. Kleider machen Leute. Ein paar Gedanken sollten Sie sich deshalb auch darüber machen, was Sie zum Vorstellungsgespräch anziehen wollen.

Wie sehr Kleidung die Reaktionen des Gegenübers aber auch das eigene Auftreten beeinflussen kann, wird von vielen zu wenig berücksichtigt.

Ob man will oder nicht: Durch seine Kleidung signalisiert man, wie man sich selber sieht und auch, wie man von anderen gesehen und behandelt werden möchte.

Noch bevor die ersten Worte gewechselt wurden, können Sie bereits durch Ihr Äußeres eine Atmosphäre der Distanz oder der Nähe vermitteln. Nicht wenige Unternehmen werden auch aus Ihrem äußeren Erscheinungsbild Rückschlüsse auf Ihre Qualifikation und Kompetenz ziehen wollen.

Was zieht man also an? Ein Patentrezept gibt es nicht. Welche Kleidung beim Gesprächspartner ankommt, hängt auch von der Art des Jobs ab, auf den man sich bewirbt. Trägt die Stelle mehr konservativen oder mehr progressiven Charakter? Wie kleidet man sich normalerweise bei diesem Beruf - in dieser Firma? Bin ich auch nicht „overdressed"?

Mitunter kann es auch peinlich wirken, wenn die zur Vorstellung Eingeladenen sich für das Interview zu sehr herausgeputzt haben. Steht dann die äußere Aufmachung der Interviewer dazu in zu krassem Gegensatz, so kann auch das zu Antipathien führen. Ziehen Sie sich etwas an, worin Sie sich wohl fühlen. Nicht zu festlich, nicht zu leger, der Situation angemessen. Ist man mit seinem Aussehen zufrieden, ist auch das Selbstbewußtsein ausgeprägter. Dabei ist immer wieder zu beobachten: Stellensuchende, die ihr Outfit eher etwas konservativer und zurückhaltender gestaltet haben, kommen bei den meisten Firmen besser an.

Oft ist allerdings weniger die modische Kleidung der Grund des Anstoßes bei Personalchefs als vielmehr die nachlässige, vielfach ungepflegte Art, wie einige zur Vorstellung kommen. Ob modisch oder nicht, eine schmutzige, unordentliche Kleidung, schiefe Hacken und ungeputzte Schuhe werden von vielen Interviewern ebensowenig toleriert, wie eine stark übertriebene Aufmachung. Dabei ist es gerade hier so leicht, mit wenig Aufwand Pluspunkte zu sammeln.

Vor allem aber überprüfen Sie rechtzeitig, was Sie anziehen wollen. Es wäre doch ärgerlich und macht nur unnötig nervös, wenn sich kurz vorher herausstellt, daß die Sachen, die man tragen wollte, nicht in Ordnung sind.

Die vier Phasen des Gesprächs

Überlassen Sie die Steuerung des Gesprächsablaufs Ihrem Gesprächspartner. Die Initiative für Themenwahl und Themenwechsel sollte bei ihm liegen. Allerdings können auch Sie den Gesprächsverlauf durch Fragen beeinflussen. Mit einer Stimmung wie beim Verhör ist niemandem gedient. Gerade zu Beginn des Interviews wird man deshalb versuchen, Ihnen eine mögliche Befangenheit und Anspannung zu nehmen.

Die meisten Vorstellungsgespräche gliedern sich in 4 Abschnitte:

- Begrüßung und Gesprächseröffnung
- Sie werden gefragt
- Sie fragen selbst
- Verabschiedung

Die erste Phase dient vor allem dazu, miteinander vertraut zu werden. Man wird sich vorstellen und zur Einleitung über allgemeine Themen wie die Anfahrt oder das Wetter reden. Gehen Sie ruhig darauf ein. Solche einleitenden Worte sind wichtig. Sie können die Situation wesentlich auflockern.

Merken Sie sich den Namen Ihres Gesprächspartners. Die meisten Menschen hören ihren eigenen Namen am liebsten. Sprechen Sie Ihr Gegenüber im weiteren Verlauf des Gesprächs ruhig öfter mit seinem Namen an.

Wenn Sie die Möglichkeit haben, setzen Sie sich über Eck zueinander. Eine frontale Sitzordnung, vielleicht noch mit einem Tisch dazwischen, kann Spannungen und Konfrontation fördern. Vor allem, wenn Meinungsverschiedenheiten aufkommen sollten, kann der Tisch geradezu wie eine Barriere wirken.

Treten längere Pausen während des Gesprächs auf, so braucht Sie das nicht gleich nervös machen. Einige Interviewer haben leider immer noch die Masche, Bewerber auf diese Art etwas „zappeln“ zu lassen. Pausen lassen sich allerdings auch sehr gut nutzen, um dem Gesagten mehr Nachdruck zu verleihen. Probieren Sie es einmal aus.

Den Frageteil des Gesprächs wird Ihr Gegenüber vor allem mit sachbezogenen Themen einleiten. Schwierige persönliche Fragen stellen geübte Interviewer nicht zu Beginn des Gesprächs, sondern zuletzt, wenn sicher ist, daß Sie interessant für das Unternehmen sind. Bei vielen Unternehmen wird man Sie direkt ansprechen, ob auch Sie noch Fragen haben.

Nutzen Sie die Gelegenheit. Oft ergeben sich auch Ansatzpunkte zu den vom Gesprächspartner vorgetragenen Ausführungen und Informationen über das Unternehmen und die ausgeschriebene Position. Spätestens jetzt sollten Sie alle noch offenen Punkte klären. Wenn Sie zum Abschied schon mit einer Entscheidung nach Hause gehen können, haben Sie Glück gehabt. In der Regel wird das Unternehmen sich noch etwas Zeit ausbedingen zum Auswerten und Vergleichen mit anderen Vorstellungsgesprächen.

Der erste Eindruck

Sie kennen das auch: Wurde jemand erst einmal als unsympathisch eingestuft, muß schon einiges geschehen, um dieses erste Urteil zu revidieren.

Ausgehend von den eigenen Wertvorstellungen und Lebenserfahrungen wird auch Ihr Gesprächspartner, genauso wie Sie, schon nach wenigen Augenblicken aufgrund Ihres Auftretens, Ihrer Kleidung, Haltung, Frisur usw. ein erstes Vorurteil bilden. Das geschieht meistens, ohne daß es einem direkt bewußt wird. Man stuft den anderen sozusagen in ein erstes grobes Raster ein: Sympathisch - unsympathisch, liegt mir - liegt mir nicht, geeignet - nicht geeignet.

Einen wesentlichen Einfluß auf diese Vorurteile haben Kleidung und Frisur. Vor allem bei weniger routinierten Interviewern kann dieses erste Vorurteil den Verlauf des gesamten Gesprächs beeinflussen. Nicht von ungefähr warnen Personalprofis davor, sich durch den ersten Eindruck in der Meinung vorschnell festlegen zu lassen. Viele Menschen sind sich dessen nicht einmal bewußt.

Es liegt an Ihnen, diese Eindrücke zu steuern, sozusagen die Weichen für das Gespräch zu stellen. Durch Ihr Auftreten kann viel gewonnen, aber auch viel verscherzt werden.

Trichterdenken

Untersuchungen haben gezeigt, daß viele Interviewer Ihr Urteil schon nach wenigen Minuten fällen und die restliche Zeit damit verbringen, dieses zumeist aus dem Gefühl heraus getroffene Urteil mittels selektiver Wahrnehmung zu bestätigen.

Oft sind es nur Kleinigkeiten, auf die wir reagieren. Mitunter beruht der erste Eindruck auf sehr wenigen Einzelbeobachtungen, aus denen dann sofort auf die gesamte Person geschlossen wird. Diese Umwandlung eines Augenblicksbildes in ein Urteil birgt Gefahren. Im weiteren Verlauf der Begegnung tendieren wir nämlich unbewußt dazu, Signale, die uns im einmal gewonnenen Vorurteil bestätigen, verstärkt zu registrieren.

Der Vergleich mit einem Trichter bietet sich an: Zu Beginn nehmen wir Informationen über etwas Neues noch in gewisser Breite auf. Jedoch wie bei einem Trichter wird die Öffnung schnell kleiner, bis nur noch ein kleiner Ausschnitt durchgelassen wird. Man kennt den anderen noch nicht und ist aufnahmebereit. Dann erhält man die ersten Signale, die ersten Wahrnehmungen und findet sein Gegenüber vielleicht sympathisch. Man erfährt mehr und findet es nun in der Tat sympathisch und nimmt im folgenden nur noch die sympathischen Äußerungen als Bestätigung des einmal gefaßten Urteils auf.

Dasselbe kann leider auch bei Abneigung passieren. Für einen Bewerber, der aus irgendwelchen Gründen erst einmal ein ungünstiges Bild geboten hat, kann es unter diesen Umständen äußerst schwierig werden, den Gesprächspartner doch noch umzustimmen. Umgekehrt ist es für positiv eingeschätzte Bewerber oft ein Leichtes, weitere Pluspunkte zu sammeln.

Verschiedene Gesprächspartner - Verschiedene Beurteilungen

So, wie es unterschiedliche Ansichten gibt, reagieren die Menschen glücklicherweise auch auf gleiche Beobachtungen unterschiedlich. Verschiedene Interviewer können deshalb bei demselben Bewerber zu verschiedenen Beurteilungen kommen. Einige Firmen nutzen das ganz bewußt. Um die Wirkung des ersten Eindrucks abzuschwächen, läßt man den Kandidaten mit mehreren Personen im Unternehmen sprechen. Auf diese Weise erhofft man sich dann eine objektivere Einschätzung.

Je mehr wir uns solcher Wirkungen bewußt sind, desto besser und bewußter können wir die Eindrücke steuern. Machen wir uns beispielsweise klar, daß wir viel über die Augen registrieren, so wird deutlich, daß wir bei Haltung, Kleidung, Frisur, Make-up und anderen Attributen unseres Erscheinungsbildes einiges beeinflussen können. Nicht zuletzt kleiden wir uns auch in einer bestimmten Weise, um in unserer Umgebung bestimmte Eindrücke zu erwecken. Das gilt für den streng Konservativen ebenso wie für den Freak.

Andererseits können wir sogar durch unseren Händedruck (fest oder lasch, feucht oder trocken, warm oder kalt) oder den Klang unserer Stimme (hoch - tief, leise - laut usw.) Signale aussenden bzw. empfangen, die zur Urteilsbildung beitragen. Auch der Ausspruch „den kann ich nicht riechen" zeigt dies nur zu deutlich. Ihre Hauptschwierigkeit liegt nun darin, daß Sie nicht genau sagen können, worauf Ihr Gesprächspartner besonderen Wert legen wird, auf welchen Ansichten und Wertvorstellungen sein Urteil aufbaut. Es bleibt die Orientierung an allgemein akzeptierten Normen und Verhaltensweisen.

Bieten Sie also bei der Vorstellung ein Erscheinungsbild, daß von den meisten Menschen in dieser Situation akzeptiert und als angemessen angesehen wird. Für die Individualität bleibt dann immer noch genügend Raum.

Auch der letzte Eindruck ist wichtig, wenn auch vielleicht nicht ganz so stark. Das sollten Sie vor allem in der Dosierung Ihrer Argumente berücksichtigen. Sei es, daß Sie Wichtiges noch einmal zusammenfassen, sei es, daß Sie zum Schluß noch ein paar zusätzliche „Glanzlichter“ auffahren, diese Punkte werden auf jeden Fall besonders im Gedächtnis bleiben.

Tips zur Gesprächsführung

Antworten Sie kurz und sachlich. Ausschweifende Antworten sind wenig gefragt. Sie lassen das Gespräch leicht ins allgemeine Geschwafel abgleiten. So etwas bleibt dann möglicherweise an Ihnen hängen. Gerät Ihr Gesprächspartner ins Abschweifen, macht es sich manchmal gut, wenn Sie das Gespräch nach dem Motto: „Wo waren wir stehengeblieben?“ zum roten Faden zurückführen.

Über den Erfolg des Interviews entscheiden Gesprächsinhalt und Gesprächstechnik gleichermaßen. Besonders ungeschulte Interviewer reden in vielen Fällen mehr als die Eingeladenen. Oft ist es dann besser, aktiv zuzuhören, als selber zu reden. Wenn Sie außerdem noch durch kluge Zwischenfragen oder durch das Einblenden kurzer Bestätigungen zu verstehen geben, daß Sie mit der Problematik vertraut sind, haben Sie schon viel gewonnen. Bei nicht wenigen Interviewern läßt sich auf diesem Wege relativ leicht erreichen, daß man als kompetenter Gesprächspartner akzeptiert und angesehen wird.

Leider läßt sich in solchen Situationen vielfach beobachten, daß Bewerber in wortreichen Ausführungen vor allem selbst anführen möchten, was ihnen am Herzen liegt und nur wenig Feingefühl für das Verhalten und die Reaktionen ihres Gegenübers zeigen. Meistens haben solche Kandidaten bei Bewerbungsgesprächen nur wenig Erfolg. Mitunter ist es schon entmutigend, wenn Stellensuchende im Interview scheitern, nur weil sie elementare Gesprächshilfen nie gelernt haben oder unbeachtet ließen.

Wichtig ist es auch, mit einem gesunden Selbstvertrauen aufzutreten. Schließlich haben Sie etwas anzubieten. Es zeigt sich immer wieder, Kandidaten, die als Bittsteller erscheinen, verlieren schnell ihr Ansehen. Solche Verhaltensweisen bewirken selten eine positive Grundeinstellung beim Gegenüber. Appelle ans Mitleid wirken eher abstoßend. Die Basis für eine gute Zusammenarbeit sollte anders aussehen. Wählen Sie statt dessen lieber Argumente, die der Firma zeigen, daß Sie ihr nutzen können.

In die engere Wahl durch aktives Zuhören

Untersuchungen von Personalberatern haben gezeigt: Viele Interviewer reden zuviel und lassen den Bewerber kaum zu Wort kommen. Dem Kandidaten blieben oft nur knapp 30% der Gesamtzeit, um sich zu artikulieren. Die übrige Zeit nahm der Interviewer für sich selbst in Anspruch.

Neben diesem Sachverhalt machte man aber auch noch eine weitere überraschende Feststellung: Je geduldiger ein Bewerber den Selbstdarstellungen des künftigen Vorgesetzten zuhören konnte, desto positiver fiel das Urteil aus.

Gefragt ist allerdings weniger der nur passiv dasitzende, sondern vielmehr der aktive, interessierte Zuhörer. Konzentrieren Sie sich also auf das, was Ihr Gegenüber Ihnen zu sagen hat. Sollten sich Fragen ergeben - auch Verständnisfragen - dann stellen Sie diese ruhig. Gehen Sie auf die vom Interviewer angesprochenen Themen voll ein.

Bei guten Zuhörern fallen immer wieder vor allem zwei Verhaltensweisen auf:

- Sparsamkeit mit Stellungnahmen und Kommentaren.
- Konzentration auf den sachlichen Inhalt

Versuchen Sie, dem anderen zuzuhören, bis er zu Ende geredet hat, nicht aber schon nach den ersten Worten die eigenen Erwiderungen überlegen. Manchmal ist ein Kommentar gar nicht erwünscht, die Bewertung der Aussagen des anderen also fehl am Platze.

Wer zuhört, denkt ungefähr vier mal so schnell wie der Sprechende. Wenn das Zuhören an Ihnen ist, sollten Sie diesen Vorsprung nicht durch voreiliges Unterbrechen und Unkonzentriertheit vergeuden. In den meisten Fällen können Sie ziemlich sicher sein: Solange Sie interessiert zuhören, wird der andere reden - oft mehr, als ihm hinterher lieb ist. Sie aber können im Gespräch nur durch Zuhören Informationen gewinnen.

Es zeigt sich immer wieder, daß erfolgreiche Gesprächspartner auch gute Zuhörer sind. Aktives Zuhören ist anstrengend. Es erfordert volle Konzentration, Geduld und ein gutes Gedächtnis. Üben Sie es regelmäßig im täglichen Gespräch. Beantworten Sie wirklich nur das, was Sie gefragt werden und konzentrieren Sie sich auf das Zuhören. Sie werden sehen, Sie kommen trotzdem noch genug zu Wort.

Pünktlichkeit - Nicht nur eine Frage der Höflichkeit

Mit der Pünktlichkeit ist das so eine Sache: Erscheint man in der Zeit, findet das als Selbstverständlichkeit wenig Beachtung. Verspätet man sich dagegen, und entschuldigt sich dann vielleicht nicht einmal, so wird das mit Verärgerung registriert. Der erste Eindruck ist getrübt.

Pünktliches Erscheinen ist wichtig. Sollten Sie sich wirklich durch ein Mißgeschick verspäten, dann entschuldigen Sie sich - auch, wenn es sich nur um wenige Minuten handelt. In diesem Punkte sind viele kleinlich.

Pünktlichkeit ist aber nicht nur eine Sache der Höflichkeit: Oft werden Bewerber nach Zeitplan eingeladen. Man wird es nicht zulassen, daß durch die Unpünktlichkeit eines Bewerbers das eigene Konzept durcheinandergebracht wird, sondern den Kandidaten einfach an das Ende der Liste setzen. Die Entscheidung kann dann unter Umständen schon gefallen sein. Sollten Sie es trotz aller Vorsichtsmaßnahmen einmal wirklich nicht schaffen, rufen Sie sofort an, damit man Bescheid weiß. Leider ist in einigen Firmen immer noch die Unsitte verbreitet, den Bewerber trotz Termin erst einmal warten und ihn so seine Abhängigkeit spüren zu lassen. So etwas ist unfair.

Schließlich haben auch Sie sich bemüht, den Termin einzuhalten. Läßt man Sie über Gebühr und ohne erkennbaren Grund lange warten, machen Sie einen Vorschlag für einen neuen Termin. Auch Ihre Zeit ist schließlich begrenzt.

Vor allem, wenn es noch weitere Gründe zum Ärgernis gibt, sollten Sie sich grundsätzlich überlegen, ob Sie in einer solchen Firma ein Arbeitsverhältnis beginnen wollen.

Gekonnte Zeitplanung

Wer zum vereinbarten Termin unausgeruht oder gar unpünktlich erscheint, riskiert Verärgerungen beim Interviewer und ein ungünstiges Gesprächsklima. Die Chancen, eingestellt zu werden, können sich dadurch drastisch reduzieren. Nur selten akzeptieren Personalleute die Entschuldigungen solcher Bewerber. Kalkulieren Sie die Anfahrtszeit daher großzügig. Erkundigen Sie sich vorher genau, wo das Unternehmen ist und wie man dort hinkommt. Nehmen Sie lieber in Kauf, ein paar Minuten vorher da zu sein, als sich zu verspäten.

Die paar Minuten Wartezeit haben noch einen weiteren Vorteil: Man kann sich schon ein wenig an die ungewohnte Umgebung gewöhnen und sich noch einmal einige Punkte durch den Kopf gehen lassen.

Bei einigen Firmen ist es üblich, daß man Sie nacheinander mit mehreren Gesprächspartnern zusammenbringt. Die Vorstellung kann sich dadurch ziemlich in die Länge ziehen. Stehen Sie dann unter Zeitdruck wegen eines anderen Termins, wäre es schade, wenn Sie unnötig nervös werden. Planen Sie für das Gespräch also ausreichend Zeit ein.

Ein längeres Gespräch wäre übrigens kein schlechtes Zeichen. Von ungeeigneten Kandidaten verabschiedet man sich meistens schnell.

CHECKLISTE - Habe ich an alles gedacht?

Die nachstehende Checkliste können Sie sich zur Vorbereitung fotokopieren, um sich dann für das jeweilige Vorstellungsgespräch Punkt für Punkt vorzubereiten.

Anreise:

- Wann ist das Gespräch?
- Wer ist mein Ansprechpartner?
- Habe ich seine Telefonnummer, falls etwas auf dem Hinweg schiefgeht?
- Wie erreiche ich das Unternehmen?
- Kenne ich den Weg?
- Wieviel Zeit brauche ich für die Anreise?
- Wann werde ich losgehen?
- Habe ich meinen Personalausweis nicht vergessen?

Kleidung:

- Welche Kleidung werde ich tragen?
- Ist alles in Ordnung mit meiner Kleidung?
- Muß ich vorher noch zum Friseur?

Gespräch:

- Habe ich meine Bewerbung noch einmal durchgelesen und auf mögliche Fragen hin analysiert?
- Sind noch Unterlagen mitzubringen?

- Habe ich davon schon Fotokopien angefertigt?
- Habe ich mich ausreichend auf mögliche Fragen vorbereitet?
- Habe ich meinen Fragenkatalog auswendig gelernt?
- Habe ich mich ausreichend über das Unternehmen informiert?
- Habe ich die von der Firma beigelegte Broschüre schon durchgearbeitet?
- Worauf könnte man beim Interview besonderen Wert legen?
- Wie werde ich auf unangenehme Fragen antworten?
- Bin ich mir über meine Ziele im klaren?
- Bin ich mir über meine Vorzüge im klaren?
- Wieviele Tage Bedenkzeit benötige ich?
- Habe ich für das Gespräch genug Zeit eingeplant?
- Gibt es sonst noch etwas zu bedenken?

2

Personalfragebögen -
Was darf man verschweigen?

Was verspricht sich das Unternehmen von Personalfragebögen?

Vor allem, wenn Sie sich bei einem Großunternehmen bewerben, müssen Sie damit rechnen, daß man Ihnen vor der Einladung zum Vorstellungsgespräch einen mitunter recht umfangreichen Personalfragebogen zusendet mit der Bitte, diesen vorab schon mal zu beantworten. Als übersichtliche Zusammenfassung kommen diese Fragebögen zunächst zu Ihren Bewerbungsunterlagen und nach der Einstellung in die Personalakte.

Personalfragebögen haben für das Unternehmen zwei Vorteile:

- Das Unternehmen erhält Auskunft auf solche Fragen, die in der schriftlichen Bewerbung unerwähnt blieben oder vergessen wurden.

- Durch die einheitliche Form und Gliederung im Personalbogen liegen die Angaben aller Bewerberinnen und Bewerber besser vergleichbar vor. Besonders, wenn viele Bewerbungen eingegangen sind, kann dies für das Unternehmen eine merkliche Arbeitserleichterung bedeuten.

Jedoch haben Personalfragebögen nicht nur Vorteile: Gerade in der Konformität liegen auch Nachteile für das Unternehmen:

- Wie alle Formulare zwingt auch der Personalbogen alles in ein Schema und unterdrückt so jede Individualität der Bewerbung.

- Dem Unternehmen können wichtige Informationen verlorengehen.

Um den Bogen dennoch individuell zu halten, können Sie Ihn als Gliederung benutzen und die entsprechenden Qualifikationsnachweise und Zeugnisse als Anlage beifügen. Nicht wenige Unternehmen wissen diese Verfahrensweise zu schätzen. Ersparen Sie der Firma doch auf diese Weise das lästige Nachfordern noch fehlender Unterlagen. Natürlich ist diese Möglichkeit nur dann angebracht, wenn die Firma vorher noch keine Bewerbungsunterlagen von Ihnen erhalten hat.

Wichtige Fragen für die Bewerberauswahl

Haben Sie mehrere Bewerbungen gleichzeitig laufen, so werden Sie bemerken, daß die Fragebögen verschiedener Firmen mitunter stark voneinander abweichen. Unternehmen verwenden nur selten einheitliche Formulare. In der Regel erfordern die unterschiedlichen betrieblichen Situationen auch unterschiedliche Fragen. Auch werden von Firma zu Firma verschiedenen Informationen unterschiedliche Bedeutung beigemessen. So etwas spiegelt sich natürlich auch in der Fragestellung wieder.

In den meisten Personalbögen werden Sie jedoch Fragen zu den folgenden Themen finden:

- Berufserfahrung und Ausbildungsgang
- Angaben zur Wehrpflicht
- gekündigtes oder ungekündigtes Arbeitsverhältnis
- Angaben über Erwerbseinschränkung, Schwerbeschädigung
- Gründe für Ihren Wechsel
- Gründe, warum Sie sich gerade in diesem Unternehmen beworben haben
- Angaben über Ihr bisheriges Einkommen
- Ihr Einkommenswunsch
- Frage, ob eine Konkurrenzklausel besteht und deren Fristablauf
- Kündigungsfristen und nächstmöglicher Kündigungstermin
- Ihr frühestmöglicher Einstellungstermin

Firmen legen oft großen Wert auf die Beantwortung dieser Punkte, da sie dem Unternehmen doch wichtige Informationen für die Vorauswahl und die Vorbereitung des Vorstellungsgesprächs geben.

Auf jeden Fall müssen Sie damit rechnen, daß der Personalbogen sorgfältig analysiert und eine wichtige Grundlage für das Interview sein wird. Kein Wunder, daß Firmen in ihren Begleitschreiben oft ausdrücklich den Wunsch äußern, daß Sie den Bogen vollständig ausfüllen sollen.

Wie der Personalbogen Ihnen Informationen über das Unternehmen geben kann

Haben Sie mit dem Unternehmen Kontakt aufgenommen, ohne vorher Ihre vollständigen Unterlagen einzureichen oder Sie haben ein Stellengesuch aufgegeben, so werden Ihnen viele interessierte Firmen zunächst einmal einen Personalbogen zuschicken, um so die wichtigsten Informationen über Sie zu erhalten.

Sendet man Ihnen nach Eingang Ihrer schriftlichen Bewerbung einen Fragebogen zu, so können Sie davon ausgehen, daß die Firma Sie in die engere Wahl einbezogen hat. Die erste Hürde haben Sie damit schon mal überwunden.

Wenn Sie sich schon schriftlich mit Ihren ausführlichen Unterlagen beworben haben, wird es Sie vielleicht verärgern, noch zusätzlich so ein Formular ausfüllen zu müssen. Schließlich haben Sie die wichtigsten Auskünfte bereits in der Bewerbung angegeben. Machen Sie trotzdem dieses Spielchen der Bürokratie mit. Machen Sie sich die Mühe und achten Sie darauf, was und wie gefragt wird. Oft gibt das interessante Informationen über den Stil des Unternehmens.

Wäre es beispielsweise nicht einmal interessant und aufschlußreich für Sie, zu zählen, ob und wieviel unzulässige Fragen man an Sie richtet? Könnte das nicht etwas über den Personalführungsstil im Unternehmen aussagen?

Wenn Ihre Bewerbung schon vorliegt - Bürokratenclub

Nicht wenige Firmen legen allerdings auch keinen gesteigerten Wert mehr auf ein vollständiges Ausfüllen des Formulars, wenn man bereits ausführliche Unterlagen von Ihnen erhalten hat. Besteht doch die Befürchtung, daß Sie vielleicht annehmen könnten, an einen Bürokratenclub geraten zu sein, der sich an Formalien begeistert, und daß Sie deshalb vielleicht dem Unternehmen schon von vornherein skeptisch oder gar ablehnend gegenüberstehen. So etwas spricht sich schnell herum. Kein Unternehmen mag gern in diesen Ruf geraten. Besonders in ungünstigen Zeiten kann dann die Personalbeschaffung bei solchen Firmen immer schwieriger werden.

Einer persönlich gehaltenen Bitte um die Zusendung aussagefähiger Unterlagen stehen viele wesentlich bereitwilliger gegenüber als einem mehr oder weniger bürokratischen Frageformular.

Auch liefern die meisten individuellen Bewerbungen wesentlich mehr Aufschluß und Informationen für die Beurteilung, ob eine Bewerberin oder ein Bewerber geeignet ist oder nicht.

Mehr und mehr verzichten deshalb fortschrittliche Personalchefs auf Vordrucke, die bei Stellensuchenden einen allzu bürokratischen Eindruck hinterlassen könnten. Offenbar ist die Befürchtung, Bewerberinnen und Bewerber durch zu viele Formalien abzuschrecken, oft größer als man glaubt.

Widersprüchliche Aussagen

Einige Unternehmen legen wiederum einen fast übersteigerten Wert auf Personalbögen. Glaubt man doch, auf diese Weise Antworten zu erhalten, die mit größerer Sicherheit der Wahrheit entsprechen als im Gespräch, zumal man den Fragebogen meistens unterschreiben muß und damit die Bestätigung gibt, daß alles wahrheitsgemäß beantwortet wurde. Wenn Sie also einen Personalbogen zugeschickt bekommen, sollten Sie möglichst alle zulässigen Fragen beantworten.

Auf jeden Fall muß das, was Sie im Fragebogen angeben, hundertprozentig mit dem übereinstimmen, was Sie in Ihrer Bewerbung geschrieben haben und was Sie im Vorstellungsgespräch angeben werden. Das wird oft geprüft. Immer wieder zeigt sich, daß Unternehmen nur noch geringes

Interesse zeigen, Bewerberinnen und Bewerber zum Vorstellungsgespräch einzuladen, bei denen schon die schriftlichen Unterlagen nicht stimmig und damit wenig glaubwürdig sind.

Zusatzfragen - Erster Test?

Nicht selten müssen Sie im Personalbogen nicht nur Informationen zu Ihrer Person abgeben. Gern stellen viele Unternehmen auch darüber hinausgehende zusätzliche Fragen, auf deren Beantwortung man dann großen Wert legt. Mitunter entsteht der Eindruck, daß die Kandidaten nach allen Regeln der Kunst ausgefragt werden sollen.

Einige Firmen beobachten und analysieren die Reaktion auf bestimmte Fragen sehr sorgfältig. Nicht selten sind diese Fragen recht zudringlich, geradezu inquisitorisch. Meinen solche Unternehmen doch, aus der Reaktion so befragter Bewerber gewisse Persönlichkeitsmerkmale wie beispielsweise Selbstbewußtsein bei Nichtbeantwortung unverschämter Fragen ablesen zu können. So ein nicht gerade geschickter Stil bei der Personalbeschaffung gibt natürlich auch Ihnen Aufschluß über den Unternehmenscharakter.

Was darf man verschweigen?

Bei welchen Fragen können Sie die Antwort schuldig bleiben, und wann müssen Sie Auskunft geben?

Grundsätzlich dürfen Ihnen nur solche Fragen gestellt werden, die objektiv mit dem ausgeschriebenen Arbeitsplatz oder mit der zu leistenden Arbeit zusammenhängen. Darüber hinausgehende Fragen brauchen Sie nicht zu beantworten.

Allerdings kann es aus taktischen Gründen problematisch sein, die Firma auf die Unzulässigkeit der Frage hinzuweisen. Schließlich wollen Sie sich ja Ihre Chancen nicht verderben. Sie werden deshalb oft nicht einfach schweigen wollen. Bleibt die Möglichkeit, die Frage nur mit halber Wahrheit oder unrichtig zu beantworten.

Über die Rechtsfolgen in so einem Fall streiten sich die Arbeitsrechtler noch. Schließlich kann kein Recht zur Lüge zugestanden werden.

Nach Meinung des Bundesarbeitsgerichts bedeutet eine falsche Antwort dann keine arglistige Täuschung, wenn schon die Frage des Unternehmens unzulässig und somit als unzulässiger Eingriff in die Intimsphäre anzusehen ist.

Mit dieser Regelung soll indiskreten Fragen von Arbeitgebern vorgebeugt werden. Allerdings bedeutet das nicht, daß Sie bei Ihren Antworten munter drauflosschwindeln dürfen. Natürlich kann das Unternehmen Sie nach Umständen fragen, die für den ausgeschriebenen Job wichtig sind. Auch der Arbeitgeber hat schließlich ein berechtigtes Interesse, sich ein Bild vom zukünftigen Mitarbeiter zu machen.

Kündigung wegen arglistiger Täuschung?

Wurden also bei zulässigen Fragen unvollständige oder gar unrichtige Antworten gegeben, so kann das Unternehmen den Arbeitsvertrag unter bestimmten Voraussetzungen für nichtig erklären lassen und wegen arglistiger Täuschung auch Schadensersatzansprüche stellen. Wesentliche rechtliche Grundlage hierfür ist das Bürgerliche Gesetzbuch (BGB):

§ 626 (Fristlose Kündigung)

1) Das Dienstverhältnis kann von jedem Vertragsteil aus wichtigem Grund ohne Einhaltung einer Kündigungsfrist gekündigt werden, wenn Tatsachen vorliegen, auf Grund derer dem Kündigenden unter Berücksichtigung aller Umstände des Ein-

zelfalles und unter Abwägung der Interessen beider Vertragsteile die Fortsetzung des Dienstverhältnisses bis zum Ablauf der Kündigungsfrist oder bis zu der vereinbarten Beendigung des Dienstverhältnisses nicht zugemutet werden kann.

2) Die Kündigung kann nur innerhalb von zwei Wochen erfolgen. Die Frist beginnt mit dem Zeitpunkt, in dem der Kündigungsberechtigte von den für die Kündigung maßgebenden Tatsachen Kenntnis erlangt. Der Kündigende muß dem anderen Teil auf Verlangen den Kündigungsgrund unverzüglich schriftlich mitteilen.

Die Anfechtung wird allerdings nur dann anerkannt, wenn...

- ... die Frage zulässig war,
- ... Sie die Frage bewußt falsch beantwortet haben,
- ... Sie nur eingestellt wurden, weil Sie bestimmte Tatsachen verschwiegen haben,
- ...Sie wissen und erkennen mußten, daß die Entscheidung des Unternehmens die von Ihnen verschwiegenen oder falsch angegebenen Tatsachen von ausschlaggebender Bedeutung sein können.

Alle diese Voraussetzungen müssen gleichzeitig vorliegen. Nur dann kann der Arbeitgeber das Arbeitsverhältnis erfolgreich anfechten.

Was tun bei unzulässigen Fragen?

Mitunter sind Personalbögen so zudringlich, daß sie über das rechtlich Zulässige hinausgehen. Wenn Sie der Meinung sind, durch eine Frage in Ihrer Intimsphäre getroffen zu sein, dann lassen Sie die Frage am besten einfach unbeantwortet, unhöflich war in diesem Fall das Unternehmen und nicht Sie. Es ist durchaus üblich, bestimmte Fragen nicht - oder noch nicht - zu beantworten.

Geschulte Personalleute wissen nur zu gut, daß solche Fragen unzulässig und im Grunde genommen eine Unverschämtheit sind. Aus diesem Grunde werden Ihnen daraus in den meisten Fällen keine Nachteile entstehen.

Besteht der Fragebogen aus zu vielen zudringlichen Fragen, so bietet sich diese Möglichkeit: Hat die Firma noch keine weiteren Unterlagen von Ihnen erhalten, so empfiehlt es sich manchmal, den Bogen nicht auszufüllen und statt dessen eine komplette, gut gemachte Bewerbung abzuschicken. Sie umgehen so eventuelle Kontroversen wegen der Nichtbeantwortung einiger Fragen.

Heikle Fragen - Was soll man antworten?

„Gehören Sie einer Partei an?"
„Welcher Religionsgemeinschaft gehören Sie an?"

Fragen nach Religions- und Parteizugehörigkeit verbietet das Grundgesetz (Artikel 140). Ausnahmen bestehen nur bei Verlagen, Kirchen, konfessionellen Krankenhäusern und politischen Parteien als Arbeitgebern.

„Sind Sie Mitglied des Betriebsrats?"

Es besteht für Sie keine Verpflichtung, Mitgliedschaften im Betriebs- oder Personalrat bei früheren Arbeitgebern anzugeben. Die Frage ist unzulässig. Fragt man Sie dennoch, und Sie geben eine unrichtige Antwort, so brauchen Sie später nach Ihrer Einstellung keine Befürchtungen zu haben, daß man Ihnen wegen dieser falschen Antwort kündigen kann oder das Arbeitsverhältnis anfechtet

„Sind Sie Gewerkschaftsmitglied?"

Auch nach Ihrer Gewerkschaftszugehörigkeit darf man Sie beim Vorstellungsgespräch generell nicht fragen, denn auch sie hat normalerweise nichts mit Ihrem Arbeitsplatz zu tun. Wer also seine Gewerkschaftszugehörigkeit verschweigt, braucht sich deshalb wegen einer eventuellen späteren Anfechtung seines Arbeitsverhältnisses in der Regel nicht zu beunruhigen.

„Wurde jemals ein Straf- oder Ermittlungsverfahren gegen Sie eingeleitet?"

In Bewerbungsgesprächen darf grundsätzlich nur dann nach Vorstrafen gefragt werden, wenn die Art der zu besetzenden Position dieses erfordert. Sie sind also nur dann verpflichtet, Vorstrafen oder die Beteiligung an noch schwebenden Verfahren anzugeben, wenn es sich um eine den ausgeschriebenen Arbeitsplatz betreffende, einschlägige Vorstrafe handelt. Ergibt die Vorstrafe keinen Aufschluß über die zu besetzende Stelle, so brauchen Sie Vorstrafen nicht zu nennen.

Beispielsweise müssen Sie Verkehrsstrafen angeben, wenn Sie sich als Berufskraftfahrer bewerben, nicht aber unbedingt Vermögensdelikte. Diese wiederum, ebenso wie Unterschlagung, Betrug oder Diebstahl müßten Sie nennen, wenn Sie sich z.B. als Kassierer bewerben.

„Leben Sie in geordneten finanziellen Verhältnissen?"
„Haben Sie größere Verbindlichkeiten?"

Die Fragen forschen nach Ihren Vermögensverhältnissen, insbesondere ob Sie mit größeren Schulden, Zahlungsverpflichtungen, Lohn- oder Gehaltspfändungen belastet sind, vielleicht sogar eine sogenannte „eidesstattliche Versicherung zu Ihrer Vermögenslage" (Offenbarungseid) abgeben mußten.

Unzulässig sind Fragen dieser Art bei Angestellten in unteren und mittleren Verantwortungsbereichen ebenso wie bei Arbeitern. Es gibt allerdings Ausnahmen: Bei Führungskräften und sonstigen Personen, denen ein besonderes Vertrauen wegen ihrer Aufgabenstellung entgegengebracht wird, ist die Frage zulässig. Zu diesem Personenkreis gehören beispielsweise auch Kassierer und Buchhalter.

Wer also als Anwärter auf einen Führungsposten oder eine Position, bei der ihm besonderes Vertrauen entgegengebracht wird, zu diesen Fragen bewußt falsche Angaben macht, riskiert die Anfechtung seines Arbeitsverhältnisses wegen arglistiger Täuschung. Bekommt das Unternehmen recht, so kann es zusätzlich auch noch auf Schadensersatz klagen.

„Wie wohnen Sie?"

Fragen nach Ihren Wohnverhältnissen haben normalerweise nichts mit Ihrer Arbeit zu tun und gehen den Arbeitgeber daher grundsätzlich nichts an. Dennoch sehen sich Stellensuchende mitunter dieser Frage ausgesetzt. Erhoffen sich doch einige besonders spitzfindige Interviewer aus der Angabe der Wohnverhältnisse Rückschlüsse auf die Vermögensverhältnisse und den sozialen Hintergrund der Befragten.

Nur in besonders dreisten Fällen wird man Ihnen allerdings offen diese Frage stellen. Im Bewußtsein der Unzulässigkeit werden neugierige Fragensteller eher versuchen, indirekt herauszufinden, aus welchen Verhältnissen Sie kommen.

„Welches Gehalt hatten Sie bei Ihrer vorherigen Stelle?"

Einige Interviewer werden Sie auffordern, Ihr vorheriges Gehalt zu nennen. Die Frage wird schon deshalb gern gestellt, weil sie einen gewissen Orientierungsrahmen vorgibt für nachfolgende Gehaltsverhandlungen.

Wer hier falsche Angaben macht, kann unter Umständen später in Schwierigkeiten geraten. Überhaupt sollten Sie nur richtige Angaben über Ihre früheren Arbeitsverhältnisse machen. Für Ihre neue Firma wird es keine Schwierigkeit sein, sich die entsprechenden Auskünfte bei Ihrem früheren Arbeitgeber zu verschaffen. Spätestens, wenn das Unternehmen die Lohnsteuerkarte hat, wird man nachprüfen können, ob die Gehaltsangaben richtig sind.

Allerdings ist die Frage nach dem früheren Arbeitsverdienst grundsätzlich nur dann zulässig, wenn sie für die neue Position von Bedeutung ist. Das ist insbesondere dann der Fall, wenn der neue Job vergleichbare Fähigkeiten und Kenntnisse erfordert wie der bisherige Arbeitsplatz (BAG-Urteil 2 AZR 171/81).

Bewerben Sie sich also um eine Stelle, die ganz andere Kenntnisse und Fertigkeiten als Ihre bisherige Arbeit erfordert, so ist die Frage nach Ihrem früheren Verdienst nicht zulässig. Im Personalbogen antworten Sie auf solche Fragen am besten gar nicht, sondern sparen sich das Thema für das Vorstellungsgespräch auf. Die meisten Firmen akzeptieren diese Verhaltensweise.

„Gibt es Probleme mit Ihrer Gesundheit?"

Fragen nach der Gesundheit sind grundsätzlich nur erlaubt, wenn sie in direktem Zusammenhang mit der ausgeschriebenen Stellung stehen. Aber auch dann braucht sich Ihre Antwort nur auf solche akuten oder chronischen Erkrankungen zu beziehen, die Ihre Arbeitsleistung nicht unerheblich herabsetzen könnten oder die das Unternehmen oder Kollegen und Mitarbeiter gefährden können. Nur auf solche Fälle beschränkt sich Ihre Auskunftspflicht. Juristisch wurde folgende Regelung getroffen.

Demnach darf das Unternehmen grundsätzlich nur nach solchen Leiden fragen, die...

> *„...entweder ständig die allgemeine Leistungsfähigkeit nicht unerheblich herabsetzen oder die auf Grund eines nicht behebbaren chronischen Grundleidens vorhersehbar in periodisch wiederkehrenden Zeiträumen eine Arbeitsunfähigkeit des Arbeitnehmers in einem nicht unerheblichen Umfang zur Folge haben."*

Auch Firmen sind mitunter recht unsicher, wo denn nun im Einzelfall die Grenzen der Offenbarungspflicht liegen. Einige Interviewer versuchen daher das Problem zu umgehen, indem sie die Frage differenzierter formulieren:

> *„Wurden Sie in den letzten Jahren krankgeschrieben wegen eines schweren oder chronischen Leidens, welches Ihre Arbeitsleistung bei der neuen Tätigkeit herabsetzen könnte?"*

Aber auch dann sind Sie im allgemeinen nicht verpflichtet, den Arbeitgeber zu unterrichten, wenn Sie beipielsweise leicht zu Erkältungen oder zu berufsuntypischen Allergien neigen. Nennen müßten Sie allerdings Krankheiten, bei denen Sie wissen und erkennen mußten, daß für die

Entscheidung des Unternehmens die von Ihnen verschwiegenen Krankheiten von ausschlaggebender Bedeutung sein können. So müßte beispielsweise ein Lebensmittelverkäufer seine Tuberkulose nennen, ein Hochbauarbeiter bekennen, daß er nicht schwindelfrei ist, ein Gärtner seine Allergie gegen Blütenstaub.

„Sind Sie schwerbehindert?"

Haben Sie eine Schwerbehinderung, so sind Sie als Bewerber nicht verpflichtet, diese von sich aus anzugeben. Ausnahme: Die vorgesehene Arbeit wird durch Ihre Schwerbehinderung unmöglich gemacht. Allerdings darf das Unternehmen Sie nach Ihrer Schwerbehinderung fragen. In solchen Fällen ist ein Schwerbehinderter vor allem dann zur Auskunft verpflichtet, wenn sein Leiden bedeutsamen Einfluß auf seine Arbeitsleistung hat, so daß er gerade wegen seiner Behinderung die an ihn gestellten Anforderungen im neuen Job nicht erfüllen kann.

„Befinden Sie sich in anderen Umständen?"

Arbeitnehmer dürfen nicht wegen ihres Geschlechtes bei der Begründung eines Arbeitsverhältnisses benachteiligt werden, da dieses gegen den Grundsatz der Gleichbehandlung von Männern und Frauen verstoßen würde. Dies geht aus der Regelung des §611a BGB hervor. In einem Urteilsspruch entschied das Arbeitsgericht Frankfurt daher:

> *„Die Frage nach einer bestehenden Schwangerschaft bei der Einstellung einer Frau ist gemäß §611a Abs. 1, Satz 1 BGB unzulässig, es sei denn, es geht um die Besetzung eines Arbeitsplatzes, auf dem nach den besonderen Mutterschutzvorschriften (z.B. schwere körperliche Arbeiten, Mehrarbeit, Nachtarbeit) Schwangere nicht beschäftigt werden dürfen." (AZ 5 Ca 534/81)*

„Wie sehen Sie Ihre persönliche Zukunftsplanung?"

Die Frage wird mitunter jüngeren Frauen gestellt, um herauszufinden, welche Zukunftspläne sie haben. Kandidatinnen, die dann arglos erklären, daß sie in absehbarer Zeit vorhaben, sich familiär zu binden und

Kinder zu haben, müssen leider nur allzu oft erleben, daß das Interesse des Unternehmens nach solchen Antworten schnell abnimmt.

Manchmal ist es schon recht befremdlich zu sehen, wie einige Interviewer versuchen, Stellensuchende unverhohlen nach allen Regeln der Kunst auszufragen. Auch fragt sich, ob das Unternehmen in solchen Fällen wirklich erwartet, daß ihm ehrliche Antworten gegeben werden. Unzulässig ist die Frage in diesem Zusammenhang allemal, denn mit der Arbeit hat sie nichts zu tun.

„Welche Schulen haben Sie besucht?"
„Welche Tätigkeiten seit Schulabgang haben Sie ausgeübt?"

Fragen, die sich auf Ihren beruflichen Werdegang beziehen, auf Zeugnisse, Prüfungen, Wehrdienstzeiten, Wehrdienstpflicht müssen Sie akzeptieren. Diese Fragen haben objektiv etwas mit Ihrer Arbeit zu tun. Schließlich muß auch dem Arbeitgeber ein berechtigtes Interesse zugestanden werden, Informationen über Sie als eventuellen zukünftigen Mitarbeiter zu erhalten, um entscheiden zu können, ob Sie für diese Stelle geeignet sind oder nicht.

3

Häufige und trickreiche Fragen - Überzeugende Antworten

Fragen zum bisherigen Werdegang

„Erzählen Sie uns doch einmal Ihren bisherigen Werdegang"

Diese Frage ist als Gesprächseinleitung beliebt. Die so befragten Kandidaten sind mitunter etwas verwirrt. Ist doch zu vermuten, daß der Interviewer aus der Personalakte oder den Bewerbungsunterlagen über den bisherigen Werdegang in den wichtigsten Punkten unterrichtet ist. Was soll also diese Frage noch, wenn davon ausgegangen werden kann, daß die Daten dem Gesprächspartner schon bekannt sind?

Oft will der Interviewer Ihnen damit zu Beginn des Gesprächs eine Brücke bauen. Er will Ihnen helfen, Ihre Befangenheit zu nehmen, denn er geht davon aus, daß es am leichtesten fällt, über den eigenen Werdegang und die eigenen Erlebnisse zu erzählen. Die Schilderung des eigenen Lebenslaufs bietet allerdings auch gute Möglichkeiten, an bestimmte Passagen mit kritischen Fragen anzuknüpfen.

Natürlich bietet sich für den Interviewer auch eine gute Gelegenheit, erste Eindrücke vom sprachlichen Ausdrucksvermögen der Befragten zu erhalten, denn Antworten auf die Frage nach dem Lebenslauf fallen in der Regel etwas länger aus.

Es ist daher eine gute Vorbereitung, wenn Sie einige Male Ihren Lebenslauf laut aufsagen oder jemandem erzählen. Nicht immer ist es angebracht, im Vorstellungsgespräch seinen bisherigen Werdegang in voller Breite zu erzählen. Präparieren Sie sich aus diesem Grunde für eine Kurzfassung und eine ausführlichere Version.

„Beschreiben Sie uns Ihre derzeitige Arbeit."

Vor allem frustrierte Bewerber nehmen diese Frage gern zum Anlaß, um nun vor allem die negativen Aspekte ihrer jetzigen Arbeit zu schildern. Für den Interviewer machen sie sich damit nicht gerade attraktiver. Wer seine bisherige Tätigkeit abwertet, läuft Gefahr, daß er sich aus der Sicht des Unternehmens nicht zuletzt auch selbst abwertet. Pluspunkte sammeln eher solche Bewerberinnen und Bewerber die kurz und knapp die an sie gestellten Aufgaben und die damit verbundenen Anforderungen schildern. Zum Einüben der entsprechenden Antworten eignet sich mitunter auch recht gut die Stellenbeschreibung. Wer dabei die Schwerpunkte auf solche Bereiche legt, die auch für die angestrebte neue Stelle nützlich sein könnten, signalisiert schon dadurch Kompetenz und Qualifikation.

Wer allerdings seinen derzeitigen Arbeitsplatz zu rosig schildert, könnte in Konflikte geraten, wenn dann die nachfolgende Frage gestellt wird.

„Warum wollen Sie wechseln?"

Positiv aufgenommen wird, wenn Sie bei der Schilderung Ihres gegenwärtigen Aufgabengebietes nicht nur Ihre Aufgaben, Verantwortungen und Zuständigkeiten schildern, sondern auch, was Sie verändert und verbessert haben. Signalisieren Sie Ihrem Gesprächspartner doch damit, daß Sie nicht nur verwalten, sondern auch gestalten können. Entsprechende Beispiele lassen sich fast immer finden. Beispielsweise können das sein: Verbesserungen von Organisationsabläufen, Verbesserungsvorschläge - vielleicht sogar mit einer Auszeichnung - Rationalisierungen, Kostensenkungen, Verbesserungen in der Konstruktion einzelner Teile oder Fertigungsabläufe. Aus Ihrer Sammlung von Beispielen gelöster Probleme sollten Sie solche Fallbeispiele herausgreifen, die für Ihre Gesprächspartner im Hinblick auf die ausgeschriebene Position besonders aufschlußreich sein könnten, um Ihm einen besonderen Nutzen zu signalisieren.

An solchen Aktivitäten kennzeichnen Sie sich als jemand, der nicht nur in der Lage ist, Vorhandenes zu verwalten, sondern der auch gelernt hat, zuzupacken und aktiv Lösungen zu erarbeiten. Ohne aufzuschneiden lassen sich Erfahrungen auf diese Weise sehr überzeugend und plausibel darstellen.

Je besser Sie sich für die Schilderung solcher Beispiele vorbereitet haben, desto leichter wird es für Sie sein, Ihre Aktivitäten kurz, knapp und nur mit Bezug auf wesentliche Details zu schildern. Denn auch Ihr Ausdrucksvermögen wird man bewerten.

„Wie beurteilen Sie Ihren Lebenslauf“

Eine Frage, bei der Sie Selbstbewußtsein zeigen können, wenn Sie Ihre bisherigen Berufsstationen und die damit verbundenen Entscheidungen positiv sehen. Hier ist nicht der Ort zu diskutieren oder sich gar zu entschuldigen, was man vielleicht hätte besser machen sollen.

Machen Sie deutlich, daß Sie mit Ihrem bisherigen Werdegang zufrieden sind und daß Ihre berufliche Entwicklung logisch und folgerichtig war. Es wäre natürlich geschickt, wenn Sie verdeutlichen könnten, daß ein Aufstieg in diesem Unternehmen ein weiterer folgerichtiger Schritt für Ihre Entwicklung wäre.

„Erzählen Sie uns doch bitte etwas über sich.“

Nicht wenige Kandidaten wissen zunächst einmal gar nicht, womit sie eigentlich beginnen sollen. Zwar ließe sich aus dem eigenen Leben viel berichten, doch was genau soll man erwähnen? Wo soll man anfangen? Schließlich liegen dem Unternehmen ja auch schon die schriftlichen Bewerbungsunterlagen vor. Es ist also davon auszugehen, daß der Interviewer ohnehin bereits gut informiert ist.

Natürlich wurde die Frage bewußt sehr allgemein und offen formuliert, so daß es nicht gerade einfach ist, Ansätze für eine Antwort zu finden, die nicht zu sehr in die Breite geht. Interviewer möchten auf diese Weise gern erforschen, was die Befragten von sich aus für wichtig und berichtenswert halten und wo sie Schwerpunkte setzen.

In einer anschließenden Analyse werden dann aus den so gewonnenen Informationen oftmals gern Rückschlüsse auf bestimmte Wesenszüge gezogen. Was wurde erzählt? Wie wurde es dargestellt? Wie gut konnten sich die Befragten ausdrücken? Eher umständlich und langatmig oder kurz und sachlich, so daß nur wesentliche Einzelheiten berichtet wurden. Lassen sich aus dem Erzählten Rückschlüsse auf eine eher passiv oder eine eher aktiv eingestellte Person ableiten? Gibt es Hinweise auf ein schwächer ausgeprägtes Selbstbewußtsein oder auf Unsicherheiten (z.B. durch fortwährende Entschuldigungen)?

Wie soll man antworten? Immer wieder bewährt hat sich auch hier die Schilderung des eigenen beruflichen Werdegangs. Legen Sie dabei auch noch den Schwerpunkt auf Fähigkeiten und Eigenschaften, die Ihre Qualifikation für die neue Position unterstreichen, so haben Sie die Frage gut genutzt, um sich gegenüber Mitbewerbern zu profilieren. Ein Grund mehr, sich bei der Vorbereitung auf das Vorstellungsgespräch besonders sorgfältig auf die Darstellung des eigenen beruflichen Werdegangs vorzubereiten.

„Wenn man sich Ihren Lebenslauf ansieht, so läßt sich feststellen, daß Ihre Verweilzeit bei den einzelnen Arbeitgebern recht kurz war. Welche Erklärungen haben Sie dazu?“

Vielfach sehen Unternehmen im häufigen Wechsel des Arbeitsplatzes einen Schwachpunkt. Unstetigkeit und Unentschlossenheit, der Wechsel der Stellung nur wegen eines Höheren Einkommens oder auch der Wechsel zwischen verschiedenen Berufen oder Branchen ohne plausible Erklärung macht Personalleute mißtrauisch. Oft wird dann vermutet, daß die Einstellung solcher Bewerber der Firma nur für kurze Zeit nutzen könnte. Liegt der Schluß doch nahe, daß solche Kandidaten auch den neuen Job nur als Durchgangsstation ansehen.

Daß Unternehmen heute mehr als früher auf die Häufigkeit des Stellenwechsels achten, hat einen klaren Grund: Mißgriffe bei der Personalauslese kosten viel Geld. Wenn sich beispielsweise erst nach einem halben Jahr zeigt, daß jemand die Ansprüche nicht erfüllt, dann dauert es oft noch einige Zeit, bis er ausscheidet und dann bekommt er vielleicht noch eine fette Abfindung. Für die Firma beginnt das Spiel von neuem und es dauert oft noch eine ganze Weile, bis sie den geeigneten Mitarbeiter bekommt. Auch Personalchefs staunen immer wieder neu, wie teuer neue Mitarbeiter werden können.

Sollten Sie in Ihrem bisherigen Werdegang hier Schwierigkeiten sehen, dann legen Sie sich rechtzeitig eine plausible Erklärung zurecht. Diskutieren Sie mit Freunden und Kollegen kritisch über dieses Thema, und sammeln Sie sowohl die Pro-Argumente als auch die Kontras.

Besonders zu Beginn des Berufslebens wird von vielen Interviewern akzeptiert, wenn Sie häufige Wechsel damit begründen, daß Sie Ihre Berufserfahrung auf eine möglichst breite Basis stellen wollten, um so gut fundiert in die neue Position einzutreten.

Diese Zielsetzung können Sie noch besser verkaufen, wenn Sie sich vom Arbeitgeber rechtzeitig im Zeugnis einen entsprechenden Passus wie beispielsweise diesen formulieren lassen:

> *„Entsprechend seinen Zielvorstellungen, auf möglichst breiter Basis Erfahrungen über betriebliche Abläufe zu vertiefen, wurde Frau/ Herr XYZ vorwiegend in den Bereichen .... eingesetzt."*

Stellen Sie also schon rechtzeitig die Weichen. Wenn Sie diplomatisch genug vorgehen, wird der Zeugnisaussteller gegen solche Formulierungen nichts einzuwenden haben.

Lassen Sie auf keinen Fall den Verdacht aufkommen, daß es Ihnen an Ausdauer und Beständigkeit fehlt oder daß Sie vielleicht bei Schwierigkeiten schnell die Flinte ins Korn werfen.

„Aus Ihrem Lebenslauf geht hervor, daß Sie eine längere Zeit ohne Beschäftigung waren. Was haben Sie während dieser Zeit unternommen, um aus dieser Situation wieder herauszukommen?"

Gut Ding braucht Weile. Für jeden, der den Arbeitsmarkt kennt, sind Suchzeiten und auch berufliche Rückschritte oder Stillstände kein Makel. Viel wichtiger ist, wie Sie mit diesen Situationen fertig geworden sind, was Sie mit der Zeit angefangen haben. Ließen Sie sich vom Schicksal nicht unterkriegen, oder nahmen Sie ohne eigene Initiative alles ergeben und resignierend hin?

Jede Krise hat auch eine Chance. Wenn Sie deutlich machen, daß Sie auch aus schlechten Zeiten noch Gutes herausholen können, so haben Sie sich bereits wesentlich gegenüber Ihren Mitbewerbern durchgesetzt.

„Wie halten Sie sich beruflich fit?“

Anstrengungen, die Sie zu Ihrer Fortbildung unternommen haben, sollten Sie auch erwähnen. Das unterstreicht Ihre Qualifikation und erhöht Ihren Marktwert. Dabei sollten Sie Ihren Gesprächspartner vor allem über die Inhalte und den Nutzen dieser Veranstaltungen informieren. Die Dauer der Lehrgänge kann die Firma auch aus den Zeugnissen oder Bescheinigungen entnehmen. Überhaupt sollten Sie spätestens von nun an darauf achten, daß Sie am Schluß einer Fortbildungsveranstaltung regelmäßig eine Bescheinigung oder ein Zeugnis erhalten. Mit diesen Belegen können Sie schon bei der schriftlichen Bewerbung unterstreichen, daß Sie aktiv an sich arbeiten - eine Grundvoraussetzung für beruflichen Erfolg.

„Warum wollen Sie Wechseln?“

Wer hier Motive und Gründe wie beispielsweise das Gehalt oder besonders attraktive Sozialleistungen angibt, muß damit rechnen, daß ihm das negativ angerechnet wird. Einen bewährten Ansatz bilden Argumente, die sich auf den Text der Stellenanzeige beziehen. Besonders gern akzeptiert werden auch Motive, die den Willen zur Leistung oder auch den Wunsch zu einer besseren Entfaltung der eigenen beruflichen Kenntnisse unterstreichen. Sind es doch vielfach gerade diese Eigenschaften, die das Unternehmen sucht.

Von vielen Firmen akzeptiert werden die folgenden Kündigungsmotive:

- Die Entfernung zur Arbeitsstelle war zu groß. So daß der Arbeitsweg zu lang oder zu aufwendig war.

- Bei der alten Stelle gab es keine attraktiven Möglichkeiten mehr zur beruflichen Weiterentwicklung.

- Beim alten Job gab es keine Aufstiegsmöglichkeiten mehr. Zu viele andere wären aus verschiedenen Gründen vorher befördert worden, obwohl einem durchaus das Potential für einen Aufstieg zugesprochen wurde. Erwecken Sie den Eindruck, daß es Ihnen in erster Linie um den eigenen Aufstieg und die Nutzung von Karrierechancen geht, wird es schwierig. Das Unternehmen könnte Sie als „Job-Hopper“ einschätzen.

- Das Gehaltsniveau entspricht nicht Ihrer Qualifikation und Leistung. Sie fühlen sich unterbezahlt. Vorsicht, dieses Argument wird nicht immer akzeptiert. Sicher wird man Ihnen die Frage stellen, mit welchem Gehalt Sie zufrieden wären. Deckt sich Ihr Gehaltswunsch zu wenig mit den Vorstellungen des Unternehmens, sind Sie aus dem Rennen.

- Der Ruf des vorherigen Unternehmens ist nicht besonders gut und Sie wollen in einem besseren Unternehmen arbeiten. Vorsicht, hier wird man mit Fragen nachfassen, z.B.: „Was wissen Sie von uns?“ Zeigt sich dann, daß Sie das Unternehmen nicht gut kennen, wird man Ihren Worten wenig glauben schenken. Aber auch bei guter Vorbereitung stellen Interviewer mitunter Fangfragen. Beispielsweise diese: „Was glauben Sie, wird bei uns besser sein als beim alten Job?“ oder: „Was erwarten Sie von der neuen Position?“

- Das Unternehmen steckt in der Krise, so daß mit Entlassungen zu rechnen ist. Einem Bewerber, der diesen Grund angab, stellte man die Frage, warum gerade er mit einer Entlassung rechnen würde. Gute Leute läßt man ungern ziehen. Gerade vorher hätte er doch seine herausragende Qualifikation und seine Kompetenz beschrieben. Als er dann angab, daß der gesamte Produktionszweig, in dem er arbeiten würde, gestrichen werden soll, akzeptierte man seine Gründe.

„Welches Verhältnis hatten Sie zu Ihren Kollegen?“ „Wie kamen Sie mit Ihrem Vorgesetzten klar?“

Negativ registriert werden regelmäßig Bemerkungen, die den alten Job oder den alten Arbeitgeber schlecht machen. Solche Kritik kann leicht auf Sie zurückfallen. Daß Bewerberinnen und Bewerber bei ihrer Kritik diese Konfliktmöglichkeit zu wenig beachten, läßt sich immer wieder beobachten. Auch wenn Ihnen Arbeitsfrust und Verärgerung auf der Seele liegen, mit negativen Bemerkungen gegenüber Ihren bisherigen Arbeitgebern, Vorgesetzten oder Kollegen halten Sie sich lieber zurück. Am besten lassen Sie solche Bemerkungen unerwähnt. Bewerbungen nach dem Leitmotiv: „Mein alter Job war so mies, darum suche ich mein Wohl jetzt bei Ihrer Firma“ werden nur selten akzeptiert.

Kommt es dennoch zur Kritik gegenüber der alten Firma, so setzen Personalleute gern mit der Frage nach:

„Beschreiben Sie uns kurz eine typische Arbeitssituation, die nicht nach Ihren Vorstellungen verlief oder bei der es zu Konflikten kam.“

„Endlich jemand, der mir Gehör schenkt und mich versteht“, dachte ein Anwärter auf eine Position im Marketing, als ihm diese Frage gestellt wurde. Voller Vertauen und nicht gerade sparsam mit kritischen Anmerkungen schilderte er eine Begebenheit mit einem seiner Meinung nach ungerechten früheren Chef.

Das Interesse der Interviewer lag jedoch weniger im Sachverhalt der geschilderten Situation. Man wollte vielmehr gern wissen, wie der Kandidat mit dem Konflikt fertig wurde und was er konkret unternahm, um das Problem zu lösen. Verglichen mit seiner ausführlichen Kritik fielen seine Antworten auf diese Fragen eher dürftig aus. Der Gesprächspartner wollte ihm noch eine Brücke bauen und fragte den Bewerber, wo denn seiner Meinung nach die Ursachen für diese Konfliktsituation lagen: Jedoch ließ auch sein Hinweis auf die Inkompetenz des früheren Chefs den Kandidaten als angehende Führungskraft mit sozialer Kompetenz nicht gerade überzeugender wirken.

„Warum wollen Sie bei Ihrem jetzigen Arbeitgeber kündigen?“

Eine Frage, die es in sich hat. Sie kann schnell zum Fallstrick werden. Immer wieder läßt sich beobachten: Wer hier die negativen Verhältnisse beim früheren Arbeitgeber zu ausführlich schildert, kann bei den Interviewern schnell auf Ablehnung stoßen. Ebenso wirkt auch ein Schlechtmachen früherer Kollegen oder Vorgesetzten oft peinlich. Nur zu leicht wird übersehen, daß ausführliche Schilderungen negativer Erfahrungen auch das eigene Bild beschädigen können. Ähnliches gilt auch für Kandidaten, deren Motivation zum Wechsel in erster Linie in einem höheren Gehalt liegt.

Ihre Motive zum Wechsel sollten anders aussehen. Wie wäre es beispielsweise mit dem Argument, daß sich für Sie beim alten Job keine attraktiven Perspektiven mehr ergeben, so daß Sie sich nicht mehr so entfalten können, wie Sie eigentlich wollen. Oder daß wesentliche Aspekte Ihres Könnens (z.B. Fremdsprachen) bei Ihrer alten Arbeit nicht (mehr) ausreichend zum Tragen kommen. Solche Antworten lassen erkennen, daß Sie mehr leisten wollen, als Ihnen gegenwärtig ermöglicht wird.

Fragen zur neuen Stelle

„Haben Sie sich auch noch bei anderen Unternehmen beworben?“

Viele Firmen akzeptieren durchaus, daß man „mehrere Eisen im Feuer“ hat und auch diese Möglichkeiten prüft, so daß man sich nur dann für die ausgeschriebene Position entscheiden würde, wenn beide Seiten davon überzeugt sind, daß dies eine gute Besetzung sein könnte. Sicher ist es dabei angeraten, zu zeigen, daß man an der angebotenen Stelle interessiert ist. Kandidaten, die jedoch den Eindruck erwecken, daß sie auf den Job angewiesen sind, sozusagen als letzte Chance, bewirken bei vielen Interviewern eher das Gegenteil.

„Wodurch fühlten Sie sich bei unserer Stellenanzeige besonders angesprochen?“

Ja, wodurch eigentlich? Haben Sie sich diese Frage schon mal so konkret gestellt? Es wäre schon ganz nützlich, wenn man sich über seine an den neuen Job geknüpften Erwartungen im klaren ist. Ob Sie diese Gründe allerdings auch dem Unternehmen gegenüber immer gleich offenbaren sollten, bleibt fraglich.

Viele Stellenanzeigen geben in Ihrem Text bestimmte Anforderungs- und Eignungsmerkmale vor. Antworten und Motive, die sich auf die im Text genannten Anforderungs- oder Leistungsmerkmale beziehen, werden in der Regel nicht nur akzeptiert, sondern fallen auch positiv auf.

„Was versprechen Sie sich von der ausgeschriebenen Stelle?“

Wer sich zu dieser Frage erst dann Gedanken macht, wenn er danach gefragt wird, sieht im Interview meist kläglich aus. Über Ihre Motive sollten Sie sich schon vorher im klaren sein. Unterstreichen Sie die für Sie positiven Aspekte der zu erwartenden Aufgaben und die sich daraus ergebenden Konsequenzen für Ihr berufliches Vorankommen.

„Was interessiert Sie an dieser Position am meisten?“

Auch mit dieser Frage möchte man Aufschluß über Ihre Motivationsgründe und Ihre Einstellung zum Beruf gewinnen. Antworten, die auf ein gutes Einkommen oder besondere Vergünstigungen anspielen, führen in der Regel nicht gerade zu einer positiven Bewertung. Statt dessen sollten Sie lieber Ihr Interesse an den neuen Aufgaben anführen, an der Veränderung Ihres Berufsfeldes und nicht zuletzt auch den Reiz der Herausforderung bekunden, sich wieder neu bewähren zu müssen.

„Wie lange würden Sie in unserem Unternehmen bleiben?“

Eine Frage, die immerhin schon ein größeres Interesse an Ihnen signalisiert. Die Angabe einer konkreten Zeitspanne wird man wohl kaum von Ihnen erwarten. Andererseits wird das Unternehmen sicherlich nicht gerade daran interessiert sein, sich mit einem „Job-Hopper“ einzulassen, der schnell bereit ist, wegen jedes sich bietenden Vorteils zu wechseln. Von solchen Leuten wird vermutet, daß sie auch dieses Unternehmen nur als kurzfristige Durchgangsstation betrachten. Unternehmen reagieren sehr empfindlich auf solche Kandidaten. Ein- zwei- vielleicht auch dreimal geht so ein Wechsel innerhalb weniger Jahre gut, meistens läßt sich sogar noch ein gewisser Aufstieg beobachten, danach wundern sich solche Bewerber vielfach, daß immer weniger Firmen ernsthaftes Interesse an ihnen zeigen.

Vor allem, wenn der bisherige Lebenslauf bereits häufige Stellenwechsel aufzeigt, sollte man das bei seiner Antwort berücksichtigen. In der Regel wird Ihr Gegenüber akzeptieren, wenn Sie glaubhaft erklären, daß Sie an einem dauerhaften Arbeitsverhältnis interessiert sind. Und daß Sie keinen Grund zum Wechsel in eine andere Firma sehen, solange sich im Unternehmen Gelegenheiten bieten, sich beruflich weiterzuentwickeln.

„Warum meinen Sie, daß wir die neue Position gerade mit Ihnen besetzen sollten?“

Man kann geteilter Meinung darüber sein, ob so eine Frage noch als sachlich gelten kann oder ob sie nicht schon in Richtung Streßinterview abgleitet. Selbstbewußtsein läßt sich auch anders prüfen. Fragen dieser Art bewegen sich schon am Rande der Unsachlichkeit. Kommen sie überraschend, so können sie einen ziemlich unter Streß setzen. Vielleicht wäre statt einer Antwort mitunter eine Gegenfrage angebracht: *„Was spräche dagegen?“*

Wollen Sie positiv reagieren, so verweisen Sie am besten auf Ihre Qualifikationen und unterstreichen dies durch Ihre Zeugnisse und sonstigen Unterlagen. Geht das Gespräch in diesem Ton weiter, ist es vielleicht sinnvoll, zu überlegen, ob man überhaupt unter so einem Firmenstil arbeiten will.

„In der neuen Position werden Sie viel reisen müssen. Wären Sie bereit, überall hinzugehen, wohin die Firma Sie schickt?“

Eine Frage, die offenbar bewußt sehr global formuliert ist. Sie spielt auf Ihre Bereitschaft zur Mobilität an. Auf allgemeine Fragen kann man auch allgemein antworten. Ein „grundsätzlich ja“ kann nicht schaden, im konkreten Einzelfall können Sie dann immer noch entscheiden, ob Sie bereit sind, zu reisen oder umzuziehen.

Allerdings wird hier ein grundsätzliches Thema angesprochen, welches wohlüberlegt sein will. Vor allem von Berufsanfängern wird die Bedeutung eines Ortswechsels und die damit einhergehende oft tiefgreifende Veränderung auch im sozialen Umfeld unterschätzt.

Es ist nicht jedermanns Sache, über längere Zeiträume nur in Hotels und aus dem Koffer zu leben. Der touristische Aspekt geht bei Geschäftsreisen schnell verloren. Andererseits sind gerade Berufe, in denen man viel herumkommt, oft besonders interessant und bieten mehr Abwechslung. Vielfach hat man bei solchen Tätigkeiten auch größere Freiräume - die entsprechende Mentalität vorausgesetzt. Denken Sie schon rechtzeitig kritisch darüber nach, ob Sie wirklich bereit sind, an einen anderen Ort zu ziehen, oder ob Sie ständig auf Reisen sein wollen. Welche Konsequenzen ergäben sich daraus? Welche Vorteile? Welche Nachteile? Wie würde sich mein Privatleben verändern? Will ich das wirklich?

Eine Bewerberin berichtete diesen Gesprächsverlauf: Am Ende des Gesprächs, als eigentlich das Wichtigste gesagt war, stellte er (der Interviewer) mir noch die Frage:

„Um Sie auf unserer Besprechung am nächsten Montag vorschlagen zu können, müssen Sie mir noch 5 Argumente nennen, die für Ihre Einstellung sprechen und die ich dann vortragen kann.“

Ich fühlte mich ziemlich unter Druck gesetzt, als er ungeduldig bei jeder Antwort mitzählte und sagte: „Jetzt haben wir zwei. Ich brauche aber noch drei weitere.“ Als ich fünf Argumente genannt hatte, kam die Gegenposition:

„Nun nennen Sie mir bitte noch drei Nichtstärken, die wir bei unseren Überlegungen auch berücksichtigen müssen.“

Dieses Fragespiel ist eigentlich nichts anderes als eine Umschreibung der Frage:

„Worin sehen Sie Ihre größten Stärken/ Schwächen?“,

nur daß die Stellensuchenden hier noch zusätzlich unter Druck gesetzt werden. Bereits das Aufzählen der Argumente - ohne daß auf den Inhalt der Ausführungen eingegangen wird, erzeugt Streß. Die vorgegebene Aussicht, daß der Job zum greifen nah ist, wirkt dabei noch verstärkend. Auch hier sind wieder Stehvermögen, Selbstbewußtsein und Überzeugungskraft gefragt.

Fragen dieser Art können Sie eigentlich nur überzeugend begegnen, wenn Sie sich bereits vorher ausführlich mit Ihren Stärken und Schwächen auseinandergesetzt haben, wenn Sie sich also schon darüber im klaren sind, was Sie sagen wollen und was nicht.

„Welche Gehaltsvorstellungen haben Sie?"
„An welches Einkommen haben Sie gedacht?"

Für die Gehaltsverhandlung brauchen sowohl Sie als auch Ihr Gesprächspartner möglichst viel Hintergrundwissen. Die Frage sollte daher zum Schluß des Gesprächs gestellt werden, nachdem beide Seiten genauer voneinander wissen.

Sicher, die Frage nach dem Einkommen stellt in den meisten Vorstellungsgesprächen einen besonders sensiblen Punkt dar. Gelassenheit ist hier besonders wichtig für ein erfolgreiches Verhandeln. Stellen Sie Ihre Einkommenswünsche daher nicht in den Mittelpunkt des Gesprächs. Ihr Verhandlungspartner könnte es Ihnen übelnehmen, wenn Sie ein zu eifriges Interesse am Geld zeigen. Andererseits bietet gerade das Gehaltsgespräch eine gute Gelegenheit, Selbstbewußtsein, Sicherheit, Stehvermögen aber auch Realitätssinn zu zeigen. Emotionen haben dagegen im Gehaltsgespräch nichts zu tun. Wer meint, daß er durch das Erregen von Mitleid oder das Schildern privater sozialer Belastungen vielleicht etwas mehr aushandeln könnte, erzeugt eher Ablehnung und wertet sich selbst ab. Schließlich wird die neue Stelle nicht nach Bedürftigkeit sondern nach Nutzen und Marktwert bezahlt.

Wieviel soll man fordern? Besonders größere Firmen haben meistens ziemlich fest vorgegebene Gehaltsstrukturen. Ihr Verhandlungsspielraum ist also begrenzt. Andererseits dürfte es auch Ihrem Gesprächspartner klar sein, daß Sie mit einem Stellenwechsel auch den Wunsch nach einem höheren Einkommen verbinden. Wer allerdings zu hohe Forderungen stellt, riskiert das Scheitern des Gesprächs. Was ist also angemessen? Verbesserungen zwischen 10 und 15 Prozent für einen Stellenwechsel werden von Firmen allgemein akzeptiert und stellen den Regelfall dar. Wer seine Arbeitsleistung freiwillig deutlich unter Wert anbietet, wird deshalb vom Unternehmen nicht mehr geschätzt. Im Gegenteil: Ihr freiwilliger Einkommensverzicht könnte bei Ihrem Verhandlungspartner Mißtrauen erwecken, so daß unter Umständen Ihre ganze Bewerbung in Frage gestellt wird. Gehaltsforderungen „unter Wert" sind daher unbedingt erklärungsbedürftig. Die Regel sind sie nicht.

Probleme mit der Nennung ihrer Gehaltsvorstellungen haben auch oft Berufseinsteiger. Was ist realistisch? Was soll man nennen? Zur Vorbereitung auf das Gehaltsgespräch sollten Sie sich besonders als Berufseinsteiger mit einer sorgfältigen „Marktanalyse" auf die Gehaltsfrage vorbereiten. Dazu bieten sich beispielsweise die regelmäßigen Veröffentlichungen in einigen Wirtschaftszeitschriften an (z.B. Capital, Manager Magazin), aber auch Gespräche mit anderen Absolventen, die in der gleichen Lage sind, können sehr hilfreich sein. Analysen dieser Art haben dann bei der Verhandlung auch noch den Vorteil, daß man sich auf solche von außen vorgegebenen - und damit neutraler wirkenden - Daten bei der Nennung der eigenen Vorstellungen berufen kann. Vielleicht so:

> *„Eine Umfrage der Zeitschrift XY hat ergeben, daß vergleichbare Positionen mit einem durchschnittlichen Anfangsgehalt von DM ... vergütet werden. Ich denke mir daher, es wäre angemessen, wenn ich bei Ihnen mit einem Jahresgehalt von ... bis ... beginnen würde."*

Ihre Forderung gegenüber dem Unternehmen steht damit nicht mehr allein im Raume. Vielmehr passen Sie Ihre Vorstellungen dem, was gängig ist, an. Die Akzeptanz gegenüber auf solchen Informationen basierenden Gehaltswünschen liegt in der Regel deutlich höher - sofern sie realistisch sind.

Wie soll man seine Einkommensvorstellungen formulieren? Handeln Sie Ihre Gehaltsforderungen möglichst auf Jahresbasis aus. Der so genannte Betrag enthält dann auch eventuelle Sozial- und Nebenleistungen, die sonst alle extra angesprochen werden müßten. Der Verhandlungsaufwand läßt sich auf diese Weise deutlich reduzieren, was oft der Gesprächsatmosphäre zugute kommt. Natürlich müssen Sie sich dazu als Ausgangsbasis und zum besseren Vergleich vor Verhandlungsbeginn genau zusammengestellt haben, welches Einkommen Sie jetzt erhalten.

In den meisten Fällen empfiehlt es sich, wenn Sie Ihre Forderungen möglichst nicht in einer festen Summe nennen. Geben Sie einen Verhandlungsspielraum an, so läßt sich darüber besser und flexibler verhandeln als über einen fest vorgegebenen Betrag. Wer seine Gehaltswünsche als Spanne „von... -bis..." nennt, erspart sich und seinem Gesprächspartner oft auch das nicht immer gerade positiv wirkende Feilschen. Außerdem läßt sich auf diese Weise leichter das Gesicht wahren, wenn der ausgehandelte Betrag nachher nicht ganz der gewünschten Höhe entspricht.

„Wie lange haben Sie vor, in unserem Unternehmen zu bleiben?"

Vor allem, wenn das Unternehmen vor hat, in Ihre berufliche Ausbildung zu investieren (z.B. Traineeprogramme, Spezialausbildungen, o.ä.) wird es nicht an kurzen Verweilzeiten interessiert sein. Machen Sie deutlich, daß Sie nicht vorhaben, schnell die Firma zu wechseln, solange es im Unternehmen für Sie attraktive Möglichkeiten geben wird, sich beruflich zu verwirklichen und weiterzuentwickeln. „Job-Hopping" sehen nur wenige Firmen gern.

„Wann könnten Sie bei uns anfangen?"

Der Eintrittstermin gehört mit zu den wichtigsten Terminen Ihrer Bewerbung. Können Sie schon vor Ablauf der üblichen oder der vertraglichen Kündigungsfristen in das neue Unternehmen eintreten, so sollten Sie erklären, warum. Leicht könnte Ihr Gesprächspartner sonst annehmen, man möchte Sie beim anderen Arbeitgeber los sein.

So ein Verdacht würde Ihre Verhandlungsposition und Ihr Ansehen nicht gerade stärken. Auf keinen Fall sollten Sie bei Ihrem jetzigen Arbeitgeber kündigen, bevor Sie keine verbindliche, schriftliche Zusage vom neuen Unternehmen haben. Auch sollten Sie einer vorzeitigen vertraglichen Auflösung Ihres Arbeitsverhältnisses nur in Ausnahmefällen zustimmen. Zu leicht könnten Sie sonst „zwischen den Stühlen" zu sitzen kommen.

Sollten Sie sich dennoch einmal auf eine vorzeitige Vertragsauflösung einlassen, so achten Sie auf einen klärenden Hinweis in Ihrem Arbeitszeugnis. Aufgrund des unüblichen Ausscheidungstermins könnte Ihr übernächster Arbeitgeber sonst auf ein problematisches Arbeitsverhältnis schließen und annehmen, daß Sie nicht auf eigenen Wunsch gingen, sondern gegangen worden sind. Vor allem, wenn man öfter gewechselt hat, kann so etwas mitunter zu erheblichen Problemen führen.

Überhaupt sollten Sie sich nach Möglichkeit immer ungekündigt um eine neue Stelle bemühen. Bewerben Sie sich daher rechtzeitig einige Wochen - besser noch einige Monate - vor dem nächstmöglichen Kündigungstermin. Auf diese Weise lassen sich mitunter erheblicher Aufwand und Streß vermeiden.

„Wie lange würden Sie brauchen, um bei uns voll einsteigen zu können?"

„Wie lange würden Sie zu Ihrer Einarbeitung brauchen?"

Man möchte also wissen, wann das Unternehmen aus Ihrer Mitarbeit vollen Nutzen ziehen kann. Wer so fragt, zeigt bereits ein konkretes Interesse. Immerhin erwägt man Sie bereits als Mitglied des Unternehmens.

Um realistisch antworten zu können, muß Ihr Gesprächspartner Ihnen bereits handfeste Informationen von dem gegeben haben, was Sie in der neuen Position erwartet. Ernsthaft kann diese Frage daher nur zum Ende des Interviews gestellt werden.

Im Grunde müßte das Unternehmen selbst die Frage sogar viel besser beantworten können als Sie. Schließlich weiß man dort wesentlich genauer, welche Anforderungen der neue Job an Sie stellen wird.

Da Unternehmen schon aus Kostengründen und zur Überwindung personeller Engpässe an kurzen Einarbeitungszeiten interessiert sind, wird man es sicher gern hören, wenn Sie durch Ihre Antwort glaubhaft machen, daß Sie sich normalerweise sehr schnell in neue Aufgabenfelder einarbeiten.

Ihre Antwort wird natürlich noch überzeugender wirken, wenn auch Ihre Arbeitszeugnisse[1] das bestätigen. Achten Sie also zukünftig auf entsprechende Formulierungen, wenn Sie ein Arbeitszeugnis erhalten. Vielleicht so:

> *„Herr K. war bald in der Lage, die ihm übertragenen Aufgaben zu großen Teilen selbständig zu bearbeiten. Dies tat er stets zu unserer vollsten Zufriedenheit."*

oder so:

> *„Wir erlebten in Frau M. eine Mitarbeiterin, die sich mit sehr viel Eigeninitiative und Engagement überdurchschnittlich schnell in neue Tätigkeitsfelder einarbeitete."*

Damit haben Sie auch schon ein paar wichtige Schlüsselworte, die Interviewer im Zusammenhang mit dieser Frage gern hören: Wer Eigeninitiative und Engagement zeigt, von dem ist in der Regel auch zu erwarten, daß er motiviert ist und sich relativ schnell in ein neues Aufgabengebiet einarbeitet.

Ein bewährter Weg ist auch, wenn Sie zunächst gar nicht so sehr auf eine konkrete Zeitplanung eingehen, sondern die Frage zum Anlaß nehmen, mit Ihrem Gesprächspartner zu erörtern, wie eine sinnvolle Einarbeitung aussehen könnte - ein konkreter Zeitplan ergibt sich dann vielfach von selbst.

Sie haben die Frage damit genutzt, um mit Ihrem Gesprächspartner gemeinsam Ihren konkreten Einstieg ins Unternehmen zu erarbeiten - sozusagen als erstes Projekt. Das Gemeinschaftsgefühl und das Gefühl einer Partnerschaft wird durch solche Unterhaltungen oft deutlich gestärkt.

[1]Zum Thema: Worauf Firmen in Arbeitszeugnissen besonders achten, vgl. die neuesten Informationen in C.Coelius: "Zeugnisse-Wie Sie böse Überraschungen vermeiden" (Titelinfo siehe Anhang)

Fragen zum persönlichen Arbeitsstil und zur Arbeitseinstellung

„Welches war Ihr bisher größter beruflicher Erfolg?“

Die Frage nach Mißerfolgen steht in engem Zusammenhang mit Fragen nach Ihren Erfolgen. Von vielen Interviewern wird positiv vermerkt, wenn Sie bei der Darstellung Ihrer Erfolge nicht versäumen, auch die Verdienste und Beiträge anderer nicht zu verschweigen. Interviewer gehen vielfach davon aus, daß Kandidaten, die genug Selbstvertrauen besitzen, auch bereit sind, in angemessener Weise über ihre Schwächen zu sprechen. Destruktive Selbstkritik ist damit allerdings nicht gemeint. Allzu selbstkritische Bekenntnisse wird Ihr Gegenüber eher mit Mißtrauen aufnehmen.

„Was gefällt Ihnen bei Ihrer derzeitigen Tätigkeit am meisten/ am wenigsten?“

Die überzeugende Beantwortung dieser Frage fällt Bewerberinnen und Bewerbern mitunter recht schwer. Vor allem, wenn man aus aufgestauter Frustration heraus den Arbeitsplatz wechseln möchte, ist es für viele oft nicht leicht, beim alten Job noch Positives zu finden. Wer jedoch vor lauter Frust und Verärgerung seiner alten Arbeit kaum noch positive Aspekte abgewinnen kann, kann beim Interviewer schnell den Eindruck erwecken, daß er zu seinem Beruf an sich keine Lust mehr hat und somit auch nicht mehr sehr motiviert ist. Von vielen Interviewern werden Gründe akzeptiert, die den eigenen Leistungswillen unterstreichen.

„Worauf legen Sie bei der Ausübung Ihres Berufes besonderen Wert?“

Immer wieder positiv aufgenommen werden Antworten, die signalisieren, daß...

- ...Sie sich für Ihre Aufgaben sehr einsetzen und Engagement zeigen. Es Ihnen beispielsweise nichts ausmacht, zusätzliche Zeit und Mühe aufzuwenden, um eine Sache termingerecht und ordentlich zu Ende zu bringen.

- ...Sie zuverlässig sind. Daß das, was Sie anpacken, in der Regel auch gut wird und daß man sich auf Sie verlassen kann.
- ...es Ihnen bei der Arbeit auch auf Ehrlichkeit und Integrität ankommt. Daß Sie beispielsweise für eine Sache auch geradestehen, wenn Sie schiefgegangen ist.
- ... Sie eine rasche Auffassungsgabe und gute analytische Fähigkeiten besitzen. Vielleicht können Sie Beispiele nennen, aus denen hervorgeht, daß Sie in der Lage sind, auch komplexe Dinge schnell zu überschauen und „auf den Punkt" zu bringen. Oder Sie stürzen sich nicht gleich auf die erstbeste sich bietende Lösung, sondern analysieren diese auch unter kurz- und langfristigen Aspekten. Dabei fällt es Ihnen nicht schwer, sich auf das Wesentliche zu konzentrieren.
- ...Sie einen kooperativen Arbeitsstil pflegen. Sie also auch andere Mitarbeiter und Kollegen unterstützen und fördern, wenn sich die Gelegenheit dazu bietet.
- ...Sie gegenüber Fort - und Weiterbildungsmöglichkeiten aufgeschlossen sind. Beispielsweise nutzen Sie Situationen und Gelegenheiten, die sich bieten, um die eigenen beruflichen Fähigkeiten zu verbessern und auszubauen.

Solche Eigenschaften und Fähigkeiten lassen sich oft überzeugend durch die Schilderung einfacher Beispiele und Situationen aus der früheren Arbeit darstellen. Allerdings sollten Sie dabei nicht zu dick auftragen. Hinweise, welche Wertvorstellungen und damit auch welche Tugenden bei Firmen besonders gern gesehen werden, gibt übrigens oft auch der Text der Stellenanzeige.

„Wie teilen Sie sich Ihre Arbeit ein?"

Gegenüber einem Attribut reagieren Unternehmen besonders sensibel: Geringe Effizienz. Angesichts der angespannten wirtschaftlichen Lage und dem Zwang zur Rationalisierung in vielen Betrieben haben sich die

Tendenzen zur Ablehnung weniger effizienter Mitarbeiter noch eher verstärkt. Wer daher im Vorstellungsgespräch den Verdacht aufkommen läßt, daß er gern von einer Sache zur anderen wechselt oder gar einfach nur drauflos wurstelt ohne vorherige Planung oder Strukturierung seiner Arbeit, muß sich nicht wundern, wenn sich das Unternehmen gegen ihn entscheidet.

Gewitzte Kandidaten stellen sich deshalb auch regelmäßig als entscheidungsfreudigen, überlegten, ruhigen und sachlichen Typen dar, der sich bei der Durchführung seiner Vorhaben nicht ablenken läßt und auf dem Wege zu seinen wohlgeplanten und klar gesetzten Zielen alle Hindernisse überwindet, die sich ihm in den Weg stellen. Einige tragen dabei allerdings so dick auf, daß sie schon nicht mehr glaubwürdig wirken.

„Wie gehen Sie vor, wenn Sie eine neue Aufgabe erhalten: Konzentrieren Sie sich erst einmal auf die Dinge, die Ihnen zunächst am sinnvollsten erscheinen, oder machen Sie sich vorher einen Plan?“

Machen Sie deutlich, daß Sie bei der Planung Ihrer Vorhaben überlegt und systematisch vorgehen und Ihre Arbeit auch im Detail sorgfältig organisieren und vorausplanen.

Dabei sollten Sie auch die Bedeutung, Prioritäten zu setzen und sich auch daran zu halten nicht unerwähnt lassen. Bei solchen Verhaltensweisen wird man Ihnen eine hohe Belastbarkeit und Effizienz zusprechen. Sie gelten dann als jemand, der nicht einfach konzeptlos drauflos wurstelt oder gern von einer Sache zur anderen wechselt.

Wer überzeugend darstellt, daß er seine Arbeit zielstrebig ins Auge faßt und seine Aufgaben auch bei widrigen Umständen und Hemmnissen möglichst zu Ende führt, ist gefragt. Mit Beurteilungen wie „zielstrebig“, „diszipliniert“, „belastbar“ kommen solche Bewerberinnen und Bewerber regelmäßig in die engere Wahl.

„Wie würden Sie selbst sich und Ihre Arbeit einschätzen?"

Fragen dieser Art werden gern dazu benutzt, um nach bestimmten Wesenszügen zu fahnden. Bewerberinnen und Bewerber, die sich bei der Einschätzung ihrer Arbeit als unbeschwerter, gleichmütiger Typ geben, der auf seine Fähigkeiten vertraut und sich zuversichtlich neuen Anforderungen stellt, werden von Unternehmen gern als selbstsicher und zuversichtlich beurteilt. Solchen Leuten sagt man nach, daß sie sich nicht so leicht durch die Kritik anderer entmutigen oder sich durch schlechte Nachrichten schnell verunsichern lassen.

Allerdings kommt es auch immer wieder vor, daß sich die Befragten durch allzu arglos und selbstkritisch gegebene Antworten selbst ins Abseits manövrieren: Wer sich als allzu dienstbeflissen zeigt oder sich selbstkritisch zu viele Sorgen über frühere Fehler macht, so daß ihn vielleicht sogar des öfteren Schuldgefühle plagen, wird in den Augen der Interviewer nicht gerade zu den optimistischen Draufgängern zählen.

Ähnliches gilt bei Bemerkungen, die durchblicken lassen, daß man vorher immer erst einmal gründlich prüft, ob man einer Aufgabe wirklich gewachsen ist. Geht dann trotzdem etwas schief, entwickeln sich schnell Schuldgefühle, auch wenn sie unberechtigt sind. Eine Verhaltensweise, die nicht gerade viel Selbstbewußtsein signalisiert.

„Was wollen Sie in fünf Jahren sein?"

Was mit dieser Frage erforscht werden soll ist klar: Ihr Ehrgeiz und Ihre Fähigkeit, sich selbst realistisch einzuschätzen. Besonders jungen Stellenkandidaten, die ihren Aufstieg noch vor sich haben, stellt man gern diese Frage. Sicher wird es Ihren Gesprächspartner nicht gerade gewogener stimmen, wenn Sie erklären, daß Sie in 5 Jahren seinen Platz einnehmen wollen. Daß Sie aber beruflichen Ehrgeiz haben und auch aufsteigen wollen, sollten Sie schon zeigen. Wird doch erwartet, daß motivierte und engagierte Mitarbeiter auch karrierebewußt sind und selbst aktiv ihre berufliche Weiterentwicklung planen. Von vielen Interviewern wird auch akzeptiert, wenn Sie in Ihren Antworten gar nicht so sehr auf einzelne konkrete Aufstiegspositionen eingehen, sondern vielmehr erklären, was Sie unternehmen wollen, um möglichst zügig voranzukommen. In solchen Ausführungen sollten dann Bemerkungen wie hohes berufliches Engagement, der Wille zur Weiterbildung oder auch einfach, daß man zunächst erst einmal Erfahrungen sammeln will, um dann weiterzusehen, nicht fehlen.

„Was haben Sie bisher unternommen, um Ihre Qualifikationen und Fähigkeiten auszubauen und zu verbessern?“

Eine Variante der Frage:

„Wie halten Sie sich beruflich fit?“

Was Sie unternehmen, um Ihr Wissen zu erweitern oder um sich fachlich fit zu halten, hebt Sie aus dem Kreis derjenigen hervor, welche dieselben Möglichkeiten hatten, sie aber nicht nutzten. Alle Anstrengungen, die Sie zu Ihrer Fortbildung unternommen haben, sollten Sie deshalb auch erwähnen. Das unterstreicht Ihre Qualifikation und erhöht Ihren Marktwert. Es macht sich natürlich gut, wenn Sie bei dieser Gelegenheit auch auf die entsprechenden Zeugnisse und Belege verweisen können. Weniger erfolgreich abgeschlossene Kurse belegen Sie lieber mit einer Teilnahmebescheinigung. So unterstreichen Sie immerhin Ihren Fleiß, denn auch der wird anerkannt. Außerdem wird dem Empfänger nicht von jedem Kursus bekannt sein, ob es ein Zeugnis oder nur eine Bescheinigung gab. Spätestens von nun an sollten Sie also darauf achten, daß Sie am Schluß einer Fortbildungsveranstaltung regelmäßig eine Bescheinigung oder ein Zeugnis erhalten. Mit diesen Belegen unterstreichen Sie, daß Sie aktiv an sich arbeiten.

„Wie müßte nach Ihren Vorstellungen der für Sie ideale Arbeitsplatz aussehen?“

Bewerberinnen und Bewerber, die diese Frage nutzen, um ihre Leistungsmotivation und Ihren Wunsch nach selbständigen, eigenverantwortlichen Tätigkeiten hervorzuheben, sammeln ebenso Pluspunkte, wie Kandidaten mit dem Wunsch nach mehr Entfaltungsmöglichkeiten, Selbständigkeit, Kompetenz oder ein kooperatives Verhältnis zu ihren Kollegen und Vorgesetzten. Dagegen gerät man mit Hinweisen auf beispielsweise „einen ruhigen Job, bei dem man nichts auszustehen hat", mehr Urlaub oder mehr Entfaltungsmöglichkeiten für die Freizeit meistens nicht gerade in die Favoritenrolle.

Geschickte Kandidaten schildern gern den Arbeitsplatz ihrer Träume so, daß er der angestrebten Position in vielen Punkten recht nahe kommt. So etwas wird natürlich von vielen Interviewern gern gehört.

„Können Sie sich an eine Tätigkeit erinnern, bei der Sie mehr geleistet, sich mehr engagiert haben, als man von Ihnen erwartete? Aus welchen Motiven haben Sie diese Mehrleistung erbracht? Hat es sich gelohnt?"

Auch mit diesen drei Fragen möchte das Unternehmen herausfinden, wie motiviert Sie sind, überdurchschnittliche Leistungen zu erbringen. Sehr nützlich ist es natürlich, wenn Sie auf entsprechende Formulierungen in Ihren Arbeitszeugnissen hinweisen können. Beispielsweise diese:

> *„Wir erlebten in Frau M. eine Mitarbeiterin, die sich mit sehr viel Eigeninitiative, Engagement und starker Belastbarkeit stets für die Belange unseres Hauses einsetzte."*

Zusammen mit Bemerkungen der Art, daß es Ihnen eben Spaß macht, sich für eine Sache voll einzusetzen, ließe sich besonders eindrucksvoll unterstreichen, daß für Sie das Motto „Dienst nach Vorschrift" nicht gilt.

„Hat es sich gelohnt?" Die Frage ist natürlich zweideutig. Hat es sich für Sie gelohnt oder für die Sache? Nachfragen sollten Sie schon? Meistens wird man beides wissen wollen. Wer dann verdeutlicht, daß es sich weniger für ihn als für die Sache gelohnt hat, unterstreicht damit natürlich sein Engagement und seinen Leistungswillen.

Wer sich hier allerdings als zu uneigennützig darstellt, kann sich beim Gegenüber leicht unglaubwürdig machen.

„Angenommen, ein Projekt würde sowohl geplante als auch ungeplante Überstunden mit sich bringen. Gäbe es für Sie irgendwelche Bedenken oder Einschränkungen, sich für diese Tätigkeit zu entscheiden?“

Ihre Anpassungsfähigkeit, Ihre Flexibilität aber auch Ihre Einsatzbereitschaft will man mit dieser Frage ausloten. Eigentlich handelt es sich hierbei um die Umschreibung der Frage:

„Wären Sie bereit und in der Lage, Überstunden zu leisten?“

Auch diese Frage wurde offenbar bewußt recht allgemein formuliert. Wer hier mit einem grundsätzlichen „ja“ antwortet, wird sicherlich Pluspunkte sammeln. Ist doch davon auszugehen, daß bei der neuen Tätigkeit mit Überstunden zu rechen ist. Sonst würde wohl kaum das Thema angesprochen werden.

Sie sollten allerdings schon rechtzeitig und kritisch darüber nachdenken, wann und in welchem Ausmaße Sie bereit sind, Überstunden zu leisten. Welche Konsequenzen ergäben sich daraus? Läßt sich der oft erhebliche zusätzliche Zeitaufwand mit meinem privaten Umfeld vereinbaren? Ist mit Konflikten z.B. gegenüber der Familie zu rechnen?

Damit Sie wissen, woran Sie sind, empfiehlt es sich auch, wenn Sie sich durch entsprechendes Nachfragen Gewißheit verschaffen, in welchem Umfange und wie oft mit Überstunden zu rechnen ist. Gibt man Ihnen ausweichende Antworten, so führt mitunter die Frage:

> *„Wieviele Überstunden mußten denn meine Vorgänger in der Regel leisten?“*

zu besseren Informationen. Grundsätzlich sollten Sie jedoch bei ausweichenden Antworten eher davon ausgehen, daß mit vielen Überstunden zu rechnen ist.

Die Antworten nehmen Sie am besten ohne Kommentar und Bewertung erst einmal nur zur Kenntnis. Die Auswertung sollten Sie erst nach dem Gespräch machen, wenn Sie über möglichst viele Informationen verfügen.

Verhalten in kritischen Situationen

„Welche Reaktionsweise zeigen Sie gewöhnlich bei überraschenden, unliebsamen Situationen?“

Bei der Durchführung von Projekten aber auch sonst im Berufsleben muß immer wieder mit Krisensituationen gerechnet werden, die den Fortgang einer Sache mitunter empfindlich stören und auch Kosten verursachen können. Kein Wunder, daß Unternehmen an Leuten interessiert sind, die in solchen Fällen einen kühlen Kopf bewahren, um schnell und sicher reagieren zu können und trotz der Störung aktiv versuchen, noch eine gute Lösung zu finden. Diese Tendenz sollte denn auch Ihre Antwort zeigen.

„Was empfanden Sie als Ihre bisher schwierigste berufliche Situation?“

Interviewer gehen oft davon aus, daß konkrete Verhaltensweisen in der Vergangenheit die beste Beurteilungsgrundlage geben, um das zukünftige Verhalten von Bewerbern einzuschätzen. Entsprechend sehen Personalleute vielfach ein wichtiges Ziel im Herausfinden von Informationen über frühere Arbeitssituationen und Verhaltensweisen. Dabei wird vor allem nach möglichst konkreten, tatsächlich erlebten Verhaltensbeispielen geforscht.

Theoretische Aussagen, Absichtserklärungen oder auch mehr oder weniger abstrakte Meinungsäußerungen haben bei Firmen vielfach ein geringeres Gewicht. Regelmäßig läßt sich nämlich beobachten, daß gewitzte Bewerber auf solche Fragen nicht so antworten, wie es ihrer tatsächlichen Verhaltensweise entspräche, sondern so, wie es sozial erwünscht ist.

Vor diesem Hintergrund dient die obige Frage nur zur Einleitung, sozusagen zur Schilderung der Ausgangssituation. Stellt man Ihnen solche Fragen, so müssen Sie damit rechnen, daß man Sie auch nach Ihrer Verhaltensweise in der betreffenden Situation fragen wird:

„Wie sind Sie damit umgegangen?"

Es läßt sich immer wieder beobachten, daß Bewerberinnen und Bewerber vor allem diese zweite Frage unvorbereitet trifft. Wer dann vorher eine allzu verfängliche Situation geschildert hat oder vielleicht sogar ein Reizthema anschnitt, kann leicht aus dem Rennen geworfen werden, wenn er dann bei der zweiten Frage unbewußt Verhaltensweisen nennt, die beim Unternehmen weniger geschätzt sind. Um solche Klippen zu umgehen, sollten Sie sich auch auf Befragungen dieser Art vorbereiten.

„Wie sind Sie vorgegangen, als Sie sich für Ihr Studium/ Ihren Beruf entschieden haben?"

„Durch welche Motive und Überlegungen haben Sie sich dabei leiten lassen?"

Noch zwei Situationsbezogene Fragen, aus denen Rückschlüsse auf Ihr zukünftiges Verhalten getroffen werden können. Entsprechend überzeugende Antworten sollten Sie sich zurechtlegen.

Sicher wird Ihr Gegenüber akzeptieren, wenn Sie sich bei der Wahl Ihres Studiums oder Ihres Berufs vor allem von Ihren Neigungen und Fähigkeiten leiten ließen. Wer auch noch zusätzlich anführt, daß er sich intensiv über die mit diesem Ausbildungsgang einhergehenden Anforderungen und beruflichen Chancen informiert hat, qualifiziert sich gegenüber den meisten Interviewern als jemand, der versucht, wichtige Entscheidungen - wie beispielsweise die eigene Berufswahl - auf eine möglichst fundierte Grundlage zu stellen. So etwas gibt Pluspunkte.

„Welches war der schmerzlichste Mißerfolg in Ihrem Berufsleben?"

„Worauf führen Sie diesen zurück?"

Auch diese Frage forscht nach Persönlichkeitsmerkmalen. Aus der Art, wie Sie einen bedeutsamen Mißerfolg schildern und über diesen sprechen, erhofft man sich Aufschlüsse über die Ausprägung Ihres Vertrauens in die eigenen Fähigkeiten.

Wer hierbei die Schuld am Scheitern vorzugsweise äußeren Umständen oder anderen Personen zuschiebt, gerät leicht in den Verdacht fehlenden Selbstvertrauens und vordergründiger Selbstüberschätzung.

„Mit welchen Problemen müssen Sie sich bei Ihrer Arbeit auseinandersetzen?“

„Was tun Sie dagegen?“

Eine weitere Frage, die nach möglichst konkreten Situationen forscht, um daraus mitunter weitreichende Schlußfolgerungen für die Zukunft abzuleiten. Gewitzte Bewerberinnen und Bewerber nennen hier Beispiele und Probleme, die sie selbst erkannt haben und zu deren Lösung sie wesentlich beitrugen. Besteht dann zusätzlich noch ein deutlicher Bezug zu der ausgeschriebenen Stelle, so können Sie auch mit dieser Frage gut Ihre Eignung und Qualifikation unterstreichen.

Wie stehen Sie zur Teamarbeit?

„Welche Formen der Arbeitsorganisation halten Sie bei der Teamarbeit für besonders effizient?“

Hier bietet sich die Nennung verschiedener Team-Arbeitstechniken z.B. zur Ideenfindung an. Die bekannteste ist wohl das Brainstorming. Aber es gibt auch andere wie z.B. das in letzter Zeit immer häufiger praktizierte sogenannte Mindmapping oder auch das Basic-Synectics.

Allerdings Vorsicht! Wenn Sie solche Schlagworte verwenden, so müssen Sie auch damit rechnen, daß man näher nachfragt, was Sie darunter verstehen. Wer dann keine befriedigenden Antworten weiß, kann sich leicht disqualifizieren.

Andererseits bietet die Frage auch eine gute Möglichkeit, sich als kompetenter Gesprächspartner zu qualifizieren. Unverfänglicher sind allgemeine Hinweise auf beispielsweise eine gute Vorbereitung vor Konferenzen, das Herausarbeiten klarer Zielsetzungen und strukturierter Vorgehensweisen, nach denen sich jedes Gruppenmitglied zu richten hat.

„Welche Ihrer Fähigkeiten und Kenntnisse empfinden Sie als besonders nützlich bei der Teamarbeit?“

Wer hier auf besondere Ausbildungsgänge zur Teamarbeit verweisen kann, ist natürlich gut dran und qualifiziert sich bereits dadurch. Nur wenige verfügen allerdings über so ein Spezialwissen. Aber auch Hinweise auf entsprechende Teamerfahrungen können den Bewerber aufwerten.

Legen Sie dabei das Gewicht Ihrer Schilderungen eher auf die sachlichen Gesichtspunkte. Bei der Hervorhebung charakterlicher Stärken ist Zurückhaltung ratsamer. Solche Hinweise ebenso wie freiwillige Selbstbekenntnisse nehmen geschulte Personalleute sowieso eher reserviert zur Kenntnis.

„Nach welchen Grundsätzen würden Sie als Moderator ein Team leiten?“

Fragen dieser Art sind mehr theoretischer Natur. Erst später wird sich nachprüfen lassen, ob Sie ein Arbeitsteam wirklich so mustergültig und lehrbuchmäßig moderieren würden, wie Sie vorgeben. Von vielen Interviewern werden solche Fragen deshalb auch weniger geschätzt.

Allerdings läßt die Qualität Ihrer Antworten in gewisser Hinsicht auch darauf schließen, ob und in welchem Umfang Sie sich überhaupt schon mit der Materie befaßt haben. Insofern können Sie solche Fragen sehr gut nutzen, um mit Wissen zu glänzen. Geben Sie durch Ihre Antworten zu erkennen, daß Sie wissen, worauf es ankommt, so unterstreichen Sie damit Ihre Kompetenz auf diesem Gebiet.

Fragen zu Ihrer Persönlichkeitsstruktur

„Was ist Ihnen im Leben wichtig?"

Auch wenn die Frage zum Vielreden einlädt, lassen Sie sich dennoch nicht zu ausschweifenden Erzählungen über Ihre Lebensanschauungen verleiten. Unvorbereitete Bewerberinnen und Bewerber wissen hier oftmals nicht, was sie sagen sollen: Was soll man auf so eine allgemeine Formulierung antworten? Was hat diese Frage mit der ausgeschriebenen Position zu tun? Schließlich lassen sich die eigenen Wertvorstellungen nicht mal eben mit ein paar Sätzen beantworten. Dazu müßte man schon weiter ausholen.

Wer jedoch meint, er müßte nun möglichst vollständig und ausführlich vor dem Interviewer ausbreiten, was ihm in seinem Leben lieb und teuer ist, läuft Gefahr, daß er auch Dinge nennt, die mit dem angestrebten Job nicht im Einklang liegen. Das gilt vor allem auch für die Nennung von Steckenpferden oder Sportarten, die viel Zeit erfordern oder ein hohes Verletzungsrisiko in sich bergen. Wie soll man antworten? Beantworten Sie Fragen dieser Art berufsbezogen - am besten mit Bezug auf den angestrebten Job - so liegen Sie auf der sicheren Seite.

„Beschreiben Sie uns doch einmal Ihren letzten Arbeitsplatzwechsel."
„Warum hatten Sie diese Entscheidung getroffen?"
„Welche Risiken gingen Sie mit diesem Wechsel ein?"

Ähnlich verhält es sich bei Fragen nach Ihrem letzten Arbeitsplatzwechsel. Auch hier sollten Sie sich natürlich über die damit verbundenen Risiken Gedanken gemacht haben. Wer die Vermutung aufkommen läßt, daß er sich aus lange aufgestauter Frustration zu unüberlegtem oder vorschnellem Handeln hat verleiten lassen, gerät schnell in den Verdacht „schwach ausgeprägter emotionaler Stabilität".

Als „tendenziell antriebsschwach, launisch, deprimiert und träge" stufen Personalchefs solche Leute ein. Das solche Attribute die Beurteilten nicht gerade zu den Favoriten zählen lassen, liegt auf der Hand. Zumal von vielen Interviewern davon ausgegangen wird, daß beim Befragten auch in der Zukunft mit so einem Verhalten zu rechen ist. Bewerberinnen und Bewerber, die sich rechtzeitig auf diese Frage vorbereiteten, haben oft deutliche Vorteile. Zurückhaltung ist vor allem bei solchen Gründen angebracht, die frühere Arbeitgeber, Vorgesetze oder Kollegen in ein schlechtes Licht stellen. Vom gleichen Typ sind die nachfolgenden Fragen. Sie werden ebenfalls gern bei Vorstellungsgesprächen gestellt:

„Schildern Sie uns bitte eine Situation Ihres Arbeitsteams, die zu Konflikten führte."

„Was haben Sie unternommen, um die Konflikte zu lösen?"

„Worin liegen Ihre Interessensschwerpunkte?"

Eine weitere Frage, die geeignet ist, Ihre Haltung zur vom Unternehmen ausgeschriebenen Stelle zu überprüfen. Wer hier Dinge anführt, die mit der angestrebten Position nur schwer vereinbar sind, disqualifiziert sich selbst. Die Antwort sollte mit der angestrebten Position schon im Einklang stehen. Mit Hobbys und anderen Interessensgebieten, die im Bereich der Freizeitgestaltung liegen, seien Sie lieber zurückhaltend.

„Was waren im letzten Jahr für Sie die langweiligsten oder frustrierendsten Aufgaben oder Tätigkeiten bei Ihrer Arbeit / bei Ihrem Studium?"

Wer bei dieser Frage vorgibt, daß es bei seiner bisherigen Tätigkeit oder beim Studium keine langweiligen oder auch frustrierenden Arbeiten gegeben hat, wirkt kaum glaubhaft. Die meisten Arbeiten haben ihre interessanten und weniger interessanten Seiten. Das ist normal und man muß sich halt damit auseinandersetzen. Mindestens genauso interessiert sind Personalleute daher auch an Ihrer Vorgehensweise, wie Sie diesen langweiligen Seiten Ihrer alten Tätigkeit begegnet sind, was Sie daraus gemacht haben.

Dabei sollten Sie deutlich machen, daß Sie auch diese uninteressanteren Arbeiten gründlich erledigen. Das wird bei Interviewern ebenso positiv registriert wie der Hinweis, daß man nicht zu denen gehört, die weniger attraktive Tätigkeiten „auf die lange Bank" schieben. Unternehmen interpretieren solche Verhaltensweisen gern als Hinweis auf eine hohe Leistungsmotivation.

Sie sollten sich sehr genau überlegen, was Sie sagen wollen! Sie können mit Sicherheit davon ausgehen, daß Ihr Gegenüber sorgsam analysieren wird, ob die von Ihnen genannten langweiligen oder frustrierenden Arbeiten nicht vielleicht auch einen Großteil des neuen Jobs ausmachen.

Trifft das zu, so wird man Sie nicht gerade in die engere Wahl nehmen. Es bleibt dann natürlich auch die Frage, ob die Position unter diesen Umständen für Sie überhaupt erstrebenswert wäre.

„Arbeiten Sie lieber mit Zahlen oder mit der Sprache?"

Gemessen an der Position, auf die man sich bewirbt, sollte die Frage sich eigentlich von selbst beantworten. Doch Vorsicht: Wer zu erkennen gibt, daß er sich ungern Aufgaben stellt, die sprachliches Geschick erfordern, kann leicht in den Ruf geraten, daß sein Kontaktinteresse anderen gegenüber geringer ausgeprägt ist. Wer das vermeiden möchte, kann auch betonen, daß er auf beiden Gebieten fit ist und sowohl mit der Sprache als auch mit Zahlen überzeugend umgehen kann.

„Worin sehen Sie Ihre größten Schwächen?"

Die Frage zielt auf das Selbstbewußtsein und die Sicherheit des Stellenkandidaten ab. Schließlich bewirbt man sich ja nicht aufgrund seiner Schwächen. Als man einer Bewerberin diese Frage stellte, antwortete sie: „Ich werde leicht ungeduldig, wenn etwas nicht so schnell vorangeht, wie es eigentlich könnte." Hiermit gab sie zwar eine Schwäche zu, gleichzeitig stellte sie sich mit Ihrer Antwort aber auch als eine Kandidatin vor, die motiviert ist und etwas bewegen und vorantreiben möchte.

„Stellen Sie sich vor, Sie hätten heute abend die Wahl zwischen dem Lesen eines interessanten Buches oder einer Party. Wofür würden Sie sich entscheiden?“

„Angenommen, Ihr Vorgesetzter bietet Ihnen an, über ein Projekt alternativ entweder einen Vortrag zu halten oder einen Bericht zu schreiben. Wofür würden Sie sich entscheiden?“

Beide Fragen zielen in die gleiche Richtung: Es soll hinterfragt werden, was für ein Typ Sie sind. Entscheiden Sie sich für den Vortrag, so wird der Interviewer das ebenso als Ausdruck von Extraversion werten, wie Ihre Entscheidung für die Party.

Entscheiden Sie sich für den Bericht und für das Buch, so wird man darin eine Tendenz zur Introversion sehen. Vor allem, wenn Sie sich um eine Position im Vertrieb bewerben, könnte sich diese Einstufung als geradezu laufbahnschädigend auswirken.

Introversion und Extraversion zählen Psychologen zu den sogenannten Grundwesenszügen. Häufig bilden sie ein Schwergewicht bei der Beurteilung von Stellenanwärtern. Zeigen sich während des Gesprächs viele Hinweise auf Introversion, so wird man im Unternehmen bezogen auf Ihre Arbeit annehmen, daß Sie lieber allein arbeiten und es vorziehen, sich mit Sachproblemen auseinanderzusetzen als mit Kunden oder Kollegen. Allerdings wird man auch Sorgfalt, Gewissenhaftigkeit und präzises Arbeiten bei Ihnen vermuten.[1]

Hält man Sie für extrovertiert. So gelten Sie als kontaktfreudiger, gesprächiger und mitteilsamer Typ, der unternehmungslustig gern an Veranstaltungen mit vielen Menschen teilnimmt und schnell Freundschaften schließt. Besonders bedeutsam für die Auswahl von Führungskräften dürfte die Auslegung einiger Psychologen sein, daß Kandidaten mit extravertiertem Verhalten angeblich schneller bereit sind, Anführer einer Gruppe zu sein.

Was gefragt ist, hängt in hohem Maße von der ausgeschriebenen Stelle ab. Generell favorisieren die meisten Unternehmen jedoch Bewerberinnen und Bewerber mit extravertierten, also nach außen gerichteten Verhaltensmerkmalen. Denn nach innen gekehrtes Verhalten verbindet man auch mit Passivität, Pessimismus, Ängstlichkeit und wenig An-

[1]Zum Thema: Was Firmen aus Persönlichkeitsmerkmalen von Stellensuchenden schließen vgl. die nützlichen Hinweise in Klein, M.: "Tests für Hochschulabsolventen und Führungskräfte" (Titelinfo im Anhang)

triebswillen. Bei solchen Leuten vermuten Unternehmen weder Tatendrang, noch, daß sie Neuem gegenüber aufgeschlossen oder vielseitig interessiert sind. Vermeiden Sie daher das Nennen von Verhaltensweisen, die den Verdacht von Einzelgängertum erwecken. So weitreichende Schlüsse aus ein paar simplen Verhaltensfragen ziehen zu wollen, mutet schon abenteuerlich an. Um über andere seriös ein so weitgreifendes Urteil zu Fällen, bedarf es eigentlich besserer Kenntnisse der zu Beurteilenden. Auf der Suche nach dem idealen Bewerber sind Fragen wie diese dennoch bei nicht wenigen Firmen beliebt. Dabei werden vor allem solche Formulierungen bevorzugt, die dem Befragten nur zwei Entscheidungsmöglichkeiten offen lassen. Auf diese Weise wird der Befragte gezwungen, Farbe zu bekennen. Ein Verfahren, welches sehr an die Konstruktion psychologischer Eignungstests erinnert.

„Auf welche Ihrer Fähigkeiten führen Sie bisher die meisten Ihrer Erfolge zurück?“

Eine weitere Frage, mit der man herausfinden will, welche Einstellung Sie zur Arbeit haben. Angaben wie „eine sorgfältige Arbeitsweise“ oder „meine Bereitschaft zum Risiko“ werden das Unternehmen weniger beeindrucken. Wesentlich geschätzter sind da schon Antworten, die zeigen, daß Sie die Fähigkeit besitzen, hart, planvoll und zielgerichtet zu arbeiten.

„Wie sehen Sie Ihren jetzigen Chef?“
„Wie beurteilen Sie Ihren derzeitigen Vorgesetzten?“

Viele begehen den Fehler, daß sie sich vertrauensselig in aller Ausführlichkeit über die Eigenarten und Ungerechtigkeiten ihres Chefs beklagen. Dabei ist ihnen oft nicht bewußt, wie sehr sie sich und ihrer Bewerbung durch solche Kritiken schaden. Gelten doch Kandidaten, die keine Loyalität zu ihren Vorgesetzten zeigen, bei vielen Interviewern als diejenigen, die im Betrieb am schnellsten Unfrieden verbreiten. Dabei geht es den Fragesteller eigentlich gar nichts an, was Sie von Ihrem Chef halten. Am besten Sie antworten knapp und positiv - zumindest wertneutral. Auch wenn die negativen Eigenarten vieler Chefs kein Geheimnis sind: Hier ist nicht der Ort, um seiner Verärgerung Luft zu machen. Positiv vermerkt wird, wenn Sie gegenüber Ihren Vorgesetzten Wohlwollen und Loyalität zeigen. Machen Sie deutlich, daß Sie Ihre Vorgesetzten akzeptieren und unterstützen.

„Wie verbringen Sie am liebsten Ihren Urlaub?"

„Für mich klang die Frage harmlos, und ich dachte mir nichts dabei", meinte eine Anwärterin für eine Traineestelle in einem größeren Unternehmen. Freimütig erzählte sie, daß sie Ferien ohne Aufregung und Trubel vorziehen würde, bei denen sie ihre Ruhe hätte und sich mal so richtig entspannen könne. Aus lauten Städten, in denen das Leben pulsierte, würde sie sich ebensowenig machen, wie aus Veranstaltungen, bei denen man mal so richtig „auf die Pauke hauen" könne.

Der Interviewer wollte mit der Frage vor allem nach bestimmten Wesenszüge forschen. Seine weitreichenden Schlußfolgerungen wirkten geradezu abenteuerlich. Aufgrund ihrer Ausführungen unterstellte er der Bewerberin „tendenziell introvertierte Wesenszüge" und schloß daraus u.a. auf „geringeren Optimismus, Kühle, Zurückhaltung, und einen Hang zum Zögern." Zum Glück traf die Bewerberin in dem Unternehmen auch noch mit anderen, weniger „scharfsinnigen" Gesprächspartnern zusammen, so daß sie am Ende aufgrund ihrer Fähigkeiten doch noch den Job bekam.

„Wie möchten Sie von anderen lieber gesehen werden: Erfolgreich und hart arbeitend oder kreativ und sozial?"

Die Frage zielt in die gleiche Richtung wie die vorherige. Auch hier möchte der Fragesteller aus Ihren Angaben herauslesen, was für ein Typ Sie sind. Alle vier Begriffe sind im Umgangssprachgebrauch positiv belegt. Das macht die Beantwortung nicht gerade einfacher. Besonders wenn Sie sich auf eine Position als Führungs- oder Nachwuchskraft bewerben, sollten Sie allerdings Ihren Willen zum Erfolg betonen und auch erklären, daß Sie bereit sind, dafür hart zu arbeiten. Wer dagegen lieber als „kreativ“ und „sozial“ gesehen werden möchte, muß damit rechnen, daß diese Eigenschaften aus der Sicht des Interviewers einen geringeren Stellenwert besitzen als die vorhergenannten Eigenschaften. Es sei denn, man hat sich auf eine entsprechende Position beworben.

„Wie möchten Sie von anderen auf keinen Fall gesehen werden?“

Als Gegenpol zur vorherigen Frage, wollen viele Fragesteller auch gern ausloten, welche Eigenschaften in Ihrem Wertegerüst negativ belegt sind. Hat man Ihnen die vorherige Frage zuerst gestellt, so brauchen Sie von den dort gegebenen Angaben eigentlich nur immer das Gegenteil zu nennen. Antworten, die betonen, daß man auf keinen Fall als faul, unentschlossen, erfolglos oder antriebsschwach gelten möchte, finden regelmäßig bei Firmen eine hohe Akzeptanz.

Spezielle Fragen für Führungskräfte und Hochschulabsolventen

„Haben Sie während Ihres Studiums auch noch andere Aktivitäten verfolgt?“

Die Attraktivität eines Bewerbers kann für Firmen rapide abnehmen, wenn sie erkennen, daß der Kandidat nur auf „Scheinejagd“ war und nichts weiter als die nötigsten Pflichtveranstaltungen besuchte. Wer nicht mehr weiß als andere auch, ist bei Unternehmen so gefragt wie Sand in der Wüste. Gerade angesichts der hohen Zahl von Studienabsolventen in vielen Bereichen hat Standardwissen bei Firmen nur einen begrenzten Stellenwert. In solchen Fällen wird oft konsequent nach Noten ausgesiebt. Wer erkennen läßt, daß er seine Studienzeit auch zu Veranstaltungen und Aktivitäten nutzte, die nicht unbedingt Pflicht waren, hebt sich gegenüber der Masse der übrigen Kandidaten positiv ab. In nicht wenigen Unternehmen haben solche Zusatzaktivitäten einen großen Stellenwert. Je nach Art und Richtung der Aktivitäten werten viele Interviewer sie als

Ausdruck von überdurchschnittlichem Interesse, Engagement, Flexibilität oder auch Belastbarkeit. Eine Anwärterin auf eine Traineestelle kam beispielsweise in die engere Wahl wegen ihres zusätzlichen Engagements als Semestersprecherin. Ihre Examensnoten waren dabei nicht besser als die vieler Mitbewerber. Das Unternehmen wertete jedoch ihre Einsatzbereitschaft für den nicht immer angenehmen Posten als Semstervertretung als Zeichen von „überdurchschnittlichem sozialem Potential".

Ein anderer Bewerber wurde genommen, weil er sich während seines Studiums schon frühzeitig und intensiv auch mit Fächern und Veranstaltungen außerhalb seines Pflichtstudiums auseinandersetzte. Der zusätzliche Aufwand war dadurch erheblich. Aufgrund seiner gezielten Auswahl geeigneter Fächer konnte er den Interviewer überzeugen, daß er sich schon frühzeitig Gedanken um seine beruflichen Ziele gemacht hatte.

„Welche Fächer hatten Sie während Ihres Studiums am liebsten?"

Die Frage sollten Sie im Bezug auf Ihre Bewerbung sehen. Geben Sie bestimmte Fächer an, so achten Sie darauf, daß Sie hier im Examenszeugnis auch überzeugende Noten vorweisen können. Von den meisten Interviewern wird das nämlich verglichen.

„Haben Sie sich auf Ihre Examensprüfungen allein oder zusammen mit anderen vorbereitet?"

Hier soll Ihre Einstellung zur Teamarbeit hinterfragt werden. Geben Sie an, daß Sie sich allein auf das Examen vorbereitet haben, so wird der Interviewer in Ihnen eher jemanden vermuten, der es nicht unbedingt darauf absieht, in Gruppen zu arbeiten. Haben Sie sich mit anderen zusammengetan, so werden einige darin einen Hinweis sehen, daß Sie zur Teamarbeit tendieren, wenn es um die Lösung komplexerer Aufgaben geht. Je nach Anforderungsspektrum wird man den einen oder den anderen Typen favorisieren. Die Regel ist allerdings, daß man heute eher solche Leute vorzieht, die einer Arbeit im Team aufgeschlossen gegenüberstehen.

„Auf welche Gründe führen Sie Ihren beruflichen Aufstieg zurück?“

„Worin sehen Sie die Hauptgründe für Ihren Erfolg?“

Wenn Sie hier Gründe nennen wie beispielsweise Engagement, Einsatzwille, Initiative, Fleiß oder auch zielstrebiges und planvolles Arbeiten, so läßt Sie das sicher in einem positiven Licht erscheinen. Leute mit solchen Eigenschaften sind gefragt. Die Texte vieler Stellenanzeigen zeigen das nur zu deutlich. Angaben wie „Glück“ oder „Beziehungen“ werten Firmen dagegen weniger positiv. In solchen Antworten sehen Interviewer eher einen Hinweis, daß der Erfolg nicht gerade auf den Fähigkeiten der Befragten beruht.

„Wie oft waren Sie während Ihres Studiums anderen behilflich?“

Aus der Antwort könnte man neben Ihrer Hilfsbereitschaft auch Rückschlüsse auf Ihre Fähigkeit und Bereitschaft zur Kooperation mit anderen ziehen wollen. Geben Sie also Antworten, aus denen deutlich wird, daß kooperatives Verhalten und die Bereitschaft, anderen zu helfen, bei Ihnen eigentlich die Regel sind, so werden Sie sich gegenüber dem Unternehmen sicher aufwerten.

Denn die Bereitschaft zur Kooperation, einhergehend mit Merkmalen wie aktive Zusammenarbeit, nicht alles selber machen zu wollen oder die Ideen und Aktivitäten anderer positiv aufzugreifen, wird von Unternehmen ebenfalls sehr geschätzt. Solchen Leuten spricht man gern Führungspotential zu.

„Wie sieht es mit Ihrer Einstellung zur Übernahme persönlicher Verantwortung aus?“

Es versteht sich von selbst, daß Sie als Anwärter auf eine Managementposition oder als Nachwuchskraft der Übernahme von Verantwortung unbedingt positiv gegenüber stehen sollten. Wer hier bei seinem Gegenüber auch nur geringe Zweifel aufkommen läßt, disqualifiziert sich selbst.

„Wie verbringen Sie Ihre Freizeit am liebsten?“

Geben Sie an, daß Sie Ihre Freizeit am liebsten mit Ihrer Familie, mit Freunden oder Bekannten verbringen, so unterstreichen Sie damit Ihre Geselligkeit. Weniger positiv vermerkt werden dagegen Antworten, die signalisieren, daß man in seiner Freizeit am liebsten allein ist. Solche Antworten sollten Sie lieber zurückhalten. Schnell könnte man sonst in den Verdacht eines introvertierten Eigenbrötlers geraten, der sicherlich auch im Unternehmen nicht gerade besonders kommunikationsfreudig wäre.

„Aufgrund welcher Ihrer Eigenschaften wird Ihnen der Umgang mit anderen Menschen erleichtert?“

Eine Frage, die unerfahrene Bewerberinnen und Bewerber geradezu auffordert, sich selbst lobend auf die Schulter zu klopfen. Bewährt ist der Hinweis auf konkrete Beispiele und Begebenheiten, aus denen die Firma dann auf die gewünschten sozialen Eigenschaften rückschließen kann.

Bewerberinnen und Bewerber, die bei ihrer Selbstdarstellung vor allem nur Schlagworte gebrauchen, können leicht in Konflikte geraten. So antwortete ein Bewerber, daß er sehr flexibel wäre.

Als man ihn darum bat, seine Flexibilität mit Beispielen zu belegen, kamen nur wenig überzeugende Hinweise. Der Interviewer machte einmal mehr die Erfahrung, daß Bewerber oft erstaunlich schlecht vorbereitet sind, wenn es um Fragen ihrer Persönlichkeit geht.

„Welche Leitlinien sollten nach Ihrer Meinung die Grundlage der Unternehmensphilosophie eines guten Unternehmens sein?“

Die Frage wird vor allem gern Führungs- und Nachwuchskräften gestellt. Wer hier erst nach einer Antwort sucht, wenn ihm die Frage im Interview gestellt wird, wirkt meistens nicht gerade überzeugend. Dabei ist es gar nicht so schwierig, an gute Informationen zu gelangen: Vor allem größere

Firmen haben oft schriftlich festgelegte Grundsätze und Regeln, nach denen im Unternehmen geführt werden soll. Mitunter gibt es auch regelrechte „Führungsfibeln“, in denen verbindlich festgelegt wurde, wie die Mitarbeiter des Unternehmens zu führen und zu motivieren sind.

Neben der umfangreichen Literatur zu diesem Thema und auch entsprechenden Fachzeitschriften sind solche Broschüren oft ein hervorragend geeignetes Rüstzeug zur Vorbereitung auf die obige Frage. Fragen Sie mal nach in der Personalabteilung Ihres Unternehmens. Vielleicht finden sich auch in Ihrer Firma solche oder ähnliche Unterlagen. Sicherlich wird man von Ihnen nicht erwarten, daß Sie sich zu diesem vieldiskutierten Thema in ausführlicher Breite äußern. In den meisten Fällen reicht es aus, wenn Sie die entsprechenden Stichworte wie etwa „kooperativer Führungsstil, Förderung der Mitarbeiterverantwortung, zielgerichtetes Handeln“ u.ä. liefern.

Sie müssen allerdings damit rechnen, daß man näher nachfragen wird, was Sie unter den einzelnen Begriffen verstehen. Wer eine Führungsposition anstrebt, sollte sich ohnehin mit Themen wie z.B. Menschenführung und Motivation auseinandersetzen.

„Welche Verantwortungen sind Ihrer Meinung nach für eine Führungskraft besonders bedeutsam?“

Eine nicht ganz unproblematische Frage. Schon gar nicht, wenn sie wie hier so allgemein formuliert wurde. Werden doch letztlich Werturteile und persönliche Ansichten angesprochen, die sich nur schwer messen lassen. Überlegen Sie sich deshalb vor allem Antworten, die für Ihren Gesprächspartner nachvollziehbar und einleuchtend sind. Auch wenn man nicht mit Ihnen einer Meinung ist, so wird man Ihnen wenigstens Verständnis entgegenbringen und auch zugestehen, daß Sie sich mit der Materie auseinandergesetzt haben.

4

Streßinterviews - Gezielte Provokationen

Teure Fehlentscheidungen

Immer noch läßt sich in den meisten Fällen nur vage voraussagen, ob sich ein Kandidat auf seinem späteren Arbeitsplatz bewähren wird. Daran ändern auch die bisher bekannten Auswahlverfahren wenig. Entsprechend hoch bleibt das Risiko teurer Fehlentscheidungen bei der Einstellung neuer Mitarbeiter. Besonders bei der Auslese von Führungskräften ist die Unsicherheit immer noch beträchtlich. Für den lukrativen Beratungsmarkt sind das gute Voraussetzungen.

Auf der Suche nach der geeigneten Arbeitskraft werden ständig neue, manchmal recht fragwürdige Methoden ersonnen, die dann Unternehmen als „wissenschaftlich" angepriesen und von cleveren „Beratern" feilgeboten werden. Im Bestreben, sich vom immer härter werdenden Konkurrenzkampf im Personalgewerbe abzuheben, wird mitunter auch vor moralisch zweifelhaften Methoden nicht halt gemacht.

Streß als „psychologischer Hebel"

Trotz vielfacher Kritik mehren sich die Anhänger des sogenannten Streßinterviews, einer Methode, die mitunter stark an Kreuzverhöre zur Entlarvung Krimineller erinnert.

Ziel dieser gefürchteten Gesprächsform ist es, den Bewerber mit einer Serie unangenehmer, unerwarteter Fragen so in die Enge zu treiben und zu verunsichern, daß sein Selbstbewußtsein ins Wanken gerät. Als Instrument dienen sogenannte „psychologische Hebel". Gemeint sind Gemeinheiten aus einer Mischung von Anschuldigungen, Ironie, Sarkasmus und Schmeicheleien. Ohne Gnade werden die Schwächen der in einen Zustand höchster seelischer Belastung versetzten Stellenkandidaten aufgedeckt. Mit Fragen, denen oft jeder Bezug zur beruflichen Aufgabe fehlt, werden die Stellenbewerber auf ihre Streßbelastbarkeit erprobt.

Wer nicht in der Lage ist, sich in einem solchen Kampfgespräch zu behaupten, ist den Aufgaben im neuen Job nicht gewachsen - jedenfalls nach Meinung der Streßinterviewer. Nach ihrer Ansicht geben Erfahrungen und früherer Erfolg nur oberflächliche Informationen zur Beurteilung eines Menschen.

Die Methode ist auch bei Personalleuten umstritten. Als moralische Rechtfertigung wird die Messung der sogenannten „psychischen Stabilität“ vorgeschoben. Wie bei vielen Persönlichkeitstests werden also auch hier wieder einmal Neurotizismus-Theorien angesprochen: Schwächen im Ertragen seelischer Anspannungen beeinflussen auch die Leistungsfähigkeit. Laut Angaben derer, die mit Streßinterviews Geld verdienen, sollen solche Praktiken besonders zuverlässige Informationen über diesen, für den beruflichen Aufstieg angeblich so wichtigen Persönlichkeitszug liefern. Bewiesen wurden solche Behauptungen nie.

Spezialtechniken und psychischer Druck

Bewerber stehen in der Regel sowieso schon unter Streß, wenn sie sich einem Einstellungsgespräch unterziehen. Eines der ersten Gesprächsziele seriöser Personalleute besteht deshalb auch darin, dem Bewerber erst einmal die Anspannung zu nehmen. In einer gezielt aufgebauten Streßatmosphäre jedoch werden Stellensucher regelmäßig überrumpelt und verunsichert. Genau das ist auch beabsichtigt. Hemmungslos wird die Situation genutzt. Anstatt eines Informationsgesprächs in entspannt sachlicher Umgebung erwartet den Kandidaten die schonungslose Erprobung seines psychischen Stehvermögens - manchmal bis zur Erschöpfung.

Verbreitet ist der gezielte Versuch, den Bewerber in Widersprüche zu verwickeln. Für den auf Konfrontation getrimmten Steßinterviewer ist das nicht schwierig. Als Entscheidungsinstanz über „Sein oder Nichtsein“ ist er sowieso in der stärkeren Position. Oft reicht es aus, wenn er grundsätzlich alle Aussagen des Bewerbers anzweifelt. Wer davon ausgeht, daß alles erlogen ist, macht es seinem Gegenüber schwer. Die nötigen Hintergrundinformationen über den Kandidaten wurden vorher eingeholt. Wie, bleibt oft im Dunkeln. Statt dessen spricht man mitunter geheimniskrämerisch von „Spezialtechniken“.

Je verlockender die Stelle, desto schlimmer die Praktiken. Vielfach geht den Interviews die Bearbeitung von Testbatterien mit zweifelhafter Aussagekraft voraus. Um die Streßbelastung noch zu erhöhen, werden die Kandidaten nach dem Absolvieren der Testbatterie manchmal noch eine längere Zeit im unklaren gelassen. Bei einem bekannten Computerhersteller ließ man den Bewerber stundenlang in einem großen kahlen Raum allein. Während dieser Zeit gab es keine Möglichkeiten zur Zerstreuung. Den so unter psychischen Druck Gesetzten ließ man auch nicht wissen, wie er bisher abgeschnitten hatte und woran er war. Nicht selten wäre die einzig richtige Reaktion, einfach zu gehen. Die Attraktivität der ausgeschriebenen Stelle, die Hoffnung auf den möglichen beruflichen Aufstieg hält jedoch viele immer wieder davor zurück und läßt sie solche „Erprobungen“ erdulden.

Im Kreuzverhör

Das Gespräch selbst beginnt meistens harmlos mit verständnisvollen Bemerkungen und Fragen über den bisherigen Werdegang, so daß eine ruhige und angenehme Atmosphäre erzeugt wird. Dankbar für die Brükken, die ihnen der Interviewer baut, reagieren die meisten Bewerber mit Gelöstheit, Ungezwungenheit und - je nach Geschick des Gesprächsführers - mit Vertrauen und größerer Redseligkeit.

Ist die Situation nach Ansicht des Interviewers entspannt genug, ändert sich das Klima. Die vorher vom Bewerber so bereitwillig gegebenen Informationen werden zur Falle:

> *„Sie sagen, daß Sie zahlreiche Werbeaktionen durchgeführt haben. Sind Ihre Werbekonzepte Schuld an der schlechten Auftragslage in Ihrer Firma?“*

„Meinen Sie nicht auch, daß Sie eigentlich viel zu alt für die Stelle sind?"

„Sie behaupten, Sie haben sich sehr erfolgreich für die Einführung von Rationalisierungsmaßnahmen engagiert. Sind darauf die großen Spannungen mit dem Betriebsrat zurückzuführen?"

„Nach Ihrem Examen waren Sie mehrere Jahre Assistent an der Universität. Haben Sie gar nicht darüber nachgedacht, daß Sie mit diesem Schritt wichtige Lernprozesse versäumt haben, die für eine erfolgreiche Laufbahn im Betrieb absolut notwendig sind?"

„Können Sie sich nach soviel Jahren im Elfenbeinturm überhaupt noch in betriebliche Prozesse hineindenken?"

„Ich habe den Eindruck, daß Sie dazu neigen, impulsiv und auch aggressiv zu reagieren. Diese Wesenszüge machen Ihnen sicher häufig Schwierigkeiten."

Der Bewerber gerät ins Stocken, verstrickt sich in seinen eigenen Antworten. Ehe er sich versieht, hat man ihn in die Enge gedrängt und es bleibt nur noch die Verteidigung. Aus dem vorher so angenehmen Gespräch ist ein Angriff geworden. Auch indirekte Unterstellungen bleiben nicht aus:

„Es machte Ihnen Freude, in der Schulung zu arbeiten. Gehören Sie zu denen, die lieber über Dinge reden, als sich selbst in der Praxis zu beweisen?"

„Wollten Sie als Schulungskraft dem Streß praktischer Arbeit entkommen?"

„Sie gestalten Ihre Freizeit sehr aktiv. Viel Zeit für den Beruf bleibt da wohl nicht mehr. Ist deshalb so wenig Lob über Ihr berufliches Engagement im Arbeitszeugnis zu lesen?"

Möchte der Bewerber etwas verschweigen, so will man gerade das wissen. Dabei läßt es den Interviewer kalt, wenn ihm etwas im Vertrauen gesagt wird. Die Entscheidung, was vertraulich ist und was nicht, trifft nur er.

Steß-Interviewer lassen ihre Opfer auch manchmal durch Passivität auflaufen. Ohne Resonanz, ohne selbst dem Gespräch Impulse zu geben, ohne es durch Fragen oder Interessensbekundungen zu steuern, lassen sie den Bewerber einfach ins Leere reden. Daß man eigentlich nicht viel von ihm hält, wird ihm vorher deutlich gemacht. „Warum dann die Einladung?“, fragt sich der Bewerber. In einem großen Konzern empfing man einen Bewerber so:

„Normalerweise kommen dort durch die Tür nur Leute mit wirklich herausragenden Leistungen zu mir. Ihre bisherigen Leistungen sind ja nicht gerade berauschend. Sie müssen also andere Vorzüge haben, sonst hätten Sie sich nicht beworben. Ich habe wenig Zeit. Am besten, Sie berichten mir davon, ohne daß ich Sie mit Fragen unterbreche. Nun verkaufen Sie sich mal.“

Und der Bewerber beginnt zu reden: Redet fünf Minuten, zehn Minuten, zwanzig Minuten. Macht er eine Pause in der Hoffnung auf Resonanz, ist da nur beklemmendes Schweigen und das „Pokergesicht“ seines Gegenübers. Wenig Chancen für jemanden ohne rhetorische Übung.

Gezielte Provokationen

Ein großer Teil scheidet schon nach kurzer Zeit aus. Den durch das Raster Gefallenen wirft man „Unfähigkeit zu argumentieren“, „Verhandlungsschwäche“ und je nach Art der Antworten auch „Arroganz“ vor. Für die übrigen nimmt der seelische Druck oft noch zu:

„Wo liegen Ihre größten Schwächen?“
„Haben Sie überhaupt Freunde? Was können Ihre Freunde am wenigsten an Ihnen leiden?“

Es kann vorkommen, daß man Sie plötzlich mit dem Vornamen oder einem plumpvertraulichen „Du“ anredet, um Sie so aus der Reserve zu locken. Redensarten wie „Macht es Ihnen viel aus, wenn ich Sie mit dem Vornamen anrede?“ oder „Ich hoffe es stört Sie nicht, daß ...“. Das Gespräch kann aber noch unangenehmer werden. Beispielsweise durch provozierende Fragen:

„Sie haben unser Stellenangebot gelesen. Haben Sie es denn auch verstanden?“

„Sie reizt wohl nur das hohe Einkommen an der neuen Stelle."

„Eigentlich sind Sie doch hier, um sich bei mir beliebt zu machen?"

„Glauben Sie, das wird Ihnen gelingen?"

oder:

„Mir fällt auf, Sie haben ein beträchtliches Übergewicht. Bei einem solchen Mangel an Selbstbeherrschung kann ich mir kaum vorstellen, daß Sie den Anforderungen der neuen Stelle gerecht werden."

Bei solchen Praktiken gibt es keine Tabus. Einige Interviewer bringen die intimsten Themen zur Sprache. Beliebt soll beispielsweise die „Analyse" pornografischer Sexgeschichten sein oder aus heiterem Himmel gestellte Fragen nach sexuellen Verhaltensweisen. Auch die „Entscheidungsfreude" versucht man mitunter recht kurios zu ergründen. Beispielsweise ist aus einem Streßinterview folgender Gesprächsverlauf bekannt:

Frage: *„Stellen Sie sich vor, entweder Sie oder Ihr Kind müßten sterben, und Sie müßten entscheiden, wer. Wen würden Sie wählen?"*

Antwort: *„Schwer zu sagen. Wahrscheinlich würde ich mich selbst wählen."*

Frage: *„Warum?"*

Antwort: *„Nun - wohl, weil ich schon länger lebe, und das Kind noch viel mehr vor sich hätte. Es könnte noch viel mehr erleben als ich."*

Frage: *„Das ist doch wohl eine ziemlich dumme Antwort? Wie können Sie das mit Ihrer Verantwortung als Ehemann und Ernährer Ihrer Familie vereinbaren?*

Antwort: *„Mein Kind ist doch noch so jung ..."*

Frage: *„Na und? Ich verstehe Sie nicht. Worauf wollen Sie eigentlich hinaus?"*

Antwort: *„Hm, ich meine ..."*

Der Bewerber bekam den Job nicht.

Plumpe Vertraulichkeiten

Das Ende ist vielfach eine abgedroschene Verbindlichkeitsfloskel. Um das zerschlagene Porzellan wieder zu kitten, versucht sich der Interviewer auch bei „Versagern" manchmal mit plumpen Vertraulichkeiten anzubiedern:

> *„Gewöhnlich sage ich das ja nicht, aber die Unterhaltung mit Ihnen hat mich sehr beeindruckt."*

Schließlich könnte der heutige Bewerber morgen ein Kunde sein. In der Zuverlässigkeit gegenüber anderen Ausleseverfahren sollen sich diese Methoden „wie ein Laserstrahl vom Kerzenlicht" unterscheiden, verkünden Streßinterviewer prahlerisch.

Um die Eignung der Kandidaten herauszufinden, wird immer wieder auch nach intimen Informationen aus der rechtlich geschützten Privatsphäre geforscht. Der Bewerber wird zur Ware - schlimmer noch: zur Ware zweiter Wahl degradiert, bei der man peinlichst nach jedem Makel forscht. Nicht die Stärken interessieren, sondern die Mängel. „Schließlich geht es um ein ansehnliches Einkommen und man hat ja doch wohl das Recht, das, was man bezahlt, genau zu kennen."

Wie verhalten?

Vor allem in Zeiten einer angespannten Arbeitsmarktlage machen viele Stellensuchende dies inquisitorische Spiel mit. Dabei ist angepaßtes Verhalten gar nicht immer erwünscht. Angeblich soll sich als „geeignet" auszeichnen, wer bei den Anzüglichkeiten kühl bleibt. So soll ein Stellenkandidat vom Interviewer für den Job empfohlen worden sein, nachdem er dessen Angriffe mit der Antwort parierte:

> *„Solche Fragen haben doch wohl nichts mit der Arbeit zu tun, und ich glaube, es hat unter diesen Umständen keinen Sinn, weiterzumachen. Haben Sie noch mehr Fragen dieser Art, sagen Sie es bitte gleich, damit ich gehen kann."*

Wer im Beruf vorankommen will, muß damit rechnen, daß er auch einmal in ein Streß-Interview gerät. Um unliebsame Überraschungen zu vermeiden, ist es notwendig, daß Sie sich vorher überlegen, wie Sie in solchen Situationen reagieren wollen. Wer weiß, was er sich nicht mehr bieten lassen will, wird nicht unsicher, wenn es schwierig wird.

Überlegen Sie sich auch, ob es überhaupt ratsam ist, in einer Firma, die solche Methoden billigt, zu arbeiten. Pflegt das Unternehmen bereits bei der Personalauswahl einen fragwürdigen Stil, ist nicht auszuschließen, daß auch am späteren Arbeitsplatz ein ähnliches Klima vorherrscht. Schließlich wird ja gerade „Realitätsnähe" vorgegeben, um solche Praktiken zu rechtfertigen.

Probleme vorprogrammiert

Und wenn der Interviewer nicht aus dem Unternehmen kommt, sondern ein Personalberater ist? Auch dazwischengeschaltete Berater ändern nichts daran, daß gute Firmen sich vorher unterrichten lassen, mit welchen Methoden der von ihnen Beauftragte Personalauswahl betreibt. Die Kriterien, an denen Bewerber beurteilt werden, erarbeiten gewissenhafte Firmen mit ihrem Berater grundsätzlich gemeinsam.

Für welche Berater Unternehmen sich entscheiden, sagt nicht zuletzt auch etwas über die Firma aus. „Jobzusagen um jeden Preis" zahlen sich selten aus. Auch wenn Sie unbedingt eine neue Stelle suchen, sollten Sie kritisch sein. Unkritische Zusagen bringen hinterher häufig erst recht Probleme.

Kündigen Sie dann kurzfristig, zeigt Ihr Lebenslauf einen Wechsel mehr. Die durchschnittliche Verweilzeit pro Arbeitsplatz sinkt. Aus den Spannungen am Arbeitsplatz ergibt sich vielleicht auch noch ein schlechtes Zeugnis. Für das nächste Unternehmen sind das zusätzliche Risikofaktoren. Nur selten wird die Möglichkeit bestehen, zu erklären, wie es dazu gekommen ist.

Wie vorbereiten?

Nicht jede kritische Frage ist eine Falle. Nicht immer sind Bemerkungen bös gemeint. Auch in sachlichen Gesprächen können kritische Fragen Streß verursachen und die Interviewten verunsichern. Überlegen Sie sich zur Vorbereitung, welche Schwachstellen Ihr bisheriger Werdegang aufweist. Wo könnte es in Ihrem Berufsweg Ansatzpunkte zur Kritik geben? Probieren Sie die Wirksamkeit Ihrer Argumente im Bekanntenkreis aus. Immer wieder kommt es vor, daß Bewerber sich durch schlechte Gesprächsvorbereitungen selbst disqualifizieren.

Streßinterviews gehören zum Glück nicht zur Regel. In den meisten Fällen wird Sie ein sachlicher - wenn auch vielleicht kritischer - Gesprächspartner erwarten, der nicht vorhat, Sie hinters Licht zu führen. Es wäre also wenig sinnvoll, wenn Sie von vornherein mit Schikanen rechnen und hinter jeder Bemerkung eine Finte erwarten würden.

Vor dem Gespräch ein Feindbild aufzubauen, wird also der Sache wenig dienen. Gerade die Ausnutzung der positiven Grundstimmung bei Bewerbern macht ja die Taktik von Streßinterviewern so gemein. Bei einem seriösen Gesprächspartner - und diese bilden immer noch die Mehrzahl - würden Sie durch übertriebenes Mißtrauen von vornherein die Situation zu Ihren Ungunsten belasten und sich wichtiger Chancen berauben.

Bemühen Sie sich deshalb zunächst um eine positive Einstellung zum Gespräch und auch zu Ihrem Gegenüber. Wenn Sie sich vorher auf die verschiedenen Eventualitäten des Gesprächsverlaufs vorbereitet haben, werden Sie bei einer Änderung des Verhandlungsklimas immer noch schnell genug umschalten können.

Wer mehrere Bewerbungen gleichzeitig laufen hat, wird es weniger schwer haben, Ruhe und Gelassenheit zu bewahren. Mit der Aussicht auf weitere Chancen läßt sich auch leichter einmal „nein“ sagen, denn zur angemessenen Reaktion gehört manchmal auch der Mut zum Abbruch des Gesprächs.

5

Die eigenen Fragen

Den falschen Eindruck erweckt

Wer sich beim Vorstellungsgespräch nicht nur ausfragen läßt, sondern sich auch seinerseits mit gezielten Fragen über das Unternehmen informiert, ist nicht nur vor Überraschungen sicherer, er macht auch einen guten Eindruck.

Stets aufs neue läßt sich bei Einstellungsgesprächen feststellen: Viele Bewerber wollen über ihren künftigen Arbeitsplatz so gut wie nichts wissen. So machte der Personalchef eines bekannten Chemiekonzerns die mißliche Erfahrung:

> *„Im Bestreben, sich möglichst gut darzustellen, sind viele Bewerberinnen und Bewerber oft zu sehr darauf fixiert, die Fragen des Interviewers in voller Breite zu beantworten. Dabei vergessen sie meistens ganz, eigene Fragen zu stellen.“*

Erstaunt stellen Interviewer auch immer wieder fest, mit welcher Leichtfertigkeit sich die Kandidaten um einen Arbeitsplatz bemühen und auch zusagen, ohne daß sie sich genügend informiert haben.

So viel Zurückhaltung läßt die zum Interview Eingeladenen leicht in ein falsches Licht geraten. Denn der Gesprächspartner muß annehmen, daß den Kandidaten das Unternehmen, bei dem er sich beworben hat, nicht interessiert. Enttäuscht gibt sich der Interviewer dem Eindruck hin, es gehe dem Bewerber nur darum, mit irgendeinem Job in irgeneiner Firma unterzukommen. Und wer möchte schon „irgend jemand“ sein. Auch sorgfältig formulierte Interessensbekundungen im Anschreiben der schriftlichen Bewerbung werden dann zur leeren Phrase.

Manche Interviewer reagieren ausgesprochen empfindlich, wenn der zur Vorstellung Eingeladene zu wenig fragt. Nicht selten werden die Fragen des Bewerbers sogar zur Bedingung für ein erfolgreiches Vorstellungsgespräch. Für einige Unternehmen ist der Wissensdurst des Stellenkandidaten geradezu ein Auslesekriterium. „Wir haben die Erfahrung gemacht, daß diejenigen, die sich gründlich vorbereitet haben, sich auch sonst eher als stark erweisen,“ bemerkt ein Personalberater zu diesem Thema.

Mut zu kritischen Fragen

In fairen Interviews wird man den Gesprächsablauf so geplant haben, daß auch Ihnen Gelegenheit gegeben wird, eigene Fragen zu stellen. Meistens wird man Sie dazu ermuntern, nachdem Ihr Gegenüber seine Fragen gestellt hat. In gut geführten Interviews wird Ihr Gegenüber sich ausreichend Zeit nehmen, die von Ihnen gestellten Fragen ausführlich zu beantworten.

Dabei werden sich gute Interviewer um möglichst realistische Informationen bemühen, so daß keine übertriebenen Erwartungen ausgelöst werden. Schließlich sollte es auch im Interesse des Unternehmens liegen, daß Bewerberinnen und Bewerber nicht aufgrund falsch gehegter Erwartungen schon nach kurzer Zeit enttäuscht wieder kündigen.

In vielen Unternehmen findet man es durchaus in Ordnung, wenn auch Sie kritische oder unbequeme Fragen stellen. Schließlich haben ja auch Sie sich Fragen gefallen lassen, die einen in Verlegenheit bringen können. Haben Sie also ruhig den Mut dazu.

Bereiten Sie sich auf Ihre eigenen Fragen genauso sorgfältig vor, wie auf die des Interviewers. Mit einem guten Fragenkatalog ersparen Sie sich nicht nur böse Überraschungen, Sie zeigen auch Ihrem Gegenüber, daß Sie die Sache ernst nehmen und sich ausführlich mit der ausgeschriebenen Stelle auseinandergesetzt haben. Wer gute Fragen stellt, kann damit auch gut seine Motivation und seine Kompetenz unterstreichen.

Soll man sich Notizen machen?

Wenn Sie Ihren Gesprächspartner fragen, ob es ihm etwas ausmacht, daß Sie sich Notizen machen, wird er normalerweise nichts dagegen haben. Gewöhnlich wird auch er einen Schreibblock dabei haben. Für einige Firmen ist es ein Gebot der Fairneß, daß auch der Bewerber Notizblock und Bleistift an seinem Platz vorfindet. Eine recht geschickte Methode um zu verdeutlichen, daß man nichts dagegen hat, wenn beide Seiten sich Notizen machen.

Allerdings ist es vorteilhafter und für das Gesprächsklima förderlicher, wenn Sie sich die Angaben Ihres Gegenübers zunächst nur merken, um sie dann nach dem Gespräch schriftlich festzuhalten. Bei konzentriertem Zuhören ist das Risiko gering, daß Sie wichtige Informationen bis zum Gesprächsende vergessen werden.

Lassen Sie den Kontakt zu Ihrem Gesprächspartner nicht abbrechen. Machen Sie sich notwendige Notizen möglichst kurz und nur in Stichworten. Ausformulieren können Sie Ihre Aufzeichnungen später, wenn Sie sowieso das Gespräch auswerten.

Wer sich während des Interviews zu sehr auf seinen Notizblock konzentriert, kann das Klima empfindlich stören. Das trifft vor allem auf vorher zusammengestellte Fragebögen zu, die dann im Gespräch systematisch abgehakt werden. Schnell wird auf diese Weise die vorher so mühsam geschaffene positive Gesprächsatmosphäre zunichte gemacht. Was bleibt, ist der Eindruck eines Verhörs.

Lernen Sie Ihre Fragen lieber vorher auswendig. Normalerweise kostet das nur wenig Mühe. Sie werden Ihre Informationen im Laufe des Gesprächs ohnehin in anderer Reihenfolge bekommen, als Sie es vorgesehen haben.

Haben Sie die Fragen dann im Kopf und nicht nur auf dem Zettel, können Sie flexibler reagieren und den Gesprächsverlauf leichter zu Ihren Gunsten beeinflussen. Wenn Sie Ihre eigenen Fragen auswendig lernen, so ist das außerdem eine gute Vorbereitung für das Interview. Dem Gespräch wird es sehr zugute kommen.

Natürlich bedeutet das nicht, daß Sie Notizblock und Kugelschreiber zu Hause lassen sollen. Ergibt es sich, daß Sie wichtige Telefonnummern, Namen oder Adressen notieren müssen, so macht es sich nicht gerade gut, wenn Sie solche Informationen auf der gerade erhaltenen Repräsentationsbroschüre des Unternehmens aufzeichnen.

CHECKLISTE - Diese Fragen sollten Sie stellen

Die nachfolgende Fragensammlung soll Ihnen zur Anregung dienen. Natürlich erhebt sie keinen Anspruch auf Vollständigkeit. Sicher werden Ihnen noch weitere Fragen einfallen, die dann mehr auf Ihre persönliche Situation zugeschnitten sind.

- Was macht das Unternehmen genau?
- Welchen Ruf hat die Firma in der Branche?
- Gibt es Informationsmaterial über das Unternehmen und seine Produkte?
- Wieviel Mitarbeiter hat das Unternehmen?
- In welchem Umfang und in welche Länder exportiert das Unternehmen?
- In welchem Umfang gibt es betriebliche Fort- und Weiterbildungsmöglichkeiten? (bzw. „Was tun Sie für die Fort- und Weiterbildung Ihrer Mitarbeiter?“)
- Gibt es einen Organisationsplan (Organigramm), aus dem die Zuständigkeit und der Stellenwert der Abteilung bzw. der ausgeschriebenen Position erkennbar ist?
- Gibt es eine Stellenbeschreibung über die ausgeschriebene Tätigkeit (i.d.R. bei Planstellen)? Achten Sie bei der Stellenbeschreibung darauf, welche Angaben über die Qualifikation gemacht werden. Sind Sie vielleicht überqualifiziert?
- Aus welchen Gründen ist die Stelle frei geworden?
- Wie lange arbeitete der Vorgänger auf dem Posten?
- Welche Qualifikation hatte er?
- Warum ist er gegangen?
- Mit wem werde ich zusammenarbeiten?
- Welche Qualifikationen haben die Kollegen?
- Besteht vielleicht die Möglichkeit, mir in einem Rundgang meinen eventuellen späteren Arbeitsplatz zu zeigen?

- Besteht die Möglichkeit, schon mal meine späteren Kollegen bzw. den unmittelbaren späteren Vorgesetzten kennenzulernen?
- Wie hoch ist die durchschnittliche Verweilzeit der Mitarbeiter in diesem Bereich?
- Worin liegen die Hauptschwerpunkte bei dieser Tätigkeit? (Gute Stellenbeschreibungen gewichten die einzelnen Tätigkeiten mit Prozentpunkten)
- In welchem Umfang muß man mit Reisen rechnen? Wohin?
- Wie und wo erfolgt die Einarbeitung?
- Welche Zeiträume haben Sie für die Einarbeitung geplant?
- Gibt es einen schriftlichen Terminplan über die Einarbeitungszeit?
- Welche Entwicklungsmöglichkeiten ergeben sich aus der Position? (Antworten, die wenig konkret sind, sollten mißtrauisch machen. z.B.: „Das liegt an Ihnen", „Wenn Sie sich genug engagieren, läßt sich darüber reden")
- Gibt es eine systematische Personalplanung im Unternehmen?
- In welchen Zeiträumen gibt es Mitarbeiterbeurteilungen im Unternehmen, aus denen deutlich wird, wie man eingeschätzt wird und welche Zukunftsaussichten bestehen?
- Welche Fortbildungsmaßnahmen wie Kurse oder ähnliches können Sie mir zur Vorbereitung auf eine Tätigkeit in Ihrem Unternehmen empfehlen?
- Wie lang ist die Probezeit?
- Wie ist die Arbeitszeit geregelt?
- Wie ist die Urlaubszeit geregelt?
- Mit welchem Jahreseinkommen ist die Position dotiert?
- Wie setzt sich diese Summe zusammen?

Zum Abschluß:

- Wie stehen meine Chancen?
- Wann werde ich von Ihnen hören?

Falsche Fragetechniken

Beobachten Sie einmal, wie clevere Politiker auf Journalistenfragen antworten, die mehrere Themen gleichzeitig ansprechen. Die Befragten picken sich die für sie am wenigsten verfängliche Teilfrage heraus und beantworten diese in ausführlicher Breite. Die übrigen Fragen bleiben unbeantwortet. Es wurde viel geredet und nichts gesagt.

Vielfach bezieht sich die Antwort überhaupt nicht auf den Kern der Sache, und der Fragesteller wäre an der Beantwortung eines anderen Teils seiner Fragen wesentlich interessierter gewesen.

Besonders bei kritischen oder peinlichen Fragen wird diese Methode gern benutzt, um sich vor einer klaren Antwort zu drücken. Wegen der vielen Worte fällt sie oft nicht einmal auf. Indem der Interviewer seinen Gesprächspartner gleichzeitig mit einem ganzen Bündel von Fragen konfrontierte, gab er ihm ungewollt die Gelegenheit, geschickt in der geschilderten Weise zu reagieren.

Auch bei Vorstellungsgesprächen läßt sich dieser Fehler in der Fragetechnik regelmäßig beobachten. Aus Unsicherheit oder in der Sorge, unterbrochen zu werden, packen Kandidaten oft zu viele Teilaspekte in einen Satz oder stellen gleich mehrere Fragen hintereinander, ohne die Antwort abzuwarten. Voller Eifer überschüttete ein Bewerber seinen Gesprächspartner gleich mit einer Fülle von Fragen:

„Wieviel Mitarbeiter hat Ihr Unternehmen? Exportieren Sie auch? Gibt es vielleicht Informationsmaterial? Könnten Sie mir einmal einen Organisationsplan zeigen, aus dem Zuständigkeit und Stellenwert der ausgeschriebenen Position erkennbar sind? Gibt es eine Stellenbeschreibung?“

In einer Antwort auf alle Themen angemessen einzugehen, wäre für den Befragten selbst beim besten Willen nur schwerlich möglich gewesen. Es bleibt die Beantwortung nur eines oder weniger Aspekte, genau wie oben beschrieben. Ein nochmaliges Nachfassen verbietet aber oft die Situation. Gerade bei wichtigen Themen, über die man etwas mehr wissen möchte, können auf diese Weise Informationsverluste entstehen, die sich mitunter fatal auswirken. Vermeiden Sie also solche Fragenbündel. Stellen Sie lieber drei kurze Fragen als eine lange mit drei Themen. Neben dem Vorteil ausführlicherer Informationen haben Sie so auch bessere Möglichkeiten, Ihren Gesprächspartner durch Folgefragen leichter zum Thema zurückzuführen, wenn er abschweift.

Falsche Erwartungen

Gibt es im Unternehmen weder einen Organisationsplan noch Stellenbeschreibungen noch regelmäßige Mitarbeiterbeurteilungen, so spricht dies nicht gerade für eine gute Organisation der Personalführung im Unternehmen. Besonders bei größeren Firmen ist dann Skepsis angebracht. Oft besteht in solchen Firmen nur geringe Transparenz hinsichtlich späterer Aufstiegsmöglichkeiten und beruflicher Weiterentwicklung.

Bei gering entwickelten Organisationsstrukturen müssen Sie auch damit rechnen, daß Sie in besonderem Maße dem Tagesgeschäft unterworfen werden und nur wenig Zeit bleibt, durch Fortbildung den eigenen beruflichen Horizont zu erweitern.

Die Frage nach betrieblichen Förderungsaktivitäten für Mitarbeiter erhält natürlich in diesem Zusammenhang ein besonderes Gewicht.

Hält man Arbeitsplanung und Steuerung für nebensächlich, weil die Praxis doch immer anders aussähe, müssen Sie unter Umständen mit hohem Verschleiß Ihrer Arbeitskraft und einem auf die Dauer wenig sicheren Arbeitsplatz rechnen. In diesem Zusammenhang können hohe Fluktuationsraten oder negative Bemerkungen über Ihre Vorgänger solche Vermutungen nur bestärken.

Ebenso wie eine Fehlentscheidung für das Unternehmen kostspielig ist, kann es auch für Sie fatale Folgen haben, wenn Sie erkennen müssen, daß Sie bei der falschen Firma gelandet sind. Unzufriedenheit, Lustlosigkeit, Fehlzeiten und Frust, in schlimmen Fällen sogar Resignation helfen keinem weiter.

Ein fairer Gesprächspartner wird daher auch Ihnen im Rahmen des Gesprächs ausreichend Gelegenheit geben, über sein Unternehmen und die ausgeschriebene Stelle Informationen zu erfragen. Auch Sie benötigen Informationen als Entscheidungsgrundlage. Schließlich ist weder Ihnen noch dem Unternehmen geholfen, wenn man später wegen irgendwelcher Mißverständnisse oder falscher Erwartungen vorzeitig wieder auseinandergeht. So etwas kommt leider immer noch oft vor.

Welches Gehalt? - Verhandlungstaktik

Auf keinen Fall sollten Sie die Gehaltsfrage beim Vorstellungsgespräch ausklammern. In den meisten Fällen wird Ihr Gesprächspartner von sich aus das Gespräch auf dieses Thema lenken. Wenn nicht, ergreifen Sie die Initiative.

Fragen Sie zuerst, bringen Sie Ihr Gegenüber in Zugzwang. Ein Vorteil, denn in der Regel werden beide Seiten versuchen, erst einmal die Einkommensvorstellungen des anderen herauszubekommen, bevor sie die eigenen Zahlen nennen.

Wann soll man auf das Einkommen zu sprechen kommen? Erst wenn Sie ausreichende Informationen darüber haben, welche Anforderungen Sie am neuen Arbeitsplatz erwarten, werden Sie auch abschätzen können, ob das Angebot angemessen ist. Legen Sie die Frage nach dem Gehalt daher erst ans Ende des Einstellungsgesprächs. Sie geben dem Thema damit auch den richtigen Stellenwert. Lassen Sie nicht den Eindruck entstehen, daß für Sie vor allem die Gehaltshöhe entscheidet, ob Sie den neuen Job annehmen oder nicht. Interviewer nehmen einem so etwas leicht übel.

Überzogene Forderungen können sich später leicht als Bumerang erweisen. Auch wenn die Firma zunächst darauf eingeht, besteht die Möglichkeit, daß man Ihr Einkommen in späteren Tarifrunden einfriert. Der zu Beginn ausgehandelte Einkommensvorsprung kann auf diese Weise schnell schrumpfen. Aus dem gleichen Grunde ist es übrigens auch wenig sinnvoll, stur auf seinen Forderungen zu beharren.

Wenn das Gehalt gedrückt wird - Zu tief gestapelt

Ist das Gehalt zu niedrig, so sind auch dann Schwierigkeiten vorprogrammiert. In der Höhe Ihres Einkommens wird man nicht zuletzt auch einen Maßstab für Ihre Leistungsfähigkeit, Ihre Qualifikation und Ihr Können sehen. Bei einem späteren Wechsel wird Ihr derzeitiges Einkommen die Ausgangsbasis für Gehaltsverhandlungen sein. Wer also etwa aus Angst vor einer Absage zu tief stapelt, muß unter Umständen über Jahre hinaus mit Einbußen rechnen.

Das gleiche Problem kann auftreten, falls Sie einem deutlich zu niedrigen Angebot der Firma zustimmen. Wenn Sie merken, daß man Ihre nicht zu hoch gespannten Forderungen drastisch drücken will, sollten Sie sich noch einmal überlegen, ob das Unternehmen Ihnen dieses Opfer wirklich wert ist. Gehaltsverhandlungen sind auch eine Frage des Selbstbewußtseins. Die Lösung wird nicht selten ein Kompromiß sein: Beispielsweise ein niedrigeres Gehalt während der Probezeit, danach eine Vergütung, die sich mehr an Ihren Wünschen orientiert. So eine stufenweise Regelung läßt sich oft leichter aushandeln. Nicht zuletzt wird Ihr Gesprächspartner diese Regelung gegenüber seinem Vorgesetzten besser vertreten können und somit eher zu einem Kompromiß dieser Art bereit sein.

Mündliche Versprechungen

Bietet man Ihnen für die Dauer der Probezeit ein niedrigeres Gehalt - was vor allem bei Berufsanfängern und Branchenneulingen mit dem Hinweis auf fehlende Erfahrungen vorkommt - sollte man Ihnen später mit der gleichen Logik ein deutlich höheres Einkommen zusichern - und zwar schriftlich im Anstellungsvertrag! Von vielen Unternehmen akzeptiert wird beispielsweise diese Formulierung:

> *„Es ist vorgesehen, das Gehalt von Frau XY nach erfolgreicher Probezeit noch einmal zu überprüfen mit dem Ziel einer deutlichen Erhöhung."*

Auf diese Weise haben Sie zwar keinen Rechtsanspruch auf eine Gehaltserhöhung, es entsteht jedoch ein gewisser moralischer Druck, an den sich

Unternehmen normalerweise eher gebunden fühlen als an eine mündliche Vereinbarung. Mitunter kann es passieren, daß Sie es nach der Probezeit mit einem anderem Verhandlungspartner zu tun haben, der über Ihre früheren Vereinbarungen nicht in dem Umfange informiert worden ist, wie er eigentlich sollte. Auch in solchen Fällen ist es von Vorteil, wenn man sich auf so einen Passus im Arbeitsvertrag berufen kann.

Erfahrungsgemäß sind mündliche Versprechungen später oft nur schwer durchsetzbar. Auch auf vage Einschränkungen, wie „bei Bewährung" sollten Sie sich nicht einlassen: Wenn Sie nach erfolgreicher Probezeit vom Unternehmen fest übernommen werden, haben Sie sich bewährt. Sollten Sie allerdings nach der Probezeit gehen oder gegangen werden, kann es Probleme geben. Bei den nachfolgenden Bewerbungen wird es dann nicht immer einfach sein, gegenüber Ihrem Verhandlungspartner ein höheres Einkommen durchzusetzen, wenn dieser sich auf Ihr vorheriges - eigentlich zu niedriges - Gehalt bezieht. Aber auch dann wird ein klärender Hinweis oft weiterhelfen.

Hat man Ihnen vielleicht ein ungewöhnlich attraktives Angebot gemacht? Sie sollten auch in diesem Fall vorsichtig sein. Zu verschenken hat keiner etwas. In diesem Zusammenhang spielen Themen wie Arbeitsklima, Qualität, Fluktuation, der Ruf des Unternehmens bzw. des Arbeitsplatzes eine besondere Rolle. Versuchen Sie durch entsprechende Fragen herauszufinden, ob Sie sich nicht für eine Stelle beworben haben, die mangels klarer Abgrenzung und Kompetenzen die Qualität eines Schleudersitzes hat. Vielleicht will man Sie zunächst auch nur ködern, um Sie bei späteren Gehaltsrunden kurz zu halten.

Verhandlungsvorteil - Wie Sie Ihren Gehaltswunsch formulieren sollten

Auf viele Interviewer wird es realistischer und überzeugender wirken, wenn sich Ihre Gehaltsargumente auf neutrale Informationen - beispielsweise Einkommensvergleiche in Wirtschaftszeitschriften - beziehen. Dabei sollten Sie Ihre Gehaltsvorstellungen nicht als feste Summe angeben, sondern lieber in Bandbreiten „von ... - bis...“. Über Spannen läßt sich meistens leichter verhandeln als über feste Beträge. Natürlich wird das Unternehmen sich eher an der Untergrenze orientieren, berücksichtigen Sie das.

Unternehmen leisten übers Jahr oft deutlich mehr als nur 12 Gehälter. Die Höhe des Monatseinkommens sagt also nicht viel aus. Verhandeln Sie daher nicht über die monatliche Vergütung, sondern über das Jahreseinkommen. Auf diese Weise ersparen Sie sich unter Umständen unliebsame Überraschungen und das Feilschen um einzelne Beträge.

Ins Jahresgehalt gehören normalerweise alle Zahlungen des Arbeitgebers. Es läßt sich außerdem besser mit den Angeboten anderer Firmen vergleichen.

Attraktive Gehälter für Berufseinsteiger

Ihr Alter wird zunächst nur wenig Einfluß auf die Einkommenshöhe haben, es sei denn, Sie können entsprechende Berufserfahrungen vorweisen. Ebenso werden gute Zeugnis- und Examensnoten Ihre Bewerbungschancen zwar wesentlich verbessern, die Gehaltshöhe jedoch nur selten beeinflussen. Berufsbezogene Ausbildungsgänge und Studienfächer hingegen können weitere Pluspunkte bringen, die sich ebenso im Einkommen widerspiegeln sollten, wie eine praxisnahe Diplomarbeit oder Promotion.

Es läßt sich immer wieder beobachten, daß auch Berufseinsteiger schon attraktive Gehälter kassieren, wenn sie über spezielle Qualifikationen oder Studienkenntnisse verfügen, die sie im Hinblick auf die ausgeschriebene Stelle „vermarkten“ können. Verfügen Sie als Berufsanfänger bereits über spezielle Kenntnisse, die für das Unternehmen von Nutzen sein können, so werden das besonders solche Firmen zu schätzen wissen, die keine speziellen Einarbeitungs- oder Ausbildungsprogramme haben. In solchen Fällen lassen sich oft entsprechend höhere Forderungen durchsetzen.

Können Sie beruflich nutzbare Praktika im In- und Ausland vorweisen, so werden viele Unternehmen auch aus diesem Grunde zu einem angemessenen Gehaltsaufschlag bereit sein.

Nicht nur Spezialkenntnisse lassen allerdings mehr Geld erwarten. Entscheidend für das Einkommen wird auch die Branche sein, in der Sie sich bewerben. Zwar ließ sich in der letzten Zeit eine gewisse Gehaltsnivellierung zwischen den einzelnen Wirtschaftszweigen beobachten, es zeigt sich aber dennoch, daß vor allem Anfangsgehälter mitunter stark voneinander abweichen. Ähnliches gilt für den Branchenruf und die Größe des Unternehmens.

Gehälter mit „Wüstenzuschlag"

Neben der Unternehmensgröße wird auch der Sitz der Firma einen nicht unbedeutenden Einfluß auf die Einkommenshöhe haben. So können es sich Unternehmen in attraktiven Städten mit hohem Freizeitwert eher erlauben, geringere Anfangsgehälter zu zahlen. Mittlere Firmen in weniger reizvoller Umgebung sind dagegen oft bereit, Sonderzahlungen - auch als „Wüstenzuschlag" bezeichnet - zu leisten.

Allerdings sollten Sie hier auch die spätere Gehaltsentwicklung beachten. Nicht selten nivelliert sie sich nach einigen Jahren, so daß größere Unternehmen dann deutlich attraktivere Leistungen bringen.

Gerade zum Zeitpunkt des Berufseinstiegs sollten Sie sehr genau prüfen, ob es für Ihren weiteren Berufsweg vorteilhafter sein wird, zunächst in einer weniger großen Firma zu beginnen oder den Berufseinstieg lieber in einem größeren Unternehmen zu wagen. Welcher Weg vorzuziehen ist, läßt sich generell nicht sagen. Beides hat seine Vor- und Nachteile. Als Berufseinsteiger sollten Sie sich vor allem auch daran orientieren, wo Sie die besseren Möglichkeiten haben, sich schnell und qualifiziert einzuarbeiten. Innerhalb einer gewissen Bandbreite spielt das Anfangsgehalt dagegen eine weniger bedeutende Rolle.

Wer trägt die Vorstellungskosten

„In welcher Höhe erstatten Sie mir die Vorstellungskosten?“

In einem fairen Gespräch wird Ihnen diese Frage erspart bleiben, denn Ihr Gesprächspartner wird von sich aus die Frage der Kostenerstattung ansprechen. Fallen höhere Kosten an - z.B. bei einer längeren Anreise per Bahn oder per Flugzeug - so erklären viele Unternehmen bereits in ihrer Einladung zum Gespräch, bis zu welcher Höhe sie bereit sind, die Vorstellungskosten zu tragen.

Für die Erstattung der Vorstellungskosten gibt es klare Regelungen: Wurden Sie von der Firma zum Gespräch eingeladen, so steht Ihnen normalerweise eine angemessene Erstattung der Vorstellungskosten zu, sofern das Unternehmen nicht vorher ausdrücklich erklärt hat, daß es diese nicht tragen will. Daß Firmen sich auf diese Weise vor den Kosten drücken wollen, kommt allerdings recht selten vor. Reagieren doch die meisten Stellenanwärter auf so eine Regelung mit einer Absage.

Anders liegt die Sache allerdings, wenn Sie sich unaufgefordert und auf Ihr eigenes Risiko beim Unternehmen vorstellen. In diesem Fall müssen Sie die Kosten der Vorstellung selber tragen. Ein Anrecht auf Erstattung haben Sie hier nicht.

Für die zur persönlichen Vorstellung notwendigen Fahrt-, Übernachtungs- und Verpflegungskosten im Inland kann aber auch das Arbeitsamt einen Zuschuß gewähren. Gesetzliche Grundlage hierzu ist der §53 des Arbeitsförderungsgesetzes (AFG).

Stellen Sie die Frage nach der Kostenerstattung erst zum Schluß des Gesprächs und auch dann nur, wenn Ihr Gegenüber das Thema von sich aus nicht angeschnitten hat. Den Eindruck von Spesenrittertum sollten Sie auf jeden Fall vermeiden.

Übrigens, Ihr Anspruch auf Kostenerstattung verjährt erst zwei Jahre nach Abschluß des Kalenderjahres, in dem Ihr Anspruch entstanden ist. Bei den meisten Unternehmen ist es allerdings üblich, daß man Ihnen die Kosten direkt vor oder nach dem Gespräch erstattet.

Gesprächsauswertung - So wichtig wie die Vorbereitung

Wie ist es gelaufen? Diese Frage wird Ihnen sicher von Freunden und Bekannten gestellt werden. Aber vor allem Sie selbst sollten sich kritisch mit dieser Frage auseinandersetzen.

Viele verspüren nach dem Interview erfahrungsgemäß nur wenig Lust dazu, sich Notizen zu machen. Die Sache ist vorbei. Man ist froh und möchte nun abschalten. Notizen kann man ja auch später noch machen. Aufschieben bringt jedoch nichts. Häufig wird sich dann überhaupt nichts mehr notiert. Wichtige Informationen können so verlorengehen.

Nur wenige haben das Glück, daß ihre Stellensuche gleich nach dem ersten Interview klappt. Auf der Suche nach einem Arbeitsplatz, der Ihnen auch zusagt, werden Sie eher mit vielen Firmenkontakten und damit auch mit vielen Vorstellungsgesprächen rechen müssen. Insbesondere, wenn man Sie zu weiteren Gesprächen einlädt, können Ihre Aufzeichnungen und die darauf basierende Analyse eine gute Vorbereitung für das nächste Interview sein. Die Gesprächsauswertung ist daher ebenso wichtig wie die Vorbereitung.

Für eine systematische, schriftliche Auswertung sprechen mehrere Gründe:

- Festhalten der Gesprächseindrücke, wenn sie noch frisch sind, so daß wichtige Einzelheiten nicht verlorengehen und die richtige Gewichtung beibehalten,
- Systematisches Auffinden der eigenen Stärken und Schwächen, um sie in nachfolgenden Gesprächen gezielter einsetzen zu können,
- Bessere Vergleichbarkeit mit anderen Gesprächen, um sich so besser entscheiden zu können.

Machen Sie sich Ihre Notizen gleich nach dem Vorstellungsgespräch. Sie stehen dann noch unter dem unmittelbaren Eindruck des Interviews, und das Niederschreiben dürfte wenig Mühe machen. Die Erinnerungen sind dann noch frisch und unverfälscht.

Untersuchungen haben gezeigt, daß die Erinnerungen nach dem Vorstellungsgespräch viel schneller verblassen, als man allgemein denkt. Die Eindrücke verwischen sich schnell. Bestimmte Aspekte, Ideen und Gedanken gehen ganz verloren, wenn man sich die entsprechenden Fragen nicht bewußt stellt.

Notizen sind besonders dann wichtig, wenn Sie mehrere Bewerbungen gleichzeitig laufen haben. Nachdem man mit verschiedenen Firmen gesprochen hat - darüber vergehen oft Wochen - kann es recht schwerfallen, sich noch genau an die unterschiedlichen Eindrücke zu erinnern. Zusätzliche Gedanken, angeregt durch das Gespräch, sollten Sie ebenfalls notieren.

Da Vorstellungsgespräche oft ähnlich ablaufen, bietet sich eine Standardisieren der Auswertung an. Gespräche mit verschiedenen Firmen lassen sich dann auch leichter vergleichen. Vereinheitlichen Sie also Ihre Auswertung. Nehmen Sie die nachfolgende Checkliste als Anregung.

CHECKLISTE - So analysieren Sie Ihr Vorstellungsgespräch

Gespräch am: Uhrzeit von: bis:

Firma:

- Mit wem habe ich gesprochen?
- Welche Funktion?
- Persönlicher Eindruck?
- Mußte ich warten - warum?
- Sind noch andere Bewerber eingeladen worden?

Gesprächsklima:

- Wie verlief das Gespräch insgesamt? Mehr schleppend oder angeregte Unterhaltung? Welche Gesprächspassagen verliefen gut? Welche Wirkung ging von mir aus? Konnte ich gut zuhören? Hat sich die Atmosphäre irgendwann verändert?

- Gab es Differenzen?
- Womit bin ich unzufrieden und warum?

Interview:

- Welche Fragen wurden mir gestellt?
- Auf welche Punkte der schriftlichen Bewerbung wurde eingegangen?
- Wie habe ich geantwortet?
- Wo zeigte man besonderes Interesse?
- Bei welchen Fragen hatte ich Schwierigkeiten mit der Antwort?
- Gab es noch offene Fragen, Mißverständnisse, Unklarheiten?

Meine Fragen:

- Schreiben Sie die Antworten in Ihren Fragenkatalog
- Welche Fragen sind noch offengeblieben?
- Wie reagierte man auf meine Fragen?
- Woran lag das?

Kritik:

- Was habe ich gut gemacht?
- Was hätte ich besser machen sollen?
- Wo hatte ich Schwierigkeiten oder Schwächen? Wie lassen sich diese verbessern?
- Was will ich nächstes Mal besser machen und wie?

Gesamteindruck:

- Welchen Eindruck macht die Firma?
- Welchen Eindruck macht der Arbeitsplatz?
- Würde mir die Stelle zusagen?
- Wie stehen meine Chancen gefühlsmäßig?
- Wann werde ich das nächste Mal vom Unternehmen hören?

Fragenverzeichnis

Rechtlich problematische Fragen:

Beliebte, teilweise trickreiche Fragen:

Fragen aus Streßinterviews:

Die Tips der Profis

Claus Coelius:
Das neue Bewerbungskonzept
ISBN 3-923930-00-3; 142 Seiten;
DM 19,90 /öS 148.- /sFr 19,90

Für die Auswertung und Beurteilung Ihrer Bewerbung leisten sich viele Unternehmen hochqualifizierte Spezialisten mit hohen Ansprüchen. Nicht selten gehen deshalb Stellensuchenden gute Chancen verloren aus Unwissenheit auf dem Gebiet des "Marketing in eigener Sache".

Dieses Buch bietet Ihnen ein **neuartiges und erfolgreiches Konzept auf der Suche nach einem Arbeitsplatz**, der Ihren Erwartungen entspricht. Mit Hilfe neuartiger Checklisten können Sie Ihre eigenen Zeugnisse, Ihren bisherigen Berufsweg aber auch Stellenanzeigen wie ein Personalprofi analysieren. Das neue Wissen können Sie damit sofort konkret auf Ihre persönlichen Verhältnisse anwenden und in Erfolg umsetzen..

Gekonnte Ausbildungsplatzsuche

Claus Coelius
Ausbildungsplatz o.k!
ISBN 3-923930-08-9; 152 Seiten;
DM 15,90 /öS 118.- /sFr 15,90

Die Suche nach einem Ausbildungsplatz ist heute deutlich schwieriger geworden. Wie man mit dem richtigen Know-how trotz aller Schwierigkeiten einen attraktiven Ausbildungsplatz bekommen kann, zeigt dieses Buch. Mit vielen Beispielen und Tips hilft es bei der Kontaktaufnahme mit Unternehmen, ebenso wie bei Schwierigkeiten mit der schriftlichen Bewerbung (Musterbeispiele), dem Vorstellungsgespräch und den gefürchteten Einstellungstests. Dabei werden auch Anregungen und Möglichkeiten aufgezeigt für Ausbildungsplatzsuchende, deren Bewerbungen bisher erfolglos blieben. **Mit Hilfe neuartiger Checklisten können Sie das im Buch enthaltene "gewußt wie" gleich zu Ihrem persönlichen Vorteil umsetzen.**

Gekonnter Berufseinstieg

Claus Coelius:
Bewerben nach dem Studium
ISBN 3-923930-06-2; 164 Seiten;
DM 19,90 /öS 140.- /sFr 19,90

Was nutzt ein gutes Studium, wenn man den Berufseinstieg falsch plant? Wie steige ich optimal ein? Wie komme ich bei Firmen in die engere Wahl? Wie bewerbe ich mich entsprechend? Was muß ich bei Traineestellen beachten?

Entstanden aus den Erfahrungen vieler Bewerber bietet dieses Buch Ihnen ein **erfolgreiches Konzept für einen gelungenen Berufseinstieg nach dem Studium**.

Spitzenjobs im Ausland

Nils Lahrmann
Bewerben im Ausland
ISBN 3-923930-13-5; 183 Seiten; DM 29,90 /öS 219.- /sFr 29,90

Wie formuliere ich den Bewerbungsbrief und den Lebenslauf in der anderen Sprache? Wie nehme ich Kontakt mit ausländischen Unternehmen und Institutionen auf? Wo erhalte ich Informationen? Welche Ausbildungen, Berufe und Diplome werden im anderen Land anerkannt? Welche Besonderheiten muß man beachten? Das sind nur einige der Fragen, die in diesem Buch angesprochen werden. Es behandelt das Thema „Bewerben in Ausland" ausführlich. Neben zahlreichen handfesten Tips zur Vermittlung des gewissen **„Know-how" für eine Bewerbung, die im anderen Land „ankommt"**, enthält dies Buch auch eine Vielzahl von **Praxisbeispielen erfolgreicher Anschreiben und Lebensläufe in den jeweiligen Landessprachen**. Die Beispiele geben willkommene Formulierungshilfen und können bei Bedarf direkt übernommen werden. Konkreter können Ratschläge kaum noch sein.

100 Tips und Musterbeispiele

Dieses neue Buch behandelt das Thema ausführlich. Neben zahlreichen handfesten Tips zur Vermittlung des gewissen „Know-how" für eine Bewerbung „die ankommt", enthält dies Buch **eine umfangreiche Sammlung von Praxisbeispielen erfolgreicher Anschreiben und Lebensläufe,** die ihre Verfasser regelmäßig in die engere Wahl kommen ließen. Die Beispiele geben willkommene Anregungen für die eigene Bewerbung und können bei Bedarf sogar direkt übernommen werden. Dazu findet sich auf der einen Seite das Stellenangebot und gegenüber das dazugehörige Anschreiben, welches zeigt, wie man geschickt und überzeugend auf die Anzeige eingehen kann, ohne zu übertreiben. Konkreter können Ratschläge kaum noch sein.

Aus dem Inhalt:

- Zahlreiche Beispiele erfolgreicher Bewerbungsanschreiben
- Spezielle Anschreiben für Studienabsolventen
- Beispiele für Lebensläufe (tabellarisch und Aufsatzform)
- Formulierungstips - Mit wenig Worten große Wirkung
- Checklisten - Perfekte Gestaltung von Anschreiben und Lebenslauf
- Checkliste - Analyse von Stellenanzeigen
- Woran Sie unseriöse Angebote erkennen
- Fußangeln bei Chiffre-Anzeigen
- Gehaltswunsch - Was soll man schreiben?
- Lebenslauf - Wie Sie zusätzlich Pluspunkte sammeln
- Was nicht in den Lebenslauf gehört
- Wie Unternehmen Schwachstellen erkennen
- Wenn Sie schon länger suchen
- Checkliste- So werten Personalleute Ihren Lebenslauf aus

umfangreiche Sammlung von Musterbewerbungen

Claus Coelius:

Bewerbungsbrief und Lebenslauf

ISBN 3-923930-11-9; 132 Seiten, DM 19,90 /öS 148.- /sFr 19,90

CC-VERLAG GmbH • Postfach 60 04 03 • 22204 Hamburg

Fax: 040-631 73 06 • E-Mail: cc-verlag@t-online.de

Bewerberservice im Internet: http://www.cc-verlag.de

Zorn

Saure Nieren

Günter Zorn, Jahrgang 1953, arbeitet in Tôkyô, wo er mit seiner Frau Elke lebt. Beide treiben intensiv Aikidô. Der vorliegende Band ist bereits die dritte Episode der Erlebnisse des Jan Wolf.

GÜNTER ZORN

Saure Nieren

Edition Chimaira

Das vorliegende Buch wurde aus der
Fairfield Antiqua aus der Linotype Library
(www.linotypelibrary.com)
in 10/13 pt gesetzt.
Die Schriftnamen sind Marken der
Heidelberger Druckmaschinen AG.

Satz und Lektorat: Gerold Schipper
Gedruckt auf einer Heidelberger
der Firma DCM, Meckenheim
Bindung: Buchbinderei Roggendorf, Bonn

ISBN 3-930612-73-9

Ganz bestimmt eine Liebeserklärung!

Handelnde Personen:

Jan Wolf	Seniorpartner von Wolf & Partner, Tôkyô
Anna Wolf	Jans Frau
Andô Shûsaku	Hauptkommissar beim Tokyo Metropolitan Police Department
Konô Satoshi	Besitzer von Kono Micro Motors K.K.
Konô Takako	Frau von Konô Satoshi
Dr. Konô Akira	Sohn von Konô Satoshi, Chefentwickler bei Kono Micro Motors K.K., Tôkyô
Dr. Konô Hisako	Tochter von Konô Satoshi und Takako, Kinderärztin
Okamura Taiko	Braut von Konô Akira
Dr. Mori Mineo	Präsident von Mori Research K.K., Tokyo
Prof. Yasuda Hideki	Professor an der Tôkyô Universität
Matsuda Mamoru	Chef von Matsuda Loan K.K., Tokyo
Yamamoto Kôji	Berater bei Wolf & Partner
Ôta Hitomi	Sekretärin bei Wolf & Partner
Satô Masahisa	*Oyabun*, Gottvater der Yakuza, Ôsaka
Thomas Walker	Partner bei Wolf & Partner
Hans-Peter Moog	Partner bei Wolf & Partner

Die Handlung und die meisten Personen sind frei erfunden. Es wird kein Anspruch auf historische oder sachliche Korrektheit erhoben. Jede Ähnlichkeit mit tatsächlichen Geschehnissen ist rein zufällig.

Ein Samstag im Juni

Der exotische Klang eines *shô*, dieses uralten Instruments, das an eine Art Orgel im Miniformat erinnert, erfüllt die kleine Halle des Nishimuki Tenjin, eines der vielen Shintô-Schreine im Stadtteil Shinjuku. Die junge Frau, die das Instrument spielt, scheint vollkommen versunken in ihre Tätigkeit. Die Hochzeitsgäste sitzen auf niedrigen, unbequemen Bänken, ein Zugeständnis an moderne Zeiten. Früher wären es bestenfalls Kissen gewesen, oder man hätte einfach auf dem Tatami-Boden im Schneidersitz gesessen.

Anna und ich hocken, schon leicht steif, in der zweiten Reihe. Vor und hinter uns andere Gäste, von denen wir außer den Eltern des Bräutigams niemanden kennen. Konô Satoshi und seine Frau Takako sowie die Eltern der Braut sitzen, wie es sich gehört, in der letzten Reihe, direkt am Ausgang. Die beiden Männer sind – wie ich und fast alle anderen Männer – im schwarzen Anzug, mit weißem Hemd und mit silberfarbener Krawatte bekleidet. Die beiden Frauen, wie viele der bereits verheirateten Japanerinnen im Raum, tragen dunkle Kimonos. Einige der jungen Mädchen sind dagegen in sehr bunte, auffällige Kimonos mit langen, weiten Ärmeln gehüllt, ein Zeichen, daß sie noch unverheiratet sind. Andere junge Leute tragen einfach festliche, aber westliche Kleidung.

Es ist ziemlich schwül in der Halle, die Regenzeit ist noch lange nicht vorbei, und die Tage sind heiß und feucht, schon fast wie im August. Ein Taifun, viel zu früh für diese Jahreszeit, nähert sich Japan von Süden und schiebt die Hitzewelle regelrecht vor sich her. Verstohlen tupfen sich die Hochzeitsgäste mit ihren schönen, großen

Taschentüchern oder den mitgebrachten Frotteetüchlein den Schweiß ab.

Ich wünschte mir, ich hätte einen Fächer mitgebracht oder hätte zumindest nicht diesen dicken schwarzen Anzug an. Das gute Stück hatte ich mir vor fast zehn Jahren beim besten Schneider Tôkyôs fertigen lassen: für den Gegenwert eines Gebrauchtwagens, aber dafür mit reichlich Reservestoff und lebenslanger Garantie auf Anpassung, sollte sich meine Figur je ändern, ein unvorstellbarer Gedanke vor zehn Jahren. Ich zahle bis heute noch an den Raten für das gute Stück. Mein Hemd klebt auf der Haut, und hin und wieder läuft ein Schweißtropfen meinen Rücken hinunter.

Es ist Samstag und auch noch *tai-an*, also ein sehr glücklicher Tag für ein Fest wie eine Hochzeit. Der Nachteil ist nur, daß an solchen Tagen die Zeremonien besonders teuer sind, im Gegensatz zum alle sechs Tage folgenden *butsumetsu*, dem Todestag Buddhas, wo es auf alles Rabatt gibt. Konôs können es sich leisten. Ihre Firma Kono Micro Motors K.K. ist klein, aber fein und hochprofitabel. Konô Satoshi ist ein alter Weggefährte von Ikeda Yasunari, meinem japanischen Mentor und besten Freund, der vor wenigen Jahren unter nie ganz geklärten Umständen ums Leben gekommen war.

Konô und seine sympathische Frau Takako lernten Anna und ich im Hause der Ikedas kennen und schätzen. Dr. Konô Akira, sein Sohn, ein genialer Ingenieur und Chef der Entwicklung bei Kono Micro Motors, gefiel mir auf Anhieb, und wir treffen uns seitdem auch privat häufiger. Anna und ich waren trotzdem sehr überrascht und fühlten uns geehrt, zur sonst nur im sehr engen Familienkreis gefeierten Shintô-Zeremonie der Hochzeit eingeladen worden zu sein, statt nur zur anschließenden Feier im großen Freundes- und Verwandtenkreis in einer der dafür eigens errichteten Festhallen, in denen opulente Hochzeitsfeiern von professionellen Firmen ausgerichtet werden, die sich zum Beispiel »FunFun Bridal Wedding Service« nennen. Mindestens fünf Millionen Yen, umgerechnet ca. 40000 €, kostet so ein »FunFun«.

Ah, jetzt wird es ernst, denke ich und konzentriere mich auf die Zeremonie.

Vorne stehen hinter einem niedrigen Tisch Dr. Konô Akira und seine Braut Okamura Taiko. Er trägt einen traditionellen schwarzen Kimono mit dem hellen, aufgestickten Wappen seiner Familie und einem eleganten, dunkelgrün gehaltenen *hakama*, einem Hosenrock. Seine Füße stecken in schwarzen *tabi*-Socken, und er trägt flache *geta*, Holzsandalen. Taikos Kimono ist aus schwerer Seide, elegant, aber in freundlichen hellroten und blauen Tönen mit geometrischen Mustern. Sie trägt passende Sandalen mit dünnen Lackstreifen, die von den weißen *tabi* noch betont werden. Ihre Haare sind hochgesteckt mit einer verwegen aussehenden Strähne an der Seite. Lackstäbchen halten die Frisur, und die Haare sind dezent mit kleinen Silberplättchen geschmückt. Ihr Gesicht ist stark weiß geschminkt mit leuchtend roten Lippen, die Augenbrauen dunkel nachgezogen.

Akira nimmt das flache, rote Lackschälchen vom Priester entgegen und verbeugt sich tief. Eine weißgekleidete Schreinjungfrau schenkt ihm vorsichtig Sake aus einem ebenfalls rotlackierten Gefäß ein. Der Shintô-Priester im feierlichen Gewand, dem *shôzoku*, und der traditionellen hohen schwarzen Kopfbedeckung, dem *kanmuri*, zieht das *shaku*, ein schmales, längliches Holzbrett als Zeichen seiner Würde aus seinem *obi*, der breiten Gürtelschärpe, und hält es mit beiden Händen vor sich. Er verbeugt sich ebenfalls. Akira setzt die Schale, gefüllt mit Sake, entschlossen an die Lippen, so, als wolle er es endlich hinter sich bringen. Seine Braut, Taiko, schaut ihm vorsichtig zu, keine Miene verziehend. Erstens schickt es sich nicht, zu lächeln, und zweitens könnte die dick aufgetragene weiße Schminke Risse zeigen.

Akira leert die Schale in einem Zug, wie es vorgeschrieben ist, sein Kopf ist leicht nach hinten gebeugt. Ich halte meine Nikon bereit, der Zoomausschnitt zeigt Akiras Oberkörper formatfüllend. Eine attraktive Aufnahme wird das, die schwarze Kimonojacke mit dem Familienwappen eingestickt, das weiße Unterkleid als Kontrast. Am unteren Bildrand ist noch ein Stück des eleganten *hakama*s zu erkennen, und die Jacke ist mit einer weißen, geflochtenen Schnur, die in zwei flauschigen Quasten endet, lose zusammengebunden. Ich kann durch den Sucher das hochkonzentrierte Gesicht Akiras sehr deutlich sehen. Seine Hände halten die kleine Schale. Ich drücke auf den Auslöser. Und noch ein zweites Bild, zur Sicherheit, denke ich und will noch mal auf den Auslöser drücken.

Durch den Sucher sehe ich, wie Akira sich plötzlich mit einer Hand an den Hals faßt, dort, wo die Haut nur vom dünnen Unterkleid bedeckt ist. In der anderen hält er die Sake-Schale, die ihm plötzlich aus der Hand fällt. Der Verschluß meiner Kamera, so kommt es mir vor, klingt in diesem Moment so laut wie ein Gewehrschuß.

Der Priester und Taiko starren entgeistert auf Akira. Auch der letzte der Gäste, der vielleicht bei der langen Hochzeitszeremonie etwas eingenickt ist, blickt auf. Mir sträuben sich die Nackenhaare, ich lasse die Kamera erschreckt und verlegen sinken. Anna faßt bestürzt nach meinem Arm. Entsetzen breitet sich im Raum aus.

Akira steht für einen Moment einfach da, dann geht ein Zittern durch seinen Körper, und mit einem leisen Röcheln sinkt er zu Boden. Einige kurze Momente zuckt sein Körper wild, bäumt sich regelrecht auf, dann liegt er vollkommen still. Taiko beugt sich zu Akira herunter, so schnell es der steife, schwere Hochzeitskimono zuläßt. Sie packt ihn bei den Schultern, schüttelt ihn und wirft sich dann über ihn.

»Akira! Akira!« ist alles, was aus ihr herausbricht. Furchtbare Panik klingt aus ihrer Stimme. Sie richtet sich wieder auf und schaut verzweifelt in die Runde der Hochzeitsgäste.

Von der ersten Sitzreihe stürzt eine junge Frau, ebenfalls im Kimono, nach vorne, wo Akira auf dem Rücken liegt, und beugt sich über ihn.

»Bruder, was hast du, sag doch was!« hören wir die junge Frau verzweifelt ausrufen. Taiko und Akiras Schwester sind beide um ihn bemüht. Seine Schwester entknotet die weiße Schnur des Kimonos und öffnet Akiras Unterkleid weit, damit er besser atmen kann. Taiko streicht ihm über die Stirn, auf der jetzt dicke Schweißperlen stehen. Akiras Schwester fühlt seinen Puls.

»Fast nicht zu spüren. Seine Haut ist ganz kalt«, sagt sie vollkommen fassungslos.

Die meisten Gäste sind vor Entsetzen gelähmt. Anna und ich springen auf, ich habe zwar nicht viel Ahnung von Erster Hilfe, aber immerhin vor vielen Jahren einen Grundkurs beim DLRG abgelegt. Über Akira stehend, sehe ich, daß seine Augen weit aufgerissen sind, keine Bewegung, kein Lidschlag, kein Zucken. Er lebt, liegt einfach so da und starrt uns an. Es scheint, als seien alle seine Muskeln wie paralysiert. Ich stehe genauso hilflos da wie alle anderen.

»Schnell, ruft den Notarzt. Ein Herzinfarkt oder ein epileptischer Anfall!« höre ich Anna, die als erste in der Lage ist, auf die Situation zu reagieren. Die Gesellschaft gerät in Bewegung. Ein halbes Dutzend Mobiltelefone ist plötzlich im Einsatz.

»Nur einer bitte«, ruft Akiras Vater den anderen zu. Einer der Männer hat den Notdienst bereits erreicht. Aufgeregt beschreibt er, was gerade geschehen ist und wo sich das Opfer befindet.

»Der Notarzt und ein Krankenwagen sind unterwegs!« ruft er den anderen zu. Keiner weiß, was er jetzt tun soll. Akira liegt immer noch vollkommen bewegungslos da, obwohl aus seinem offenen Mund jetzt so etwas wie schaumiger Schleim austritt. Taiko wischt seinen Mund mit ihrem feinen Seidentaschentuch ab, leise und eindringlich auf ihn einredend. Die Zeit scheint zu rasen. Akiras Schwester sitzt nur da, und ist völlig schockiert. Die Eltern Akiras knien neben dem leblosen Körper. Alle anderen stehen nur nutzlos herum, genau wie wir. Keiner sagt etwas.

Plötzlich hören wir die Sirene des herannahenden Krankenwagens. So etwas wie Entspannung geht durch die Hochzeitsgesellschaft. Jetzt wird alles gut werden, denken wohl die meisten. Die Sirene ist jetzt deutlich zu hören, scheint aber nicht näher zu kommen. Dann ist nichts mehr zu hören. Mir fällt ein, daß es unmöglich ist, mit dem Wagen an den Schrein heranzufahren. Der Notarzt wird den schmalen Pfad von der Hauptstraße laufen und die Krankenwagenbesatzung die Trage schleppen müssen.

Wertvolle Minuten verstreichen. Akira scheint immer

noch bei vollem Bewußtsein zu sein. In seinen Augen ist Leben, obwohl sie sich nicht bewegen. Ich bilde mir ein, in seinem Blick nackte Angst zu sehen. Akiras Augen prägen sich für immer als schreckliches Bild in meiner Erinnerung ein.

»Der Arzt ist da«, ruft einer der Gäste aus, der am Eingang gewartet hat.

In diesem Moment scheint Akira nach Luft zu schnappen, vergebens. Alle um in herum starren ihn in vollkommener Verzweiflung an.

»Schnell, Herr Doktor. Er kann nicht atmen. So kommen Sie doch! Schnell!« kreischt Taiko, jetzt vollkommen in Panik.

Der Arzt kommt herein und versucht, eine Gasse zwischen den Gästen zu finden, um zu der Stelle zu gelangen, an der Akira liegt.

»Lassen Sie mich 'ran, bitte gehen Sie aus dem Weg.«

Er beugt sich über Akira. Die Atmung hat ausgesetzt. Der Arzt schlägt mit beiden Fäusten fest auf Akiras Brustkorb und versucht es mit Mund-zu-Mund-Beatmung. Mittlerweile sind auch die beiden Krankenpfleger eingetroffen.

Nichts, Akira reagiert nicht. Der Notarzt greift nach seiner Tasche, öffnet sie und entnimmt ihr eine Spritze und eine Ampulle. Er will gerade das Mittel injizieren, als er in die Augen Akiras schaut. Die Pupillen sind bereits vollkommen geweitet. Akira ist tot. Er versucht es noch eine Weile mit Elektroschocks und Sauerstoff aus der Flasche, aber Akira ist schon in einer anderen Welt.

Taiko und Akiras Schwester, immer noch neben Akira kniend, schluchzen verzweifelt. Sein Vater hält Akiras Mutter in den Armen, beide weinen still vor sich hin. Die anderen Hochzeitsgäste stehen nur tiefbetroffen da. Ich halte Anna fest umschlungen. Meine Augen sind tränengefüllt. Anna zittert.

Der Notarzt steht auf, sein Gesicht ist bleich, die furchtbare Szene hat auch ihn mitgenommen. Leise gibt er Anweisungen an die Krankenpfleger.

Sonntag

Anna und ich haben kein Auge zutun können. Die ganze Nacht hatte ich den Anblick des sterbenden Akira vor Augen. Anna weinte ständig, und ich konnte die Tränen auch nicht zurückhalten. Wir sind früh aufgestanden und zum Aikidô-Training gegangen. Die Ablenkung tat gut, aber das Gefühl der Leere blieb.

Trotz der Hitze gingen wir zum Irisgarten im Meiji-Schrein. Wir saßen lange vor dem Blumenmeer und sprachen kaum miteinander. Der Tod Akiras hat mich tief getroffen. Es kann so plötzlich gehen, unerwartet, mitten in den schönsten Momenten. Was wäre, wenn mir das passieren würde. Ich schaue Anna an. Sie scheint in Gedanken weit weg zu sein.

Auch für uns hatte sich vor kurzem einiges gründlich geändert. Mir fällt ein, wie mein neues Leben begann, und ich muß unwillkürlich grinsen, als ich mich daran erinnere, wie Anna und ich den ersten Tag verbrachten. Wie in einem Film spielt sich die Szene in meinen Gedanken ab:

»Endlich frei!«

»Was hast du gesagt?« fragt Anna, ohne von ihrem Buch aufzublicken.

»Ich fühle mich frei«, antworte ich, leicht gekränkt über ihr offensichtliches Desinteresse.

»Aber ja doch, Jan. Kannst du mir noch etwas Champagner nachgießen?«

Jetzt reicht es, offensichtlich ist ihr Buch fesselnder und wichtiger als meine Glücksgefühle. Resignierend gieße ich ihr Glas voll und meines ebenfalls.

»Da!«

»Du bist ein Schatz.« Wieder kein Blick.

Dann eben nicht. Ich lehne mich demonstrativ zurück, genieße meinen Champagner, einen Louis Roederer 1982, alleine und schließe meine Augen.

Ich lasse den Tag Revue passieren. Heute morgen habe ich den Aufhebungsvertrag unterschrieben. Fast zwanzig Jahre Großunternehmen sind genug. Ich hatte sehr lange gezögert, viele Gespräche mit Anna geführt. Immer wenn ich dachte, eine Idee gefunden zu haben, mich selbständig zu machen, kamen mir sofort jede Menge Zweifel. Das größte Problem erschien mir immer das finanzielle Risiko, die Sache mit dem Cash-flow, wie man so sagt. Man gewöhnt sich ja schnell an ein gutes Einkommen, fast garantiert und jeden Monat, wenn man als angestellter Manager in einer soliden Firma arbeitet.

Besonders wenn man wie wir in Tôkyô lebt, ist der Finanzbedarf enorm, und das hielt mich immer wieder davon ab, den Sprung ins Ungewisse zu wagen. Aber irgendwann haben sich die Gene doch durchgesetzt. Monatelang arbeitete ich an einem Plan für eine eigene Firma, immer wieder gab es dabei Rückschläge. Meine Euphorie wurde ständig durch Zweifel ersetzt, speziell wenn ich mit Freunden oder Bekannten über meine Pläne sprach.

»Du spinnst ja, du hast doch einen tollen Job in einer feinen Firma. Du mit deinem Spitzengehalt, Firmenwagen, Firmenhaus, Businessklasse- oder Erster-Klasse-

Tickets, was willst du denn mehr?« waren die typischen Kommentare.

Vielleicht wäre ich immer noch dabei, Firmenpläne zu schmieden und theoretische Finanzpläne zu erstellen, wenn nicht die VIW, das Unternehmen, dessen japanische Tochtergesellschaft ich seit vielen Jahren leitete, beschlossen hätte, mit einer anderen großen Firma zu fusionieren. Man bot mir an, im neuen Unternehmen die Verantwortung für den amerikanischen Markt zu übernehmen. Eine reizvolle Aufgabe, ein Vertrauensbeweis, ein Sprung in der Karriere, das war es, was ich zu hören bekam.

»Der hat einen Sprung in der Schüssel«, war der Kommentar, als ich dankend ablehnte.

Glücklicherweise hat mein zunehmendes Alter meinem Mangel an Weisheit keinen Abbruch getan.

Das Problem war jedoch, daß ich die Nase voll hatte von der Zentrale und von Bürokratie, und je größer die Firma wurde, um so mehr nahm die Bürokratie zu. Immer mehr »High Potentials«, also junge Mitarbeiter mit viel Potential und wenig Berufserfahrung, oft kompensiert durch ausgeprägtes Selbstbewußtsein, beschäftigten Leute wie mich mit guten Ratschlägen, untersuchten Marktchancen, schrieben Berichte, die wiederum neue Untersuchungen auslösten. Die interne Revision stellte mehr Personal ein, um auch die kleinste Abteilung mindestens einmal jährlich prüfen zu können. Dank der Vielzahl der Unternehmensbereiche nahm die Zahl der Berichte und Fragebögen exponentiell zu. Dadurch dringend notwendig gewordene zusätzliche Mitarbeiter in der Verwaltung nahmen schneller zu als unsere Umsätze. Das Management verteilte »Klugscheißer-Bücher« über Change-Management und emotionale Intelligenz, scheinbar ohne sie selbst sorgfältig gelesen zu haben, und hechelte ständig den neuesten Managementideen hinterher.

Zentralisierung, Synergien, Back-Office-Funktionen, Business-Einheiten, Workshops oder Steuerungskomitees wurden immer mehr zu Reizworten. Monatsberichte, Quartalsberichte, Finanzen, Service, Marketing, Vertrieb, Personalwesen, alles zentral gesteuert. Alles erschien mir mehr und mehr wie die Zentralbürokratie zu den Blütezeiten der UdSSR, einschließlich der Fünfjahresplanung. Und nichts wurde ohne die Hilfe einer Unzahl von externen Beratern gewagt, Consultants schienen die Führung des Unternehmens übernommen zu haben.

Aber es gab noch einen anderen und wahrscheinlich entscheidenderen Grund – wir hätten Japan verlassen müssen. Und obwohl nur wenige, mit denen ich sprach, das verstanden, war das ein Preis, den ich nicht zu zahlen bereit war.

Anna, die meine Klagen jahrelang geduldig anhören mußte und mir dabei immer kritische, aber positive Unterstützung gab, besiegelte meine Entscheidung mit einer ihrer klaren Aussagen.

»Du kannst ja schon mal nach Amerika gehen, ich halte hier so lange die Stellung«, bot sie mir an. Ich wußte, es war nicht ernstgemeint, aber auch für Anna ist Japan eben zur Heimat geworden.

Ich schaue Anna an, wie sie da sitzt, bequem und vollkommen entspannt in der Ecke der Couch, die Beine angezogen, das Buch auf den Knien balancierend. Ab und zu einen Griff zum Champagnerglas. Der Ruhepol im Hause Wolf. Auch wenn sie offensichtlich in diesem Augenblick nicht so sehr an meinen Gefühlen interessiert zu sein scheint, habe ich ihr schon wieder verziehen.

Es ist schon eigenartig, einerseits fühle ich mich frei, und andererseits habe ich seit heute morgen die Hosen gestrichen voll. Jetzt, da es Wirklichkeit geworden ist, dämmert mir allmählich, worauf ich mich da eingelassen habe. Jan Wolf, Ex-Chef der VIW Japan K.K. mit mehreren tausend Mitarbeitern, einer der Topmanager der deutschen Industrie in Japan, ein Mann mit Beziehungen und Einfluß, auf dem Weg ins Ungewisse, auf dem Weg in die Selbständigkeit.

Eigentlich sollte mir der Gedanke keine Sorgen bereiten. Schließlich war ich in unserer Familie so eine Art schwarzes Schaf. Meine Eltern mit ihrem Restaurant, meine Schwester und mein Bruder mit ihren Geschäften, selbst mein Neffe, selbständiger Goldschmied, alle hatten sie diesen Weg eingeschlagen. Und ganz am Anfang, während der Studienzeit, hatte auch ich das vorgehabt. Wenn Anna und ich, wir hatten uns gerade kennengelernt, durch die dichten Wälder auf den Höhen um Bonn wanderten, träumten wir von so originellen Ideen, wie einen Schuhladen zu eröffnen, nur feine Italiener sollten es sein. Oder wie wir kurz nach einem romantischen Winterurlaub im Schwarzwald beschlossen, einen Boots- und Langlaufskiverleih an einem der norwegischen Seen zu gründen. Anna war so begeistert, daß sie sich gleich eine Fellmütze kaufte und ich ein Lehrbuch für Norwegisch erstand. Irgendwann sollte es mal ein Wollversand werden oder ein Weinhandel.

Unsere Examen und ein Angebot für die erste Arbeitsstelle in Frankfurt kamen diesen ersten Plänen in die Quere, genauso wie meine geschäftserfahrene Mutter, die uns davon überzeugte, es doch erst einmal mit einer Arbeit bei einer großen Firma zu versuchen. Mütter können ja so schrecklich vernünftig sein. Also stiegen wir ins ernste Berufsleben ein, und rauf ging es auf der Karriereleiter. Und der Absprung wird um so schwieriger, je höher man steigt.

Die Sache mit dem Zusammenschluß der VIW und der anderen Firma hatte dann letztlich doch ihre guten Seiten. Als klar war, daß ich nicht für die Aufgabe in Amerika zur Verfügung stand und ich einen geeigneten Nachfolger als Chef für unsere japanische Tochtergesellschaft präsentierte, willigte man in mein freiwilliges Ausscheiden ein. Der Vorstandsvorsitzende, vielleicht weil er meine Gefühle nachvollziehen konnte, behandelte mich sehr fair und billigte mir eine respektable Abfindung zu für die vielen Jahre, die ich im Unternehmen gearbeitet hatte. Die Abfindung und einige finanzielle Rücklagen, die wir gebildet hatten, sollten fürs erste reichen, um die schwierigen Hürden während der Anlaufphase meiner neuen Karriere zu nehmen.

Ich hatte vor einigen Tagen bereits eine Firma gegründet, die sich mit der Beratung von Unternehmen befaßt, die entweder aus dem Ausland kommend in Japan oder Asien starten oder erweitern wollen, oder japanische Unternehmen unterstützt, die planen, ihre Geschäfte im Ausland auszubauen.

VIW war nicht nur großzügig bei der Abfindung, sondern versprach, sich auch weiterhin meiner speziellen Erfahrung und reichlichen Kontakte in Japan und Asien zu bedienen. VIW würde mein erster Kunde sein. Es war erstaunlich, daß man nun plötzlich alles, was ich vorher schon zu sagen gehabt hatte, dankbar annehmen und mir dafür auch noch dreihundertfünfzigtausend Yen am Tag bezahlen würde, zuzüglich Spesen versteht sich. Ja, so ist das mit dem Prophet im eigenen Land.

Mein Freund Honda Kenji von Ikeda Industries war an einer engeren Kooperation mit dem führenden Chip-Hersteller in Deutschland interessiert, und durch VIW kannte ich alle wichtigen Manager persönlich. Er konnte es kaum erwarten, daß ich mit meiner Arbeit anfing. In den vergangenen Jahren in Japan hatte ich mir ein dichtes Netzwerk von Beziehungen mit Firmen, Anwälten und auch Beratern, nicht nur im Lande, sondern in Asien und Europa aufgebaut. Berater waren mir immer suspekt gewesen, aber jetzt, wo ich selbst einer geworden war, sah ich das natürlich ganz anders. Dieses Netzwerk wird sich bald als sehr nützlich erweisen.

Trotz der vielen Beziehungen werden die Einnahmen anfangs spärlich und vor allem unregelmäßig fließen, die Kosten dagegen unerbittlich jeden Monat auflaufen. Unser großes, gemietetes Haus in Mejiro hatten wir schon gegen eine schöne, aber deutlich kleinere Eigentumswohnung im Tôkyôter Iidabashi-Viertel eingetauscht. Dank der extrem niedrigen Zinsen für das Darlehen konnten wir die monatlichen Wohnungskosten fast halbieren. Der schicke »Bentsu«, wie ein Mercedes in Japan genannt wird, wird einem alten, aber gut erhaltenen Toyota Land Cruiser weichen müssen. Einige Restaurantbesitzer werden uns bald vermissen, und mit einer Luxuswoche im Ritz Carlton auf Bali war es auch vorerst vorbei. Auf der anderen Seite wird der schwierige Anfang auch seine guten Seiten haben. Anna hatte schon vor Monaten ihr Talent zum Kochen entdeckt, wir werden wieder mehr von Tôkyô und Umgebung sehen können, und vor allem werden wir wieder mehr Zeit für einander haben. Da ich meine Zeit jetzt auch wieder relativ frei einteilen kann, werde ich wieder mehr Gelegenheit haben, intensiv Aikidô im Honbu Dôjô zu treiben und mich beim Kendô-Training von Andô Shûsaku, meinem Freund bei der Kriminalpolizei, verprügeln zu lassen.

Schöne Aussichten, und trotzdem zieht sich mein Magen wieder zusammen. Ich habe richtiggehend Schiß. Vielleicht hätte ich doch nicht die Firma verlassen sollen. Wer weiß, ob das mit der Beratung klappen wird? Firme in dieser Branche gibt es doch wie Sand am Meer. Beratung ist doch nur ein Zwischenspiel bis zum nächsten richtigen Job, sagen viele, und ich gehörte bis vor kurzem dazu. Müssen Anna und ich demnächst auch in einen Pappkarton im Shinjuku-Park ziehen?

»Ich habe Hunger!« meldet sich Anna unvermittelt und klappt ihr Buch geräuschvoll zu.

»Weißt du was, ich lade dich zum Essen ein, wer weiß, ob wir das in Zukunft noch können«, schlage ich vor, meine Sorgen für einen Moment verdrängend.

Anna sagt fast nie nein, wenn es um so etwas geht. Ein kurzer Anruf, und auf zum »La Tourelle«. Französische Küche mit japanischen Zutaten ist angesagt, dazu eine Flasche dieses wunderbaren, samtweichen Bordeaux, ein 1990er Pouillac Chateau Lynch Bages. Ein Spitzenjahrgang, von dem ich mir gleich alle noch vorhandenen Flaschen reservieren ließ, als wir zum ersten Mal in dieses Restaurant, ganz in der Nähe unserer neuen Wohnung, kamen. Ob wir es uns jetzt noch leisten können, die Flaschen auch zu leeren, steht in den Sternen. Aber wie sagt Jan, der Rheinländer: Et kütt, wie et kütt ond et hat noch immer juut jejange.

»Jan, hörst du schlecht?«

Anna holt mich wieder in die Wirklichkeit zurück.

»Doch, entschuldige, ich war ganz in Gedanken.«

»Jan, ich glaube, wir sollten zurückgehen.«

»OK, laß uns ein Taxi nehmen. Du, sag' mal, wenn ich plötzlich nicht mehr wäre, was würdest du dann machen?«

»Den Gefallen würdest du mir doch eh nicht tun.«

Sie schaut mich an, ein breites Grinsen auf dem Gesicht. Peng, ich kann sehen, meine Anna ist schon fast wieder wie immer. Ich beschließe, ihre Antwort als Witz, wenn auch als schlechten, aufzufassen. Irgendwie hilft es, mich aus meiner düsteren Stimmung zu lösen. Jedenfalls für eine kurze Zeit.

Am Abend essen wir nur eine Kleinigkeit und gehen früh zu Bett. Im Halbschlaf vermischt sich der Tod Akiras mit meinen Zukunftssorgen. Ich bin froh, als der Wecker klingelt und ich aufstehen kann.

Dienstag

»Sind alle Fenster zu? Im Schlafzimmer auch?« will Anna wissen.

»Ja, ich habe alles geprüft«, antworte ich ihr vom Bad aus, wo ich mich gerade sorgfältig rasiere.

Anna, noch im Nachthemd, steht in der Tür und schaut mir zu. Sie macht das gerne, und mir gefällt das auch. Ich ziehe den kleinen Bauchansatz ein bißchen ein, ich glaube, sie hat es nicht bemerkt.

»Dickerchen.«

Ich schaue sie nur strafend an und atme aus, hilft ja eh nicht.

»Nummer 32 bläst ja wie verrückt, ich glaube, das ist bisher der stärkste Taifun in dieser Saison. Die Fenster rappeln, als ob sie jeden Moment rausfallen würden. Ich hoffe, unser Dach hält dicht.«

Guter Punkt, denke ich. Unsere neue Wohnung, die wir vor einigen Monaten gekauft haben, liegt nämlich im obersten Stock eines Gebäudes, mit Dachterrasse und Blick auf die Hochhäuser von Shinjuku in der Ferne, besonders auf die neue Firmenzentrale von DoCoMo, dem Telekommunikationsriesen. Auf der anderen Seite kann man den Wassergraben der Sotobori-dôri erkennen, der ehemalige äußere Schutzgraben des kaiserlichen Palastes.

Nur zwei, drei Minuten entfernt liegt die berühmte Kagurazaka, ehemals ein für seine Geishas bekanntes Viertel. Heute ist sie eine lebendige Einkaufsstraße mit Hunderten von kleinen Restaurants in den engen Nebenstraßen und Gäßchen, die von beiden Seiten abzweigen. Franzosen, Italiener, Türken, Marokkaner stehen im Wettbewerb mit japanischen Restaurants, kleinen Yakitoriyas, Sushi-Shops, edlen Teppanyaki-Restaurants und noch feineren, versteckt liegenden Kaiseki-Restaurants, vor denen meistens große, dunkle Limousinen mit Chauffeur warten und in denen die wenigen noch verbliebenen Geishas diskret verschwinden. Unbezahlbar für die meisten, zu denen auch wir zählen.

Hier und da eingequetscht zwischen anderen Häusern ein traditionelles *Ryokan*, ein Hotel japanischen Stils. Nur an den dezenten Schildern, die Zimmer zum Ausruhen für 5000 Yen und zum Übernachten für 9000 Yen anbieten, läßt sich erahnen, daß es sich um Love-Hotels handelt. Hier verkehren Ehepaare, im wahrsten Sinne des Wortes, die nach einem gelungenen Abend alleine – ohne ihre Kinder im Nebenzimmer – sein wollen, oder auch Paare, die sich gerade erst getroffen haben, sich vielleicht nie mehr treffen werden. Alles äußerst diskret.

Innerhalb kürzester Zeit hatten Anna und ich das Restaurant La Tourelle entdeckt, ein Ersatz für das Beaux Arts, das leider zugemacht hat. In einer winzigen Izakaya, dem Izumo, sind wir bereits gern gesehene Gäste. Der Chef, der aussieht wie Premierminister Koizumi, nur etwas dicker, bereitet ein erstklassiges *Basashi* zu, dünne Scheiben von rohem Pferdefleisch, die man in Sojasoße mit geriebenem Ingwer oder Knoblauch oder auch beidem tunkt, köstlich. Anna liebt gebackene *Fukinotô*, die leicht bitteren Blüten der Pestwurz, die auch gut gegen Migräne und Monatsschmerzen sein sollen. Ein winziger Käseladen mit breiter Auswahl, zwei große, erstklassig bestückte Supermärkte mit vielen frisch zubereiteten Speisen, eine original bretonische Crêperie, alles da. Was braucht man noch, außer Zeit und vor allem Geld.

Das Gebäude, in dem sich unsere Wohnung befindet, liegt auf einer Anhöhe, ist in gutem Zustand, und die Wohnung war gerade so erschwinglich. Der wichtigste Kaufgrund war sowieso die Terrasse. Genauso hatten wir uns das immer vorgestellt. Anna hatte die fast hundert Quadratmeter große Dachterrasse in kürzester Zeit in einen wunderschönen Garten mit kleinen Ahornbäumen, mit Oleander, Hibiskus, Margeriten und Fuchsien verwandelt. In einer Ecke schützt hoher, dichter Bambus einen kleinen Teich mit Lotusblüten. Wasser läuft ständig als kleines Rinnsal über die Granitsteine in den Teich, in dem sich fünf kleine *koi*, japanische Zierkarpfen, vergnügen, einer ganz gelb, einer blau wie eine Delfter Kachel und die anderen drei goldrot. Ein Vermögen haben die gekostet, aber wenn wir schon keinen Wasserfall am Teich haben – davon hatte ich immer in unserem alten Haus geträumt –, dann doch wenigstens Fische. Ich hatte unserem Kater nur erklären müssen, daß man Zierkarpfen nicht ißt, als er am ersten Tag, nachdem die Fische eingetroffen waren, versonnen, wie es mir schien, und sich mit der Zunge übers

Maul fahrend, am Teich hockte. Ich denke, er hat es verstanden, denn alle fünf sind noch da.

Der Boden der Terrasse ist dick mit kleinen, hellen Kieseln bedeckt, in denen große, flache Trittsteine eingelassen sind, ein Pfad zum Teich, ein anderer zu der alten Steinlaterne, die wir vor vielen Jahren gekauft und natürlich beim Umzug mitgenommen haben. Vor dem Wohnzimmer haben wir Holzroste verlegen lassen. Darauf stehen unsere alten, schon von Wind und Regen silbergebleichten Teakmöbel, ein großer Tisch, sechs Stühle und zwei sehr bequeme Liegen. Eine große, elektrisch betriebene Markise aus Segeltuch gibt den notwendigen Schutz vor der Sonne, und ein Infrarotstrahler an der Wand verlängert die Zeit, die man auf der Terrasse verbringen kann, wenn es kühl wird. Es ist fast alles genauso geworden, wie in dem Garten unseres alten Hauses in Mejiro, nur daß der Garten jetzt um zwei Drittel kleiner ist und im siebten Stock liegt. Dafür ist die Wohnung aber auch sehr hell, und man hat freie Aussicht.

Ich bin fertig angezogen und schaue aus dem Fenster auf den Garten, der Bambus biegt sich wild, und ich fürchte das Schlimmste für die anderen Bäume und Sträucher. Der Regen peitscht fast waagerecht gegen das große Fenster. Die Hochhäuser in Shinjuku sind nicht zu erkennen, alles ist grau in grau.

Anna hat das Frühstück in der Küche vorbereitet. Wir setzen uns an den Tisch mit der schweren Naturschieferplatte. Espresso, Joghurt und Kekse gibt es. Auf die frischen Croissants vom japanischen Bäcker namens »Der Bäcker« verzichten wir angesichts der Wetterlage.

Der Sturm scheint stärker zu werden. Lustlos löffele ich den Joghurt und lese in der Japan Times. Eine große Anzeige erregt meine Aufmerksamkeit. Zelebranten gesucht. Interessant, eine Hochzeitshalle sucht freiberufliche Zelebranten für Hochzeitsfeiern. Priester und Missionare sind eingeladen, sich zu bewerben, erfahrene Christen ebenfalls willkommen. Mmh, das könnte ich doch an Wochenenden machen. Die Beratung läuft erst langsam an, und ich könnte mir was dazu verdienen.

Mir fällt Akiras Hochzeit ein und die gute Laune ist wieder wie weggeblasen.

Mein Blick fällt auf die kleine, weiße Plastikdose mit dem Film, den ich auf der Hochzeitsfeier geschossen habe. Es ist schon drei Tage her, seitdem es geschehen ist, aber ich habe mich nicht getraut, den Film entwickeln zu lassen. Es graust mir bei dem Gedanken, die letzten Momente im Leben Akiras und den Augenblick, als der Tod zuschlug, in Bildern festgehalten zu haben. Ich käme mir vor wie ein Voyeur, der eine höchst intime Szene entblößt. Meine Stimmung sinkt auf den Nullpunkt.

»Grausam. Ich weiß nicht, wie das passieren konnte. Akira war erst vierunddreißig.«

»Jan, ich weiß, mir ist es auch aufs Gemüt geschlagen, aber du mußt versuchen, das zu verdrängen. Die ganze Zeit schlägst du dich schon damit herum, als ob du etwas daran ändern könntest.«

»Ich versuche es ja, aber es ist so unbegreiflich, so sinnlos. Und Taiko und Akiras Eltern, wie schrecklich müssen die sich fühlen.« Ich kann nichts dafür, aber mir kommen Tränen, wie so oft seit letztem Samstag.

Ich habe es immer noch nicht gewagt, bei Konô und seiner Frau vorbeizugehen, aber die Totenwache im Hause der Konôs hat bereits begonnen.

»Du, ich gehe heute zu Konôs, ich bin ihnen das schuldig, und ich fühle mich wie ein Feigling, wenn ich nicht hingehe.«

»Das verstehe ich, und ich glaube, das ist das beste, auch für dich, aber bitte gehe alleine hin, ich kann das nicht.«

Auch wenn sie es nie zugeben würde, der Tod Akiras hat Anna mindestens so hart getroffen wie mich, und sie hat einfach Angst davor, zur Totenwache zu gehen. Mir geht es nicht anders, aber ich habe keine Wahl.

Für einen Moment schweigen wir, beenden nur unser Frühstück, starren aus dem Fenster in den Regen. Jeder hängt seinen eigenen Gedanken nach.

Ich zermartere mir seit Samstag das Hirn, warum ein junger Mann von gerade vierunddreißig Jahren plötzlich tot zusammenbricht. Es stimmt schon, er war ziemlich korpulent. Ich hatte ihn vor einiger Zeit gewarnt, nur halb im Scherz, er würde eines Tages noch einen Herzinfarkt erleiden, wenn er nicht mehr für seinen Körper täte, speziell als er anfing, die hübsche Okamura Taiko regelmäßig zu treffen, die offensichtlich an seinem cherubinischen Gesicht und seinen üppigen Rundungen um die Hüften Gefallen gefunden hatte. Er sah immer ein bißchen wie Konishikis kleiner Bruder aus, obwohl er höchstens ein Drittel des berühmten Sumô-Ringers wog, der in seinen aktiven Zeiten zweihundertsechsundsiebzig Kilo auf die Waage brachte. Wie Taiko ist Konishikis Frau ein zierliches Püppchen, vielleicht finden japanische Frauen dicke Männer attraktiver.

Als ich gestern mit einem Bekannten telefonierte, der auch bei der Hochzeit anwesend war, obwohl ich ihn nicht bemerkt hatte, erzählte dieser mir, daß Akira am Vorabend der Hochzeit mit seinen ehemaligen Kommilitonen von der

Tôdai, der Tôkyô Universität, unterwegs gewesen war, um das Ende der Freiheit als Junggeselle ausgiebig zu feiern. Sie hatten unmäßig viel getrunken und alles durcheinander, erst Bier, dann Sake, später Whisky mit Wasser, *mizu wari*, dann *shôchû*, Reisschnaps, dazu rauchten sie wie die Schlote, und es war nach vier Uhr morgens, als sie sich alle getrennt hatten. Akira muß sich elend gefühlt haben. Die Feier war zwar erst für den späten Morgen angesetzt, aber wegen der ganzen Vorbereitung muß er sicher sehr früh aufgestanden sein. Kein Wunder, daß seine Gesichtsfarbe fast so bleich wie die der Braut gewesen war. Nur hatte sich keiner viel dabei gedacht, so eine wilde Nacht kommt ja schließlich überall mal vor.

Widerwillig stehe ich vom Tisch auf, ziehe mir eine Jacke und einen Wettermantel an, steige im *genkan*, im Eingangsbereich unserer Wohnung, in die Schuhe mit Gummisohlen und greife den größten Schirm aus dem Ständer. Anna, noch immer im Nachthemd, drückt mir einen Kuß auf die Wange, sagt aber nichts. Was soll sie auch sagen? Ich schließe die Wohnungstür hinter mir und nehme den Aufzug zur Garage. Nach Treppensteigen ist mir heute nicht.

Ich parke meinen Land Cruiser etwas weiter weg vom Haus der Konôs im Stadtteil Meguro. Irgendwie habe ich Hemmungen, zur Totenwache mit dem Auto vorzufahren. Es ist nicht die erste japanische Bestattung, *sôshiki*, die ich miterlebe, aber ich werde mich nie daran gewöhnen.

Der Notarzt hatte Akiras Leiche am Samstag in die Pathologie bringen lassen und eine Autopsie verlanlaßt. Anna und ich sowie einige andere Gäste hatten dem Notarzt die Symptome beschrieben, die wir ja alle vor Akiras Ableben beobachtet hatten. Sein Vater erwähnte noch die lange Nacht, die Akira zuvor als Junggesellenabschied durchzecht hatte. Da man aber offensichtlich nichts Auffälliges fand, gab man die Leiche bereits am Montag morgen für die Bestattung frei.

Montag und die ganze Nacht über hatten die engsten Familienmitglieder der Konôs die Totenwache, *otsuya*, gehalten, und ein buddhistischer Mönch hatte Sutren gelesen. Heute dürfen Verwandte und enge Freunde kommen. Eine Hausangestellte läßt mich in das traditionelle, alte Haus, in dem ich schon oft war, allerdings unter ganz anderen Umständen. Heute erscheint mir das Haus fast finster, es liegt sicher auch am Regen, der wieder begonnen hat.

Im Eingang ziehe ich meine Schuhe aus, und sie nimmt mir den nassen Regenmantel ab. Den Schirm habe ich im Auto gelassen. Es schien mir ebenso fehl am Platz, einen Schirm zu tragen, wie mit dem Auto vorzufahren. Es ist bittere Ironie des Schicksals: Ich trage den gleichen schwarzen Anzug wie am Samstag, nur dieses Mal mit schwarzer Krawatte.

Ich betrete den Raum, in dem Akira aufgebahrt ist, in einem weißen Totengewand, *shini shôzoku*, für die Pilgerreise in die andere Welt. Sein Kopf liegt auf dem *kitamakura*, wortwörtlich dem »Nordpolster«, sein Gesicht ist bleich, wie Wachs. Um ihn herum sind Blumen aufgestellt.

Seine Eltern und seine Schwester sowie zwei Besucher knien still da. Es wird kein Wort gesprochen. Akiras Eltern und seine Schwester nicken nur, als sie mich bemerken. Ihre Gesichter sind wie aus Stein, grau vor Schmerz.

Wie es Brauch ist, knie ich nieder und verbeuge mich tief, ehe ich am Hausaltar Räucherstäbchen anzünde und einen speziellen Umschlag mit Geld, den *o-kôden*, abgebe. Es ist ein erheblicher Betrag zur Unterstützung der Hinterbliebenen bei der sehr teuren Bestattung. Merkwürdigerweise, aber den japanischen Sitten entsprechend, erhält man später, nach Ablauf der Trauerzeit, einen großen Teil der Summe in Form eines Geschenks zurück. Neben dem Altar steht ein Foto Akiras, um den Rahmen ein schwarzer Trauerflor. Ich muß trocken schlucken, damit mir nicht die Tränen kommen, und ich halte es nicht lange aus in diesem Raum. Sobald es die strengen Regeln erlauben, verbeuge ich mich wieder und ziehe mich leise zurück.

Ich bin erleichtert, als ich das Haus verlasse, und habe gleichzeitig ein schlechtes Gewissen, die Familie meines Freundes mit ihrer Trauer alleine zu lassen. Der Taifun ist nach Norden weitergezogen, und es regnet nur noch leicht. Es ist noch immer schwül, trotzdem fröstelt es mich. Ich ziehe den Mantel etwas enger zu. Der Land Cruiser springt zuverlässig an, und ich fahre so schnell, wie es erlaubt ist, weg vom Haus der Konôs.

Spätestens morgen wird Akiras Leiche nur in Anwesenheit der engsten Familienmitglieder feuerbestattet werden und seine Asche in einer Urne, nach kurzer Zeit im Haus der Familie, auf dem nahegelegenen Friedhof im Familiengrab der Konôs beigesetzt werden.

Dienstag – mittags

Das Global Positioning System im Auto, kurz GPS, eine der besten Erfindungen aller Zeiten, speziell wenn man in einer so riesigen Metropole wie Tôkyô mit seinem Wirrwarr von Straßen wohnt, zeigt mir auf dem kleinen Bildschirm zuverlässig den schnellsten Weg zu meinem Büro in Iidabashi, keine zehn Gehminuten von unserer Wohnung entfernt. Der schnellste Weg ist nicht unbedingt der kürzeste in Tôkyô. Das GPS ist permanent mit dem Verkehrsdienst verbunden und leitet mich an Staus vorbei, vermeidet Abschnitte der Schnellstraße, die aus irgendwelchen Gründen gerade geschlossen sind, und es dauert keine halbe Stunde von Meguro bis zum Büro. Die Fahrt vorbei am Tôkyô Tower, dem Chiba-Park, dem Zôjôji-Tempel, dann dem Hibya-Park, halb um den Kaiserpalast und am Budôkan vorbei, der großen Halle, 1964 für Martial-Arts-Wettkämpfe bei den Olympischen Spielen erbaut. Heute dient sie für Veranstaltungen von Martial-Art-Vorführungen bis zum Rockkonzert. Ihr riesiges, wie eine Pagode geschwungenes und grüngefärbtes Kupferdach ist von weitem sichtbar. Die Fahrt ist kurzweilig, interessant und lenkt mich vom deprimierenden Morgen ab.

Das Büro, das ich für die Beratungsfirma, Wolf & Partner, gemietet habe, verfügt über drei eigene Parkplätze, zwei für Kunden, falls mal einer kommt. Aber meistens besuchen wir die Kunden, und die Plätze sind frei. Der alte Mercedes SL 190 von Tom steht schon da, daneben zwei Fahrräder und ein Honda-Motorroller. Die ganze Firma vollzählig da: Tom Walker, Amerikaner und Anwalt für internationales und japanisches Wirtschaftsrecht; Hans-Peter Moog, deutscher Wirtschaftsprüfer und Anwalt mit Schwerpunkt Merger & Acquisitions, das schicke Mountainbike ist seines; Yamamoto Kôji, Wirtschaftsprüfer und Besitzer des anderen Fahrrads; und unsere Rockerbraut, Ôta Hitomi, Manager General Affairs, Sekretärin, wandelndes Lexikon und verantwortlich für gutes Betriebsklima in unserer Minifirma. Ein echter Sonnenschein, der auch in den schwierigsten Situationen die Übersicht und die gute Laune behält. Ihr gehört die Honda.

Tom und Hans-Peter kenne ich aus VIW-Zeiten, wo uns beide oft mit Rat und Tat zur Seite standen, Tom als Anwalt bei einer der größten internationalen Kanzleien und Hans-Peter bei einer der »Big-five«-Prüfungsgesellschaften. Er brachte auch Kôji mit, nachdem ich Tom und Hans-Peter überzeugt hatte, als Partner in meine kleine Beratungsgesellschaft einzutreten. Ich glaube, auch bei ihnen war das ausschlaggebende Motiv, mehr Selbständigkeit und weniger Bürokratie zu finden. »Small is beautiful« ist unser Motto oder wenigstens ein ganz wichtiges.

Hitomi fanden wir über eine Anzeige im Stellenbereich des »Japan Markts«, der Monatszeitschrift der deutsch-japanischen Handelskammer in Japan. Sie spricht fließend Deutsch und Englisch. Nach dem Wirtschaftsstudium an der Keiô-Universität war sie einige Jahre in Hamburg bei einer Reederei gewesen, hatte einen hanseatischen Kaufmann geheiratet, von dem sie schnell die Nase voll hatte, ließ sich scheiden und zog nach Kalifornien. Einige Jahre arbeitete sie bei einer der Silicon-Valley-Firmen, die ihr einen Job als Marketing Manager in Tôkyô anboten. Es zog sie zurück nach Tôkyô, und sie nahm an. Ihre Firma ging aber kurze Zeit später mit dem Ende des »dot.com-Booms« pleite. Ein Glücksfall für Wolf & Partner.

Ich bin der Senior im Team, immerhin schon 45, Tom ist 41 und Hans-Peter gerade 40 Jahre alt geworden. Kôji ist 38 Jahre und Hitomi, unser Küken, 33 Jahre. Tom und Hans-Peter sind verheiratet, Hans-Peter mit einer Deutschen, Beate, sie haben zwei Kinder, genauso wie Tom und seine japanische Frau Yôko. Kôji sucht noch, und Hitomi bevorzugt das Single-Dasein nach der Pleite in Hamburg.

Ich parke den Toyota, schalte die Zündung aus und bleibe noch einen Moment im Auto sitzen. Es ist still, nur der heiße Motor tickt noch eine Weile.

Okay, Jan, das Leben geht weiter, ermuntere ich mich und klettere aus dem hochbeinigen Geländewagen.

Unsere Büros liegen im Erdgeschoß des vierstöckigen Gebäudes. Über uns sind nur Wohnungen. Ich hatte das Büro billig mieten können, weil der Besitzer des Gebäudes, ein Arzt, sich zur Ruhe setzen wollte und keinen Nachfolger für die vollkommen veraltete Praxis fand. Wir haben die Praxisräume renoviert und uns einfache, moderne Büromöbel gekauft, alles im IKEA-Design, wie Anna immer sagt, hell und freundlich. Zu ihrem großen Bedauern gibt es noch kein IKEA-Einrichtungshaus in Japan. Einige Bilder aus unserer Sammlung verzieren die Wände. Jeder hat einen Laptop, es gibt einen Server, den Hitomi, auch Chefin der Datenverarbeitung, betreut. Zwei Drucker, ein Farbkopierer, eine Faxmaschine, alles vernetzt, versteht sich. Die Türen haben wir alle herausgenommen, es ist quasi wie in einem Großraumbüro, das fördert die Kommunikation. Der einzige Raum, der eine Tür hat, ist unser Konferenzzimmer mit Leinwand, Overheadprojektor und Beamer für die Power Point-Präsentationen, wir sind ja schließlich Berater. Der Tisch und die Regale aus Edelstahl sind von USM Haller, die Stühle haben das neueste Design von Vitra. In diesem Zimmer ist alles vom Feinsten, da hatte meine Anna ihre Finger im Spiel. Aber so ist es gerade gut genug für unsere Kunden, pardon Clients.

Tom und Hans-Peter telefonieren gerade. Hitomi ist gerade zum Postamt gegangen, erfahre ich von Kôji. Ich setzte mich an meinen Schreibtisch, um zu sehen, ob irgend jemand Briefe, E-Mails oder vielleicht Schecks geschickt hat. Briefe nur zwei, einer von der Steuer, ein anderer die Werbung einer Beratungsfirma. Schecks leider keine. Während mein Computer hochfährt, mache ich mir in unserer winzigen Küche einen Cappuccino. Die vollautomatische Jura-Kaffeemaschine, ein Schweizer Präzisionswerk, ist eine Investition, die wir auf einstimmigen Beschluß hin, trotz der schwierigen Geschäftslage, für unabdingbar gehalten hatten. Espressobohnen bringt jeder, der nach Europa reist, mit – in Japan kosten die Bohnen ein Vielfaches.

Kôji kommt auch in die Küche und nimmt sich ein Wasser aus dem Kühlschrank. Er macht einen schlechtgelaunten Eindruck.

»Was ist los, Kôji? Harte Nacht gehabt?«

»Nein, es ist nichts.«

»Komm, sag schon, du siehst aus, als ob dir jemand das Schippchen geklaut hätte.«

Kôji versteht nicht, was ich meine, ich hatte diesen Spruch wortwörtlich ins Japanische übersetzt, und das funktioniert meistens nicht.

»Was für eine Schippe?«

»Ich meine nur, du siehst aus, als ob du sauer wärst oder Sorgen hättest.«

»Ach, du weißt doch, ich habe mir die kleine Wohnung gekauft, und einen Teil des Kredits hatte mir mein Vetter gegeben, und der hat jetzt gerade von seinen verstorbenen Eltern das Haus geerbt.«

»Na, das ist doch prima, ich meine das mit dem Haus, nicht das mit den Eltern.«

»Von wegen prima, die Erbschaftsteuer wird doch sofort fällig, und er hat kein Geld. Also mußte ich ihm den Kredit sofort zurückzahlen, oder er hätte das Haus notverkaufen müssen. Ich bin dann so blöd gewesen und habe mir das

Geld von so einer Verleihfirma geliehen, die keine Sicherheiten verlangt.«

»Das ist sicher teuer, ohne Sicherheiten?«

»Das kann man wohl sagen, mir war das nicht so klar, und ich dachte, ich brauchte es nur als kurzfristige Übergangslösung, bis ich einen normalen Bankkredit erhalte. Aber die Banken sind im Augenblick übervorsichtig, und ich habe keine zusätzlichen Sicherheiten zu bieten. Die habe ich schon für das Hauptdarlehen gebraucht.«

»Ist es denn viel?«

»Ja, zwanzig Millionen Yen, aber das Schlimmste sind die Zinsen, zahlbar alle vierzehn Tage.«

»Wie viel Prozent sind es denn?«

»Der Jahreszins beträgt fünfunddreißig Prozent.«

»Was! Das ist doch Wucher und illegal. Das ist ja mehr als doppelt soviel wie gesetzlich zulässig. Die solltest du verklagen.«

»Ja, natürlich ist es das, aber dafür verlangen die ja auch keinerlei Sicherheit. Es ist ein typisches *shôko*-Darlehen, und ich dachte, in ein zwei Wochen könnte ich das Geld zurückzahlen.«

»Wahnsinn, wie lange läuft das denn jetzt schon?«

»Seit vier Monaten, und ich habe keine Aussichten auf einen normalen Bankkredit. In der jetzigen Marktlage kauft mir auch keiner die Wohnung ab; höchstens zu einem Preis, der für mich erhebliche Verluste bedeuten würde.«

Ich überschlage schnell im Kopf, was Kôji so alle zwei Wochen hinblättern muß.

»Mann, das sind ja fast dreihunderttausend Yen alle vierzehn Tage. Das ist ja Wahnsinn.«

Ich weiß, was ich ihm als Gehalt zahle, nicht schlecht,

aber mit einem Bankkredit für das Hauptdarlehen und den normalen monatlichen Lebenshaltungskosten bleibt ihm netto nicht mal annähernd genug, um das zu bezahlen.

»Ich weiß, es reicht nicht, und ich bin schon zwei Raten im Verzug, dafür verlangen sie jetzt Zinseszinsen, und eben hat einer der Typen angerufen und gesagt, ich müsse noch diese Woche zu ihnen ins Büro kommen, um mit ihnen zu sprechen.«

Mir schwant übles. Kredithaie sind hier oft eng mit der Yakuza, der japanischen Mafia, verbunden, und mit denen habe ich mehr als reichlich Erfahrungen sammeln können.

»Was ist denn das für ein Laden?«

»Ich habe eine Anzeige in der Asahi Shinbun gelesen: *Kredite, schnell und unbürokratisch. Keine Sicherheiten erforderlich. Sprechen Sie mit uns*. Das stand in der Anzeige, und ich Idiot habe angerufen.«

»Wo ist denn die Firma?«

»Ich glaube, der Hauptsitz ist in Ôsaka, aber die haben hier in Tôkyô auch ein Büro, in Shinjuku. Genauer gesagt im Kabuki-chô«, sagt Kôji verlegen.

Kabuki-chô ist Tôkyôs größtes und berühmt-berüchtigtes Rotlichtviertel, eine Hochburg der Yakuza und noch mehr der chinesischen Mafia. Ich bin jetzt schon fast sicher, Kôji hat sich in die Hände von Gangstern begeben.

»Kôji, kannst du dir das Geld nicht von der Familie oder Freunden leihen, bis du einen Bankkredit aufgetrieben hast?«

»Habe ich alles schon versucht. Ich habe einen Onkel, der könnte das spielend, aber er mag mich nicht, und ich will ihn auf keinen Fall fragen. Ich habe nächste Woche einen Termin bei der Sakura Bank, vielleicht läßt sich ja doch was machen.«

Natürlich möchte ich Kôji helfen, er ist ein netter Kerl und hat in den wenigen Monaten, seitdem er für uns arbeitet, gezeigt, daß er was von seinem Handwerk versteht. Aber ich habe kein Geld, das ich ihm leihen könnte. Unsere Wohnung gehört quasi der Bank, und die Kapitaldecke der Firma ist so kurz, daß gewissermaßen die Knie hervorschauen. Wir müssen jeden Monat die Gehälter für uns fünf zahlen, die Miete, Leasingraten für die Geräte und was sonst noch so an Kosten anfällt, egal ob wir Aufträge haben oder nicht. Zur Zeit geht es zwar einigermaßen, aber nicht so, daß wir Kôji mit einem Kredit helfen könnten, und auf eine Bürgschaft von Wolf & Partner hin würde vermutlich auch keine Bank Geld ausspucken.

»Kôji, ich kann dir einen Vorschuß auf dein nächstes Gehalt zahlen, wenn Tom und Hans-Peter einverstanden sind, vielleicht hilft das erst mal, wenn du mit den Typen redest. Aber sei vorsichtig, die schrecken vor nichts zurück. Halte mich auf dem laufenden.«

»Danke Jan, das ist wirklich sehr nett, aber ich möchte nicht, daß die anderen von meinem Problem erfahren, das geht doch wirklich keinen was an. Das muß ich irgendwie selbst regeln. Bitte sag keinem was von der Sache.«

Ich nicke nur und gehe zu meinem Schreibtisch. Irgend etwas sagt mir, das geht ins Auge für Kôji, und vielleicht verlieren wir bald einen guten Mitarbeiter. Ich hoffe nur, er stellt nichts Dummes an.

Dienstag – nachmittags

Die Zeit im Büro geht langsamer als gewöhnlich vorbei. Tom und Hans-Peter lassen mich in Ruhe, sie wissen, wo ich am Morgen gewesen bin. Kôji hat seine eigenen Sorgen, und selbst Hitomi ist stiller als sonst. In ihrem Fall war es die lange Nacht in Roppongi mit viel Alkohol und den üblichen Spätfolgen wie Brummschädel und elender Müdigkeit, die bei ihr zu einer akuten Wortfindungsstörung geführt hat.

Kurz nach vier Uhr ist Dr. Lutz Bogenhardt, Vorstandsvorsitzender der VIW in Frankfurt, am Telefon. Welch eine Ehre, mein Ex-Chef höchstpersönlich.

»Schönen guten Morgen, Herr Wolf, es ist doch Morgen, nicht wahr?«

»Ja, Herr Dr. Bogenhardt, wir sind Ihnen wie immer um mindestens sieben Stunden voraus.«

»Sie haben sich ja nicht geändert, immer eine freche Bemerkung auf den Lippen.«

»Ich meinte doch nur den Zeitunterschied zwischen Deutschland und Japan.«

»Ja, ja. Herr Wolf, wie geht es Ihnen denn so als Berater, was machen die Geschäfte?«

»Danke der Nachfrage, es lief zwar mühsam an, aber dank Ihrer Aufträge und einiger anderer, floriert Wolf & Partner jetzt einigermaßen.«

»Wolf & Partner?«

»Ja, wir sind mittlerweile drei Partner, ein Amerikaner und zwei Deutsche und zwei japanische Mitarbeiter. Herrn Moog kennen Sie ja vielleicht noch von unserer letzten Firmenübernahme in Nagoya.«

»Ach ja, der Moog, guter Mann. Grüßen Sie ihn von

mir. Na, Herr Wolf, wie ich sehe, haben Sie sich ja nicht schlecht entwickelt.«

»Man soll den Tag nicht vor dem Abend loben, wir haben ja noch nicht mal das erste Jahr hinter uns. Aber ich bin eigentlich ganz zufrieden, Herr Dr. Bogenhardt.«

»Herr Wolf, ich wollte mich natürlich nicht nur nach Ihrem Wohlbefinden erkundigen. Ich würde gerne wissen, ob Sie uns bei einem ziemlich wichtigen Projekt in Malaysia helfen könnten. Wir haben die Chance, elektronische Steuerungskomponenten an Proton zu liefern, für deren Autoproduktion. Sie wissen ja, am liebsten würden die alles alleine fertigen, aber auf dem Gebiet sind wir fast konkurrenzlos, wenn man von den Japanern absieht. Ich denke, wir haben da aber Chancen, wenn wir richtig vorgehen. Sie und ich waren ja schon einmal in Kuala Lumpur vor drei Jahren. Ich habe hier in Frankfurt niemanden mit Erfahrung vor Ort, und unsere Leute in KL verstehen mehr von anderen Gebieten.«

Ja, ich kann mich an unsere gemeinsame Reise nach KL erinnern und nur mühsam ein Lachen oder schlimmer, eine Bemerkung, unterdrücken.

»Klar bin ich interessiert, das klingt ja sehr gut. Das könnte was für Wolf & Partner sein. Wie haben Sie sich denn das Projekt vorgestellt?«

»Ich denke, Sie sollten so bald wie möglich nach Frankfurt kommen, ich stelle Ihnen unseren Plan und unser Team im einzelnen vor. Wir einigen uns über Ihr Honorar, und dann übernehmen Sie die Projektführung bis zum Abschluß. Das ganze sollte nicht mehr als zwei bis drei Monate in Anspruch nehmen. Sie berichten natürlich direkt an mich. Ich weiß ja, Sie können unsere Strategen nicht ab. Einverstanden?«

»Einverstanden. Und vielen Dank, daß Sie an mich gedacht haben. Ich melde mich noch diese Woche, wann ich nach Frankfurt kommen kann.«

»Prima, ich freue mich auf unsere Zusammenarbeit. Vielleicht fliegen wir ja wieder zusammen nach KL. Wissen Sie noch?«

»Und ob, und ob. Aber ich dachte, wir wollten das nie wieder erwähnen?«

Bogenhardt lacht laut auf.

»Herr Wolf, da haben Sie mich ja wirklich vor ernstem Schaden bewahrt, dafür bin ich Ihnen ewig dankbar.«

»Ach, das war doch nichts, das hätte doch jeder gemacht«, wiegele ich bescheiden ab.

Wir reden noch einige Minuten, und das Gespräch ist beendet. Der erste Lichtblick an diesem Tag.

Als ich den Hörer auflege, muß ich doch schmunzeln.

Unser guter Dr. Lutz Bogenhardt, Vorstandsvorsitzender der VIW, und ich, sein Asienchef, machten damals eine Rundreise durch unsere Landesgesellschaften in Südostasien, die uns auch nach Kuala Lumpur, der Hauptstadt Malaysias, führte.

Malaysia ist ein überwiegend moslemisches Land, aber sehr tolerant anderen Religionen gegenüber. Wir hatten einen erfolgreichen Besuch bei wichtigen Kunden, unter anderem auch bei Proton, dem einzigen nationalen Autohersteller Malaysias, und bei unserer Tochtergesellschaft hinter uns und saßen bis zum Abflug nach Tôkyô in der First-class-Lounge der Malaysia Airlines.

Bogenhardt stand irgendwann auf und verschwand in Richtung Toilette. Ich war intensiv mit meiner Tageszeitung beschäftigt, als ich plötzlich durch einen ziemlichen Lärm aufgeschreckt wurde. Polizisten kamen mit gezogener Waffe angelaufen, Befehle brüllend. Terroristen! War mein erster Gedanke, und ich wollte mich schon hinterm Sofa verstecken.

Aber merkwürdigerweise verschwanden die Polizisten genau in die gleiche Richtung wie Bogenhardt kurz zuvor. Ich traute meinen Augen nicht, als sie Sekunden später wieder auftauchten, Bogenhardt in Handschellen, zwischen ihnen eingekeilt. Die Waffen hatten sie, Gott sei Dank, weggesteckt. Die Beamten machten finstere Gesichter und schüttelten ihn wütend. Ein kurz geratener Mann, er sah aus wie ein Malaysier, lief laut schimpfend hinter der Gruppe her und schüttelte wütend die Faust in Richtung Bogenhardt. Der war tiefrot im Gesicht und sah äußerst verunsichert aus. Der Reißverschluß seiner Hose stand zu allem Überfluß noch offen. Bogenhardt sah mich mit hilfeheischendem Blick an.

Nur für den Bruchteil einer Sekunde überlegte ich, ob ich so tun sollte, als würde ich Bogenhardt gar nicht kennen, aber dann siegte mein gutes Herz. Ich stand auf und stellte mich den Polizisten vor. Dann erklärte ich, wen sie da verhaftet hatten und fragte, was denn geschehen war. Alle, die Polizisten, der wütende kleine Mann und Bogenhardt redeten zugleich auf mich ein. Schwein, Blasphemie, Irrtum, Kopf ab, Prügelstrafe, waren einige der Worte, die ich verstand. Nach einigem Hin und Her beruhigten sich die Gemüter, und Bogenhardt war in der Lage, seine Version der Ereignisse zu erklären.

Auf der Suche nach den Toiletten hatte der gute Bogenhardt einen Raum betreten, der bis zur Decke gekachelt war, mit einer Rinne und einem Holzrost davor, mehrere Wasserhähne darüber. Es sah zwar etwas andersartig aus, hatte er sich gewundert, aber schließlich müssen Toiletten in Asien ja nicht genauso aussehen wie in Deutschland. Also hatte er den Reißverschluß geöffnet und völlig entspannt in die Rinne uriniert, als dieser Zwerg, hier schaute Bogenhardt den kleinen Malaysier verächtlich an, den gleichen Raum betrat und ihn sah. Der Mann brüllte irgend etwas, offensichtlich wutentbrannt und verschwand wie ein Blitz. Zwei Minuten später war die Polizei da und er in Handschellen, berichtete Bogenhardt.

Die Sache war ernst, ich ahnte natürlich, was passiert war. Gleich neben der Toilette befand sich der Gebetsraum mit einem Vorraum, in dem sich die Gläubigen wie vorgeschrieben die Füße reinigen können, bevor sie den eigentlichen Gebetsraum betreten. Und just diesen Raum hatte mein geschätzter Chef mit dem Klo verwechselt. Es dauert einige bange Minuten, Bogenhardt entschuldigte sich tausendmal mit rotem Gesicht, und es kostete mich viel Charme und Überzeugungskraft, ehe ich meinen Chef befreien konnte. Zum Schluß mußten selbst die Polizisten über das Malheur lachen, was der Zwerg gar nicht komisch fand.

Bogenhardt und ich waren jedenfalls froh, als wir in der Maschine ins sichere Japan saßen. Ich konnte es mir nicht verkneifen, darauf hinzuweisen, daß bei strenggläubigen Moslems der jeweilige Körperteil, der bei einem Verbrechen zum Einsatz kommt, mit einem scharfen Beil abgehackt wird. Während Bogenhardts Hand reflexartig die bedrohte Region auf ihre Unversehrtseit untersuchte, prostete ich ihm fröhlich mit meinem Champagner zu.

Ich mußte schwören, niemandem jemals von diesem peinlichen Zwischenfall zu erzählen. Außer bei Anna und allen meinen Freunden habe ich mich auch daran gehalten, und bei Freunden habe ich nie erwähnt, wer es genau war, der um ein Schamhaar einen Religionskrieg ausgelöst hätte.

Montag

Am Samstag überwand ich mich und brachte den Film mit den Hochzeitsfotos zum Entwicklungslabor. Am Freitag erst war Akiras Urne beigesetzt worden. Ich spürte regelrecht die Schmerzen der Angehörigen als ich die Bilder betrachtete – der Eltern, Akiras Schwester (Hisako ist ihr Name, wie ich von der kleinen Dankeskarte der Familie wußte) und natürlich von Taiko, die schon Witwe wurde, bevor die offizielle Trauung vollzogen war. Ich fühlte mich zum Kotzen.

Die Bilder zeigten, wie wir uns alle vor dem Schrein versammelten, dann den Einzug der Braut und des Bräutigams in die Halle mit dem Priester. Ein Foto der *shô*-Spielerin, ein Foto von vorne von den Gästen und viele Fotos von Akira und Taiko. Auf dem letzten Foto, Akira beim Trinken aus der roten Schale, das ich von der Seite geschossen hatte, war auf dem Bild, etwa auf der Höhe seines Halses, ein winziger, dunkler und länglich verwischter Fleck zu sehen. Ich hatte ihn erst überhaupt nicht bemerkt, dann für einen Entwicklungsfehler des Labors gehalten. Erst als ich mich an die schreckliche Szene erinnerte, in der ich Akira durch den Sucher meiner Kamera sterben sah, fiel mir ein, daß ich so etwas wie ein dickes Insekt gesehen hatte, das auf Akira zusauste. Ich holte mir eine Lupe aus dem Arbeitszimmer, aber die Vergrößerung gab nichts her. Der verwischte Fleck konnte alles Mögliche sein, wahrscheinlich doch ein Insekt.

Seit heute morgen ist das Wolf & Partner-Team voll beschäftigt. Freitag Nacht war aus Frankfurt eine gigantische E-Mail mit fast dreihundert Megabyte Anlagen angekommen. Alles Details zur Vorbereitung auf das mögliche Projekt »Proton«, wie wir es schon mal genannt haben. Tom war glücklicherweise am Sonntag im Büro gewesen und hatte bereits alles auf die Harddisk geladen. Ewig habe das gedauert, klagte er heute morgen, als er eintraf. Wir sind ihm dankbar für seinen heroischen Einsatz, er hat uns allen viel Zeit eingespart. Von Hitomi bekommt er zur Belohnung ein Eis.

Der Tag vergeht sehr schnell, die Zeit rast regelrecht. Wir tragen Informationen über Proton zusammen, die wir im Internet finden, rufen Leute an, die sich auf dem Gebiet auskennen. Fordern Gegenleistung für einige Gefallen ein, die wir in unserem früheren Leben anderen erwiesen haben. Die Telefone stehen nicht still, der Drucker spuckt Seite für Seite aus, den ganzen Tag. Zum Lunch lassen wir uns eine Riesenladung frischer *sushi* kommen mit viel eingelegtem Ingwer und Sojasoße. Zu trinken gibt es nur kalten Ulong-Tee. Draußen ist es ziemlich schwül-warm, aber die Klimaanlage im Büro rackert sich mühsam ab, und es ist einigermaßen erträglich.

»So, ich habe genug, ich will noch kurz bei Konô vorbei, ich muß was abgeben«, erkläre ich gegen Abend.

»Mach nur, wir kommen hier schon klar«, entgegnet Hans-Peter, ohne von seinen Dokumenten aufzuschauen. Auch die anderen nicken nur. Ich komme mir fast überflüssig vor.

»Also, ich gehe dann, bis morgen.«

Als Antwort nur ein Gemurmel.

Es dauert trotz GPS dieses Mal fast eine Stunde, bis ich in Meguro am Haus der Konôs ankomme. Der nächste Taifun hat beschlossen, gerade als ich abfahre, seine Wassermassen über Tôkyô abzuladen. Einige der Straßen an der Marunouchi-Seite des Palastes, ausgerechnet die, die mir das GPS empfohlen hat, stehen tief unter Wasser. Kein Problem für meinen Toyota-Geländewagen, wohl aber für die vielen eleganten Limousinen, die um diese Zeit in Richtung Ginza unterwegs sind.

Es ist fast sieben Uhr, als ich an der Haustür klingele. Wie immer macht die Haushaltshilfe mir auf und läßt mich ein. Konô Satoshi ist erfreut, mich zu sehen, obwohl ihm sein Gram im Gesicht eingemeißelt ist. Takako, seine Frau, gesellt sich auch zu uns. Ihre Augen sind leicht rotgerändert. Beide tun mir unendlich leid. Akira war der einzige Sohn, der designierte Nachfolger in der Firma, ein Topwissenschaftler, und jetzt – nichts, nur Leere. Mein Blick fällt auf den Hausaltar in der Ecke mit dem Foto Akiras im Rahmen mit dem Trauerflor.

Obwohl ich ablehne und sage, ich wolle nur ganz kurz bleiben, um die Bilder abzugeben, lassen sie Tee und kleine Snacks auf den Tisch stellen. Ich drücke nochmals mein tiefes Beileid aus, und die beiden erzählen mir, daß jetzt, wo Akiras Urne begraben ist, sie irgendwie weitermachen müssen. Schließlich haben sie noch Hisako, die Firma und ihre Angestellten.

»Wir müssen damit fertig werden, daß Akira nicht mehr unter uns ist«, sagt Konô.

»Konô-san, ich habe die Fotos von der Hochzeit mitgebracht. Ich weiß, es ist gerade jetzt nicht leicht, sich diese Bilder anzuschauen. Aber es sind auf jeden Fall Erinnerungen an Ihren Sohn.«

Ich reiche die Fotos an Herrn Konô. Nur das letzte Foto, das den letzten Augenblick in Akiras Leben dokumentiert, habe ich entfernt. Ich glaube, das wäre zuviel.

»Wolf-san, vielen Dank. Wir sind Ihnen sehr dankbar für die Bilder und auch für Ihr tiefes Mitgefühl, das Sie uns ausgesprochen haben. Für uns sind Sie nicht nur ein Geschäftspartner, sondern ein Freund. Und ich weiß, Akira war auch ein Freund für Sie.« Er schaut seine Frau an, die zustimmend nickt und mich anlächelt. Ich habe einen Kloß im Hals.

Wir unterhalten uns eine Weile, während sie gedankenverloren durch die Fotos blättert, immer wieder. Verstohlen nimmt sie ein Taschentuch und tupft sich an den Augen, besonders als wir über Taiko, Akiras Braut sprechen, die vollkommen am Boden zerstört zu ihrer Schwester nach Kyûshû gefahren ist.

»Ich lasse euch für einen Augenblick alleine.«

Sie steht abrupt auf und begibt sich in den zweiten Stock des Hauses. Ich kann ihre Schritte über uns hören.

»Ich verstehe wirklich nicht, warum Akira so plötzlich einen Herzinfarkt bekommen hat. Was hat denn der Arzt gesagt?«

»Man hat eine Autopsie durchgeführt, aber nichts weiter festgestellt. Nur daß Akira übergewichtig und nicht in bester körperlicher Verfassung gewesen ist. Es stimmt natürlich, Akira hat keinen Sport getrieben, immer nur gearbeitet, Sie wissen ja, wie er war.«

Ich nicke nur, ohne etwas zu erwidern.

»Ich habe dem Arzt auch erzählt, daß Akira am Abend vor der Hochzeit mit seinen Studienkameraden von der Universität gefeiert hat. Er ist erst um vier Uhr morgens nach Hause gekommen und war ziemlich betrunken. Er muß wie ein Schlot geraucht haben, so hat er gerochen. Ich habe ihm helfen müssen, ins Bett zu kommen, damit er sich wenigstens ein paar Stunden ausruhen konnte. Als er um sieben schon wieder hoch mußte, hat er eine Kanne Kaffee getrunken und ein halbes Dutzend Aspirin geschluckt, wegen der Kopfschmerzen. Ich fürchte, das war alles zuviel. Schrecklich.«

Er bedeckt einen Augenblick seine Augen mit den Händen.

»Sogar beim Anziehen mußten wir ihm helfen, er war so zittrig. Ich hätte ihn nicht gehen lassen sollen.«

»Konô-san, wir haben alle schon mal so was gemacht. Es war sein Hochzeitstag, Sie hätten nichts daran ändern können.«

»Wahrscheinlich nicht, aber vielleicht wäre Akira noch am Leben.«

»Bitte, Konô-san, Sie quälen sich nur selbst.«

Er antwortet nicht, und eine Zeitlang sitzen wir uns schweigend gegenüber.

»Papa, Wolf-san, was ist das?« sagt Konôs Frau, als sie unvermittelt wieder ins Wohnzimmer kommt. Wir schauen beide auf. In ihrer flach geöffneten Hand liegt ein merkwürdiges Objekt. Es sieht aus wie eine dickliche Nadel mit winzigen, ganz bunten Federchen.

»Mama, woher hast du das denn?« will ihr Mann wissen.

»Ich habe gerade Akiras Hochzeitskimono aufgetrennt, für die Reinigung, und dann ist das plötzlich aus dem Saum am Hals gefallen.«

»Komisch, das sieht aus wie ein kleiner Pfeil.«

»Darf ich mal sehen?« frage ich und beuge mich näher. Ja, das ist ein Pfeil, und ich weiß auch was für einer.

»Oku-san, bitte legen Sie den Pfeil vorsichtig auf den Teller hier.« Ich halte ihr den Unterteller meiner Teetasse hin.

»Wissen Sie, was das ist?« fragt sie, als sie den Pfeil abgelegt hat.

»Ich glaube, ja. Als Anna und ich im letzten Jahr in Kota Kinabalu in Sabah auf Borneo im Urlaub waren, sind wir auch in das landeskundliche Museum gegangen. Es gibt dort eine große Ausstellung zum Thema Kopfjäger und Jagen mit Blasrohr und vergifteten Pfeilen. Und das Ding sieht genauso aus wie die Pfeile im Museum.«

Entsetzt und verwirrt zugleich schauen beide mich an.

»Wie kommt denn so ein Pfeil in Akiras Kimono?« will Konô wissen.

»Das weiß ich nicht. Frau Konô, haben Sie sich übrigens auch nicht mit dem Pfeil verletzt?«

»Nein, er fiel einfach so aus dem Saum, als ich die Nähte aufgetrennt habe. Warum?«

Ich antworte nicht gleich.

»Sie meinen, der Pfeil ist vergiftet?«

»Ich weiß es nicht, ich möchte Sie nicht beunruhigen, aber wir müssen vorsichtig sein. Haben Sie mal eine Lupe?«

»Ja, hier.« Herr Konô greift hinter sich auf ein kleines Tischchen und holt eine große Leselupe hervor.

»Wissen Sie, ich habe Probleme bei kleinen Texten«, fühlt er sich bemüßigt, mir zu erklären. Nicht nötig, in letzter Zeit habe ich das auch.

Unter der Lupe sieht der Pfeil riesig aus, und ich sehe, daß die Spitze und ein Teil des Schafts leicht braunrot verfärbt sind, irgend etwas klebt daran.

»Konô-san, haben Sie eine kleine Schachtel aus Plastik oder so was?«

»Ja, sicher, aber wieso, was ist, was ist mit dem Pfeil?«

»Ich schlage vor, Sie rufen morgen früh bei der Polizei an und lassen den Pfeil abholen, damit er untersucht werden kann. Ist der Kimono eigentlich Akiras eigener oder ist er für die Hochzeit geliehen worden?«

»Nein, es ist Akiras eigener, er hat darauf bestanden. Aber warum?« will Frau Konô wissen.

»Geben Sie auch den Kimono mit, wenn die Polizei kommt, vielleicht braucht man ihn für die Untersuchung.«

»Ja, aber warum das ganze, Wolf-san, glauben Sie, der Pfeil hat was mit dem Tod Akiras zu tun?« fragt Herr Konô und schaut mich eindringlich an.

»Konô-san, das weiß ich nicht, und ich möchte auch nicht darüber spekulieren. Aber das hier sieht aus wie ein Blasrohrpfeil, und er sollte untersucht werden. Vielleicht ist er ja vollkommen harmlos. Vielleicht ein Kinderspielzeug. Vielleicht hat sich ein Kind bei der Hochzeit einen Scherz erlaubt. Ich weiß es wirklich nicht, aber ich glaube, es ist am besten, wenn Sie die Polizei einschalten, um sicherzugehen.«

»Ja, aber was sollen wir denen denn sagen?«

»Ich habe einen sehr guten Bekannten, der ist Hauptkommissar bei der Polizei. Andô Shûsaku heißt er, ich schreibe Ihnen seine Telefonnummer auf, und Sie können ihm sagen, ich hätte vorgeschlagen, ihn anzurufen. Ich bin sicher, Andô wird Ihnen sofort helfen.« Ich vermeide zu erwähnen, daß Shûsaku bei der Mordkommission ist.

Ich schreibe die Telefonnummer auf ein kleines Blöckchen und gebe sie Herrn Konô. Vor einem Jahr hätte ich den Anruf noch selbst erledigt, oder, noch wahrscheinlicher, ich hätte den Pfeil in unserem eigenen Firmenlabor, das ohnehin besser ausgestattet ist als das der Tôkyôter Polizei, untersuchen lassen und dann wieder Detektiv gespielt. Nein, davon bin ich geheilt, ein für allemal. Garantiert! Andô wird es freuen, daß ich Konô an ihn verwiesen habe.

Ich verlasse das Ehepaar bald darauf und fahre nach

Hause. Anna wird schon warten, und ich rufe sie kurz vom Handy aus an und erzähle ihr von dem seltsamen Fund. Sie lobt mich ausdrücklich für die Idee, Andô einzuschalten.

Mittwoch

Heute morgen müssen wir uns auf meine Reise nach Frankfurt vorbereiten. Schließlich handelt es sich um ein Projekt, das Wolf & Partner einschließlich der davon abhängigen Familien, Restaurants, Kneipen sowie unsere Vermieter und die Steuerbehörden für ein halbes Jahr der gröbsten Sorgen entheben kann, wenn wir den Auftrag erteilt bekommen. Garantiert ist das nicht, Bogenhardt hat zwar ein gewichtiges Wort bei der Entscheidung mitzureden, aber in einem Mammutkonzern wie der VIW gibt es immer große Stäbe, und alle haben ihre eigenen Ansichten. Nachteilig kann sich auch auswirken, daß ich mit einigen der Zentralstrategen vielleicht nicht das beste Verhältnis hatte, das könnte sich jetzt rächen. Aber wir haben schließlich einiges an direkter Erfahrung vor Ort zu bieten, ich kenne die VIW in- und auswendig, und das Wichtigste, den Chef von Proton habe ich schon mehrfach getroffen.

»Hitomi, bereitest du unsere Standardfirmenpräsentation vor, ich nehme vorsichtshalber alles in Power Point, Folien und zehn Sätze Farbkopien mit.«

»Schon fertig. Ich brauche nur noch die anderen Teile deiner Präsentation. Ich habe gestern übrigens die neuen Präsentationsmappen geliefert bekommen. Sehen sehr schick aus, richtig seriös und gediegen.«

»Sind wir ja schließlich!« klingt es aus Toms, Hans-Peters und meinem Mund zugleich.

»Wo ist eigentlich Kôji?« will Tom wissen.

»Keine Ahnung, gestern abend, als er ging, hat er nicht gesagt, daß er später kommen würde. Vielleicht eine lange Nacht?« sagt Hitomi, die sich für uns in jeder Hinsicht verantwortlich fühlt.

»Soll ich mal bei ihm anrufen, Jan?«

»Ja, das wäre gut, wir brauchen seine Hilfe. Wir müssen noch alle verfügbaren Informationen und Daten über Proton zusammenstellen und analysieren. Ich möchte unserem Kunden einen erstklassigen und vor allem aktuellen Bericht vorstellen. Kôji soll die wesentlichen Finanzzahlen der letzten zehn Jahre einfach und verständlich darstellen.«

»Ich habe schon jede Menge über die wirtschaftliche Entwicklung Malaysias und der ASEAN Staaten und die Vorhersagen für die nächsten fünfzehn bis zwanzig Jahre. Ich mache daraus ein paar schicke Folien«, ruft Hans-Peter von seinem Tisch aus, wo er bereits Stapel von Unterlagen aufgetürmt hat.

»Tom, wie weit bist du mit der Analyse der Rechtssituation, speziell Schutzrechte der Patente und Betriebsgeheimnisse? Das wird den Justitiar bei der VIW besonders interessieren. Ich kenne Wildhuber, der traut keinem, nicht mal seiner eigenen Frau.«

»Sieht gut aus. Die Regierung Mahathir legt hohen Wert auf den Schutz der geistigen Schutzrechte, die haben kapiert, daß sonst keine High-Tech-Firma im Land investieren will. Ich denke, du wirst Wildhuber überzeugen können.«

»Jan, Kôji geht nicht an den Apparat, und sein Handy ist ausgeschaltet. Ich habe Nachrichten hinterlassen«, meldet Hitomi.

»Merkwürdig, ist doch gar nicht seine Art? Ich hoffe, es

ist nichts passiert«, antworte ich, aber ein kleiner dunkler Schatten legt sich über mein Gemüt. Unser Gespräch in der Küche fällt mir ein.

Wir können jetzt auch nichts weiter machen. Wir haben ja noch bis Samstag Zeit.

Der Tag vergeht schnell, und wir kommen gut voran. Wir machen uns nur mehr und mehr Sorgen wegen Kôji. Hitomi versucht den ganzen Tag, ihn zu erreichen, aber er meldet sich nicht. Wir haben keine andere Nummer von Eltern oder Verwandten. Also bleibt uns nichts anderes übrig, als abzuwarten.

»Ich fahre heute abend bei ihm vorbei, mal sehen, ob er dann da ist«, verkünde ich.

Trotz unserer Besorgnis, was mit Kôji passiert sein könnte, haben wir am Nachmittag einiges zu lachen, als wir die neugeschossenen Fotos unseres Teams in den frischgedruckten Präsentationsmappen sehen. Die Herren alle im dunklen Anzug, Tom im klassischen Dreiteiler, selbst Hitomi im dunklen Kostüm, sehr distinguiert, wohl frisiert und wie frisch gebügelt, so wie man sich Berater vorstellt oder Banker, dabei könnte der Unterschied zur Wirklichkeit nicht größer sein.

Tom und ich sind eingefleischte Aikidôka, er hat sich außerdem dem *iaidô*, der alten japanischen Schwertkampfkunst, verschrieben. Jeden Sonntag findet man ihn im *dôjô* seines alten Meisters, fast neunzig Jahre ist der alte Sensei. Irgendwann plane ich, auch damit zu beginnen, ein wunderschönes *nihon-tô*, ein handgeschmiedetes Schwert, scharf wie eine Rasierklinge, habe ich bereits. Aber im Augenblick schlage ich lieber noch mit dem *shinai*, dem Bambusschwert, drauf, wenn ich einmal wöchentlich zum Kendô gehe, wo Andô lehrt. Im übrigen sieht man Tom und mich, wenn nicht bei der Arbeit, überwiegend im Honbu Dôjô in Wakamatsu-chô. Unsere Lieblingskleidung, außer dem *gi* und dem *hakama*, der Kleidung, die man bei unseren Martial Arts trägt, sind Jeans, weite Hemden und bequeme Schuhe. Anzüge sind für uns wie eine Uniform, die man »im Dienst« trägt. Hans-Peter bevorzugt die engen Radlerhosen und zieht sich morgens erst immer im Büro um, wenn er außer Atem ankommt, mal wieder heil dem Tôkyôter Verkehr entronnen. Hitomi macht ihre Kleidung am liebsten selbst. Alles sehr extravagant, blumig, weit, eher nicht mein Geschmack, aber irgendwie paßt es zu ihr. Im Büro ist sie meistens konservativer angezogen, es könnten ja Kunden kommen. Ihre einzige sportliche Betätigung ist Joggen am frühen Morgen, aber nur, wenn es in der Disko oder in einer ihrer vielen Kneipen nicht zu spät wurde. Der einzige, der im Anzug geboren worden zu sein scheint und den wir nicht anders kennen, ist Kôji. Kôjis einzige sportliche Betätigung war der japanische Nationalsport Nummer eins – Baseball. Jetzt schaut er nur noch im Fernsehen zu. Hitomi erzählte uns jedoch neulich, sie habe Kôji am Jindai-Tempel gesehen, als er die berühmten Soba dort aß, wie der eine oder andere Shôgun dies bereits vor ihm zu tun pflegte. Kôji war nicht alleine, sondern mit einer hübschen jungen Frau. Er war mit Shorts, T-Shirt und Sandalen bekleidet! Wir haben trotz aller Bemühungen nicht herausfinden können, ob es seine Schwester oder etwas Ernsteres war. Kôji ist im Gegensatz zu uns sehr scheu und verschwiegen. Na, mit der Zeit werden wir ihn schon hinkriegen, haben wir uns vorgenommen.

Es ist fünf Uhr, wir sind ziemlich weit gekommen mit unserer Vorbereitung. Für den Rest werden wir sicher keine zwei Tage mehr brauchen. Also wird Samstag vielleicht ein freier Tag sein. Wir machen uns nur Sorgen, weil Kôji sich immer noch nicht gemeldet hat. Ich schalte den PC aus und schiebe die Unterlagen auf meinem Schreibtisch alle zusammen.

»Leute, ich fahr jetzt zu Kôjis Wohnung. Ich rufe euch an, wenn ich was Näheres weiß, und meldet euch, wenn er auftauchen sollte.«

»OK, wir bleiben noch 'ne Stunde hier, und dann kannst du uns auf dem Handy erreichen«, sagt Tom.

Kôjis Adresse habe ich im GPS gespeichert, genau wie alle anderen wichtigen Adressen. Er wohnt nicht sehr weit entfernt in Takadanobaba. Trotz des Verkehrs bin ich in einer halben Stunde da und habe Glück, direkt vor seinem Apartmentblock ist ein Parkplatz frei. Eine Ausnahme, etwa zu vergleichen mit einem 5er im Lotto. Ich werfe drei Hundert-Yen-Münzen in die Parkuhr, das gibt mir immerhin eine Stunde Zeit, bevor die freundlichen Politessen in ihren niedlichen Kleinwägelchen kommen und mir einen Kreidestrich auf einen der Reifen malen. Bei der zweiten Runde wird es dann teuer.

Die Haustür steht offen, und ich nehme den Aufzug in den vierten Stock, wo er seine neue Eigentumswohnung hat. Auf mein Klingeln hin geschieht zunächst nichts. Ich versuche es noch einmal. Nichts. Er scheint auch nicht zu Hause zu sein. Meine Vorahnung wird stärker. Zufällig schaue ich nach unten auf den Boden. Ich sehe einen Tropfen, dunkelrot, dann noch einen, noch einen, es ist eine Spur, die von Kôjis Tür bis zum Aufzug zu gehen scheint. Der Aufzug hat sich noch nicht bewegt, und ich drücke auf den Knopf. Die Tür öffnet sich. Innen kann ich keine Tropfen erkennen, der dicke, grobe Teppich aus dunklem Material schluckt wahrscheinlich jede Spur.

Jetzt halte ich es nicht mehr aus und sause zu Kôjis Wohnungstür zurück. Ich bücke mich, um einen der Tropfen zu befühlen. Trocken, aber es bleibt etwas an meinem Finger kleben, blutrot. Kôji ist was passiert, ich bin jetzt in Panik und habe einen dicken Kloß im Hals.

Ich drücke wieder auf die Klingel und lasse den Finger drauf. Gleichzeitig klopfe ich an die Tür.

»Kôji, bist du da? Ich bin es, Jan. Mach auf!«

Nichts. Ich versuche es wieder und wieder, kein Erfolg. Ich beschließe, den Hausmeister zu suchen, vielleicht kann er ja nachschauen; andernfalls rufe ich die Polizei. Die Blutspur ist ja nicht von alleine dahin gekommen.

Gerade als ich mich umdrehen will, um den Hausmeister zu holen, geht die Wohnungstür auf, und mein Mitarbeiter steht in der Tür.

»Kôji! Oh, Scheiße, wie siehst du denn aus?«

Ein Auge vollkommen zugeschwollen, das andere ein schmaler Schlitz, aus dem er mich wahrscheinlich gerade so sehen kann. An der Nase noch Spuren von Blut, die Lippen aufgeplatzt. Er steht im *yukata*, einem leichten Sommerkimono, vor mir, der ebenfalls mit Blutflecken übersät ist. So gekrümmt, wie er dasteht, muß er offensichtlich Schmerzen haben. Wortlos starrt er mich nur an.

Ich schiebe ihn, ohne zu fragen, vorsichtig in die Wohnung und mache die Tür mit dem Fuß hinter mir zu.

Er schlurft vor mir her in sein Wohnzimmer, und ich folge, kaum daß ich meine Schuhe im Eingang ausgezogen habe. Er sitzt schon in einem Sessel, wie das buchstäbliche Häufchen Elend. Vor ihm auf dem Tisch Papiertaschentücher, ein Desinfektionsmittel, Wasser, ein Päckchen Schmerztabletten. Sein ausgeschaltetes Handy liegt ebenfalls auf dem Tisch. Ich schaue mich um. Das Telefon steht wahrscheinlich in der Küche, und ich bin sicher, es ist auf leise gestellt.

»Was ist passiert, Kôji? Ein Unfall?«

Er antwortet nicht. Schüttelt nur vorsichtig den Kopf und hält sich die Rippen.

»Kôji, wir haben uns alle Riesensorgen gemacht, wir sind deine Freunde, was ist los?«

Keine Antwort, nur weiterhin Kopfschütteln.

»Soll ich dir was zu essen machen, einen Tee kochen«, biete ich ihm an. Er hat sicher den ganzen Tag nichts in den Bauch gekriegt.

Jetzt nickt er wenigstens. Prima. In der Küche finde ich Eier und rohen Schinken im Kühlschrank, es ist Toast da und Butter, also beschließe ich, ihm einen original »Strammen Max« zu machen. Während die Eier in der Pfanne brutzeln und der Toast bräunt, gieße ich heißes, fast kochendes Wasser aus dem Thermobehälter, den jeder ordentliche japanische Haushalt besitzt, in eine Kanne mit grünen Teeblättern. Grüner Tee ist ja für alles gut. Minuten später schaue ich Kôji zu, wie er mit Heißhunger meinen Strammen Max verzehrt, wenn auch unter ziemlichen Schmerzen. Die Lippen sind noch wie roh.

Er sieht jetzt schon deutlich besser aus, wenn man von den fast geschlossenen Augen, der geschwollenen Nase und den dicken Lippen absieht.

»Danke, Jan, das war sehr lecker«, murmelt er durch seine Lippen, ich kann ihn kaum verstehen.

»Kôji, nun sag doch: Was ist hier geschehen? Hängt das mit den Kredithaien zusammen?«

»Nein, nein, ich bin gestern Abend mit dem Fahrrad gestürzt, als ich nach Hause kam«, antwortet er etwas zu hastig.

»Mit dem Fahrrad, aha.« Er kann an meinem Gesicht sicher ablesen, daß ich ihm kein Wort glaube.

»Doch, ich hab nicht aufgepaßt und bin mit dem Vorderrad von der Bordsteinkante abgerutscht und dann voll über die Lenkstange geflogen, aufs Gesicht, und die Rippen tun mir weh. Aber es geht schon wieder.«

»Du mußt zum Arzt, vielleicht hast du eine Gehirnerschütterung oder etwas gebrochen.«

»Ja, ja mache ich morgen, ganz bestimmt. Es ist zu blöd, wir müssen doch die Präsentation für Frankfurt vorbereiten, und ich habe euch heute hängen lassen.«

»Kein Drama. Hans-Peter kann den Finanzteil mitmachen, und der Rest ist schon fast fertig. Du gehst morgen zum Arzt, und dann bleibst du zu Hause, bis du dich ganz erholt hast. Und so wie du jetzt aussiehst, kannst du unmöglich ins Büro kommen, was sollen denn unsere Kunden denken?« versuche ich es mit Humor.

Meine Bemerkung bedeutet jedoch erneute Schmerzen für Kôji, als er grinsen muß.

»Ich bin spätestens am Montag wieder da, und ich hole die Zeit an den nächsten Wochenenden nach.«

»Quatsch, soviel Arbeit haben wir eh nicht. Das kann jedem mal passieren. Komm nächste Woche, wenn alles klar ist, und halte mir die Daumen, wenn ich dann in Frankfurt unsere Präsentation vorstelle. Wenn das klappt, haben wir jede Menge Arbeit. Da brauchen wir dich topfit.«

»Jan, das ist wirklich sehr nett von dir, ich glaube, ich mit meiner Blödheit habe das nicht verdient.«

Ich bin nicht sicher, was er mit Blödheit meint, die Sache mit dem Fahrrad habe ich ihm nämlich nicht abgekauft. Aber wenn er nicht will, kann ich ihn nicht zwingen zu sagen, was wirklich passiert ist. Vielleicht ist es ja nicht, was ich denke, sondern etwas Peinliches, Prügel vom Ehemann der jungen Dame, mit der Hitomi ihn gesehen hatte oder so was. Egal, ich weiß, er lebt noch, und ich beschließe, nach Hause zu fahren.

»Ich schicke dir morgen Hitomi vorbei mit Essen.«

»Nein, nicht nötig, ich kann schon wieder gehen.«

»Ja, aber du siehst aus, als ob du gegen die Wand gelaufen wärst. Im Supermarkt werden alle vor Dir wegrennen.«

»Na gut, das ist wirklich sehr freundlich. Und sag allen, ich bin wieder okay, und noch mal Entschuldigung für den Ärger, den ich euch bereite.«

»Ist schon gut. Und vergiß den Doktor nicht«, sage ich im Hinausgehen.

»Ja, ganz bestimmt, mache ich gleich morgen früh.«

»Also bis nächste Woche Donnerstag, da bin ich wieder zurück«, verabschiede ich mich, nachdem ich meine Schuhe wieder angezogen habe, und schließe die Tür hinter mir.

»Viel Glück in Frankfurt«, höre ich noch.

Am Ausgang sehe ich Kôjis Fahrrad im Ständer, kein Kratzer. Habe ich mir doch gedacht.

Montag

Super ist das heute morgen gelaufen. Pünktlich um neun Uhr morgens war ich im großen Konferenzzimmer der VIW, um meine Präsentation vorzubereiten. Frau Paravicini, Dr. Bogenhardts Sekretärin, war so nett, mir zu helfen. Ich hatte ihr früher immer kleine Geschenke aus Japan mitgebracht, meistens *senbei*, herzhaftes Reisgebäck in wunderschöner Verpackung. Die, die wie kleine Geishapüppchen aussahen, gefielen ihr am besten. Ihr Humor ist meinem sehr ähnlich, deshalb haben wir uns immer prächtig verstanden.

Als um zehn Uhr Bogenhardt und seine Mannen eintrafen, war alles bereit. Mein Laptop an den Beamer angeschlossen, beides getestet, unsere neuen Mappen mit Papierkopien der Präsentation fein aufgestapelt und außer Reichweite meines Publikums. Ich mag es nicht, wenn Leute in ihrem Stapel mit Unterlagen blättern, während vorne jemand präsentiert.

Auf jedem Platz ein Schreibblock und Kugelschreiber mit dem Firmenlogo Wolf & Partner, Tôkyô. Säfte, Kaffee, Kekse hat Frau Paravicini schon vorher bringen lassen.

Am Sonntag vormittag hatte ich den Lufthansaflug Tôkyô–Frankfurt genommen und konnte dank der Zeitverschiebung am selben Nachmittag im Frankfurter Hilton Hotel einchecken. Mein Freund Uli, der Aikidô-Lehrer, war so wohlwollend gewesen, sein *dôjô* ausnahmsweise am frühen Abend zu öffnen, und einige Unentwegte waren gekommen um mitzumachen. Nach einem langen Flug ohne viel Bewegung und zuviel Essen und Trinken ist eine Stunde flottes Training auf der Matte genau das richtige. Uli nahm auch keine Rücksicht auf mein fortgeschrittenes Alter oder meinen Erschöpfungszustand. Seine Schüler standen ihm in nichts nach, und am Ende der Stunde war ich schweißgebadet, aber alle Steifheit und Müdigkeit waren wie weggeblasen. Den Flüssigkeitsverlust haben wir in einer Gastwirtschaft schnell durch ein paar Bier ersetzt, und als ich noch ein echtes deutsches Zigeunerschnitzel mit Fritten verdrückt hatte, etwas, was es in Tôkyô nur selten gibt, ging es mir prächtig, und ich war gewappnet für den nächsten Tag. Trotz Jetlag schlief ich durch bis fünf Uhr morgens.

Vielleicht ist es ja etwas anderes, wenn man vor ehemaligen Kollegen auftritt, ich war jetzt, wo es gleich mit der Präsentation losgehen würde, jedenfalls etwas nervös. Junge, du machst das schon, sagte ich mir, als die Tür aufging und alle Sitzungsteilnehmer hereinkamen.

Die meisten kannte ich natürlich, und es gab viel »Hallo« und »Wie geht es denn so?« Manche waren freundlich, manche weniger. Ich drängte jedem meine neuen Visitenkarten auf und wartete geduldig auf meinen Einsatz, immer freundlich und entspannt lächelnd.

Mir direkt gegenüber saß Bogenhardt, wie immer auf dem für ihn unsichtbar reservierten Sessel. Links daneben mein Erzfeind, Chefstratege Dr. Heinrich Bückler, auch Bückling genannt. Ein ehrgeiziger Mann, der eines Tages Vorstandsvorsitzender sein will, möglichst noch, bevor er die vierzig überschritten hat. Für dieses Ziel tut er alles, auch auf Kosten anderer, wie ich aus eigener Erfahrung weiß. Daneben Dr. Ernst Wildhuber, Justitiar, zwar immer mürrisch und höchst mißtrauisch, aber im Grunde ein prima Kerl, sehr objektiv und fair. Auf Bogenhardts anderer Seite blätterte Kurt Zahn, der Finanzvorstand, in seinen eigenen Unterlagen. Keine Gefahr von seiner Seite. Neben mir ein Alliierter, Peter Schmidt, mein Nachfolger als Asienchef. Wir hatten uns letzte Woche getroffen und diese Präsentation gemeinsam besprochen. Neben ihm dann noch der Chef der Sparte Automobiltechnologie, um die es ja ging, und sein Entwicklungschef sowie der Leiter der Produktion. Der Rest des Teams bestand aus diversen Assistenten, die aber nicht direkt am Tisch sitzen durften und von denen keiner auch nur einen Mucks während der vierstündigen Präsentation mit vielen Fragen und Antworten abgab.

Bogenhardt beendete seine kurze Anfangsansprache mit den Worten: »Nach meinen einleitenden Bemerkungen erteile ich jetzt das Wort Herrn Wolf.« Wie gesagt, es lief sehr gut, und Bückling erkannte schnell, daß der Wind zu meinen Gunsten wehte. Er war es dann auch, der als erster für die Vergabe des Auftrags an Wolf & Partner plädierte, sehr zur Freude von Bogenhardt. Bückler war auch der einzige, der den kostenlosen Kugelschreiber von Wolf & Partner einsteckte.

Selbstverständlich müsse man im Laufe des Projekts eine Statussitzung vor Ort abhalten, in Penang zum Beispiel, schlug Bückler vor. Es gab keine Einwände vom Team. Es gibt ein schönes Beachressort in Penang.

Nach einem gemeinsamem Mittagessen mit Bogenhardt und Schmidt wartete ich noch eine Stunde, nicht ganz ohne Spannung, aber dann hatte ich einen unterschriebenen Auftrag in der Hand. VIW hatte unser Angebot im vollen Umfang akzeptiert. Ab sofort konnte es losgehen. Glücklich wie ein kleines Kind zog ich mit dem bisher größten Auftrag für Wolf & Partner ab. Trotz der späten Stunde in Tôkyô rief ich Anna und jeden meiner Kollegen in der Firma an, um ihnen die gute Nachricht zu übermitteln. Selbst Kôji, der am Montag tatsächlich wieder im Büro aufgetaucht war, nur noch leichte Spuren seines »Fahrradunfalls« aufweisend, wie Hitomi mir sagte, klang fröhlich.

»Kôji, und das mit dem Kredit kriegen wir auch noch irgendwie hin«, sagte ich in einem Anfall von Überschwenglichkeit, ohne eine Ahnung zu haben, wie dieses Problem gelöst werden könnte. Ich zog mir etwas Bequemes an, trank noch einen Espresso im Hotel und war bereit für die kommenden Herausforderungen.

Die Sitzung heute morgen geht mir immer wieder durch den Kopf, und ab und zu muß ich unwillkürlich grinsen, wenn ich an Bückling denke, wie der die Kröte schlucken mußte, daß ausgerechnet ich den Auftrag kriegen würde. Aber sehr geschickt hat er das gemacht.

Vom Hilton schlendere ich gemütlich durch den kleinen Park gleich hinter dem Hotel bis zur Alten Oper, weiter durch die Fressgasse, die Schillerstraße und dann die Berger Straße rauf bis in die alten Teile von Bornheim. Vor vielen Jahren hatten Anna und ich ein kurzes Jahr in Bornheim gewohnt, und ich bin neugierig, ob sich etwas verändert hat. Und ob, Hunderte von winzigen Läden, kleine Restaurants, alles sehr exotisch, von türkisch, griechisch über chinesisch, thailändisch, koreanisch, kleine Spezialitätenläden für Käse oder Schinken, Wein, Krimskrams, Esoterisches, S&M, Leder- und Latexwäsche, einfach alles. Die Berger Straße ist zum Basar geworden. Der einzige noch vertraute Anblick sind die Trinkhallen, kleine Kioske, vor denen zu jeder Tageszeit einige Obdachlose stehen, die Bierflasche in der Hand, und immer im intensiven Gespräch miteinander, über was weiß ich. Mir scheint, ich erkenne sogar einige der Gesichter. Aber das kann eigentlich nicht sein, das ist zwanzig Jahre her oder mehr.

In einem Café mache ich eine kleine Pause. Ein kleiner Espresso soll die Lebensgeister wieder anregen. Ich setze mich an den kleinen Tisch direkt beim Fenster, um dem Treiben auf der Straße zusehen zu können. Ich bin der einzige Gast. Hinter der Theke stehen zwei junge Frauen und ein Mann, die sich intensiv unterhalten und mich ignorieren. Geduldig, wie ich nun mal bin, warte ich geschlagene zwei Minuten.

»Entschuldigen Sie, könnte ich eventuell einen Espresso bestellen, sobald der Betrieb ein klein wenig nachläßt?«

Es wirkt. Die Kellnerin schaut mich zwar böse an, aber ich bekomme meinen Kaffee. Na also, es geht doch. Durch diese Mindestdosis Koffein gestärkt, setze ich meinen Bummel durch Bornheim fort.

Auf einem Fahrrad mit hohen, weitausladenden Lenkstangen überholt mich ein Typ in Lederjacke, natürlich auf dem Bürgersteig, und ich kann gerade so ausweichen.

»Weg da«, schreit er. Er hat sich ganz in Leder gehüllt, auf dem Rücken seiner Jacke prangt das Zeichen der Hell's Angels, die enge Lederhose und die hohen schwarzen Stiefel sind mit Fransen verziert, seine langen Haare flattern im Fahrtwind, nur gehalten von seinem Wehrmachtshelm und dem Band seiner Motorradbrille.

»Arschloch«, fluche ich hinter ihm her. Schon wieder so ein Easy Rider auf einer Öko-Harley, denke ich verächtlich.

Es ist schon früher Abend, und ich bekomme Hunger. Für den Abend habe ich mich wie immer mit Freunden im Omonia, einem griechischen Restaurant, verabredet. Klaus, der Magier, Heinrich und Christiane und außerdem noch Hendrik, der Fotograf, der zufällig mal nicht bei seiner Liebsten in Peking ist. Ich freue mich schon auf den Abend, auf Fotini und Stamatis, die Besitzer, und vor allem natürlich auf das köstliche Essen, griechische Küche der Oberklasse.

Ich habe keine Lust, zum Hotel zurückzulaufen und nehme die U-Bahn. Ich muß nur ein paar Minuten warten, bis der Zug heranrauscht. Es ist nicht voll, und ich finde einen Sitzplatz. Ich spüre jetzt meine Füße und bin ganz froh, einen Moment ausruhen zu können.

An der nächsten Station öffnet sich die Tür des U-Bahn

Wagens zischend. Der alte Mann, der gerade aussteigen will, wird von einem Jugendlichen, der gleichzeitig einsteigt, grob zur Seite gestoßen. Der Alte fängt sich, sagt aber nichts und humpelt nur eilig auf der Plattform zum Ausgang. Ein zweiter junger Mann steigt ebenfalls ein. Beide lassen sich in einer freien Reihe auf die Sitze fallen. Die beiden ähneln einander wie eineiige Zwillinge: kahlgeschorene Schädel, Flecktarn-Hosen, schwarze Springerstiefel und brutale Gesichtszüge. Nur bei ihren T-Shirts zeigen sie einen Hauch von Individualismus, der eine trägt ein T-Shirt der Frankfurt Galaxy, offensichtlich American Football Fan, der andere ein schwarzes T-Shirt mit einem riesigen Totenkopf auf der Brust, soll sicher auch etwas ausdrücken. Das ist aber auch der einzige Unterschied, gebaut sind beide ziemlich gleich, zumindest wenn man sich die Arme der beiden betrachtet, die eigentlich Oberschenkel sein sollten. Skinheads!

Ich versuche, die beiden, die fast am anderen Ende des Wagens sitzen, zu ignorieren. Statt dessen lese ich aufmerksam die Werbung, die überall angebracht ist. Aus den Augenwinkeln sehe ich, wie die beiden ihre schweren Stiefel auf den gegenüberliegenden Sitzen plazieren. Sie reden sehr laut, es fällt mir schwer, mich auf die Werbung zu konzentrieren. Ich hoffe, wir sind bald an der Hauptwache, wo ich aussteigen will. Die anderen Passagiere scheinen auch alle entweder an der Werbung oder dem Fußboden vor ihnen interessiert zu sein. Keiner will die Aufmerksamkeit der beiden Typen auf sich ziehen. Eigentlich ärgere ich mich schon, daß bereits die bloße Anwesenheit der beiden Skinheads solche Furcht auslöst.

Der mit dem Galaxy-T-Shirt springt plötzlich auf und geht breitspurig durch die Sitzreihen. Er hat jemanden entdeckt, der ihm nicht paßt. Drei Reihen von mir entfernt sitzt ein etwa fünfzigjähriger Ausländer, einfach gekleidet, eine große Einkaufstüte neben sich stehend. Ich schätze, er ist Türke oder vielleicht Grieche, jedenfalls sieht er südländisch aus. Er sitzt mit dem Rücken zu dem herannahenden Skinhead, der sein Opfer trotzdem ausgemacht hat. Der läßt sich auf den freien Sitz gegenüber fallen und starrt den Ausländer für einen Moment nur an.

Die Werbung fesselt mich jetzt fast überhaupt nicht mehr. Ich lese statt dessen das Wort »Frankfurt« auf dem breiten Rücken des Skinheads.

»Du Türke, he?« höre ich den Typen, der versucht, seinen Worten einen entsprechenden Akzent zu verleihen. Der Mann gegenüber sagt nichts und senkt den Blick nur noch weiter.

»He! Isch disch was fraagen, du.«

Keine Antwort.

»Kannst wohl kaa Deutsch, eh? Du besser in Heimat bleiben, nix Deutschland, Deutschland nur für deutsch Leut«, schlägt der Skinhead vor.

Endlich faßt der ältere Mann Mut und antwortet leise und in akzentfreiem Deutsch: »Bitte lassen Sie mich in Frieden, ich habe Ihnen nichts getan.«

»Nix getan? Ihr gehört hier net hie, Knoblauchfresser, haut ab! He, Arno, was maansten du, brauche mir hier Knoblauchfresser?«

»Naa«, antwortet sein Kumpel, der sich jetzt dazugesellt und sich ebenfalls dem Mann gegenüber setzt. Auf seinem Rücken prangt ein riesiger Lorbeerkranz mit der Zahl 88 in der Mitte. Ich hatte gerade darüber gelesen, der achte Buchstabe im Alphabet ist das »H«, und 88 steht für »Heil Hitler«, na, Mahlzeit, das hat noch gefehlt.

»De Heinz hat rescht, mir brauche eusch hier net, geh haam nach Anatolie oder wo de herkimmst!«

»Bitte, hören Sie auf, ich steige gleich aus«, fleht der Mann, er hat jetzt offensichtlich Angst.

Die anderen Passagiere starren alle aus dem Fenster, wo es im dunklen U-Bahntunnel nichts zu sehen gibt. Alle haben vermutlich nur den einen Wunsch, daß hoffentlich bald die nächste Haltestelle kommt. Ich muß gestehen, ich empfinde ähnlich, eine Mischung aus Wut und Ohnmacht.

»Was hassden da in de Dutt?« will der Totenkopf wissen. Er greift, ohne eine Antwort abzuwarten, nach der Einkaufstüte und läßt sie einfach auf den Boden fallen, wo sie aufplatzt.

»Hoppala!« bemerkt er nur. Konserven, Gemüse, eine Flasche Olivenöl, alles rollt auf den Boden zwischen den Sitzen.

Jetzt reicht es! Meine Nackenhaare gehen hoch wie bei einem wütenden Rüden. Ich stehe auf, gehe vor und baue mich vor den beiden Skinheads auf, die da sitzen und sich gerade fast totlachen über ihre Heldentat. Der Ausländer sitzt nur starr da, er wagt es nicht, seine Sachen aufzusammeln. Ich kann seine Augen sehen, es steht nur Angst und traurige Verzweiflung darin geschrieben, der Mann tut mir unendlich leid. Er hat niemandem etwas getan. Er ist nur das zufällige Opfer zweier Schwachköpfe, die sich an seiner Angst weiden.

»Laßt den Mann in Ruhe«, versuche ich es mit leiser Stimme, indem ich mich zwinge, ruhig zu bleiben.

»Hau ab, du Arschloch, halt disch raus, sonst gibt's was uff die Fress«, klärt der Totenkopf mich auf.

»Der Mann hat euch nichts getan, warum hört ihr nicht

auf?« versuche ich es noch mal mit verbalen Argumenten, meine Stimme ist jetzt noch leiser und leicht belegt. Ein untrügliches Zeichen für die, die mich näher kennen.

»Mann, du raffst's wohl net, fuck-off«, empfiehlt er mir in Neudeutsch und erhebt sich dabei. Mit seiner rechten Hand will er mir einen gewaltigen Stoß verpassen, der mich sicher bis zum Ende des U-Bahnwagens befördert hätte, nur daß ich einen kleinen Schritt zur Seite gehe und mich dabei leicht drehe. Der Stoß geht vorbei und der Skinhead wird von seiner eigenen Energie nach vorne getrieben, er ist leicht aus dem Gleichgewicht. Gleichzeitig mit meinem Ausweichmanöver habe ich meine Arme etwa auf Brusthöhe hochgenommen. Ich stehe jetzt fast hinter ihm, *irimi*. Die Kante meiner rechten Hand schneidet in die ausgestreckte Armbeuge meines Gegners, dessen Arm dadurch nach unten geführt wird, gleichzeitig bewege ich mein linkes Bein nach hinten und sacke leicht ein. Meine linke Hand liegt auf der linken Schulter des Totenkopfs, und gleichzeitig mit der halbrunden Bewegung rechts ziehe ich ihn links leicht nach unten, er ist jetzt vollkommen aus dem Gleichgewicht. Es ist kein Platz im engen Gang zwischen den Sitzen, ich beende den *irimi-nage*, wie diese Aikidô-Technik heißt, indem ich mich jetzt mit meiner Hüfte in den Körper des Totenkopfs eindrehe. Zug an der linken Schulter, Druck von meiner rechten Hüfte, mein rechter Arm, der wieder schnell hochkommt, saust unter sein Kinn, direkt auf den Hals. Es reißt ihn nur so zu Boden, er schlägt mit dem Hinterkopf zuerst auf und bleibt leicht benommen liegen. Das alles hat nur ein oder zwei Sekunden gedauert. Ich weiche ein Stück zurück, aus der Gefahrenzone, wie tausendmal geübt. Galaxy springt jetzt auf und walzt auf mich zu, er trägt die Bezeichnung auf dem T-Shirt zu recht, ein Fleischklotz von enormen Ausmaßen, Armmuskeln aufgepumpt wie die von Schwarzenegger, das Gesicht vor Wut zur Fratze verzerrt, die Augen verheißen Vernichtung!

Er rast auf mich zu, die Arme wie Dreschflegel schwingend. Er holt weit aus, um mir mit seiner rechten Faust das Licht auszublasen. Auf meinen Kopf zielt er. Gott sei Dank ist im Bereich der Tür, wo ich mich zurückgezogen habe, genügend Platz um auszuweichen. Aber statt rückwärts zu gehen oder mich zu ducken, wie es der Instinkt normalerweise diktieren würde, gehe ich mit dem ganzen Körper voll in seine Ausholbewegung rein und blocke seinen gewaltigen Schlag mit beiden Unterarmen. Dieser unerwartete Widerstand bringt Galaxys Körper etwas aus dem Gleichgewicht. Statt zu warten, bis er wieder die Kontrolle hat, greife ich seine Faust, drehe seinen Arm vor meinem Körper nach oben, mich selbst blitzschnell darunter her. An seiner Faust, die jetzt hinter seinem Kopf verdreht ist, ziehe ich ihn nach unten und gehe gleichzeitig auf die Knie, sein schwerer Körper muß mir folgen, und er schlägt auf dem Boden auf, wie ein Sputnik bei der Landung in Sibirien. Es gibt ein häßliches Geräusch, als sein Kopf im Fall noch die Kante eines Sitzes touchiert. *Shihô-nage.*

Wieder auf den Beinen, behalte ich die beiden Skinheads im Auge, Totenkopf rappelt sich gerade wieder auf, Galaxy wird wohl noch einige Zeit benötigen. Eine alte Frau, mindestens siebzig, die auf der anderen Seite gegenüber des Ausländers sitzt, schwingt ihren Gehstock und läßt ihn krachend auf den Schädel des Totenkopfs sausen, er legt sich gleich wieder hin. Trotz der enormen Spannung, unter der ich mich befinde, muß ich lachen. Die Alte hat Mut, es ist wie in einem Film. In diesem Moment hält die Bahn, die Tür geht auf und eine halbe Kompanie Polizisten stürmt in den Wagen.

Die zwei Skinheads sind noch halbbenommen und merken wahrscheinlich nicht, daß man ihnen Handschellen anlegt. Sie können kaum laufen, als die Polizisten sie nicht sehr sanft aus dem Wagen abführen.

Auf der Plattform klopfen mir einige der Passagiere auf den Rücken.

»Richtig so, junger Mann«, läßt mich die alte Dame wissen.

Der Ausländer steht nur still da, etwas abseits, die halbzerrissene Tüte mit den aufgesammelten Lebensmitteln mit beiden Armen vor seiner Brust haltend. Er schaut mich an. Ich ignoriere die anderen Leute und gehe auf ihn zu.

»Ich danke Ihnen, ich bin übrigens aus Istanbul«, sagt er nur leise, als ob er mir diese Antwort schuldig wäre.

»Es tut mir leid, ich schäme mich für die beiden«, ist alles was ich rauskriege. Ich fühle mich beschissen und will mich nur entfernen. Die Polizisten lassen mich auch gehen, als ich klarstelle, daß ich nicht in Deutschland lebe und auch keine Anzeige erstatten will. Wozu auch, es käme ja doch nichts dabei raus. Vielleicht eine Geldstrafe für die beiden, wahrscheinlich käme es aber gar nicht zur Verhandlung. Die vielen Leute, die drum herum saßen, während sich die Szene abspielte, sind sicher auch nicht daran interessiert, als Zeugen aufzutreten. Das eigentliche Opfer, der Türke, ist ohnehin schon unauffällig verschwunden. Ich kann ihn gut verstehen.

Als ich aus der U-Bahnstation auf die B-Ebene unter der Hauptwache herauskomme, sehe ich in einer Ecke ein halbes Dutzend Skinheads in lautstarker Diskussion mit mindestens ebensovielen Polizisten. Ich mache einen weiten Bogen um die Gruppe, ich habe für heute genug Zivilcourage gezeigt. Ich bin nicht stolz, im Gegenteil, der Vorfall hat mich deprimiert und beschämt. Was sind das für Leute, diese Skinheads? Was verleitet sie zu solchen Auftritten? Bitterkeit steigt in mir auf; dumm und hirnverbrannt sind diese Typen, unbelehrbar.

Am Abend sitzen wir alle im Omonia, aber ich erzähle nichts von der Sache. Was gibt es auch zu sagen? Statt dessen berichte ich von Wolf & Partner und unserem großen Projekt. Es ist lange nach Mitternacht, als ich, wieder gutgelaunt, im Hotel ankomme. Morgen kann ich ja im Flieger schlafen, und Donnerstag werde ich unser Team in Tôkyô zum Essen einladen. Es gibt schließlich was zu feiern.

Es ist vier Uhr morgens, als das Telefon mich aus dem Tiefschlaf reißt. Ich weiß zunächst überhaupt nicht, wo ich bin und suche verzweifelt den Lichtschalter, während der Apparat schrill läutet. »Ja, wer zum Teufel ist da?«

»Jan, ich bin es, Andô, es tut mir leid, dich so früh zu stören, aber ich wollte dich auf jeden Fall erwischen.«

»Shûsaku, bist du verrückt, weißt du wieviel Uhr es ist?«

»Ja, elf Uhr bei uns, und ich muß gleich dringend zum Flughafen, ich habe etwas in Sapporo zu tun.«

»Was hast du denn so Dringendes?« Ich bin jetzt wach und schon milder gestimmt. Andô ist nicht nur mein Freund, sondern in erster Linie Polizist, und er ruft sicher nicht aus Jux an.

»Jan, Anna hat mir gesagt, du kommst Donnerstag morgen an, kann ich dich dann gleich treffen? Ich komme auch zu dir, wenn es einfacher ist. Es geht um Konô Akira und den Fund, den seine Mutter gemacht hat.«

»Es ist was faul, stimmt's?«

»Ja, oberfaul, aber nicht jetzt am Telefon.«

»Okay, wie wäre es mit einem Mittagessen bei uns in der Nähe?«

»Prima Idee, du suchst das Restaurant aus, ich zahle.«

»Abgemacht.«

Andô entschuldigt sich noch einmal, mich aufgeweckt zu haben, und unterbricht die Verbindung. An Schlaf ist nicht mehr zu denken. Ich stehe auf, trinke eine kalte Coca Cola und versuche, ein Buch zu lesen. Immer wieder geht mir die schreckliche Szene bei der Hochzeit durch den Kopf und wie mir Frau Konô den kleinen Pfeil gezeigt hat.

Es hat keinen Zweck, ich lege das Buch weg, rufe Anna an, um ihr von Andos Telefonat und meiner Verabredung mit ihm zu erzählen, dusche, ziehe mich an und mache einen frühen Spaziergang durch die Goethestraße. Alle Geschäfte sind natürlich zu und keine Seele ist auf der Straße.

Donnerstag

Auf dem Rückflug nach Tôkyô war die Lufthansa so fürsorglich, mich in die Erste Klasse zu setzen. Auf dem bequemen, bettähnlichen Sitz konnte ich fast die ganze Nacht schlafen und war so einigermaßen fit, als ich heute morgen zu Hause ankam.

Ausnahmsweise hatte ich den Wagen genommen und in Narita geparkt. Auf der Fahrt in die Stadt, die für achtzig Kilometer irgendwas zwischen einer und drei Stunden dauern kann, je nach Verkehrslage, nehme ich die Strecke, die über die Rainbow Bridge führt. Die Luft ist erstaunlich klar für Juli, der Himmel strahlendblau. Wahrscheinlich ist gerade wieder ein Taifun vorbeigezogen und hat die Luft geklärt. Vom Hochsitz meines Land Cruisers kann ich prima über die Begrenzungswände der Brücke schauen.

Von der riesigen, weitgeschwungenen Brücke, die über die Tokyo Bay zum Stadtinneren führt, hat man einen fantastischen Blick auf die Stadt. Links das neue Vergnügungsviertel am Strand, O-Daiba, mit dem futuristisch aussehenden Gebäude des Fuji TV mit seiner riesigen Silberkugel, Big Sight, das neue Ausstellungszentrum, das aussieht, als ob die Pyramiden auf den Kopf gestellt worden wären, an den Kais des Tôkyôter Hafens ein Wald von Ladekränen. Fracht- und Passagierschiffe liegen vor Anker oder ziehen langsam durch die Bay. Vor mir die gleißende Silhouette der vielen neuen Hochhäuser Tôkyôs mit dem ehrwürdigen Tokyo Tower dazwischen. In einem weiten Bogen schwebt gerade eine mächtige Boeing 747 ein. Der Jumbo wird in wenigen Minuten in Haneda, dem zweiten Flughafen Tôkyôs, landen. Der silberne Vogel glitzert in der Sonne und blendet mich für einen Augenblick. Und, oh Wunder, dahinter ganz klar zu sehen der Mount Fuji. Ein unbeschreibliches Glücksgefühl erfaßt mich. Die Müdigkeit ist verflogen, das ist ein Willkommen, wie man es nicht oft bekommt.

Es ist jetzt zwölf Uhr, und Shûsaku kommt sicher jeden Augenblick. Anna hat nur gewartet, bis ich ankam, dann ist sie aus dem Haus gestürzt – sie hat einen Termin beim Friseur. Wir haben nur ganz kurz über Akiras verdächtigen Tod gesprochen und daß Andô mich dringend sprechen wollte.

»Jan, ich hoffe nicht, du gerätst da wieder in was rein«, hatte sie mit skeptischem Blick gesagt.

Ich weiß, noch mal wird sie mir vielleicht nicht verzeihen. Aber Anna braucht sich da überhaupt keine Sorgen zu machen. Schließlich habe ich ja Konô sofort geraten, die Polizei einzuschalten, freiwillig, als seine Frau mir den Pfeil letzte Woche zeigte. Nein, dieses Mal halte ich mich vollkommen raus, egal was passiert. Ehrlich!

Es klingelt. Auf dem kleinen Monitor sehe ich Andos Gesicht.

»Bin schon unterwegs«, informiere ich ihn und sause los. Wieder nehme ich den Aufzug, ich gewöhne mir da was Schlechtes an.

»*O-kaerinasai*, willkommen zurück«, begrüßt mich Shûsaku, »na, was macht der Jetlag?«

»Kein Problem, ich bin hart im Nehmen, das weißt du doch.«

»Na ja, beim Kendô klagst du schon ein bißchen.«

»Das liegt daran, daß du so grob bist.«

»Quatsch, du mußt nur schneller werden.«

»Ich habe bei McDonald's reserviert«, sage ich zur Strafe für seine frechen Äußerungen, obwohl er natürlich mit seiner Bemerkung nah an der Wahrheit ist. Aber wer will schon die Wahrheit hören, besonders wenn sie schmerzt.

»Da kannst du alleine hingehen.«

»War ja nur ein Witz.«

»Sehr witzig, ha, ha, ha.«

»Okay, oben an der Kreuzung ist ein kleines Soba-Restaurant, das Yukari, da habe ich reserviert. Die haben erstklassige kalte Soba mit Ebi-Tempura und Yebisu-Bier, wie klingt das?«

»Besser«, knurrt Andô. Ich weiß, in den heißen Monaten liebt er kalte Buchweizennudeln, darüber feingehackte *yaku-mi*, getrockneten Seetang, zum Eintauchen die spezielle Nudelsoße des Hauses, etwas frischgeriebener *wasabi*, scharfer grüner Meerrettich. Dazu große Garnelen in einem dünnen Teig nur aus Weizenmehl, Ei und Wasser und dann in Öl gebraten. Obendrein ein frisches Bier? Köstlich! Mir läuft schon das Wasser im Munde zusammen.

Minuten später sitzen wir an einem der vier kleinen Tische des Lokals. Außer uns sind noch keine Gäste da, es ist noch sehr früh.

Wir bestellen unsere Soba – es sind würzige Izumo-Soba aus ungeschälten Buchweizenkörnern aus der Region Shimane im Westen Japans – und Bier, und warten, bis der Besitzer sich in die Küche verzogen hat.

»Also, was gibt es so Dringendes, daß du mich mitten in der Nacht aus dem Bett holst?«

»Entschuldige, aber ich wollte dich wirklich nicht verpassen.«

»Schon gut.«

»Also, wir haben den merkwürdigen Pfeil, den Konôs dir gezeigt haben, in unserem forensischen Labor untersuchen lassen, und vorgestern habe ich den Bericht bekommen.«

»Und?«

»Das Ding ist vergiftet. Die Spitze weist Spuren von Pflanzengiften auf, wie man sie bei den Pfeilgiften in Afrika, Borneo oder Brasilien verwendet. So was wie Curare, haben die im Labor gesagt. Genau verstanden habe ich das auch nicht. Der Pfeil ist jetzt an ein Speziallabor weitergegeben worden.«

»Curare? Pfeilgift? Bist du sicher? Wir sind hier in Tôkyô, nicht im Dschungel.«

»Ja, die Analyse hat eindeutig Spuren von ...«, sagt

Andô und stockt. Er holt sein kleines Notizbuch aus der Tasche und schlägt es auf.

»Es wurden Spuren des wasserlöslichen Alkaloids Physostigmin, auch Eserin genannt, gefunden. Das Gift wird aus einer afrikanischen Frucht gewonnen, der Kalabarbohne, deren Gift man bei Gottesurteilen nutzte. Überlebte man das Gift, war man eben unschuldig. $C_{15}H_{21}N_3O_2$«, liest er mir zu allem Überfluß noch die chemische Formel vor.

Ich verstehe sowieso nur Bahnhof.

»Aber das ist nicht alles, das Labor hat außerdem noch Spuren von Strychnos toxifera und Apocynaceae Ouabain gefunden. Bereits 0,002 Gramm von dem Zeug sind tödlich. An diesem Pfeil war ein ganzer Cocktail von Giften«, belehrt mich Andô mit gewichtiger Amtsmiene, nachdem er wieder sein Notizbuch zu Rate gezogen hat.

»Strychnos toxifera. Unglaublich.« Ich habe keine Ahnung, was das ist, aber es klingt schon gefährlich.

»Wußtest du, daß das Wort toxisch aus dem Griechischen stammt, von Toxikon, und Gift für Pfeile bedeutete«, trumpfe ich jetzt auch mal auf.

»Klar«, sagt er und schaut drein, als ob er sein Leben lang Griechisch studiert hätte.

Angeber, denke ich verächtlich.

»Und wie kommt der Pfeil in das Haus der Konôs?«

»Das wollte ich ja gerade von dir wissen. Beschreib mir genau, was letzte Woche geschehen ist, als du bei Konôs warst. Warum warst du überhaupt da?« fragt er, Mißtrauen in der Stimme.

»Na hör mal, erst war ich zur Totenwache, das ist ja wohl das mindeste, was ich machen konnte und dann nach der Einäscherung habe ich den beiden die Fotos von der

Hochzeit gebracht, die ich geschossen habe, als Erinnerung«, antworte ich leicht gekränkt.

»Fotos, du hast Fotos geschossen?«

»Ja, wieso?«

»Kann ich die mal sehen?«

»Ich habe sie alle bei Konôs abgegeben, ich wollte keines behalten. Du verstehst.« Bei dem Satz laufe ich aus guten Gründen ganz leicht rot an, aber die Soba kommen gerade auf den Tisch und retten mich.

Einige Minuten kann man an unserem Tisch nur Schmatzen und Schürfen hören oder ein gelegentliches »Ah, phantastisch« oder »lecker«.

»Du hast doch sicher Negative«, fragt Andô, der nicht locker läßt.

»Ja, ich lasse dir Abzüge machen und schicke sie dir morgen«, antworte ich schnell, ehe er mich fragen kann, ob er die Negative haben kann. Ich habe ja ein kleines bißchen geschwindelt. Ein Foto fehlte ja bei Konôs Abzügen, und das will ich mir doch noch einmal ansehen.

»Gut, du kannst sie per Post schicken. Nun erzähl, wie es bei Konôs war, als sie dir den Pfeil gezeigt haben.«

»Na, wie gesagt, ich bin hin und habe ihnen die Bilder gegeben. Ich war nicht sicher, ob es eine gute Idee war, aber sie haben sich trotz der schrecklichen Sache gefreut, eine Erinnerung an Akira und seine vielleicht glücklichste Stunde zu haben. Frau Konô ist dann nach oben gegangen, sie sagte, sie müsse Akiras Kimono auseinandernehmen, damit er zur Reinigung gebracht werden kann. Herr Konô und ich haben uns im Wohnzimmer unterhalten. Er hat geklagt, daß Akira ihm nicht nur als Sohn, sondern auch als Entwickler sehr fehlen wird.

Du weißt vielleicht, Kono Micro Motors ist ein weltweit

führendes Unternehmen auf dem Gebiet der Mikro- und Nanotechnologie.«

Shûsaku schaut mich jetzt so an, wie ich ihn bei Physostigmin angeschaut habe. Er weiß offensichtlich nicht, was das ist.

»Ja, und weiter?«

»Frau Konô kam wieder runter und hielt dieses kleine Ding vorsichtig in der Hand, es sah aus wie eine kleine Nadel mit winzigen bunten Federn dran. Als sie den Kimono in einzelne Bahnen aufgetrennt hat, sei dabei dieser kleine Pfeil, der vorher allen Beteiligten verborgen geblieben war, herausgefallen.

Für mich sah das Ding wie ein Blasrohrpfeil aus. Mit Sicherheit könne ich es natürlich nicht sagen, aber so was Ähnliches hätte ich im letzten Jahr im Museum in Borneo gesehen, erklärte ich ihnen.

Weder Herr noch Frau Konô hatten eine Erklärung dafür, wie der Pfeil in Akiras Kimono geraten sein könnte, und ich schon überhaupt nicht. An der Spitze klebte so etwas wie eine rotbraune Paste, und ich warnte die beiden, sich nicht mit dem Pfeil zu ritzen. Sie haben mich nur erstaunt angeschaut. Ich wollte sie nicht erschrecken, aber auch nicht gefährden.

Ich habe ihnen dann geraten, dich anzurufen. Du wüßtest sicher was zu tun sei. Ich habe ihnen dann deine Nummer gegeben und bin wieder gegangen. Das war's.«

»Das war's?«

»Ja, das war's!«

Shûsaku nimmt einen tiefen Schluck aus dem Bierglas, schlürft die letzten Nudeln in sich hinein und kaut bedächtig. Ich kann regelrecht sehen, wie sein Polizistengehirn arbeitet.

»Sag mal, Jan, und schwindele mich bitte nicht an, hast du irgendeine Idee, wie der Giftpfeil in Akiras Kimono geraten ist?«

»Nein, ehrlich, nicht die geringste.«

»Hat Akira Ärger gehabt, Feinde?«

»Nicht daß ich wüßte. Der war doch nur im Labor, wenn er nicht mit Taiko zusammen war.«

»Vielleicht ein Exfreund von Taiko, der sauer auf Akira war?«

»Keine Ahnung, da mußt du Taiko fragen.«

»Irgendwelche Geldgeschichten?«

»Wieso fragst du mich das alles. Ich weiß nichts und habe auch nichts damit zu tun.«

Langsam irritieren mich die Fragen meines Freundes.

»Jan, du brauchst dich nicht aufzuregen. Es ist nur so, daß ich in den letzten paar Jahren mehrfach über Leichen gestolpert bin und du irgendwie darin verwickelt warst. Es ist doch ein großer Zufall, daß ausgerechnet bei einer Hochzeitsfeier, bei der du dabei bist, ein noch junger und nach Aussage seines Hausarztes gesunder Mann plötzlich tot umfällt und Tage später ein hochgiftiger Pfeil in seinen Kleidern gefunden wird. Die Leiche ist ja leider eingeäschert, sonst wüßten wir vielleicht mehr. Ich weiß nur soviel: an diesem Todesfall ist was faul.«

Ich bin sprachlos, jedenfalls für einen Moment. Andô schaut mich herausfordernd an.

»Ich glaube, du spinnst. Kono Micro Motors ist einer unserer Kunden, und Anna und ich waren eingeladen wie die anderen auch. Ich habe nichts mit dem Tod zu tun, ich weiß nicht, wo der Pfeil herkommt und habe jetzt auch keine Lust mehr, weiter mit dir zu reden.«

»Na, na, beruhige dich, ich wollte nur sichergehen. Ich

kenne dich ja und habe genug Ängste um dein Leben ausgestanden. Satô sinnt sicher immer noch auf Rache und befürchtet lediglich, daß ich ihm ihm dann ernsthaft auf die Pelle rücke.«

Das war ein kleiner Hinweis darauf, daß ich ihm mein Leben schulde.

»Ja, ist ja schon gut. Ich habe verstanden, aber ich habe wirklich nichts angestellt und bin in nichts verwickelt. Und Satô meide ich wie der Teufel das Weihwasser.«

»Jan, erzähl mir was über Kono Micro Motors, über Konô, seine Familie, läuft der Laden? Gibt es Probleme? Schulden? Irgend etwas, das Akiras Tod verursacht haben könnte?«

»Shûsaku, du weißt, Konô ist mein Kunde, und wir haben auch persönlich eine sehr gute Beziehung. Ich bin nicht sicher, ob ich deine Fragen beantworten soll.«

»Jan, ich weiß, aber du hast mich auch schon oft nach Sachen aus meiner Arbeit gefragt, polizeiinterne Dinge, wie letztes Jahr, wegen der beiden toten Mädchen.«

»Ja, ja, ich weiß. Aber das bleibt auf jeden Fall unter uns, abgemacht?

»Abgemacht.«

Ich erzähle ihm, was ich über Kono Micro Motors und seine Besitzer weiß, und er macht sich eifrig Notizen. Die relativ kleine Firma mit knapp über tausend Mitarbeitern ist weltweit einer der führenden Hersteller von Mikrotechnologie, unter anderem für ultrakleine Elektromotoren, zum Teil kleiner als Streichholzköpfchen, aber mit höchster Leistung, wie sie in der Mikrochirurgie oder auch beispielsweise für optische Fokussiersysteme benötigt werden. Ein neues Gebiet ist die Nanotechnologie, hier hat Konô auch schon erste Erfolge aufzuweisen.

Vater Satoshi ist der Präsident, und Akira leitete die Entwicklung. Beide haben an der Tôdai studiert, mit der Kono Micro Motors noch heute enge Beziehungen pflegt und aus deren Reservoir an Absolventen viele ihrer Ingenieure rekrutiert werden. Wichtige Kunden sind Unternehmen wie Sony, Canon, Ricoh, Toshiba Medical, aber auch ausländische Unternehmen, wie meine ehemalige Firma, die VIW – ein Grund, warum ich Konô als Kunden für unsere kleine Beratungsfirma gewinnen konnte.

Gegründet wurde die Firma von Konôs Vater 1926 als Maschinenbauunternehmen. Sein Sohn Satoshi war verantwortlich für die stetige Modernisierung und Spezialisierung auf zukunftsorientierte Felder, wie feinmechanische Produkte und eben Mikrotechnologie.

1978 ging Kono Micro Motors an die Börse in Tôkyô, um sich notwendiges Kapital für die aufwendige Entwicklung neuer Technologien zu beschaffen.

Satoshi ist aber nach wie vor Mehrheitsaktionär mit 51 Prozent der Anteile. Akiras Anteil liegt bei fünf Prozent, der Rest teilt sich breit auf. Banken wie Mizuho und Sakura, Lebensversicherungen wie Nippon Life und einige Kunden, wie Canon und Toshiba, haben alle Anteile zwischen weniger als einem und maximal fünf Prozent. Ich habe vor ein paar Jahren für die VIW auch Anteile an Kono Micro Motors erworben, knapp drei Prozent, erkläre ich Andô. Den Rest teilen sich Kleinaktionäre, hauptsächlich aktive und ehemalige Mitarbeiter.

Die Firma läuft glänzend, wächst stark und ist hochprofitabel. Sie arbeitet eng mit dem 1992 gegründeten, halbstaatlichen Micro Machine Center, dem MMC zusammen, das seine Forschungsaufträge vom METI, dem Ministerium für Wirtschaft, Handel und Industrie, erhält. Akira arbeitete nach dem Studium mehrere Jahre im MMC. Kono Micro Motors ist eines der fördernden Gründungsmitglieder dieser Institution, genau wie Hitachi, Mitsubishi oder der weltgrößte Hersteller von Industrierobotern, Fanuc.

Schwerpunkt der Forschung sind Mikrotechnologie für den Einsatz in der Informations- und Kommunikationstechnologie, der Medizin, der Halbleiterfertigung, Materialprüfung, aber auch der Konsumgüterindustrie, zum Beispiel Abtastköpfe für CD-Spieler.

»Akira hat übrigens auch seine Doktorarbeit an der Tokyo Universität über dieses Thema geschrieben. Es ging um einen ultrakleinen Motor, der Objekte mit einer Genauigkeit von weniger als 40 Nanometer, also 40 milliardstel Millimeter, positionieren kann. Bis dahin galten eintausendstel Millimeter mittels Ultraschallmotoren als Grenze. Der neue Motor arbeitet auf piezoelektrischer Basis und eröffnet ganz neue Möglichkeiten beim Bau von Mikromaschinen oder Schreib-/Leseköpfen für optische Speicher in der Computerindustrie, wenn die Technik einmal serienreif ist.«

Shûsaku ist sichtlich beeindruckt, sowohl von dem, was ich alles über Kono Micro Motors weiß, als auch über meine profunden Kenntnisse über Mikrotechnologie, von der ich in Wirklichkeit höchstens soviel verstehe wie er von Pfeilgiften. Nein, die Wahrheit ist, VIW war vor wenigen Jahren an der Übernahme der Firma interessiert, und wir hatten damals natürlich alles zusammengetragen, was man erfahren konnte. Ich könnte meinem Intimus noch mehr Details auftischen, wenn ich wollte. Das Projekt wurde eingestellt, als ich merkte, daß der Erfolg von Konô zu einem hohen Grad der Erfolg Satoshis und Akiras war und die Firma in einem Großkonzern vermutlich nur gelitten hätte. Ich riet unserem Vorstand ab von einem Übernahmeversuch, der vermutlich ohnehin an der Mehrheit der Konôs gescheitert wäre, und schlug statt dessen ein enges Kooperationsverhältnis und gemeinsame Entwicklungen vor. Das war auch der Grund für die dreiprozentige Beteiligung an Kono Micro Motors, genug, um guten Willen zu zeigen, nicht zuviel, um Konô abzuschrecken.

»Das ist es im wesentlichen. Du siehst, eine gute Firma, Akira ein erfolgreicher Entwickler und der künftige Chef.«

»Danke, das war ja erschöpfend. Ich bin beeindruckt.«

Ich bin mir nicht sicher, ob er das ehrlich meint oder mich nur auf den Arm nimmt. Manchmal ist er so.

»Weißt du, daß im Hause der Konôs in der Nacht vor der Hochzeit eingebrochen worden ist?«

Ich schaue ihn vollkommen überrascht an. Nein, Konô hatte nichts davon erwähnt. Komisch.

»Nein, das wußte ich nicht. Und?«

»Als ich mit den beiden sprach, haben sie mir davon erzählt. Es ist merkwürdig, außer einigen kleinen Wertsachen und etwas Bargeld wurde nichts gestohlen. Den Safe haben die Einbrecher entweder nicht gesehen oder gedacht, sie kriegen ihn nicht auf.«

»Hat denn keiner die Einbrecher bemerkt?«

»Nein, Konô und seine Frau waren im Schrein beim Priester, um die Hochzeit noch mal zu besprechen, und Akira auf Tour mit seinen Kumpanen. Die Eltern sind erst gegen dreiundzwanzig Uhr zurückgekommen, Akira erst so gegen vier Uhr. Die Einbrecher müssen am frühen Abend gekommen sein. Eine Glasscheibe an der Hintertür war eingeschlagen.«

»Hat das Haus keine Alarmanlage?«

»Doch, und Konô schwört, er hat sie auch eingeschaltet, aber das muß er sich eingebildet haben, sonst hätte der Sicherheitsdienst Meldung erhalten. Ich glaube, er hat es schlichtweg vergessen und will es jetzt nicht zugeben.«

»Wahrscheinlich hast du recht. Komische Sache und vielleicht auch kein Zufall.«

»Davon gehe ich mittlerweile auch aus. Um ehrlich zu sein, wir untersuchen den Tod Akiras als Mordfall. Was uns in erster Linie fehlt, ist ein Motiv.«

»Da kann ich dir nicht helfen. Dieses Mal nicht. Tut mir leid.« Es tut mir überhaupt nicht leid, ich habe genug vom Detektivspielen, dank Satô und seiner Mörderbande.

Andô ist einigermaßen zufrieden mit meiner klaren Antwort, und wir reden endlich über erfreulichere Dinge, wie den Gewinn der Meisterschaft des Kendô-Teams, das Andô trainiert.

»Und wann kommst du mal wieder?«

»Mal sehen, wenn mir wieder nach Verprügeltwerden ist. Nächsten Mittwoch.«

Ich begleite ihn bis zum Bahnhof Iidabashi. Vor dem Eingang verteilt ein Mädchen kostenlos Papiertaschentücher mit Werbebotschaften. In Japan kauft kein Mensch Tempotaschentücher oder so was, an jeder Ecke bekommt man die nützlichen Päckchen geschenkt.

»Den kenne ich.«

»Wen?« will ich wissen.

»Hier, diesen Typ, den sie suchen. Das ist Abe Keisuke, ein ganz gefährlicher Profikiller, arbeitet viel für die Yakuza, besonders für deinen alten Freund Satô.«

Tatsächlich prangt auf der Verpackung der Papiertaschentücher keine Werbung für einen Optiker oder einen Friseur, sondern ein Fahndungsfoto eines ganz gewöhnlich aussehenden Mannes, eines fast unscheinbaren Typen, und eine genaue Beschreibung des Gesuchten. Darunter, dick und fett, die Telefonnummer des zuständigen Kommissariats und eine Warnung, daß der Gesuchte äußerst gefährlich sei und auch vor Waffengebrauch nicht zurückschrecke. Bei der Erwähnung des Namens Satô läuft mir ein unangenehmes Kribbeln den Rücken hinunter.

»Wir haben diesem raffinierten Burschen endlich genug nachweisen können, um ihm den Prozeß zu machen, aber er ist rechtzeitig verduftet. Jemand hat ihn gewarnt. Die verdammten Yakuza haben ihre Kontakte überall, leider auch bei uns.«

»Ich hoffe, ihr kriegt ihn bald, und vielleicht kannst du Satô auch gleich mit einlochen. Ich mache mir immer noch Sorgen, daß er hinter mir her ist.«

»Solange du ihm nicht wieder in die Quere kommst, läßt er dich bestimmt in Ruhe, denk dran.«

»Ja, ja, ich habe verstanden.«

Auf der anderen Seite der Packung ist eine liebliche Werbung eines Reisebüros, ein erfreulicheres Thema.

Shûsaku winkt mir kurz zu, ehe er durch die Kartensperre geht.

Donnerstag, später am Tag

Den Nachmittag verbringe ich zu Hause, nach dem Essen und dem Bier hat sich der Jetlag umgehend mit erhöhter Müdigkeit gerächt, und ich schlafe den ganzen Nachmittag wie ein Stein. Jedenfalls ist es das, was Anna sagt, als sie mich um fünf Uhr energisch und mit einem Espresso weckt.

»Du hast jetzt lange genug geschlafen, du willst doch heute abend feiern gehen.«

»Quatsch, ich habe nur intensiv darüber nachgedacht, was ich nachher bei der Tischrede sagen soll.«

»Am besten nur ‚*kanpai*', es soll doch ein netter Abend werden.«

Typisch meine Frau, immer freundlich und zuvorkommend. Der Espresso ist sehr gut, und ich verzeihe ihr die freche Bemerkung.

»Kannst du Hitomi anrufen, sie möge für uns fünf um acht Uhr bei Vicente einen Tisch reservieren? Der hat mich sicher schon vermißt.«

»Stimmt, ich war am Dienstagabend da, und er hat sich nach dir erkundigt. Wo ist El Presidente? hat er gefragt.«

»Mmh, gut. Also, rufst du an? Ich mache mich schön.«

»Viel Glück.«

Vicente hat uns einen Tisch reserviert, den unter dem Foto mit ihm als Fußballer, direkt neben einem historischen Foto von Real Madrid.

Tom und Hans-Peter haben Hitomi in die Mitte genommen, ich sitze mit dem Gesicht zur Wand, immer Vicentes Foto im Blick. Kôji, der sich wieder vollkommen erholt hat – man sieht kaum noch eine Spur von seinem blauen Auge – sitzt neben mir und bewundert den echten Torero-Degen, der an der Wand hängt. Weder Hitomi noch ich werden etwas von seinem Problem erzählen, wir wollen den Abend nicht versauen. Schließlich sind wir hier, um den bisher größten Auftrag in der Firmengeschichte von Wolf & Partner zu feiern, wie ich in meiner »kurzen« Ansprache ausführlich darlege.

Es wird eine Riesennacht, wie mein alter Busenfreund Peter, der Banker, immer sagt, wenn es ihm so richtig gut gefällt bei einer Feier oder in einem Restaurant. Vicente tischt ein kleines Gericht nach dem anderen auf: hauchdünn geschnittenen, aromatisch geräucherten Schinken, Krabben in Knoblaucholivenöl brutzelnd, gekühlte Gazpacho, richtig tomatig schmeckend – nach Vicentes Ansicht – die beste der Welt, dann eingelegte Artischockenherzen, zarte Sardinen in Knoblauch, dazu immer frisches, knuspriges Baguette. Der rote Rioja fließt reichlich. Vicente hilft uns ab und zu beim Leeren der Flaschen. Das Hauptgericht ist heute zum einen original spanische Linsensuppe mit groben und sehr würzigen Wurststücken drin. Vicente kennt mich ja und stellt mir Essig und Zucker dazu. Die anderen schauen mich an, als ob ich nicht richtig ticke, als ich präzise drei Eßlöffel Essig und einen Eßlöffel Zucker unter meine Suppe rühre.

»Was guckt ihr so? Bei uns im Rheinland ißt man Linsensuppe so,« erkläre ich ungefragt mit verteidigendem Ton.

Das zweite Hauptgericht ist ein Eintopf vom Kaninchen mit weißen Bohnen. Wir winken alle energisch ab, als er fragt, ob wir noch einen Nachschlag haben wollen.

»Vicente, waren Sie schon mal Torero?« fragt Kôji neugierig, als der Wirt am Tisch steht, um einen Schluck Wein zu nehmen.

Das hätte Kôji besser nicht tun sollen. Vicentes Augen leuchten auf: jemand hat ihn gefragt, und er kann eine seiner unendlich vielen kleinen Geschichten loswerden.

»Ja, in meiner Jugend wollte ich Stierkämpfer werden, aber ich habe mich anders entschieden.«

»Warum denn?« fragt Kôji dummerweise.

»Das ist eine merkwürdige Geschichte. Eines Tages stehe ich da so in der Übungsarena und vor mir dieser

Stier, riesig, schwarz wie die Nacht, die Hufe scharrend, schnaufend vor Wut.«

Kôji hängt an seinen Lippen, meine Lippen am Rotweinglas, ich habe die Geschichte schon gehört, ein-, zweimal oder öfter.

»Also, da stehe ich mit meinem roten Tuch und der Stier senkt plötzlich den riesigen Schädel, die tödlichen Hörner auf mich gerichtet, und rast auf mein Tuch zu.«

»Ja, und dann?« Kôjis Mund steht weit offen.

»Ich bin wie gelähmt und kann weder ausweichen noch wegrennen. Im letzten Moment gelingt es mir durch eine kleine Drehung, so gerade noch den mörderischen Dolchen auszuweichen.«

Wir sehen Kôji erleichtert ausatmen.

»Aber ich stehe immer noch wie festgewachsen am gleichen Platz, komme nicht weg. Der Stier dreht sich und donnert wieder auf mich zu. Wieder und wieder gelingt es mir, im allerletzten Augenblick auszuweichen, aber dann passiert es doch. Ein Horn verfängt sich in meiner Hose, und ratsch, da stehe ich mit nacktem Arsch.

Keinen Kratzer habe ich abbekommen, und das Gute war: dadurch, daß der Stier mich endlich erwischte hatte, löste sich meine Lähmung, und ich konnte wegrennen. Ich bin nie wieder runter in die Arena gegangen.«

»Olé!« kommentiere ich das Ende seiner Geschichte, was mir mal wieder einen bösen Blick einbringt.

»Vicente-san, das war eine tolle Geschichte, ist das auch wahr?« will Kôji, ganz leicht mißtrauisch, wissen.

»Ich schwöre, bei den Augen meiner Großmutter.«

Ich kläre Kôji nicht auf, daß Vicente sich heutzutage statt im Bullfighting mehr im Bullshitting übt, warum auch. Seine Geschichten sind immer unterhaltsam und oft voller nützlicher Lebensweisheiten, speziell wenn er seine Großmutter zitiert.

Wir beenden den Abend, aber nicht bevor er uns noch einen kräftigen spanischen Hartkäse serviert hat, mit bittersüßer Quittenmarmelade. Nach dem opulenten Mahl hilft zum Abschied ein Orujo, ein Tresterschnaps mit mindesten 50 Prozent. Wie gesagt, Riesennacht!

Dienstag

Heute morgen kamen wir alle erst ziemlich spät im Büro an. Hitomi hatte zum Kaffee noch eine Runde Alka Selzer ausgegeben. Gegen zehn verließen Tom und Hans-Peter das Büro, sie hatten einen Termin bei einem unserer Kunden. Es war alles andere als ein Riesenmorgen, denke ich mit hämmerndem Schädel, scheiß Orujo.

Hitomi ist gerade zur Post gegangen. Kôji und ich sind alleine im Konferenzraum und arbeiten am VIW-Projekt, wir machen sehr gute Fortschritte.

Kôjis Telefon klingelt. Er steht auf und geht an seinen Schreibtisch.

»Wolf & Partner, Yamamoto hier. – Wer sind Sie? – Lassen Sie mich in Ruhe, ich zahle das schon.«

Ich kann nichts dafür, aber in unserem kleinen Büro hört man immer alles mit, wenn einer von uns am Telefon spricht. Kôji klingt sauer, nein, eigentlich eher ängstlich.

»Was? – Sind Sie verrückt? – Was soll ich?«

Nackte Panik klingt jetzt aus Kôjis Stimme. Ich wünschte, ich könnte hören, was die Person auf der anderen Seite sagt oder wer sie ist.

»Nein! Nie! Das kann ich nicht. Hören Sie auf! Bitte!«

Jetzt reicht es mir, ich springe auf und gehe auf Kôji zu, der fast vor Angst durchdreht.

»Nein, rufen Sie nicht wieder an, ich zahle alles, irgendwie, bitte geben Sie mir noch eine Woche. – Hallo, hallo, sind Sie noch da?«

Ich schaue Kôji an, als er langsam den Hörer auflegt und sich auf den Stuhl sinken läßt. Er ist aschgrau im Gesicht.

»Kôji, wer war das? Was ist los?«

»Nichts, Jan, kein Problem.«

»Kôji, erzähl mir keinen Unsinn, du hast dir gerade fast in die Hosen gemacht und erzählst mir, es sei nichts? Was ist hier wirklich los?«

Kôji läßt plötzlich den Kopf herabsinken auf seine Arme, die auf dem Schreibtisch liegen, und ich sehe, wie sein Körper heftig zuckt. Er heult wie ein Schloßhund. Ich fasse ihn bei den Schultern. Ich habe eine Ahnung, wer das war.

»Kôji, beruhig dich, was immer die wollten, wir kriegen das schon irgendwie hin.«

Es dauert eine Weile, bevor er sich einigermaßen faßt. Ich mache uns Cappuccino, das hilft fast immer. Er sagt nichts, während er den Kaffee schlürft, und ich lasse ihm Zeit.

»Das war einer von dieser Kreditfirma. Der wollte wissen, wann ich die ausstehenden Raten zahle.«

»Und deswegen hast du dich so aufgeregt?«

»Er hat mir gedroht.«

»Kôji, letzte Woche, das war kein Fahrradunfall, das waren die Kredithaie?«

»Ja, sie haben an meiner Tür geklingelt. Sie waren zu dritt. Ich wollte sie nicht in meine Wohnung lassen, aber der Anführer hat mich vor der Tür geschlagen und gestoßen, und dann sind alle drei reingekommen und haben die

Tür zugemacht. Der eine hat erst nur geredet, aber dann hat ein anderer meine Stereoanlage angemacht, ganz laut. Und dann haben die drei auf mich eingeschlagen. Ich habe mich nicht gewehrt, aber die waren erst zufrieden, als ich fast bewußtlos am Boden lag. Dann sind sie gegangen und haben mir beim Rausgehen gesagt, daß sie immer wieder kommen, bis ich bezahlt habe.« Kôji hat wieder Tränen in den Augen und nimmt schnell einen Schluck aus der Tasse.

»Widerliche Kerle. Und was wollten die jetzt gerade?«

»Es ist schrecklich. Der Mann am Telefon hat natürlich nicht gesagt, daß er von der Firma ist, aber er hat auf meine Schulden hingewiesen und mir angeboten, mich mit Leuten zusammenzubringen, die mir helfen können.«

»Und wie soll das aussehen?« Mir schwant Sauübles.

»Das ist ja das Furchtbare«, sagt Kôji mit rauher Stimme. »Er hat angeboten, mich mit jemand zusammenzubringen, der bereit ist, eine meiner Nieren zu kaufen. Genug Geld bekäme ich, um die ganzen Schulden samt Zinsen zu tilgen.«

»Was? Du sollst deine Niere verkaufen?« Ich kann es nicht glauben, diese Schweinehunde. Mir wird ganz heiß vor Wut. Ich höre meine Schläfen pochen.

»Ja, ich hätte ja zwei, hat er noch hinzugefügt.«

»Diese Verbrecher. Du mußt sofort zur Polizei gehen. Ich rufe meinen Bekannten Andô von der Kripo an, der kann dir helfen.«

»Nein, bitte, auf gar keinen Fall. Der Mann hat gesagt, wenn ich zur Polizei gehe, wird die Kreditfirma nicht nur alles abstreiten, sondern ich werde wieder Besuch kriegen, oder sie werden mich sonst irgendwo erwischen. Bitte, Jan, keine Polizei. Ich muß irgendwo das Geld herkriegen, und dann geht das schon in Ordnung.«

»Das sind doch ganz miese Gangster, das kannst du doch nicht einfach hinnehmen.«

»Ich weiß, Jan, aber ich habe einfach Angst. Bitte laß mich das alleine regeln.«

»Wie heißt denn die Firma? Vielleicht kann Andô den Laden ja ’mal unter die Lupe nehmen, ohne dich reinzuziehen.«

»Bitte, Jan. Ich möchte das nicht sagen. Irgendwie werde ich eine Lösung finden.«

Es hat keinen Zweck, ihn mehr zu bedrängen, obwohl ich am liebsten sofort zu diesen gewissenlosen Verbrechern fahren würde, um den ganzen Laden in Stücke zu zerlegen.

»Okay, wie du meinst. Soll ich dir Geld leihen, damit du wenigstens die ausstehenden Raten zahlen kannst?« Es ist nicht so, daß ich es so dicke habe, aber er tut mir leid, und irgendwie muß ich ihm helfen.

»Danke, Jan, das ist wirklich sehr nett. Vielleicht, könntest du mir für die letzten zwei Raten einen Vorschuß auf mein Gehalt geben. Ich zahle das bestimmt zurück, aber es gibt mir Zeit, Geld zu besorgen. Vielleicht finde ich auch jemanden, der meine Wohnung zu einem akzeptablen Preis kauft.«

Bei dem letzten Satz steht ihm die totale Verzweiflung im Gesicht geschrieben. Bei der Marktlage bekommt er nie genug, um die Kredite zurückzuzahlen, und sein offizieller Bankkredit ist erstrangig. Da bleibt für die Kredithaie nichts übrig. Kôji weiß das auch. Nein, ein Verkauf der Wohnung wird ihm nicht helfen.

»Ich leihe dir das Geld persönlich, unsere Kollegen brauchen davon nichts zu wissen. Und du zahlst es mir zurück, wenn du kannst, mach dir keine Gedanken.«

»Jan, ich weiß nicht, was ich sagen soll, du bist ein wirklicher Freund. Ich schäme mich, soviel Ärger zu machen.«

»Quatsch, das kann jedem passieren. Hitomi kommt sicher gleich wieder, warum gehst du nicht früher zum Mittagessen, ich glaube, sie sollte dich nicht so sehen, mit deinen roten Augen.«

»Ja, aber wir müssen doch das Projekt bearbeiten.«

»Blödsinn, los, geh essen. Ich will dich hier nicht vor zwei Uhr sehen.«

Nachmittags kommen Tom und Hans-Peter zurück.

»Na, wie war's?«

»Prima, ich glaube, wir kriegen auch den zweiten Teil des Projekts. Hans-Peter hat sie voll mit dem Übernahmemodell überzeugt«, antwortet Tom.

»Steuerlich ist auch das Neuland in Japan, aber alles sauber und auf solider, legaler Basis. Wenn das abgeschlossen ist, können wir es auch anderen vergleichbaren Firmen empfehlen«, erklärt Hans-Peter, der Steuerfuchs.

»Du kannst ja einen Vortrag halten beim nächsten Kammermittagessen.«

»Prima Idee, ich werde mal mit denen reden. Wo sind eigentlich Hitomi und Kôji?«

»Hitomi ist zur Post gegangen und dann nach Akihabara. Wir brauchen einen schnelleren CD-Brenner für die Präsentationen. Kôji hatte was Privates zu erledigen, der kommt sicher gleich wieder.«

»Ist Kôji in Ordnung, Jan?«

Auch Tom ist es nicht entgangen, daß Kôji Probleme hat.

»Ja, ja, er kommt schon wieder in Ordnung, denke ich.« Ich will meine Kollegen nicht mit Kôjis Problemen belasten, mir macht das schon Gedanken genug.

»*Tadaima*, ich bin wieder da.« Kôji scheint wieder einigermaßen gefaßt.

»Entschuldigung, es hat länger gedauert, aber ich habe Eis mitgebracht.«

Wir verzeihen ihm.

In diesem Augenblick kommt auch Hitomi rein, fix und fertig und verschwitzt nach einem Besuch in der Electro Town von Akihabara, und das bei der Affenhitze. Wenigstens war sie erfolgreich, Wolf & Partner hat jetzt einen superschnellen CD-Brenner. Wir beschließen, angesichts der akzeptablen Geschäftslage und des heißen Wetters eine Pause mit Eis und Espresso zu machen.

Etwas früher als gewöhnlich fahre ich nach Hause.

»Das ist eine Riesensauerei!«

»Was?« will Anna wissen. Wir sitzen gerade beim Abendessen, Spaghetti mit ganz fein geschnittenen Möhren- und Zucchinistreifen in Olivenöl angebraten, mit Brühe abgelöscht, einen Stich Butter und reichlich saure Sahne untergehoben. Dazu frischgeriebenen Parmesankäse. Einfach und köstlich. Heute trinken wir ausnahmsweise dazu nur Wasser.

»Na, die Sache mit Kôji und seinem Kredit. Die Erpresser haben ihn nicht nur letzte Woche fast totgeschlagen, sondern ihm heute angeboten, eine Niere in Zahlung zu geben. Kannst du dir das vorstellen?«

Anna schaut mich ungläubig an. »Eine Niere?«

»Genau.«

»Was sind das denn für Menschen? Das ist ja nicht zu glauben.«

»Doch, so ist es aber. Ich habe ihm gesagt, er soll Andô um Hilfe bitten.«

»Und?«

»Er will nicht, er hat Angst, die zahlen es ihm heim, wenn er zur Polizei geht.«

»Jan, und du hältst dich da raus, nicht wahr?« Ihre Frage ist eine Mischung aus Besorgnis und Drohung. Sie kennt mich eben schon sehr lange.

»Klar, habe ich doch versprochen. Aber ich habe Kôji angeboten, ihm zu helfen, indem ich ihm privat das Geld für die beiden Raten, die im Verzug sind, leihe.«

»Wieviel ist das denn?«

»Ungefähr 600 000 Yen. Er zahlt es uns zurück, sobald er kann. Da habe ich keinen Zweifel.«

»Ich auch nicht. Das geht schon in Ordnung, Kôji ist ein feiner Kerl. Und meinst du, er kann da rauskommen? Was ist denn, wenn die nächste Rate fällig wird?«

»Er sagt, er wird noch mal mit seinen Eltern sprechen, und es werde schon irgendwie hinhauen, meint er.«

»Irgendwie? Einfach so?«

»Ja, ich habe auch meine Zweifel, aber was soll ich tun?«

»Vielleicht solltest du wirklich mit Shûsaku reden, er weiß sicher, was man da tun kann. Ich mache mir Sorgen, Kôji begeht sonst irgendwelche Dummheiten.«

»Ich mir auch. OK, ich werde Shûsaku fragen, einfach so. Wir gehen nächste Woche Donnerstag zum Kendô und danach sicher was trinken. Dann erzähle ich ihm von der Sache.«

Die Stimmung ist irgendwie hin, Anna und ich denken wohl beide an Kôji und daran, was die Kredithaie ihm vorgeschlagen haben. Bei mir lösen sich ständig Wut und Mitleid ab. Der Gedanke, eine Niere zu verlieren, läßt mich schaudern. Wir gehen früh ins Bett, und ich halte Anna fest in den Armen, als ob ich sie beschützen wollte, bis ich einschlafe.

Freitag

»Anna, kann ich noch einen Kaffee haben?«

»Kommt schon, auch noch ein Croissant?«

»Ehe ich mich schlagen lasse.« Heute lasse ich mir beim Frühstück etwas Zeit. Ich habe mich mit Konô um zehn Uhr in seiner Firma verabredet. Trotz der Trauer muß die Firma weitergeführt werden. Jetzt wo Akira tot ist, muß sein Vater noch mehr übernehmen. Im Auftrag von Kono Micro Motors soll ich ein Lizenzabkommen für eine ihrer Entwicklungen mit einer Firma in München abschließen, und über die Einzelheiten wollen wir heute reden.

»Ich habe ganz vergessen, daß meine Mutter gestern angerufen hat.«

»Und, wie geht's den beiden?« Die Ambergs leben in Bonn, er ist Architekt, und ich mag beide sehr gern. Anna ist als Innenarchitektin in die Fußstapfen ihres Vaters getreten.

»Och, prima. Sie wollte nur wissen, wann ich mal wieder nach Deutschland komme. Weißt du eigentlich, daß meine Eltern im Oktober Goldene Hochzeit feiern?«

»Nöö, wußte ich nicht, Donnerwetter, da haben wir ja noch einige Jahre vor uns, so um die dreißig.«

»Dreißig Jahre, ach, das sitze ich doch auf einer Arschbacke ab«, meint Anna gelassen.

So ist sie, rauh, aber herzlich. Ich verkneife mir jegliche Erwiderung. Am frühen Morgen schon kämpfen, das ist mir zuviel, zumal mit einer Ex-Judomeisterin.

»Wolf-san, herein, herein. Vielen Dank, daß Sie Zeit hatten.«

»Ganz im Gegenteil, Konô-san, ich bin Ihnen sehr dankbar, daß Sie mir diesen Auftrag erteilen.«

Wir setzen uns an den kleinen Konferenztisch in Konôs Büro. Er hat alle Unterlagen schon bereitliegen. Seine Sekretärin bringt uns Tee, und kurze Zeit später kommen die Mitarbeiter dazu, die das Projekt mit mir bearbeiten. Sasaki, Akiras Stellvertreter, sieht sehr bedrückt aus. Ich weiß, die beiden haben eng zusammengearbeitet. Er ist schon deutlich über Fünfzig und hatte sicher nicht mehr damit gerechnet, plötzlich die Leitung der ganzen Forschungsabteilung übernehmen zu müssen. Schon gar nicht unter diesen traurigen Umständen. Shibata, der Firmenanwalt, wie immer mit ernster Miene, und Saitô, der jüngste, er ist der verantwortliche Produktmanager. Er ist immer noch nervös, wenn er in solchen Sitzungen etwas präsentieren soll. Es geht um einen neuartigen Miniaturstellantrieb für DVD-Abspielgeräte. Das Münchner Unternehmen, einer der größten Computerhersteller in Deutschland, ist an der Lizenz für die Eigenproduktion des Antriebs interessiert. Konô würde zwar lieber das fertige Produkt liefern, aber die Deutschen wollen alles aus einer Hand fertigen, um den Produktionsprozeß zu optimieren. Sie bauen gerade eine nagelneue Fabrik in Leipzig, ein supermodernes Werk.

Konô hat eingewilligt, weil er die Beziehung zu den Münchnern noch ausbauen will, und auch finanziell ist das Abkommen sehr attraktiv.

Saitô präsentiert die Details, speziell die besonderen Vorteile des Antriebs als Begründung für das Lizenzmodell, das Shibata vorlegt. Sasaki sagt nicht viel, nur wenn es sehr technisch wird, wirft er hier und da etwas ein. Er scheint ziemlich abwesend.

Gegen Mittag sind wir durch, und ich habe alle Unterlagen und die Vollmachten, mit den Münchnern zu verhandeln. Nächste Woche werde ich hinfliegen. Ich freue mich schon auf München, nicht nur wegen des Projekts, sondern auch darauf, Michael und Andrea zu treffen. Beide sind Aikidôka, wie Anna, Tom und ich.

Sasaki, Saitô und Shibata lassen uns alleine. Ich habe Konô zum Mittagessen eingeladen, als kleines Dankeschön für den Auftrag, aber ich muß gestehen, auch ich bin etwas neugierig. Die Sache mit dem Giftpfeil geht mir natürlich ständig durch den Kopf, und seit Andô mir erzählt hat, daß bei Konôs eingebrochen worden war, ist meine verdammte Neugierde, die mir schon viel Ärger eingebracht hat, natürlich noch größer geworden.

Wir nehmen meinen Land Cruiser und fahren zu einem kleinen Teppanyaki-Restaurant in der Nähe der Firma. Konô hat mir einmal erzählt, es mache ihm mehr Spaß, in einem rappeligen Geländewagen gefahren zu werden als in seiner flüsterleisen Nissan-Limousine. Jünger würde er sich fühlen, hatte er gesagt. Ich habe einen Tisch reserviert, um nicht an der Theke mit der Grillplatte zu sitzen, damit wir uns in Ruhe unterhalten können.

»Konô-san, wie geht es Ihrer Frau und Ihrer Tochter?«

»Danke, Wolf-san, meine Frau steht immer noch unter einem schweren Schock. Ich habe ja meine Firma ...« Seine Stimme versagt fast, und er trinkt schnell einen Schluck Bier. »Hisako, unsere Tochter, ist noch jung und sehr mit ihrer Arbeit beschäftigt. Ich glaube, sie wird von uns dreien am schnellsten drüber wegkommen.«

Ich fühle mich elend. Hier sitzt ein gebrochener Mann, und ich weiß nicht, was ich sagen oder tun kann, um ihm zu helfen. Akira, sein einziger Sohn, sein Nachfolger, sein ganzer Stolz und seine Hoffnung für die Zukunft der Firma, die er aufgebaut hat, ist nicht mehr. Die Freude über die Reise nach München ist mir gründlich vergangen.

»Konô-san, ich glaube, ich verstehe, wie es Ihnen dreien zu Mute ist. Anna und ich sind unendlich traurig, daß Akira nicht mehr da ist. Und wir fühlen auch mit Taiko. Ist sie wieder in Tôkyô?«

»Nein, Taiko bleibt noch einige Wochen in Kyûshû. Das arme Kind ist vollkommen fertig mit den Nerven. Ich hoffe, sie macht keine Dummheiten. Ich habe mit ihrer Schwester gesprochen, die sich große Sorgen um sie macht.«

»Schrecklich.«

»Übrigens, Ihr Freund, dieser Herr Andô, ist ein sehr netter Mensch, ganz anders als ich mir einen Polizisten vorgestellt habe. Er ist da gewesen und kümmert sich jetzt persönlich um den mysteriösen Pfeil.«

»Was sagt er denn dazu?« Ich will Konô natürlich nicht erzählen, daß ich mich mit Andô getroffen habe.

»Er hat nicht viel gesagt, aber er möchte herausfinden, ob Akira tatsächlich eines natürlichen Todes gestorben ist. Er hat mich gefragt, ob Akira Feinde gehabt habe. So ein Quatsch, mein Sohn ist… war immer nett zu allen Leuten. Zu nett, habe ich oft gedacht.«

»Andô muß solche Fragen stellen, es ist seine Aufgabe, und wer weiß, vielleicht gibt es ja etwas, von dem Sie nichts wußten?«

»Ich weiß, es ist für mich nur nicht vorstellbar, daß irgend jemand Akira etwas angetan haben könnte. Aber die Sache mit dem Giftpfeil ist schon sehr merkwürdig. Herr Andô wollte auch wissen, ob der Einbruch in unser Haus was damit zu tun haben könnte.«

»Einbruch?« Ich stelle mich ganz unwissend.

»Ja, es ist sicher reiner Zufall, in der Nacht vor der Hochzeit, als wir alle unterwegs waren, ist jemand eingebrochen und hat Geld und ein paar Wertsachen gestohlen, nichts Wesentliches. Die wichtigen Sachen sind immer alle im Safe, und den hat der oder die Einbrecher nicht gefunden. Wahrscheinlich Chinesen.«

»Und Sie glauben, das war Zufall?«

»Ja, bestimmt, für ein paar Yen bringt man doch niemanden um. Und selbst die Sachen im Safe sind zwar wichtig, aber kein Grund, Akira zu ermorden.« Das letzte Wort scheint Konô rausgerutscht zu sein. Er wird ganz blaß im Gesicht.

»Was war denn im Safe?«

»Ach, nur Dokumente, der Schmuck meiner Frau und manchmal Akten, die Akira aus der Firma mitgenommen hatte, um zu Hause daran zu arbeiten. Er war in den letzten Monaten sehr mit seiner neuen Erfindung beschäftigt. Wie ein Besessener hat er daran gearbeitet, manchmal bis nach Mitternacht.«

»Was für eine Erfindung denn, wenn ich fragen darf?«

»Akiras Spezialgebiet waren winzige Antriebe, viel kleiner als das, was ich früher entwickelt habe. Dieser neue Antrieb ist eine ziemlich revolutionäre Erfindung, von der ich aber, ehrlich gesagt, nicht viel verstehe. Seine Erfindung bewegt ein winziges Gerät zur zerstörungsfreien Untersuchung von sehr dünnen Rohren, zum Beispiel in einer chemischen Fabrikationsanlage. Die Sonde ist etwas dicker, aber dafür kürzer als eine Zigarette, mit einer extem hochauflösenden Videokamera mit Spiegeln, um in alle Richtungen »schauen« zu können. Am hinteren Ende befinden sich eine Solarzelle und eine winzige Antenne für Mikrowellenempfang. Unterschiedliche Frequenzen versorgen das Gerät mit Strom, und andere transportieren die Videobilder zum externen Rekorder. Akiras Antrieb beruht auf einer Technik, die er den Garnelen abgeschaut hat, so eine Art *Ebi*-Drive«, erklärt Konô mit einem leichten Schmunzeln. *Ebi* ist das japanische Wort für Garnele.

»In der Mitte der Sonde befinden sich kleine Beinchen oder besser kleine Falten, die ihre Form durch Anlegen von Spannung ändern und das Gerät mit mehreren Millimetern pro Sekunde nach vorne oder hinten befördern.«

Ich kann mir das nur vage vorstellen, aber es klingt jedenfalls wie eine äußerst wichtige Erfindung.

»Akiras Entwicklung war fast reif, und die Unterlagen im Safe sind für die Anmeldung des Patentes gedacht. Ich werde das für ihn machen. Ich möchte, daß man Akira als Erfinder für alle Zeit in Erinnerung behält.«

»Das finde ich richtig. Und ich bin sicher, Akiras Entwicklungen werden auch weiter die Zukunft Ihrer Firma sichern.«

»Ja, die neue Entwicklung wird sicher viele Interessenten finden. Vielleicht können Sie mir auch helfen, Lizenznehmer in Europa und Amerika zu finden. Akira würde sich sicher darüber freuen.«

»Konô-san, nichts würde ich lieber tun. Es ist mir eine Ehre, Ihnen behilflich sein zu dürfen.« Ich bin ehrlich gerührt und kann nicht verhindern, daß meine Augen feucht werden.

Wir trinken beide einen Schluck Bier, um über diesen Moment hinwegzukommen, obwohl ich mich der Tränen nicht schäme.

»Ich werde Sasaki beauftragen, die Unterlagen beim Patentamt einzureichen. Er hat immer sehr eng mit Akira zusammengearbeitet und weiß genau, worum es geht. Schade, Sasaki ist sehr gut, aber ihm fehlt Akiras Kreativität, um eigenständig solche Erfindungen zu machen.«

»Wird er die Entwicklungsabteilung übernehmen?«

»Ja, obwohl er Schwächen hat, ist er ein guter Mann. Wir müssen nur sehen, ob wir einen begabten Entwickler von der Universität bekommen können, der unter seiner Anleitung arbeiten kann.«

Während Konô weiter über Akira und seine Firma spricht und wir essen, geht mir der Gedanke nicht aus dem Kopf, daß die Erfindung im Safe etwas mit dem Tod Akiras zu tun hat. Akiras plötzlicher Tod, ein mysteriöser Giftpfeil, ein Einbruch, von dem Konô glaubt, es seien irgendwelche Chinesen gewesen, eine wichtige Erfindung, fertig zur Patentanmeldung, und alles das zufällig? Klar, alles reiner Zufall. Ich bin vollkommen überzeugt.

Auf dem Weg zurück zu unserem Büro setze ich Konô vor seiner Firma ab, und wir verabschieden uns.

»Ich melde mich, sobald ich aus München zurück bin.«

»Wir sind alle gespannt, Wolf-san, und ich wünsche Ihnen und uns viel Erfolg. Vielen Dank für das sehr gute Essen.«

Ich winke nur ab, verbeuge mich tief und klettere wieder in meinen Wagen. Konô hebt seine Hand zum Abschied, als ich abfahre. Irgendwie wirkt er gedankenverloren. Im Rückspiegel sehe ich ihn noch einige Zeit vor seiner Firma stehen – er scheint um Jahre gealtert zu sein.

Auf der Rückfahrt geht mir die Sache mit dem Einbruch nicht aus dem Sinn. Konô hatte erwähnt, daß sie zwar eine Alarmanlage hätten, die aber ausgeschaltet gewesen sei. Das passiert uns ab und zu, hatte er gemeint.

Im Büro berichte ich meinem Team vom Ergebnis der Gespräche mit Kono Micro Motors und dem Auftrag, einen Lizenzvertrag mit der Münchner Firma auszuhandeln. Alle sind erfreut, die Geschäfte laufen gut. Von Akira und seiner Erfindung erzähle ich natürlich nichts. Tom, Hans-Peter und die beiden anderen wissen zwar vom Tod Akiras und daß mir das ziemlich an die Nieren gegangen ist, aber wir haben nicht weiter über die Sache gesprochen. Schließlich kannten sie ihn nicht persönlich.

Als ich vor meinem PC sitze, stiehlt sich meine rechte Hand wie unter Zwang zur Maus, der Cursor stoppt auf dem Internet-Explorer-Symbol, und Sekunden später befinde ich mich im Internet.

»Mikroantriebe« gebe ich ein. Die nächste Stunde bin ich ganz versunken in meine Nachforschungen. Kono Micro Motors, Akira Konô, Sasaki, Patente für Mikrotechnologie, einen Suchbegriff nach dem anderen gebe ich ein. Es gibt endlose Beiträge, aber nichts, was mich weiterbringt. Hitomi stellt mir den dritten Cappuccino hin, die ersten beiden habe ich kaum wahrgenommen.

»Danke Hitomi, dein Cappuccino ist der beste, hier im Büro«, schränke ich ein, sie hebt sonst vielleicht ab.

»Wonach suchst du denn?« Sie blickt mir über die Schulter.

»Ich habe Konô versprochen, ihm bei einem anderen Projekt zu helfen, und ich will mich ein bißchen schlau machen, wirkt besser«, weiche ich aus.

»Genug für heute.« Ich gehe aus dem Internet und schlürfe meinen Cappuccino. Das Internet hat nicht viel hergegeben. Nur ein kurzer Bericht über eine neuartige Antriebseinheit für Kleinstsonden in der zerstörungsfreien Materialprüfung, die gerade in Tôkyô zur Patentanmeldung eingereicht worden war, vor einer Woche!

Ich drucke den Artikel, der keinerlei Details enthält, aus. Ich werde was anderes ausprobieren, und ich weiß auch schon wie und wo.

Es gibt seit vielen Jahrzehnten einen deutschen Anwalt in Tôkyô. Er hat sich zwischenzeitlich aus dem Tagesgeschäft seiner Kanzlei zurückgezogen, aber wenn überhaupt jemand, dann kann er mir helfen. Sein Spezialgebiet sind Patente.

»Herr Borsig, hier ist Jan Wolf«, melde ich mich, als mein Anruf durchgestellt wird. Ich habe Glück, er ist in der Kanzlei.

»Herr Wolf, was für eine schöne Überraschung, was kann ich denn für Sie tun? Wollen Sie etwa doch Go lernen?« Borsig ist ein Meister in diesem japanischen Brettspiel.

Ich erkläre ihm, was ich will.

»Kleinigkeit, faxen Sie mir den Artikel, und ich kümmere mich drum. Ist das alles?«

»Ja, zunächst ist das alles.«

»Na, dafür kann ich Ihnen ja nicht einmal einen Stundensatz berechnen. Das kostet Sie einfach eine Flasche von Ihrem Rheingauer. Sie haben doch noch einen Vorrat?«

»Klar, ein, zwei Flaschen sind noch da«, untertreibe ich vorsichtshalber. »Abgemacht, rufen Sie mich an, wenn Sie es haben, ich hole es ab und bringe den Wein mit.«

»So gehört sich das, ich mache mich gleich nächste Woche dran, vorher geht es nicht, weil ich heute Abend nach Ôsaka zu einer Konferenz fahre. Gruß an Ihre charmante Gattin.«

Ich bedanke mich und lege den Hörer auf. Ich hätte auch Tom fragen können, schließlich kann er auch als Anwalt nach Patenten forschen, aber ich möchte Wolf & Partner auf gar keinen Fall in irgend etwas verwickeln. Und irgendwie habe ich ein ganz übles Gefühl, daß die Sache stinkt.

Donnerstag

Die Lufthansa-Maschine landet pünktlich in Narita. Der Flug von München über Frankfurt war ereignislos, wenn man davon absieht, daß ich mich immer noch nicht an den Anblick von Japanern in Lederhosen und mit Trachtenhut gewöhnt habe.

Ich hatte eine erfolgreiche Reise hinter mir, der Lizenzvertrag für Kono Micro Motors war so gut wie unter Dach und Fach. Ich gönnte mir ein Extragläschen Champagner und ein paar Gläser vom ausgezeichneten roten Bordeaux, den die Lufthansa anbot. Zufrieden brachte ich es sogar fertig, die meiste Zeit zu schlafen.

Am Flughafen habe ich Glück und kann gerade noch das Shuttle zum New Ôtani-Hotel erwischen. Von dort ist es mit einem Taxi nur ein Katzensprung zu unserer Wohnung, und das Hotelpersonal hilft dem erschöpften Reisenden geradezu rührend mit dem Gepäck – und das ohne Trinkgeld, und ohne daß man Hotelgast sein muß.

Das Taxi hält vor unserem Gebäude. Eher ungewöhnlich, der Fahrer steigt aus und hilft mir mit meinem Gepäck. Ich weiß nicht, ob ich mich darüber freuen soll, oder ob er mein Alter falsch eingeschätzt hat und Mitleid hatte, denn normalerweise scheinen Tôkyôs Taxifahrer mit ihren Autositzen verwachsen zu sein. Daher auch die sich automatisch öffnenden und schließenden Türen.

Schwerbepackt wie ein Esel öffne ich die Wohnungstür mit dem rechten Fuß, schleppe mich mit meinem schweren Koffer und der dicken Aktentasche in den Flur. Es ist noch früh, und Anna hat mich entweder nicht gehört, oder sie ist beim Aikidô-Training. Ich streife die Schuhe im Eingang ab, stelle das Gepäck ab und schaue ins Wohnzimmer. Nach zusammen fast fünfzehn Stunden Reisezeit und sieben Stunden Zeitunterschied bin ich, trotz Schlaf im Flieger, rechtschaffen müde, ich spüre den Jetlag und mein Verstand arbeitet noch nicht auf vollen Touren.

Verwirrt blinke ich ein paar Mal mit den Augen, noch immer der gleiche Anblick, nichts, große Leere. Nur die Bilder an der Wand, Bücherregale und die gute alte B&O Stereoanlage zeigen, daß Anna nicht heimlich ausgezogen ist. Aber in der Raummitte nur blanker Parkettboden, hellbraun, schön glänzend, aber keine Sessel, keine Couch, kein Tisch, keine Teppiche, nichts.

Zen, geht mir durch den Kopf, Anna muß zum Buddhismus übergelaufen sein. Sie hat ja schon viel mit unserer Wohnung angestellt, während ich glücklicherweise auf Reisen war, aber das hier ist, ja, wie soll ich sagen, mir fehlen die rechten Worte. Etwas wie ein ganz leichter Anflug von Ärger steigt in mir hoch … Es wird sicher eine ganz natürliche Erklärung geben, beruhige ich mich.

»Jan, bist du's, ich habe dich gar nicht kommen gehört, ich war im Bad«, höre ich die Stimme Annas.

Wenigstens etwas, was mir vertraut erscheint. Schon steht sie neben mir, ich bin immer noch wie zur Salzsäule erstarrt. Sie gibt mir einen Begrüßungskuß und schaut mich prüfend an, als ich ihn nicht so recht erwidere. Ich glaube, sie sieht mir an, daß ich dringend eine Erklärung erwarte und sie wohl auch verdiene.

»Ist das nicht toll! Ich habe nur eine kleine Anzeige ins Tokyo Journal gesetzt, Couch zu verkaufen, und am nächsten Tag kam schon jemand, der hat nicht nur die Couch, sondern gleich alle Möbel gekauft. Ein Amerikaner, der gerade in Japan angekommen ist und kurzfristig seine Wohnung einrichten wollte.«

»Ja, aber ich dachte, wir wollten nur versuchen, die Ledercouch zu verkaufen, von allem anderen war doch nicht die Rede, oder?« versuche ich vorsichtig einzuwenden. Das Gepäck wieder aufnehmend, gehe ich vorsichtig in unser Wohnzimmer und schaue mich langsam um. Nichts als gähnende Leere, das große Nichts.

Das Gepäck wird jetzt doch sehr schwer, und ich stelle es vorsichtig in unserem Zen-Raum ab. Platz ist ja genug da.

»Ja, aber ich habe überlegt, zu der neuen Couch, die wir haben wollen, passen die anderen Sachen nicht mehr so toll, und er hat auch alles gut bezahlt«, erklärt sie mir.

»Ja und jetzt?«

»Na, ist doch klar, morgen gehen wir einkaufen«, klärt sie mich fröhlich auf, »und in ein paar Monaten sieht das hier wieder ganz toll aus.«

»Wieso, ein paar Monate?«

»Was denkst du denn, was italienische Möbel für Lieferzeiten haben?«

Italienisch, auch das noch, das wird teuer, denke ich resignierend.

»Ja, und worauf sitzen wir bis dahin?«

»Kissen, Jan, Kissen, die sind ganz in, ich nähe gerade einige mit tollen Stoffen, die ich neulich bei Nuno gefunden habe. Du wirst sehen, es wird fies gemütlich werden.«

Anna unterstreicht, was sie unter »fies gemütlich« versteht, mit einem dicken Kuß auf meine zornesrote Wange. Ich schmelze mal wieder schneller dahin als ein Schneemann in der Sauna.

»Kissen... na gut, ich glaube, ich brauche jetzt erst einen Espresso auf den Schreck. Haben wir denn wenigstens noch unsere Betten?«

Haben wir, wie ich nach Espresso und Dusche feststellen kann. Ich habe Anna schon verziehen.

»Übrigens, du hast ein Fax von Borsig bekommen«, informiert mich Anna, als wir wieder ordentlich angekleidet sind.

»Ah, prima. Wo ist es denn?«

»Auf deinem Schreibtisch. Was will er denn? Er hat herausgefunden, was du wissen wolltest.«

»Ach, nichts Besonderes, es geht um ein Patent für einen unserer Kunden«, weiche ich aus.

»Ich muß los, ich treffe mich mit Sumie, sie will ihre Wohnung anders einrichten.« Sumie ist die Frau von Vicente, und ich kann mir seine Reaktion auf die neue Einrichtung schon bildlich vorstellen und muß laut lachen.

»Meinst du, Vicente hat Probleme, wenn wir ihn nicht fragen?«

»*Zen-zen*.«

Das ist japanisch und heißt soviel wie »überhaupt nicht«. Anna kapiert das Wortspiel sofort und streckt mir als Antwort nur die Zunge raus.

Sobald Anna aus der Tür raus ist, rufe ich Borsig an. Wir verabreden uns am Nachmittag in seiner Kanzlei. Anschließend telefoniere ich mit Hitomi und Tom. Ich deute nur kurz an, daß die Reise nach München erfolgreich war, und da es nichts Dringendes im Büro gibt, lege ich mich für ein paar Stunden aufs Ohr und gönne mir meinen Schönheitsschlaf. Nach einem starken Espresso und einem frischen Orangensaft fühle ich mich wieder einigermaßen in Form und fahre zu Borsigs Büro.

»Herr Wolf, ich habe mit Hilfe der nationalen Patentdatenbank geforscht. Ganz einfach war es nicht, weil ihre Beschreibung ein wenig vage war. Aber hier ist eine Anmeldung, die zumindest ähnlich klingt. Sie ist gerade erst erfolgt.« Borsig schiebt mir einen schmalen Hefter über den Tisch.

»Herr Borsig, herzlichen Dank, das hilft mir sicher weiter.« Ich blättere die Unterlagen durch. Die Beschreibung des Antriebsverfahrens erscheint mir sehr ähnlich mit der, von der mir Akiras Vater erzählt hatte. Ein Dr. Mori Mineo, von Mori Research K.K. in Tôkyô, hat den Antrag eingereicht. Das Datum der Anmeldung liegt etwas mehr als eine Woche nach dem Todestag Akiras. Ich verstehe zuwenig von dieser Technologie, genau wie Borsig. Ich muß jemanden finden, der das besser beurteilen kann. Auf jeden Fall habe ich eine Spur.

Ich habe den versprochenen Rheingauer, einen 1996 Steinberger, Riesling Spätlese, trocken, nicht vergessen. Borsig ist entzückt.

»Wenn ich Ihnen mal wieder helfen kann, ich hoffe, Sie haben noch mehr von diesem Wein.«

»So die ein oder andere Flasche werde ich noch auftreiben können. Aber wir können auch mal wieder bei Keitel essen. Er hat einen neuen Frankenwein bekommen, einen Spitzensylvaner.«

»Wann?«

Wir einigen uns, daß wir das erst nach dem Sommer machen werden. Es ist wirklich brutal heiß, zu heiß für deutsches Essen. Ich gehe ganz langsam zu meinem Wagen. Die Luft flimmert regelrecht, und der Asphalt weicht allmählich auf.

Auf der Rückfahrt gehen mir die Unterlagen wieder und wieder durch den Kopf. Jan, ermahnt mich mein Gewissen, du fängst wieder an, Detektiv zu spielen. Nein, fast überhaupt nicht, antworte ich meinem Gewissen, ich denke nur darüber nach, was ich Konô erzählen kann und Shûsaku. Vielleicht gibt es überhaupt keine Zusammenhänge, und ich blamiere mich nur.

Es ist besser, ich fahre zum *dôjô*, zum Training um sieben Uhr komme ich gerade noch rechtzeitig. Meinen *dôgi* und den *hakama* hatte ich vor der Abfahrt schon vorsichtshalber in den Wagen gelegt.

Der erste Schweiß bricht mir schon beim Umziehen aus. Der Umkleideraum ist brechend voll mit verschwitzten Männern, die gerade die frühere Stunde beendet haben, und den Neuankömmlingen für die nächste Stunde. Schließfach 71 ist gerade frei geworden, gut, irgendwie betrachte ich es schon als persönliches Eigentum nach so vielen Jahren im Honbu Dôjô, außerdem kann ich mir die Nummer mittlerweile merken. Man kann kaum stehen, so voll ist es, nackte, dampfende Leiber, einige noch naß von der Dusche, die im Sommer lauwarm, im Winter aber dafür zum Ausgleich eiskalt ist. Männer in Anzug und Krawatte reiben sich an anderen schon im weißen *dôgi* und im schwarzen *hakama*, dem traditionellen Hosenrock der Aikidôka.

Im *dôjô* selbst – das reguläre Training findet in der größten von drei Hallen mit über hundert harten Tatami-Matten statt – knie ich mich am Eingang vor der Umkleide hin und verbeuge mich förmlich zuerst in Richtung *tokonoma*, wo ein riesiges Tuscherollbild hängt, auf dem das Wort »*ai ki dô*« in dynamischen Kanji geschrieben steht. Darunter eine kleine Bronzefigur, die O-Sensei, Ueshiba Morihei, den Begründer des Aikidô in einer seiner typischen weiten Bewegungen darstellt. Über dem *tokonoma* hängen zwei Bilder, eines von O-Sensei und das andere von Ueshiba

Kisshômaru, seinem Sohn und Nachfolger, der vor wenigen Jahren gestorben ist. Ich kann mich noch sehr gut an die riesige Beerdigung erinnern. Kisshômaru wurde im Gegensatz zum Gründer als *dôshu* bezeichnet, was soviel wie »Weiser des Weges« bedeutet. Sein Sohn, Ueshiba Moriteru, übernahm als zweiter *dôshu* und leitet heute die Aikidô-Bewegung.

Meine zweite Verbeugung gilt den anderen, die sich schon auf die Stunde vorbereiten.

Es ist heiß und schwül. Die weit geöffneten Fenster bringen leider auch keine frische Luft, es ist vollkommen windstill.

Es sind noch ein paar Minuten, bis das Training beginnt, und nachdem ich einige Bekannte begrüßt habe, wärme ich mich sorgfältig auf. Nach dem langen Flug sind die Muskeln steif, und ich werde langsam älter. Es ist mir ohnehin schon aufgefallen, die Leute im *dôjô* werden immer jünger, merkwürdig.

Punkt sieben sitzen alle im *seiza* kniend aufgereiht, und Seki Sensei betritt durch die andere Tür das *dôjô*. Er kniet vor dem *tokonoma* nieder, verbeugt sich, dreht sich, immer noch auf den Knien, zu uns und verbeugt sich wieder mit der Aufforderung: »*Onegai shimasu*!« Wir antworten das gleiche, was soviel heißt wie »Ich bitte darum«.

Seiki Shihan, wie man die Lehrer nennt, wenn sie den sechsten Dan erreicht haben und entsprechend ernannt werden – er ist trotz des relativ jungen Alters schon ein siebter Dan – macht ein sehr kurzes Aufwärmtraining. Gut, daß ich das schon vorweg gemacht hatte. Dann sucht er sich einen Partner aus und führt die erste Technik vor, *shomen-uchi, irimi-nage*, ein Schlagangriff von vorne auf den Kopf gerichtet, dem er blitzschnell seitlich nach vorne ausweicht, während er mit seinem zum Gegner gerichteten Arm die Schlagbewegung des anderen aufnimmt und nach unten ablenkt. Er steht fast hinter dem Gegner, packt ihn an der Schulter, bringt ihn aus dem Gleichgewicht, wirbelt ihn mit der Hebelwirkung des ausgestreckten anderen Arms herum und schließt die Abwehr ab, indem der Arm kreisförmig hochkommt und den Kopf des Gegners nach hinten führt. Eine kurze Drehung der Hüfte gibt der ganzen Technik noch den notwendigen Schwung, und der *uke*, der Angreifer, donnert auf die Matte. Sekunden später trainieren wir alle die gleiche Übung, immer abwechselnd, viermal greife ich an, rechts, links, viermal wehre ich ab. Mein Partner ist Itô-san, nicht sehr groß, aber schnell und präzise.

Seki Shihan führt andere Abwehrtechniken vor, *shihô-nage*, *kote-gaeshi*, *ikkyô*, *nikyô*, immer gegen die gleiche Angriffsform. Er zeigt alles sehr deutlich, spricht aber wie immer kein Wort. Manchmal übt er minutenlang mit jemandem, der nicht sauber angreift, immer wieder, bis der- oder diejenige es begreift. Er hat eine Engelsgeduld.

Jetzt üben wir *kote-gaeshi*, einen Wurf, bei dem das Handgelenk des Angreifers dermaßen nach außen gedreht wird, daß es entweder bricht, oder der Angreifer freiwillig eine Überschlagsrolle macht, um das zu vermeiden.

Itô geht mit Gusto an die Sache, als ich ihn angreife. Er packt mein Handgelenk, und ich springe fast, um dem Schmerz zu entgehen. Ich dämpfe den Fall, indem ich die freie Hand fest auf die Matte schlage, ehe mein Körper landet. Das klatschende Geräusch meiner neunzig Kilo ist nicht zu überhören. Selbst Seki Shihan guckt sich um und schmunzelt. Als wenn es da was zu schmunzeln gäbe.

Ich werde alt! Gestern bin ich noch geschmeidig gefallen wie eine Katze, heute falle ich eher wie eine Eiche, die gefällt wurde.

Ich bin froh, als die Stunde vorbei ist, mein *dôgi* ist triefnaß, der Kopf sicher hochrot und mein Atem geht bedenklich schwer. Itô scheint unser Training nichts ausgemacht zu haben. Er bedankt sich mit einer tiefen Verbeugung. »Also bis zum nächsten Mal, Wolf-san.«

»Ja, bis dann«, keuche ich höflich. Auf dem Weg zur Dusche habe ich nur einen Gedanken: Bier!

Davon gibt es dann auch reichlich, als ich zu Hause bin. Anna, zurück von Sumies Wohnung, hat Sushi mitgebracht, und während wir einen köstlichen Happen nach dem anderen mit viel Bier runterspülen, erzählt sie mir ausführlich von den anstehenden Veränderungen in Vicentes Wohnung. Ich hoffe, er erfährt davon, bevor es geschieht. Ich berichte noch kurz von München und dem Training. Konô und die Sache mit dem Patent erwähne ich nicht. Anna ist ja immer sofort mißtrauisch.

Freitag

Die Woche ist schon fast wieder vorüber. Freitag ist immer ein wichtiger Tag für Hitomi, genauer gesagt der Abend, wenn sie die Discos und Bars abklappert. Sie hat sich schon in eine ihrer neuesten Kreationen gehüllt. Sehr farbenfroh und in keiner Weise einem Modestil zuzuordnen. Wir beglückwünschen sie alle zu ihrem guten Geschmack, und Hitomi akzeptiert die Komplimente huldvoll. Kôji und ich arbeiten am Proton-Projekt, Tom hat heute einen Termin bei einem potentiellen Kunden, und Hans-Peter ist beim Mittagessen der Deutschen Industrie- und Handelskammer als Referent zum Thema Mergers & Acquisitions eingeladen, zur Zeit – zu unserer Freude und Prosperität – ein heißes Thema in Japan.

Der Tag vergeht wie im Flug. Es ist schon sechs Uhr, und ich muß los. Ich hatte Konô am Morgen angerufen, um ihn über die Verhandlungen in München zu informieren. Für den folgenden Montag verabredeten wir ein Treffen in seiner Firma zusammen mit seinem Team. Ehe er auflegte, konnte ich es mir nicht verkneifen und fragte ihn, ob ich ihn kurz zu Hause besuchen könne, um ihm die Informationen über das Patent zu zeigen, das Borsig gefunden hatte. Konô willigte ein, und wir verabredeten uns für sieben Uhr.

Die Haushälterin öffnet mir die Tür und bittet mich herein. Konô und seine Frau begrüßen mich herzlich. Sie scheint mir ein bißchen besser auszusehen, aber ich kann mir vorstellen, wie es tief in ihrem Inneren aussieht. Wir setzen uns an den großen Tisch im Esszimmer.

»Wolf-san, was möchten Sie trinken? Ein Bier?«

»Nein, lieber einen kalten Tee, wenn es möglich ist.«

»Kein Problem. Hisako!«

»*Hai*«, höre ich die Stimme von Konôs Tochter aus der Küche.

»Kannst du Wolf-san und mir bitte kalten Tee bringen..«

»Mache ich.« Sie steckt kurz den Kopf aus der Küche, um mich zu begrüßen. Ich stehe schnell auf und verbeuge mich. Sie sieht ziemlich gut aus, sehr sexy – Männer reagieren ja sofort auf so etwas.

Es dauert einige Minuten, während ich erzähle, was ich mit Borsigs Hilfe herausgefunden habe. Konô ist plötzlich sehr interessiert.

»Zeigen Sie mir doch mal die Unterlagen.«

Ich schiebe sie ihm zu, er öffnet die Mappe und beginnt zu lesen. Konôs Frau steht auf, um Hisako zu helfen.

Während Konô noch sehr aufmerksam liest, bringt sie eine große Glaskanne mit schwarzem Tee, in dem Eiswürfel schwimmen. Hisako trägt ein Tablett mit Gläsern, flüssigem Zucker und Milch. Sie setzen sich zu uns und schenken die Gläser voll. Ich lehne dankend den Zucker und die Milch ab. Ich mag den bitteren Geschmack, und der Tee ist erfrischend, besonders jetzt, da es jeden Tag sehr heiß und vor allem so schwül ist.

Ich leere das Glas fast in einem Zug. Hisako ist sehr aufmerksam und schenkt mir sofort nach. Es ist eigentlich das erste Mal, daß ich sie aus der Nähe sehe, vorher nur bei der Hochzeit und bei der Beerdigung. Sie wohnt nicht im Hause ihrer Eltern. Ich werfe ihr meinen dankbaren, vielsagenden Blick zu, den ich von Zeit zu Zeit vor dem Spiegel übe. Bei Anna hat er keine Wirkung, wenn man davon absieht, daß sie dann immer die Augen verdreht.

»Ja, Wolf-san, ich bin kein Experte auf dem Gebiet, auf dem Akira gearbeitet hat, aber dieses Patent klingt sehr ähnlich.«

»Kennen Sie diesen Dr. Mori Mineo eigentlich?«

Statt im Glas habe ich den Tee plötzlich auf der Hand. Mein Blick hat bei Hisako wohl gewirkt. Sie entschuldigt sich und saust in die Küche, um ein Tuch zu holen.

»Paß doch auf, du benimmst dich wie ein Tölpel, Hisako«, sagt Konô zornig.

»Ach, kein Problem, vielen Dank«, sage ich, als sie mich abtupft, ich meine natürlich meine Hand abtupft. Sehr angenehm. Ihr Blick sagt, was sie gerade über ihren Vater denkt.

»Pardon, Konô-san, dieser Dr. Mori...?« Mühsam konzentriere ich mich wieder auf das eigentliche Thema.

»Nein, kenne ich nicht, weder ihn noch seine Firma. Es scheint eine kleine Firma zu sein, und es gibt Hunderte von Labors, die sich mit Mikrotechnologie befassen.«

»Ich kann ja mal nachhaken, vielleicht finde ich heraus, wer dieser Dr. Mori ist. Es wäre ja wichtig zu wissen, ob dieses Patent ein Problem darstellen könnte, wenn Sie Akiras Erfindung anmelden wollen.«

»Das stimmt, das könnte wirklich ein Problem sein. Ich hole Akiras Unterlagen.« Konô steht auf, geht ins Nebenzimmer und kommt kurze Zeit später mit einer dicken Mappe zurück.

»Ich hatte die Sachen immer noch im Safe. Ich sollte sie eigentlich wieder mit in die Firma nehmen und Sasaki geben, damit er weiter daran arbeiten kann.«

Er vergleicht die wesentlichen Punkte der beiden Erfindungen und schiebt mir dann die Unterlagen rüber.

»Schwer zu sagen, es klingt ähnlich, aber ... vielleicht ist es nur Zufall. Es kommt ja vor, daß zwei zugleich an derselben Erfindung arbeiten.«

»Stimmt, die Details verstehe ich allerdings auch nicht. Auf dem Gebiet kenne ich mich überhaupt nicht aus«, stimme ich ihm zu.

»Vielleicht kann Sasaki das besser beurteilen.«

»Vielleicht, aber es ist möglicherweise besser, er weiß nichts von der Patentanmeldung von Mori. Es könnte ihn bei seiner Arbeit beeinflussen.«

»Ja, Sie haben recht. Aber was können wir machen?«

»Ich denke darüber nach, wie man das unauffällig prüfen kann. Wissen Sie, ob Akira mit anderen außerhalb der Firma gearbeitet hat?«

»Glaube ich nicht, gerade bei so was war Akira sehr vorsichtig. Industriespionage ist ja nichts Ungewöhnliches in unserem Gewerbe. Deshalb war auch alles immer im Safe.«

»Und in der Firma? Konnte da jemand an die Unterlagen, ohne daß Akira davon wußte?«

»Nein, nur Akira und ich kennen die Kombination des Tresors. Das Projekt war ihm so wichtig, daß er selbst mit Sasaki nicht alles besprochen hat. Jedem hat er nur ein Teilprojekt gegeben. Außer Akira kannte keiner die gesamte Erfindung. Eine Vorsichtsmaßnahme, hat er mir gesagt.«

»Na, vielleicht ist es doch Zufall.«

Ich glaube das keinen Moment. Dafür gibt es zu viele andere Merkwürdigkeiten und die traurige Tatsache, daß Akira tot ist und wahrscheinlich ermordet wurde.

Wir reden noch einige Zeit, aber ich muß los. Anna hat gekocht und schätzt es nicht, wenn ich zu spät komme. Ich nehme Abschied von Konôs und der schönen Hisako. Sie bringt mich zur Tür, und ich stoße mir den Kopf, als ich zu schwungvoll in meinen Toyota klettere. Blöde Hormone. Und sie lacht auch noch darüber.

Montag

Sonntagabend habe ich mich entschieden, wie ich vorgehen werde. Wolf, der berühmte Detektiv, ist wieder auf der Pirsch. Ich erzähle Anna nichts von dessen glorioser Wiederauferstehung; und wenn Andô Shûsaku davon wüßte, nähme er mich wahrscheinlich vorbeugend in Haft.

Aber ich möchte Konô wirklich helfen, ich verdanke ihm ja schließlich auch einiges. Ganz nebenbei, die Chance, Hisako von Zeit zu Zeit zu sehen, motiviert mich zusätzlich.

Am nächsten Morgen sitze ich am PC und schreibe einen Brief an Dr. Mori von Mori Research K.K. in Tôkyôs Shinagawa-Bezirk. Wolf & Partner bieten ihre Dienste als internationale Berater an. Ich bitte um die Gelegenheit, unsere Erfahrung, speziell in der weltweiten Vermarktung von Entwicklungen im Hochtechnologiebereich, in einem persönlichen Gespräch vorstellen zu können. Hitomi verschickt den Brief zusammen mit unserem neuen Hochglanzprospekt, auf den wir alle so stolz sind.

»Was macht denn diese Firma?« will Hitomi wissen, als sie den Umschlag schließt.

»Ach, Konô hat mir empfohlen, Mori anzusprechen. Die entwickeln ähnliche Dinge wie Konô, und vielleicht gibt es für uns einen Auftrag, hat er gemeint. Konô-san ist wirklich immer hilfsbereit.« Pinocchio ist glücklicherweise nur ein Märchen. Meine Nase wird nicht länger, als sie ohnehin schon ist, und Hitomi kauft mir die kleine Lüge ab.

Im Internet finde ich einige weitere Informationen über Mori Research, Firmendetails, Eigentümer, Presseberichte, aber nichts Ungewöhnliches. Die Firma wurde vor weniger als zwei Jahren gegründet mit dem Ziel, Mikrotechnologieprodukte zu entwickeln, scheint aber noch keine bedeutenden Umsätze oder Gewinne gemacht zu haben. Nicht ungewöhnlich für ein Start-up. Mehrheitsaktionär und Präsident ist ein gewisser Dr. Mori Mineo. Andere kleinere Anteilseigner sind Banken, Versicherungen sowie eine amerikanische Venture Capital Firma. Mehr kann ich nicht finden. Dr. Mori, vor seiner jetzigen Aufgabe, Leiter der Entwicklung eines ähnlichen amerikanischen Unternehmens und davor Assistent am Lehrstuhl für Mikrotechnologie des MIT in Cambridge, USA. Er ist noch jung, 36. Wie Akira, geht mir durch den Kopf. Mehr gibt das Internet nicht her.

»Jan, kann ich dich einen Moment stören?« Kôji steht an meinem Schreibtisch. Ich war so versunken in meine Nachforschungen, daß ich ihn gar nicht bemerkt hatte.

»Klar, Kôji. Was kann ich für dich tun?«

»Das Proton-Projekt ist doch soweit fertig, und ich würde gerne meinen Jahresurlaub nehmen, wenn es möglich ist.«

Ich denke kurz nach, wir sind in der Tat mit den Vorbereitungen, die Kôji machen mußte, fertig, und jetzt beginnen bald die mauen Zeiten des Sommers. Viele Manager, besonders die Ausländer, verlassen Tôkyô wegen der Schulferien oder einfach, weil es unerträglich heiß wird. Tôkyô wird regelrecht zum Brutkasten, die Luft steht dann zwischen den Häusern in den engen Straßen und die Glut wird verstärkt von Millionen von Wärmeerzeugern wie den Motoren der Klimaanlagen und der Autos. In den japanischen Firmen gehen sowieso viele in Urlaub. Nein, ich denke, es ist kein Problem, wenn Kôji jetzt auch geht.

»Kein Problem, Kôji, ab wann willst du denn gehen und wie lange?«

»Ab Montag, wenn das in Ordnung geht und etwa für drei Wochen.«

Drei Wochen! Ich sage nichts, aber es ist ungewöhnlich, daß Japaner so lange in Urlaub gehen. Es steht ihnen zwar zu, je nach Betriebszugehörigkeit sogar noch länger, aber meistens gehen sie nicht länger als vielleicht zwei Wochen am Stück. Er muß mir meine Überraschung angesehen haben.

»Ich weiß, es ist ziemlich lang, aber ich will nach Hawaii.« Er grinst mich vielsagend an.

»Hawaii?«

»Ja, ich habe neulich jemand kennengelernt und…« Er beendet den Satz nicht.

»Ach so, so ist das. Na, in dem Fall, vielleicht klappt es ja dieses Mal.« Ich hoffe es wirklich für Kôji. Eine Frau wäre gut für ihn. Er ist ein solcher Chaot.

»Was macht denn dein kleines Problem?« frage ich mit leiser Stimme. Ich möchte nicht, daß die anderen es hören.

»Ach, das hat sich alles geklärt, meine Eltern haben mir jetzt doch Geld geliehen und ich habe den Kredit zurückgezahlt. Das Geld, das ich dir schulde, zahle ich auch so schnell wie möglich zurück.«

Ich winke nur ab.

»Das ist ja prima, dann bist du diese Typen ja los. Meinst du nicht, du solltest nicht doch mit meinem Freund bei der Polizei sprechen und ihm erzählen, was das für brutale Typen sind. Der kann die dann ein bißchen unter Druck setzen.«

»Nein, nein, lieber nicht. Das war ja meine eigene Schuld, mich an die zu wenden, ich hätte das wissen müssen. Und so schlimm war es auch nicht, ein bißchen Prügel hatte ich vielleicht verdient.«

»Du machst mir Spaß. Ein bißchen Prügel? Ich habe dich halb totgeschlagen gefunden, und du findest, es war nicht so schlimm? Und die Sache mit der Niere? Ist das auch nicht so schlimm?« Ich bin ein wenig irritiert über Kôji.

»Jan, sicher haben die mich ganz ordentlich verprügelt, aber die Sache mit der Niere war bestimmt nicht so gemeint. Die wollten mich doch nur einschüchtern.«

»Wenn du meinst.« Ich glaube ihm kein Wort, irgendwie haben die ihn dazu bewegt, zu schweigen. Wahrscheinlich haben sie ihm noch mehr Prügel angedroht. Na gut, das ist Kôjis Sache. Trotzdem bin ich enttäuscht.

»Ich wünsche dir einen erfolgreichen Urlaub mit deiner Bekanntschaft.« Ich hoffe, er gerät da nicht auch noch in Probleme, vielleicht ist die mysteriöse Person, die er getroffen hat, schon verheiratet.

»Danke, Jan, ich werde mich bemühen.« Er lächelt leicht verlegen. Ich kann spüren, Kôji fühlt sich unwohl, er hat wohl gemerkt, daß ich sauer bin.

Ich nicke nur und widme mich meiner Arbeit. Eigentlich sollten Anna und ich auch mal Urlaub machen, vielleicht im August, denke ich.

Donnerstag

Ich habe Glück, Dr. Mori ist willens, mich zu treffen. Hitomi hat gestern nachgehakt, und er hat gerade heute nachmittag eine Stunde Zeit für ein Gespräch. Bevor ich zu ihm fahre, packe ich ein paar Unterlagen zusammen, außer der Broschüre, die er ja schon hat, eine kleine Präsentation unserer Dienstleistungen, Profile der Partner, Referenzliste und Kopien von Zeitungsartikeln, die unsere Arbeit beschreiben. Der Grund meines Besuchs hat zwar in erster Linie mit dem Patent und der auffälligen Ähnlichkeit mit Akiras Arbeit zu tun, aber wer weiß, vielleicht ist ja alles ganz sauber, und ich kann einen neuen Klienten gewinnen. Also bereite ich mich wie immer sehr gut vor.

Mittags gehen Hitomi, Hans-Peter und ich schnell zum »Bretagne« in der Kagurazaka. Eine hauchdünne Crêpe mit Schinken, Käse, Champignons, dazu ein frischer Salat und eine Schale trockener Cidre sind genau das richtige für einen heißen Tag wie heute, 32 Grad Celsius zeigt das Thermometer an der Mizuho-Bank an. Der Himmel ist strahlend blau, nicht ein Wölkchen zu sehen, es scheint, die Regenzeit ist vorbei. Wir sind früh genug da und können draußen sitzen, besser als drinnen, wo die Klimaanlage arktische Temperaturen generiert. Ein Espresso rundet das einfache Mahl ab, und ich mache mich gleich anschließend auf zu Mori.

Die Fahrt nach Shinagawa dauert knapp eine halbe Stunde. Nach Mittag sind die Straßen einigermaßen leer, und mein GPS leitet mich auf schnellstem Wege zur eingegebenen Adresse. Ich klettere vorsichtig aus dem Auto und ziehe trotz der Affenhitze meine Jacke an. Bei Kundenbesuchen immer den dunklen Anzug – lautet meine Regel.

Das Gebäude ist ein unscheinbarer Büroblock mit sechs Etagen. Er sieht noch ziemlich neu aus. Vor dem Eingang steht ein großes Schild, auf dem die Namen der Firmen gelistet sind, die das Gebäude beherbergt. Mori Research K.K., vierter Stock. Ich nehme den Aufzug.

Die Tür des Aufzugs öffnet sich, und als ich heraustrete, stehe ich vor einer Glastür. Im Eingangsbereich sitzt ein junges Mädchen in einer Art Uniform. Sie lächelt mich verbindlich an, und ich lasse meinen Charme kurz aufblitzen, während ich mich vorstelle. Sie telefoniert kurz und bittet mich – immer noch freundlich lächelnd –, für einen Moment in einem der Sessel im Foyer Platz zu nehmen.

Ich brauche nicht lange zu warten. Eine andere junge Frau, ebenfalls hübsch, aber nicht in Uniform, holt mich ab, und eine Minute später sitze ich in Dr. Moris Büro. Alles sehr gediegen, großes Eckbüro, Fenster an zwei Fronten. Supermoderne Möbel, alles Chrom und Lack. Zwei riesige abstrakte Gemälde an den hellgestrichenen Wänden. Auf Moris Schreibtisch der PC mit Flachbildschirm. Hier ist an nichts gespart worden. Das gilt auch für den Rest der Firma, auf dem Weg zu seinem Büro führt mich die Sekretärin durch das in Japan übliche Großraumbüro für die Mitarbeiter. Auch hier nur moderne und hochwertige Möbel, auf jedem Platz Computer, reichlich Raum für Unterlagen in Schränken. Hier sieht man nicht die üblichen Berge von Akten, die sonst in einem typisch japanischen Büro den Eindruck einer riesigen Unordnung machen. Die Firma macht zwar keinen Gewinn, aber Geld müssen die haben wie Heu, denke ich.

Die Tür geht auf, und Dr. Mori kommt herein. Ich stehe auf, und wir begrüßen uns wie üblich mit dem Überreichen der Visitenkarte und einer Verbeugung. Mori ist ein junger Mann, sechsunddreißig Jahre, wie ich ja schon rausgefunden habe. Er ist relativ groß, fast einsachtzig, schlank und sportlich wirkend. Er hat ziemlich lange, sorgfältig frisierte schwarze Haare. Er sieht gut aus, nur der Mund wirkt etwas arrogant, finde ich. Mori trägt trotz der Sommerhitze einen hellen, gut geschnittenen Anzug aus leichter Wolle. Aber die Klimaanlage in diesem Büro arbeitet gut, und die Temperatur ist angenehm. Wir setzen uns an den Konferenztisch, und seine Sekretärin serviert uns Eistee.

»Mori-san, vielen Dank, daß Sie die Zeit für ein Gespräch erübrigen konnten«, beginne ich.

»Keine Ursache, ich habe Ihre Unterlagen gelesen. Das klingt sehr interessant. Wir arbeiten an einer Reihe von Entwicklungen, die wir natürlich weltweit vermarkten wollen.«

»Vielleicht darf ich Ihnen kurz unsere die Tätigkeitsfelder unserer Beratungsgesellschaft präsentieren.«

»Ja, bitte. Ich habe eine Stunde Zeit.«

»Sehr gut, daß reicht vollkommen für ein erstes Gespräch aus.«

Ich lege los, und fünfzehn Minuten später bin ich fertig mit der Präsentation. Mori bedankt sich und stellt nun seinerseits seine Firma vor. Ich lerne nichts wesentlich Neues daraus, nur daß er dreißig Mitarbeiter hat, davon mehr als die Hälfte mit Promotion, Physiker, Mathematiker, Ingenieure, Chemiker. Der Schwerpunkt der Arbeit von Mori Research ist Mikroantriebstechnologie, man plant keine eigene Produktion, sondern nur Entwicklung und Lizenzierung an interessierte Hersteller.

»Das ist mein Spezialgebiet, auf dem ich schon in Amerika am MIT gearbeitet habe. Wir sind da weltweit ziemlich führend.« Bescheidenheit ist wohl keines seiner Spezialgebiete.

»Sehr interessant, ich sehe da ein großes Potential zur Vermarktung. Kennen Sie übrigens Kono Micro Motors?« falle ich gleich mit der Tür ins Haus.

»Konô … ja doch, ich habe von der Firma gehört. Die entwickeln und produzieren Mikromotoren und so was, mehr Miniaturisierung statt echter Micro- oder etwa Nanotechnologie, wie bei uns. Warum fragen Sie, sehen Sie da eine Möglichkeit? Ich denke, das wäre für uns kein geeigneter Partner.«

Bilde ich mir das ein, oder hat er kurz gezuckt, als ich nach Konô frage? Und dafür, daß er nur von Konô gehört haben will, hat er sich ja schon eine ziemlich feste Meinung über die Firma gebildet.

»Ach nein, ich habe nur mal an einem Projekt für Konô gearbeitet, bei meinem früheren Arbeitgeber VIW in Deutschland, daher weiß ich, was Konô macht. Ich habe mit dem Entwicklungschef Dr. Konô Akira zusammengearbeitet.«

»Kenne ich nicht. Aber VIW, na, das wäre schon eher ein potentieller Kunde für unsere Technologie, haben Sie da noch gute Kontakte?«

Ich weiß, ich weiß, er braucht mir das nicht zu erklären, und VIW sieht Konô ganz anders als der gute Dr. Mori.

»Ja, natürlich, VIW ist einer unserer Kunden. Ich denke, da gäbe es Ansätze für eine Zusammenarbeit.« Dr. Mori sieht jetzt echt interessiert aus.

»Mori-san, ich habe natürlich vor meinem Besuch meine Hausaufgaben gemacht. Ich habe gelesen, daß Sie gerade eine hochinteressante Erfindung zum Patent angemeldet haben. Tolle Idee dieser Antrieb wie bei Garnelen, genial. Da stecken sicher Jahre von Forschung hinter.«

»So, das haben Sie schon gelesen. Das Patent ist doch gerade erst angemeldet worden, und wir haben noch nichts veröffentlicht.« Er sieht mich sehr mißtrauisch und trotz meiner lobenden Worte unfreundlich an.

»Ja, ich muß gestehen, ich habe über unseren Patentfachmann in einer Datenbank forschen lassen, ich wollte sehen, auf welchen Gebieten Sie arbeiten. Das macht es uns leichter, geeignete Partner zu finden.«

»Ach so, es wäre mir aber lieber, wenn diese Erfindung noch nicht öffentlich verbreitet wird. Wir sind noch mitten drin in der Entwicklung, und die Konkurrenz schläft nicht.«

»Aber Sie haben doch das Patent als erster angemeldet?«

»Das schon, aber es gibt immer Wege, Patente zu umgehen, wir müssen mit allem rechnen.«

»Wer sind denn Ihre Konkurrenten auf dem Gebiet?«

»Es gibt eine Firma Morris in den USA, für die ich früher gearbeitet habe, die sind ziemlich gut, und eine in Deutschland, Becker Instrumente GmbH, die arbeiten in die gleiche Richtung.«

»Niemand in Japan?«

»Nicht, daß ich wüßte.«

Irgendwie erscheint Mori nervös, er scheint etwas verärgert zu sein, daß ich ihn auf die neue Erfindung angesprochen habe. Er ist etwas kühler als vorher. Aber vielleicht bilde ich mir das auch ein, weil es in mein Bild paßt.

Wir wechseln das Thema, und genau nach einer Stunde verlasse ich Dr. Mori. Wir haben vereinbart, daß er mich anrufen wird, wenn man an unseren Diensten interessiert ist. Ich habe genug Erfahrung, um zu wissen, daß das überhaupt nichts zu sagen hat. Ich bin keinen Schritt weiter gekommen mit meiner Detektivarbeit, und einen neuen Kunden habe ich wahrscheinlich auch nicht gewonnen.

Nachdenklich fahre ich zurück Richtung Shinjuku. Andô wartet beim Kendôtraining auf mich.

Donnerstag – abends

Ein riesiges Vergnügen, jedenfalls für Perverse, sich eine Stunde lang bei über dreißig Grad Hitze in einer stickigen, nach Schweiß riechenden Halle, gekleidet in einen schweren *dôgi*, einen dicken Baumwoll-*hakama*, einen beklemmenden Brustpanzer, einen engem Helm, unter dem die Hitze noch unerträglicher ist, und in Handschuhen, die Hucke vollhauen zu lassen. Kendô, eine Form des japanischen Schwertkampfs mit einem Bambusschwert, dem *shinai*.

Andô Shûsaku ist ehemaliger Landesmeister und trainiert jetzt die Mannschaft der Tôkyôter Polizei. Ich darf mittrainieren, wahrscheinlich als Anschauungsunterricht für die jungen, sehr fitten Polizisten, wie man mit mißliebigen ausländischen Hooligans umgehen soll. Ich verstehe mich manchmal selbst nicht, warum ich mir diese Folter antue. Mein einziger Trost: Ich darf auch austeilen, ohne einen Strafzettel zu bekommen. Wo darf man das sonst schon? Polizisten verprügeln! Und hinterher gibt es ja noch jede Menge Bier.

Die Stunde ist Gott sei Dank vorüber, wir duschen uns schnell, wobei ich meine neuesten blauen Flecken am Arm bewundern kann. Shûsaku hat wie immer keinen einzigen abbekommen.

Ich nehme ihn in meinem Wagen mit, den wir bei uns zu Hause abstellen, und es geht ab zum Izumo, der winzigen Izakaya an der Kagurazaka. O-nêsan, die ältere Schwester, wie man so sagt, stellt uns zwei große Bier hin und wir leeren die Gläser in einem Zug, bevor wir uns dem Menü widmen. Sie kommt kaum nach mit der Bierversorgung, zumindest am Anfang. Die beim Kendôtraining ausgeschwitzte Flüssigkeit muß ja schnellstens ersetzt werden, wegen der Gesundheit, wie wir uns gegenseitig bestätigen. O-nêsan bringt Sashimi von verschiedenen Fischen und Basashi. Nein, das dünne rohe Pferdefleisch stammt nicht von einem Polizeipferd, versichert sie Andô auf Nachfrage. Der Durst ist gestillt und der Magen schon leicht gefüllt, Zeit, Shûsaku von Kôji und den Kredithaien zu erzählen, wie ich es Anna versprochen hatte.

Shûsaku schaut immer finsterer drein, besonders als ich ihm von dem Vorschlag erzähle, eine Niere zum Schuldenausgleich herzugeben.

»Ich weiß, wir haben gerade so eine Firma ausgehoben, die haben alle engste Verbindungen zur Yakuza. Du weißt ja, ein wesentliches Betätigungsfeld der Yakuza ist die »Verkaufsförderung«, also zum Beispiel, wenn jemand nicht freiwillig sein Häuschen verkaufen will, obwohl just an dieser Stelle ein neues Hochhaus entstehen soll, helfen sie schon mal mit leichtem Druck nach, und das gilt auch für säumige Schuldner der *shôko*-Verleiher. In diesem Fall sind sie noch einen Schritt weitergegangen. Sie haben einem armen Schlucker, der seine Schulden nicht bezahlen konnte, geraten, eine Lebensversicherung abzuschließen und dann Selbstmord zu begehen. Von der Versicherungssumme könnten die Angehörigen dann die Schulden tilgen. Selbst das Geld für die Versicherungspolice wollten sie ihm noch leihen, und der Mann sagt, daß es das tatsächlich gibt mit den Organen. Er ist zu uns gekommen und war glücklicherweise bereit, als Zeuge auszusagen. Das kommt leider nur selten vor.«

Ich weiß das nur zu gut, Kôji wollte ja auch nichts unternehmen aus Angst vor Rache.

»Meinst du, dein Mitarbeiter wäre bereit auszusagen?«

»Nein, auf keinen Fall, er hat mich gebeten, weder mit dir noch mit sonst jemandem zu sprechen. Kannst du nicht unabhängig davon mal schauen, was das für eine Firma ist?«

»Wir können nicht viel machen, so lange sich keiner beschwert. Wie heißt die Firma denn? Ich kann zumindest mal sehen, ob es andere Beschwerden gibt, vielleicht gibt es dann Möglichkeiten, deinen Mann herauszuhalten.«

»Gute Frage, ich weiß nur, die Firma ist im Kabuki-chô. Wie sie heißt oder wo sie genau ist? Keine Ahnung, er wollte mir das auf keinen Fall sagen.«

»Das macht es nicht gerade leichter. Aber vielleicht

kann ich trotzdem was rausfinden. Die Sache mit den Organen ist in letzter Zeit ziemlich populär geworden. Bis zu hundert Millionen Yen zahlen Patienten dafür, um die übliche Wartezeit zu umgehen.«

»Das sind richtige Schweine, diese Kredithaie, du hättest mal sehen sollen, wie die den armen Kôji zugerichtet haben, weil er seine Rate nicht bezahlen konnte.«

»Aber du sagst, er hat jetzt alles bezahlt und die Sache ist vorbei?«

»Ja, Kôji ist zur Zeit auf Hawaii in Urlaub, er hat eine neue Freundin. Ich glaube, die Sache mit den Gangstern ist überstanden. Ich hoffe es jedenfalls.«

»Du bist nicht ganz sicher?«

»Nein, irgendwie erschien mir das so plötzlich, erst hatten die Eltern kein Geld, dann haben sie es ihm plötzlich doch geliehen. Vielleicht ist er nach Hawaii, um sich vor den Schlägern zu verstecken. Ich habe keine Ahnung. Er rückt ja nicht mit der ganzen Wahrheit raus.«

»Wenn wieder was passiert, sag mir sofort Bescheid. Ich rede dann mit ihm, ob er will oder nicht. Diese Kredithaie gehören meistens zu einer Yakuza-Familie, und du weißt ja, wie gefährlich die sein können.«

Und ob ich das weiß. Ohne Shûsaku wäre ich vermutlich schon längst unter der Erde, vielleicht als Teil eines Fundaments.

»Jan, und ich nehme an, du unternimmst nicht selber irgendwelche Aktionen? Kann ich mich darauf verlassen? Ich kenne dich ja zu gut.«

»Nein, auf gar keinen Fall, ehrlich. Ich habe noch genug. Deswegen rede ich ja mit dir. Vertraust du mir nicht?«

Shûsaku nimmt einen tiefen Schluck Bier, um mir nicht

antworten zu müssen. Ich fühle mich getroffen. Ich, was auf eigene Faust unternehmen? Nie ... oder?

»Was macht eigentlich die Untersuchung im Fall Konô Akira?« Dieses Thema liegt mir natürlich auch am Herzen.

»Es ist wie verhext. Wir kommen keinen Schritt weiter. Es gibt weder ein Motiv noch irgendeinen Verdächtigen und genaugenommen auch kein Opfer, weil es nicht als erwiesen gelten kann, daß der Tod Akiras und der Fund eines vergifteten Pfeils im dessen Zimmer zusammenhängen.«

Ich schaue ihn nur ironisch an, und Shûsaku senkt den Blick, um etwas auf dem Boden zu suchen. Er glaubt wohl auch nicht an solche Zufälle. Vergiftete Pfeile liegen nicht so rum, jedenfalls nicht in Tôkyô, vielleicht in Borneo bei den Menschenfressern.

»Bei der Autopsie ist ja auch nichts herausgekommen, nicht wahr?«

»Stimmt. Aber es war natürlich nur eine reine Routineuntersuchung, und dann hatte der Pathologe auch noch jede Menge zu tun an dem Tag. Einen hohen Restalkoholspiegel und schlechte Cholesterinwerte hat er festgestellt, und daß der Tod durch Herzstillstand eingetreten ist, das war alles.«

»Daran sterben ja die meisten«, bemerke ich trocken. Andô ignoriert es.

»Außer dem schlechten allgemeinem Gesundheitszustand gab es nichts Auffälliges. Der Pathologe hat die Leiche dann freigegeben mit der Vermutung, Akira habe den Streß der Hochzeit und den Vorabend nicht verkraftet.«

»Quatsch, glaubst du das?«

»Es geht nicht darum, was ich glaube. Ich muß Beweise haben. Du warst doch bei der Hochzeit dabei, hast du denn nichts Auffälliges gesehen?«

»Nein, ich habe dir doch schon alles geschildert. Meinst du, ich hätte jemanden gesehen, der mit einem Blasrohr auf Akira geschossen hat? Das hätte doch jeder sofort bemerkt.«

»Ich war letzte Woche in diesem Schrein und habe mir die Halle angesehen. Sie ist ungefähr fünfzehn Meter lang, und die hintere Holzwand hat ziemlich breite Ritzen, es könnte jemand von draußen durch die Ritzen geschossen haben. Dort stehen viele Büsche, und die Stelle ist nicht gut einzusehen. Leider hat es ja die ganze Zeit geregnet, Fußspuren waren da keine zu sehen, falls je welche da waren. Ich spekuliere ja nur.«

»Kann man denn überhaupt aus so einer Entfernung jemanden mit einem Blasrohrpfeil treffen?«

»Ich habe mich erkundigt.« Shûsaku zückt seinen kleinen Notizblock und liest vor: »Pfeile, wie der, der bei Akira gefunden wurde, sind in Borneo üblich. Sie sind nur 0,9 Gramm schwer und können von einem erfahrenen Jäger sehr präzise bis zu fünfundzwanzig Meter weit geschossen werden. Der Pfeil mit einer Austrittgeschwindigkeit von fünfzig Metern pro Sekunde, das entspricht ungefähr einer Fluggeschwindigkeit von hundertachtzig Kilometern pro Stunde, hat eine flache Flugbahn, und es erfordert eine exakte Symmetrie beim Anvisieren, weil man mit beiden Augen zielen muß. Ein Schütze braucht sehr ruhige Hände. Also du siehst, es wäre theoretisch möglich gewesen, Akira von dort zu treffen. Zumindest wenn man ruhige Hände und viel Übung hat.«

»Was du alles immer so weißt, bewundernswert.« Ich bin wirklich beeindruckt.

»Das habe ich alles in einem Bericht eures Bundeskriminalamtes in Wiesbaden gelesen. Die haben schon vor mehr als fünfzehn Jahren solche Schießversuche unternommen.«

»BKA, jetzt bin ich aber platt. Ich wußte gar nicht, daß auch in Deutschland mit Blasrohren gearbeitet wird.«

»Du mußt eben noch viel lernen.«

Ich bin nicht sicher, was Shûsaku mit dieser Bemerkung meint, frage aber vorsichtshalber auch nicht nach. Man weiß ja, die Wahrheit kann schmerzhaft sein.

Es wird spät. Shûsaku hat es fast nie eilig. Er lebt alleine. Ich habe ihn mal vor Jahren gefragt, aber er redet nicht gerne über seine Exfrau, die ihn vor über zehn Jahren verlassen hat. Es ist ja schon ein Klischee, Polizisten und Ehefrauen.

Mittwoch

»Sag mal, Hitomi, wo hat Kôji denn die Voraussagen zur 10-Jahres-Entwicklung von Proton versteckt? Ich dachte, sie wären alle in den Unterlagen, die er mir vor seiner Abreise gegeben hat?«

»Eigentlich müßte alles komplett sein, Jan. Komisch. Ich schau mal in seinem Schreibtisch.«

Kôji ist jetzt schon seit Sonntag unterwegs in Hawaii mit seiner »Bekannten«. Ich kann nur hoffen, daß er seine Arbeit nicht mitgenommen hat. Ich wüßte jedenfalls etwas Besseres zu tun am Strand von Waikiki.

Heute ist Mittwoch, und ich habe Schmidt, dem Asienchef von VIW, versprochen, am Freitag einen Zwischenbericht abzugeben. Es eilt. Ich brauche Kôjis Vorschau, und zwar sofort.

»Ich habe seinen ganzen Schreibtisch durchwühlt, schrecklich, was für einen Plunder Männer so aufbewahren. Aber ich kann die Unterlagen nicht finden. Vielleicht haben Hans-Peter oder Tom sie?«

»Nein, ich habe nichts. Und Männer sammeln keinen Plunder, sondern wertvolle Andenken an wichtige Ereignisse in ihrem Leben«, meldet sich Hans-Peter, der von seinem Schreibtisch aus zugehört hat, indigniert.

»Pah, wichtige Ereignisse. Bierkrüge, Fotos von Karaoke-Abenden, Visitenkarten von Girls-Clubs, Anstecknadeln, Stifte, die nicht mehr funktionieren, nennst du das wichtig?«

»Das verstehst du eben nicht. Die Psyche der Männer ist ein komplexes Gebilde.«

»Blödsinn.«

»Tom, hast du was gesehen?« versuche ich abzulenken, ehe Hitomi und Hans-Peter sich zu sehr ereifern, obwohl ich klammheimlich Hans-Peter zustimmen muß. Aber Hitomi kann so aggressiv werden.

»Nein, nichts. Und ich bin ganz Hitomis Meinung. Hans-Peter, auf deinem Schreibtisch sieht es aus wie bei Hempels hinterm Sofa.«

Ich weiß nicht, was mich mehr überrascht, Toms Parteinahme für Hitomi oder daß mein amerikanischer Freund die Familie Hempel, eine urdeutsche Einrichtung, kennt.

Hans-Peter antwortet mit einem Radiergummigeschoß, das Tom am Kopf trifft. Bevor eine richtige Schlacht losgeht, schreite ich als Senior von Wolf & Partner entschlossen ein.

»Waffenstillstand! Wenigstens jetzt, ich brauche die Unterlagen dringend. Hitomi, hat Kôji eine Telefonnummer hinterlassen?«

»Nein, hat er nicht. Er meinte, er würde rumreisen und sich ab und zu melden.«

»Mist. Meinst du, seine Mutter weiß, wie wir ihn erreichen können?«

»Ich glaube das nicht. Würdest du deiner Mutter erzählen, wo du bist, wenn du heimlich mit einer Geliebten unterwegs bist?«

»Weiß ich nicht, ich war noch nie heimlich mit einer Geliebten unterwegs. Ich kann es doch mal probieren.«

»Heimlich mit einer Geliebten?«

»Nein, Quatsch, ich meine Kôjis Mutter anzurufen. Hast du die Nummer.«

»Ach so, klar habe ich die, hier.«

Es dauert ziemlich lange, bis ich die Stimme einer Frau am anderen Ende der Leitung höre.

»*Moshi, Moshi.*«

»Spreche ich mit Frau Yamamoto? Hier ist Jan Wolf, der Kollege von Kôji.«

»Ah, Wolf-san, guten Tag. Was kann ich für Sie tun, Kôji ist nicht hier.«

»Ich weiß, er ist in Urlaub in Hawaii, aber wir müssen dringend mit ihm sprechen, weil wir eine Akte nicht finden können, an der er arbeitet. Sie wissen nicht zufällig, wie wir ihn erreichen können?«

»Urlaub? Hawaii? Ich verstehe nicht. Kôji ist doch in Ôsaka in der Klinik?«

»Was für eine Klinik? Davon hat er nichts gesagt.«

Frau Yamamoto lacht kurz auf.

»Ja, das verstehe ich. Es war ihm sicher peinlich. Er läßt sich eine Geschwulst in einer Spezialklinik entfernen. Es ist an einer peinlichen Stelle, am *o-shiri*, am Hintern, das wollte er wahrscheinlich keinem erzählen, er ist ja so empfindlich.«

»Ach so, ich verstehe. Glauben Sie, ich kann ihn trotzdem da erreichen, es wäre schrecklich wichtig für uns. Es geht um unseren größten Kunden.«

»Ich glaube schon, daß das in Ordnung geht. Er wird zwar vielleicht böse sein, daß ich Ihnen gesagt habe, wo er wirklich ist, aber er möchte sicher nicht, daß Sie einen Auftrag verlieren, weil er ein Furunkel am Hintern hat.« Sie lacht wieder. Es scheint eine sehr unkomplizierte Person zu sein, Kôjis Mutter. Kôji ist da viel verklemmter. Mir fällt Hitomis Bemerkung über die Psyche der Männer ein.

»Das ist wirklich sehr freundlich, und ich glaube auch, daß Kôji das versteht.«

Sie gibt mir die Telefonnummer, und ich bedanke mich nochmals.

»Na, das ist ja ein Ding. Kôji ist in einer Klinik in Ôsaka und läßt sich heimlich ein Furunkel entfernen«, verkünde ich grinsend. Alle lachen.

»Wieso fährt er denn bis Ôsaka für ein Furunkel?« will Hitomi wissen.

Gute Frage, das ging mir während des Telefonats auch kurz durch den Kopf.

»Scheiße! Der wird doch nicht?« Mir wird ganz flau im Magen.

»Jan, was hast du, du bist ganz bleich?« fragt Tom. Alle drei schauen mich bestürzt an.

»Ach nichts, mir fiel da nur gerade was ein.«

Ich ignoriere meine Freunde und wähle die Nummer des Krankenhauses. Es dauert eine Weile, bis ich die Station erreiche, auf der Kôji liegt.

»Tut mir leid, Herr Yamamoto kann jetzt nicht mit Ihnen sprechen, hat er gesagt. Er wird Sie in ein paar Tagen anrufen, soll ich ausrichten«, sagt eine freundliche, aber feste weibliche Stimme, vermutlich die Stationskrankenschwester.

»Ja, aber ich muß mit ihm sprechen, es ist sehr dringend.«

»Tut mir leid, Herr Yamamoto hat mich ausdrücklich gebeten, niemanden durchzustellen. Ich bitte um Ihr Verständnis. Einen guten Tag.« Sie hängt ein, ehe ich noch was sagen kann.

Ich rufe die Klinik erneut an und lasse mir die Anschrift nennen, dann schaue ich auf meine Uhr. Es ist fast zwölf.

»Ich muß sofort nach Ôsaka.«

»Jan, was ist los?« will Hans-Peter wissen.

»Ich habe keine Zeit, ich erzähle es euch später. Kôji ist dabei, einen großen Fehler zu machen. Ich hoffe, es ist nicht zu spät.« Ohne weitere Fragen abzuwarten, stürme ich aus dem Büro und renne in Richtung Sôbu-Line, die schnellste Verbindung zum Tôkyôter Bahnhof. Von dort geht alle fünfzehn Minuten ein Shinkansen nach Ôsaka ab. Ich habe Glück, es gibt einen freien Sitz in einem »Nozomi«, dem schnellsten der Züge. Ich zahle an Bord mit meiner Kreditkarte. Mit dreihundert Kilometern pro Stunde rast der Zug Augenblicke später über Shin-Yôkohama, Nagoya, Kyôto nach Shin-Ôsaka. Die über fünfhundert Kilometer lange Strecke legt der Zug in weniger als zweieinhalb Stunden zurück.

Die Fahrt kommt mir länger vor als jemals zuvor. Ich bin fast sicher, daß Kôji in der Klinik ist, weil die Kredithaie ihn dazu gezwungen haben.

»Eine Niere, und alle Schulden sind erledigt«, hatten sie ihm gesagt. Ich spüre, wie sich meine Magengegend krampfartig zusammenzieht: Grenzenlose Wut, tiefe Sorge um Kôji und ein bitteres Gefühl der Hilflosigkeit, falls ich zu spät komme, sind die Ursachen. Ich wünschte, der »Nozomi« könnte noch viel schneller fahren.

Am Bahnhof in Shin-Ôsaka springe ich in ein Taxi. Die Klinik liegt fast auf der anderen Seite von Ôsaka, ziemlich weit ab in einem Vorort. Es dauert fast eine Stunde, bis ich vor der Klinik stehe. Es ist ein graues, unscheinbares Gebäude, nicht sehr groß, nicht sehr gepflegt wirkend. Ein kleines Schild am Eingang bestätigt, daß ich an der richtigen Adresse bin. Unter anderem gibt es eine Urologische Klinik. Meine Befürchtung wird mehr und mehr zur Gewißheit.

In der Eingangshalle sitzt eine junge Frau, bei der ich mich anmelde. Sie telefoniert kurz und schaut mich dann mit einem bedauernden Blick an.

»Es tut mir leid, aber Sie können den Patienten nicht besuchen, die Besuchszeiten sind morgens von neun bis elf Uhr und nachmittags von zwei bis vier Uhr. Außerdem wird der Patient in Kürze operiert. Die Vorbereitungen haben schon angefangen.«

»Was? Ich muß Yamamoto-san sofort sehen, es ist sehr dringend. Es geht um Leben und Tod.«

»Ich verstehe, aber es geht jetzt nicht. Bitte haben Sie Verständnis. Sie können mir Ihre Telefonnummer hinterlassen. Wir rufen dann an, wenn die Operation vorbei ist und Sie Herrn Yamamoto besuchen können.«

»Nein! Rufen Sie mir Ihren Chef, sofort.« Ich werde wütend, ich lasse mich nicht einfach so abwimmeln.

»Der ist heute nicht da. Bitte, haben Sie doch Verständnis, sonst muß ich unser Ordnungspersonal rufen.«

Ordnungspersonal, in so einem winzigen Laden? Mir wird glasklar, daß das hier keine normale Klinik ist. Wahrscheinlich sind die hier auf alles spezialisiert, was illegal ist. Mir reicht es jetzt. Ich verliere hier nur Zeit.

»Ich bleibe hier stehen, bis Sie mir entweder sagen, wo

ich Yamamoto finde, oder noch besser, ich rufe sofort die Polizei.«

Sie ist sichtlich erschrocken. Einen derart renitenten Besucher hat sie wohl noch nicht erlebt. Sie greift wieder zum Telefon und berichtet, was ich gerade angedroht habe.

»Bitte warten Sie dort drüben. Herr Doktor Gotô, unser Klinikchef, wird mit Ihnen sprechen.«

Er ist also doch da. Gotô taucht eine Minute später auf, ein zuvorkommendes Lächeln auf dem Gesicht. Das wird ihm bald vergehen. Ich bin mittlerweile auf hundertachtzig.

»Was kann ich für Sie tun?«

»Mein Name ist Jan Wolf, ich bin der Chef von Herrn Yamamoto Kôji, der hier bei Ihnen liegt. Ich möchte Herrn Yamamoto umgehend sehen, weil ich weiß, was er vorhat, und ich werde ihn davon abbringen.«

»Das geht nicht, unser Patient ist freiwillig hergekommen und hat uns gebeten, keinen Besuch zuzulassen. Ich bitte Sie, unsere Klinik zu verlassen. Sie können nach der Operation mit ihm sprechen«, antwortet Dr. Gotô, schon weniger freundlich im Gesicht.

»Ich rufe die Polizei.«

»Und, was wollen Sie denen erzählen? Mit Verlaub, Ihr Benehmen ist nicht akzeptabel, und ich lasse Sie von den Polizisten wegen Hausfriedensbruch entfernen. Herr Yamamoto ist freiwillig hier und hat das auch schriftlich bestätigt, und er will niemanden sehen. Im übrigen ist die Operation in Kürze angesetzt. Ich habe es eilig.«

Wahrscheinlich hat er recht. Polizei hilft hier nicht. Ich schiebe ihn sanft, aber bestimmt aus dem Weg und renne die Treppe zum nächsten Stock hoch. Der verblüffte Doktor braucht einige Sekunden, ehe er laut brüllend hinter mir her hetzt. Es ist mir scheißegal. Von Polizei ist jetzt keine Rede mehr. Im kurzen Flur sind sechs Türen. Ich reiße die erste auf. Zwei Männer in *yukata* sitzen auf ihren Betten und spielen Karten. Sie schauen mich überrascht an. Beide haben kurze, lockige Haarschnitte und ziemlich brutale Gesichter. Ich bin jetzt sicher, das ist ein Krankenhaus der Yakuza. Die zweite Tür, der Raum ist leer, die Betten unbenutzt. Die dritte Tür, eine junge Frau im Bett. Sie schläft.

Dr. Gotô hat mich erreicht und will mich festhalten. Ich schüttle ihn ab wie ein lästiges Insekt, und er fällt auf den Rücken. Die vierte Tür, Kôji sieht mich an, als ob ich aus dem All gekommen sei.

»Jan! Was machst du hier?«

»Kôji, bist du denn verrückt! Ich bin hier, um dich rauszuholen.«

Dr. Gotô hängt mir wieder am Arm.

»Hilfe, sofort zur Hilfe«, brüllt er. Am anderen Ende des Ganges geht eine Tür auf und zwei kräftige Männer in Krankenhauskitteln kommen heraus. Der Ordnungsdienst. Mir wird mulmig.

Ich gebe Gotô einen kräftigen Schubs, der ihn wieder auf den Rücken befördert, schlüpfe in Kôjis Zimmer und werfe die Tür hinter mir zu. Ein Stuhl blockiert die Klinke. Ich habe etwas Zeit gewonnen.

»Jan, bist du verrückt, was machst du denn da?«

»Kôji, wir haben keine Zeit für Spielchen. Du bist hier, um dir eine Niere entfernen zu lassen, damit du deine Schulden abzahlen kannst. Lüg mich bitte nicht an. Ich bin hier, um dir zu helfen, auch mit dem Geld.«

»Jan, bitte, es hat keinen Zweck. Ich habe schon zugesagt. Es ist nur eine Niere. Ich bin am Ende. Ich weiß nicht, was ich sonst machen soll. Die machen mich fertig, wenn ich jetzt weglaufe. Bitte geh und laß mich zufrieden. Bitte!«

Draußen scheint sich jemand gegen die massive Tür zu werfen, aber sie hält.

»Machen Sie sofort die Tür auf«, höre ich gedämpft durch die Tür. Wieder kein Wort von Polizei, gut.

»Kôji, ich bin dein Kumpel. Wir regeln das schon. Keiner macht dich fertig. Komm zieh dich an, wir gehen. Ich habe mit deiner Mutter gesprochen, sie weiß von nichts. Tu ihr das nicht an.«

»Bitte, Jan, sag meiner Mutter nichts, sie würde mir das nicht verzeihen. Meine Eltern würden ihr Haus verkaufen und alles was sie haben. Nein, bitte.«

»Genau, und deswegen kommst du jetzt mit mir. Ich werde dir das Geld leihen zu normalen Zinsen und du kannst es über ein paar Jahre zurückzahlen. Ich weiß, daß Tom und Hans-Peter dir auch helfen werden, falls nötig. Los, wir können nicht länger warten. Ich weiß nicht, was die Gangster da draußen unternehmen werden.«

»Wie wollen wir denn hier rauskommen? Der Doktor und das ganze Personal gehören doch alle zu den Yakuza. Sie werden uns nicht gehen lassen.«

»Mach dir darüber keine Gedanken, los, zieh dich an.«

Innerhalb von Minuten ist Kôji fertig und steht da wie ein begossener Pudel mit seiner kleinen Reisetasche.

»Und jetzt?«

»Du bleibst hinter mir. Ich kümmere mich um die Figuren da draußen.«

Ich warte, und als sich wieder einer der Männer gegen die Tür wirft, trete ich den Stuhl weg und drücke gleichzeitig die Klinke runter. Die Tür fliegt auf, und einer der beiden Wächter saust mit hohem Tempo an Kôji und mir vorbei. Er landet kopfüber in Kôjis Bett. Ohne zu warten, stürme ich nach draußen und schlage dem zweiten Wächter, der mich aufhalten will, mit der offenen, inneren Handfläche mit voller Kraft unters Kinn, *atemi*. Ich habe keine Zeit und bin nicht in der Stimmung für Aikidô-Finessen. Der Mann torkelt rückwärts, und sein Hinterkopf schlägt dumpf gegen die Wand. Ohne weiteres Murren sinkt er zu Boden. Der gute Doktor setzt sich schnell freiwillig wieder hin, als ich auf ihn zugehe.

»Richten Sie Ihren Yakuzafreunden aus, Herr Yamamoto verzichtet auf Ihre Dienste. Er wird die Schulden nächste Woche bezahlen, und wenn es dann nicht vorbei ist, schalte ich die Polizei ein. Erwähnen Sie den Namen Andô von der Tôkyôter Polizei, ich glaube man kennt ihn in Ihren Kreisen.«

Ehe Doktor Gotô etwas erwidern kann, kommt der erste der Wächter aus Kôjis Zimmer.

»Vorsicht Jan!«

Ich lasse mich einfach blitzschnell zusammensinken, und der Angreifer saust über mich hinweg, genau auf den unglücklichen Doktor Gotô, der zum dritten Mal auf dem Rücken liegt. Kôji und ich warten nicht, bis die beiden Herrn sich entwirrt haben, sondern rennen die Treppe runter. Das freundliche Mädchen an der Rezeption steht nur da mit offenem Mund. Nur raus aus Frankensteins Klinik. Wir stehen auf der Straße, und glücklicherweise kommt gerade ein leeres Taxi vorbei, das auf mein Winken anhält. Die Tür geht automatisch auf. Leider auch die Tür der Klinik. Der fliegende Wächter rennt raus, stoppt aber, als er sieht, daß wir gerade schnell ins Taxi klettern. Zuviele Leute und zuviel Aufmerksamkeit. Das kann die Klinik nicht gebrauchen.

»Und die Rechnung können Sie an die AOK schicken«, rufe ich dem Wächter durch das offene Fenster noch zu. Ich bin allerdings nicht sicher, ob er versteht, was ich gesagt habe. Na, es ging doch auch ohne die Polizei, denke ich nicht ganz unzufrieden, als das Taxi in Richtung Bahnhof abfährt. Mein Gewissen schaut mich nur schief an, aber das sieht ja außer mir keiner.

Im Zug reden wir sehr lange, und als wir in Tôkyô ankommen, ist es schon fast elf Uhr. Ich habe Kôji überzeugt, sich nicht nur helfen zu lassen, sondern vorsichtshalber wirklich drei Wochen nach Hawaii zu fahren. Man weiß ja nicht, wie die Kredithaie reagieren. In seiner Tasche hat Kôji alle Unterlagen des Kreditvertrags, die ich übernehme, um die Schulden in der folgenden Woche tilgen zu können. Außerdem kann ich Shûsaku jetzt den Namen der Kreditfirma nennen. Davon erzähle ich Kôji aber lieber nichts.

Kôji übernachtet heute bei uns. Ich traue ihm noch nicht so ganz über den Weg. Anna spricht noch lange bis nach Mitternacht mit ihm, es scheint zu helfen. Kôji wirkt irgendwie gelöster, als wir alle schlafen gehen.

Donnerstag

Kôji und ich sind heute morgen zusammen zu seiner Wohnung gefahren, er hatte gepackt, und dann fuhren wir zum Bahnhof Tôkyô. Ich wollte sichergehen, daß er wirklich abreist. Hitomi hatte ihm ein Ticket reservieren können, und er sitzt jetzt im Narita-Express und ist bald auf dem Weg nach Honolulu. Mein alter Kollege Ernie, der seit seiner Pensionierung auf Maui lebt, und dem ich noch gestern

Abend eine E-Mail geschickt habe, hat schon geantwortet. Ein schönes Zimmer in einem kleinen Hotel in Wailea wartet auf Kôji. Wir haben vereinbart, daß er so lange bleiben wird, bis ich die Schulden bezahlt habe und etwas Gras über die Sache gewachsen ist. Er wird über PC und Telefon in der Lage sein, weiter an unserem Projekt zu arbeiten. Wir brauchen seine Kenntnisse unbedingt, und für Kôji war es eine Bedingung, mein Angebot überhaupt anzunehmen. Bei der Verabschiedung am Bahnhof sah Kôji aus wie das personifizierte schlechte Gewissen.

Im Büro warten Tom, Hans-Peter und Hitomi schon gespannt auf mich.

»Erzählst du uns jetzt, was los ist? Wir sind doch schließlich Partner.«

»Es tut mir leid, Tom, aber ich konnte euch gestern nichts sagen, ich wußte selber nicht genau, was mit Kôji los war. Aber jetzt ist alles klar.«

Ich erzähle die ganze Geschichte mit Kôjis Kredit und welche fürchterlichen Folgen sie hatte. Die drei unterbrechen mich dabei ständig mit Fragen, Flüchen und Drohungen. Ich habe gar nicht gewußt, was für aggressive Partner ich habe, und Hitomi steht ihnen nicht nach. »Dreckschweine! Verbrecher! Vor Gericht muß man die zerren! Alle verprügeln«, werfen sie ein.

»Kastrieren«, meint Hitomi, und ich glaube, sie meint es vollkommen ernst.

»Und was machen wir jetzt?« will Hans-Peter wissen, als ich meinen Bericht beende.

»Ich werde Matsuda Loan die zwanzig Millionen Yen überbringen. So heißt die Kreditfirma, wie ich jetzt endlich herausgefunden habe, nachdem Kôji mir die Unterlagen gegeben hat. Ich hoffe, die Sache ist dann erledigt. Vorsichtshalber werde ich Andô bei der Polizei noch einen Tip geben. Vielleicht kann er Matsuda überzeugen, Kôji in Ruhe zu lassen.«

»Zwanzig Millionen! Wo nimmst du die denn her?« Hans-Peter schaut mich ungläubig an.

»Ich werde einige Anlagen auflösen. Ich kriege das Geld ja wieder, im Laufe der Zeit.«

»So geht das nicht. Wir können dich und Anna da nicht alleine lassen. Kôji ist nicht nur unser Kollege, sondern auch unser Freund. Ich bringe fünf Millionen ein«, bietet Tom an.

»Ich auch. Wir haben sowieso gerade Bares, und Aktien sind jetzt eh zu riskant. Das Geld ist bei Kôji sicher angelegt«, sagt Hans-Peter. Ich bin den beiden wirklich sehr dankbar. Selbst die verbleibenden zehn Millionen sind für Anna und mich eine ziemliche Stange Geld.

»Ich gebe Kôji auch fünf Millionen.«

Wir drei schauen Hitomi ungläubig an.

»Du bist verrückt, das ist ein Vermögen.«

»Humbug. Im Gegensatz zu euch können japanische Frauen mit Geld umgehen. Ich gebe nicht viel aus und habe ziemliche Ersparnisse.« Sie schaut uns erst herausfordernd an, dann grinst sie breit. »Eigentlich bin ich eine sehr gute Partie. Aber ihr seid ja alle verheiratet, und Kôji interessiert sich nicht für mich.«

Wir werfen uns alle drei in die Brust und versichern ihr, daß jeder von uns sie heiraten würde, wenn das noch möglich wäre, und versuchen, ihr die Idee mit den fünf Millionen auszureden – vergeblich.

Also bleibt es dabei: Wir vier werfen je fünf Millionen in den Topf, die ich den Kredithaien am Anfang nächster Woche bezahlen werde. Hinzu kommen noch fällige Zinsen.

Wir reden noch einige Zeit über die Affäre, bis Tom und Hans-Peter zu Kunden fahren müssen.

Hitomi und ich arbeiten weiter am VIW-Projekt. Als es Mittag ist, geht sie aus. Sie will zur Bank.

»Hitomi, bringst du mir ein Sandwich mit, ich bleibe im Büro, ich habe viel zu tun.«

»Klar, Thunfisch oder Eiersalat?«

»Je eins, ich habe Hunger.«

»Das ist nicht gut für dich, du hast zugenommen. Anna hat gesagt, ich soll dich auf Diät setzen.«

»Blödsinn, ich wiege immer noch genau zweiundneunzig Kilo, und das ist genau richtig für einen Mann meiner Größe.« Ich ziehe unauffällig den kleinen Bauch ein und strecke mich bei der Aussage.

»Dann ist wohl die Hose eingelaufen.«

»Raus hier! Und wage dich nicht zurück ohne meine zwei Sandwiches und außerdem noch ein Stück Käsekuchen«, erwidere ich trotzig.

Hitomi lacht nur und zieht ab.

Ich und zu dick. Kann gar nicht sein. In der Toilette ist ein großer Spiegel. Ich stelle mich davor, drehe mich links, dann rechts. Betrachte mich von hinten. Na, vielleicht hier und da ein paar Gramm, aber nicht mehr. Ich werde mir einfach die Hosen etwas erweitern lassen. Wozu habe ich einen guten Schneider.

Alleine, ich setze mich an den Schreibtisch und arbeite am VIW-Projekt. Wir werden wohl als nächstes nach Malaysia gehen müssen. Ich schreibe eine E-Mail an VIW und schlage vor, das Management von Proton um einen Termin zu bitten.

Es fällt mir schwer, mich voll zu konzentrieren, nicht nur wegen der Sache mit Kôji, sondern auch wegen der

Patentgeschichte und Dr. Moris nervösem Gehabe, als ich ihn besuchte.

»Das muß warten«, murmele ich vor mich hin und klappe die Projektmappe zu. Die Mori Research Homepage hatte ich ja schon gefunden. Ich schaue sie mir noch mal an.

Aha, das hatte ich vorher nicht bemerkt. Es gibt eine Seite mit Profilen der wichtigsten Mitarbeiter. Das ist er ja. Dr. Mori, Mineo. Er hat an der Tôdai an der Fakultät für Ingenieurwesen studiert und unter Professor Yasuda Hideki auf dem Gebiet der Mikromechanik promoviert. Danach arbeitete er eine Zeit lang als Assistenzprofessor an der Rika Daigaku, der Naturwissenschaftlichen Hochschule Tôkyôs, am Institut für mechanisches Ingenieurwesen, bevor er zum Massachusetts Institute of Technology, dem berühmten MIT, im amerikanischen Cambridge wechselte.

Moment mal, Mori hat an der Tôdai studiert? Genau wie Akira und vorher sein Vater. Vielleicht haben sie sich gekannt? Ich muß rausfinden, an welchem Institut Akira studiert hat. Tôdai ist riesig, und man läuft sich nicht gleich über den Weg, nur weil man gleichaltrig ist.

Auch hier hilft das Internet. In der Homepage von Kono Micro Motors gibt es ebenfalls eine Seite mit Profilen des Managements.

Bingo. Akira war ebenfalls an der Ingenieursfakultät, und sein Professor, Yasuda Hideki, ist der gleiche, der bei Mori genannt ist.

Auf der Homepage der University of Tokyo finde ich alles, was ich brauche. Professor Yasuda ist Leiter des Instituts und eine Koryphäe auf dem Gebiet der Mikrotechnologie.

Ich beschließe, den Professor zu besuchen. Glücklicherweise hat er eine E-Mail-Adresse, und ich bitte um einen Termin in der folgenden Woche. Als Grund gebe ich Fragen zu einer neuen Mikrotechnologie an und beziehe mich auf Konô Satoshi als Referenz. Ich hoffe, Herr Konô wird mir verzeihen.

Ich bin ganz überrascht, als ich nur ein paar Minuten später schon eine Bestätigung habe. Professor Yasuda freut sich, mich am nächsten Mittwoch um zehn Uhr in seinem Institut zu sehen. Und seinen alten Freund Konô möge ich doch herzlich grüßen. Vielleicht später mal, denke ich verlegen.

Hitomi, die mit meinem Proviant zurückgekommen ist, lenkt mich von weiteren Überlegungen ab. Nachdem ich die beiden Sandwiches und den Kuchen verputzt habe, machen wir uns sofort wieder ans Projekt. Die Sache nimmt Gestalt an.

Pünktlich um sechs verlasse ich das Büro. Anna und ich haben Karten für eine Ballettvorstellung. Das Hamburg Ballett unter John Neumeier ist in der Stadt. Gegeben wird eine Hommage an den großen Tänzer Nijinsky. Seit Anna vor vielen Jahren, sie war gerade Anfang zwanzig, in Hamburg Mikhail Baryschnikow bei einer ähnlichen Aufführung glänzen gesehen hatte, ist sie ganz närrisch auf Ballett. Zum Glück gibt es in Tôkyô keinen Mangel an Auftritten von erstklassigen nationalen und internationalen Künstlern.

Die heutige Vorstellung findet im nagelneuen Tokyo International Forum statt. Das Forum in Yûrakuchô, nicht weit von Ginza und Bahnhof Tôkyô, ist ein architektonisches Meisterwerk aus Glas, Stahl und Beton, vollkommen transparent. Das Dach erinnert an die Rippen eines nicht ganz fertigen überdimensionalen Segelboots, oder wie andere sagen, an ein Walskelett. Ich persönlich sehe immer das Boot vor mir.

Wir haben prima Plätze, ziemlich weit vorne, die haben auch ein Vermögen gekostet. Aber nichts ist mir zu teuer für meine Allerliebste.

Nun sitzen wir also so da, voller Erwartung. Es geht gleich los.

»Ach, so was Blödes.« Anna wühlt in ihrer Handtasche.

»Was?«

»Ich habe das Opernglas vergessen.«

»Aber man sieht doch gut von hier.«

»Schon, aber mit dem Glas könnte ich die knackigen Hintern besser sehen.«

»Wessen Hintern? Die der Tänzerinnen?«

»Nein, die der Tänzer natürlich.«

Ich denke einige Sekunden über die Klarstellung nach.

»Da kannst du auch meinen Hintern angucken«, grummele ich vor mich hin.

»Stimmt, aber dafür brauche ich wohl kaum ein Opernglas.«

Die Bemerkung sitzt. Meine Allerliebste ist mal wieder meine Allergröbste. Heute kriege ich es aber dick ab, im wahrsten Sinne des Wortes. Erst die vollkommen grundlosen Kommentare von Hitomi am Mittag und jetzt das. Ich bin tief getroffen, und das Ballett interessiert mich kaum noch. Pah, Männer, die in Strumpfhosen rumhüpfen, lächerlich.

Die Bemerkungen von Anna und Hitomi nagen den ganzen Abend tief in mir. Beim anschließenden Dinner im nahen »Chez Inno«, wo ich »unseren« Tisch reserviert hatte, verzichte ich auf Foie gras als Vorspeise, statt dessen eine sehr leichte Vichyssoise, und später lasse ich dann auch diskret den Käse weg. Insgeheim beschließe ich, meinen Körper ab morgen zu stählen, besonders meinen Derrière. Takahashi, der Maitre d' und Itô, der Sommelier, verstehen die Welt nicht mehr.

Freitag

Ich bin immer noch deprimiert nach dem gestrigen Abend. Fertig mit meinen Geschäften, drücke ich eine Taste auf dem Bedienungspult unserer vollautomatischen Hochtechnologietoilette. Ein angenehm warmer Wasserstrahl duscht mir den Hintern. Ein zweiter Knopfdruck, und heiße Luft föhnt mir denselben trocken. Japanische Toiletten ähneln dem Cockpit einer Boeing 747, aber ich möchte nie mehr darauf verzichten, sehr hygienisch und vor allem komfortabel.

Nach dem Rasieren und Duschen stehe ich vor dem Spiegel. Da! Und da noch eins und noch eins. Und auf der Brust auch eins. Graue Haare, kein Zweifel, der Zahn der Zeit nagt an mir, ich werde alt. Meine Depression hält an, bis ich meinen Espresso bekommen habe. Anna ist so nett zu mir, es ist kaum zu glauben. Was will sie wohl von mir?

Ich finde es nicht heraus und mache mich nach dem Frühstück auf zur Firma.

Es ist kurz vor elf Uhr, als das Auto auf unseren Parkplatz rollt. Er ist frei, weil außer mir niemand da ist. Hitomi hat einen Termin beim Augenarzt. Sie glaubt, sie braucht eine Brille, und Tom und Hans-Peter sind bei Peter Schmidt, dem Chef der hiesigen VIW, wegen des Proton-Projekts.

Ich selber arbeite am Lizenzvertrag für Kono Micro Motors mit der Münchner Firma. Es ist wunderschön still im Büro, und trotz der Hitze draußen habe ich die Klimaanlage ausgeschaltet und die Fenster aufgemacht. Nur deswegen kann ich überhaupt den Wagen hören, der gerade vorfährt. Ich bin neugierig und stehe auf, um zu sehen, wer uns da besucht. Mein Blick fällt durchs offene Fenster auf das Auto und meine Kinnlade nach unten.

Ein schwerer, weißer Mercedes mit dunklen Fenstern und drei Antennen auf dem Dach steht da quer auf dem Parkplatz. Solche Autos fahren nur ganz bestimmte Typen. Yakuza! Ach, du Scheiße!

Mein Magen krampft sich zusammen. Ich hätte es mir denken können, der Besuch im Krankenhaus in Ôsaka. Das nehmen die nicht so einfach hin. Ich will mich umdrehen und zum Telefonhörer greifen.

Da geht die linke hintere Tür der Limousine auf. Ein jüngerer Mann steigt aus. Er hat krause Haare, trägt einen dunkelblauen Anzug, spitze Schuhe. Er geht auf den Eingang unserer Firma zu. Die Tür geht auf und der Mann steht im Büro. Ich gebe die Idee auf, die Polizei anzurufen. Es ist nur einer, mal sehen, was er will. Ich baue mich vor ihm auf.

»Was kann ich für Sie tun?«

»Ist Yamamoto Kôji da?«

»Nein, und wer sind Sie?«

»Das geht Sie nichts an. Ich will mit Yamamoto sprechen.«

»Ich sagte Ihnen doch, er ist nicht hier. Verstehen Sie kein Japanisch?«

»Werden Sie nicht frech, sonst werde ich ungemütlich.«

Der Bursche macht mir Spaß. Die ersten Härchen im

Nacken sträuben sich mal wieder, aber ich bleibe zunächst gelassen.

»Wenn Sie mir nicht sagen, wer Sie sind, bitte ich Sie, sofort unser Büro zu verlassen.«

»Yamamoto schuldet uns Geld, und ich möchte es kassieren, reicht Ihnen das?«

»Ja, das reicht mir. Sie sind von Matsuda Loan, und ich weiß genau, was das für ein Laden ist.«

Der Krauskopf ist sichtlich verblüfft, daß ich weiß, für wen er arbeitet.

»Na und, er schuldet uns Geld, und wir haben einen Vertrag. Wo kann ich ihn finden?«

»Sie meinen, er kann Ihnen seine Niere in Zahlung geben, wenn er nicht bar bezahlt?«

Das Gesicht des Mannes versteinert sich. Offensichtlich weiß er, wovon ich rede.

»Reden Sie keinen Blödsinn, dafür habe ich keine Zeit. Sagen Sie mir jetzt, wo ich Yamamoto finde, oder ich verliere die Geduld mit Ihnen.«

»Jetzt passen Sie gut auf, junger Mann. Sie verlassen jetzt das Büro ganz schnell freiwillig, oder ich helfe Ihnen nach.« Ich mache einen Schritt auf ihn zu. Meine Selbstbeherrschung ist am Ende. Hier steht jemand vor mir, der Kôji wahrscheinlich zusammengeschlagen hat und der auch bestimmt hinter der Sache mit der Niere steckt.

»Das wird Ihnen leid tun. Ich schlage normalerweise keine alten Männer, aber Sie betteln ja regelrecht drum.«

Da, schon wieder ein Hinweis auf mein fortschreitendes Alter. Ich weiß nicht, was mich mehr wütend macht, diesen Gangster vor mir zu sehen oder diese Anspielung. Egal. Ich greife ihn mit beiden Händen am Revers seiner Jacke, hebe ihn leicht an und schiebe ihn in Richtung Tür.

Die Tür im Eingang ist nur angelegt und öffnet sich, als ich ihn mit Schwung dagegen wuchte. Der Mann ist so überrascht, daß er nicht eine Sekunde an Gegenwehr denkt. Ich lasse das Revers los, und er torkelt einige Schritte rückwärts, bevor er sich vorm Eingang auf den Hintern setzt. Für einen Moment bleibt er einfach sitzen, als könne er nicht begreifen, wie er dort hingekommen ist. Ich stehe hochaufgerichtet und bereit zur Schlacht vor ihm.

»Verschwinden Sie, und sagen Sie Ihrem Gangsterboß bei Matsuda, er bekommt sein Geld am Montag oder so, alles, einschließlich Zinsen. Ich werde es ihm selber bringen. Herr Yamamoto ist auf Reisen und kommt für lange Zeit nicht wieder. Und wenn Sie das Geld haben, lassen Sie sich nie mehr hier oder bei Yamamoto blicken, sonst poliere ich Ihnen die Fresse oder komme mal bei Ihnen in Shinjuku vorbei und nehme mir Ihren Boß vor. Ich werde ihm die Nieren ausquetschen wie Zitronen«, rede ich mich richtig in Rage.

Da gehen plötzlich die Vordertüren des Mercedes auf. Noch zwei Typen in blauen Anzügen. Jetzt wird es ernst. Der Mann am Boden springt auf und grinst mich fies und überheblich an. Seine beide Kumpel kommen lässig auf mich zu.

Ich sollte mich rasch zurückziehen, die Tür schließen und die Polizei rufen. Ich zögere einen Moment. Zu spät, einer schneidet mir den Weg zum Büro ab.

Der Mann, den ich rausgeworfen habe, greift mit beiden Fäusten erhoben an. Ich gehe in den Angriff hinein, die rechte offene Hand zielt auf seinen ungeschützten Hals, mit dem linken Unterarm blocke ich seinen rechten Arm, der gerade zum Faustschlag ausholt. Die Doppelwirkung meiner vorwärts gerichteten Verteidigung reißt ihn nach hinten, und er schlägt mit dem Hinterkopf hart auf dem Asphalt auf, wo er liegen bleibt. Noch bevor er den Boden berührt, drehe ich mich nach rechts, wo gerade der Fahrer des Wagen angreifen will. Wieder gehe ich in den Angriff und setze meine Drehbewegung fort. Dabei schneide ich seinen linken Arm mit meiner rechten Hand nach unten, was ihn aus dem Gleichgewicht bringt. Meine linke Hand setze ich unter seinem rechten Unterarm, knapp über dem Ellbogen an, gleichzeitig gehe ich tief mit der linken Hüfte in den Gegner rein und drehe mich blitzschnell und ohne Unterbrechung weiter. Er überschlägt sich regelrecht und kracht auf die Haube des Mercedes. Es gibt einen dumpfen Schlag, und ein scharfes Knacken signalisiert, daß der Stern abgebrochen ist.

Der dritte Gangster, der mir den Weg abgeschnitten hat, hängt mir plötzlich von hinten am Hals. Ich lasse mich einfach nach vorne auf die Knie fallen, und er saust über mich hinweg, genau auf den ersten Angreifer, der gerade wieder aufstehen will. Die beiden verknäulen sich für einen Moment. Ich höre nur leises Stöhnen von den dreien. Gut. Ich zerre den Mann von der Motorhaube runter und greife in seine Jackeninnentasche. Da ist sie ja, seine Brieftasche. Mit einer Hand schlage ich sie auf, mit der anderen halte ich ihn auf Abstand gegen den Wagen gepreßt. Mit den Zähnen ziehe ich seine Führerscheinkarte aus der Hülle, lasse ihn los und bringe mich schnell in der Nähe der Tür in eine sichere Position. Für alle Fälle. Bisher bin ich ja gut zurechtgekommen, aber ich will mein Glück nicht zu sehr herausfordern. Meine Wut ist nach dieser anständigen Prügelei wieder verraucht. Rationales Denken hat wieder das Kommando übernommen. Ich habe die drei zwar verprügelt, aber wie kann ich verhindern, daß sie wiederkommen, vielleicht mit Verstärkung oder einem Arsenal an Schußwaffen?

Daher der Führerschein. Suzuki Nirô heißt der Fahrer und lebt in Saitama, Tôkyôs Nachbarpräfektur.

»Suzuki. Jetzt hör gut zu. Ich sage das nur einmal.«

Suzuki, der Fahrer schaut mich haßerfüllt an. Die beiden anderen stehen gerade wieder auf. Es eilt.

»Du kannst dir deinen Führerschein bei der Polizei abholen. Frag nach Hauptkommissar Andô Shûsaku. Und deinem Boß kannst du ausrichten, wenn ihr Yamamoto und mich nicht in Ruhe laßt, wird Andô sich ganz intensiv um euch kümmern. Das Geld kommt nächste Woche und dann ist Schluß, basta.«

Ich weiß nicht, ob er von Andô gehört hat, oder ob er schlichtweg intelligent genug ist, zu kapieren, daß es unangenehm werden kann, wenn sie mich weiter angreifen, jedenfalls überlegt er nur kurz und befiehlt seinen Kumpeln einzusteigen. All drei klettern etwas mühsam in ihre Droschke, offensichtlich unter Schmerzen.

Die Türen schließen sich, und das Fenster an der Fahrertür rauscht nach unten.

»Wir sprechen uns noch, *gaijin*«, sagt der Fahrer leise und mit drohender Stimme. Der Motor springt an, heult auf, und der schwere Wagen fährt mit quietschenden Reifen vom Parkplatz.

Ich atme langsam aus. Meine Hand mit dem Führerschein zittert. Jan, Jan, du lernst es nie. Obwohl, nicht schlecht für dein Alter, wirft mein Ego ein. Scheiß Ego.

Erst jetzt fällt mir auf, daß aus den Fenstern der gegenüberliegenden Häuser Leute schauen, die das ganze Spektakel mitbekommen haben. Einer klatscht Beifall, die anderen schauen nur empört oder ungläubig drein. Ausländer, nichts als Ärger machen die, denkt wohl manch einer. Die Fenster schließen sich.

»Soll ich die Polizei rufen?«

Es ist ein Nachbar über unserem Büro.

»Nein, nicht nötig, ich werde mich drum kümmern.« Ich wedele mit dem Führerschein.

Ich gehe zurück ins Büro und schließe die Tür. Ich habe mir wieder neue »Freunde« geschaffen, dieses Mal in Tôkyôs Finanzkreisen.

Ich muß dringend mit Shûsaku reden.

Mir flattern immer noch die Nerven, und ich überlege krampfhaft, wie ich Andô beibringen kann, daß ich, ohne ihn zu informieren, mich mal wieder auf eigene Faust mit der Unterwelt angelegt habe. Erst der Auftritt in der Klinik in Ôsaka, und jetzt die kleine Schlägerei mit den Geldeintreibern von Matsuda Loan. Er wird ganz schön sauer sein auf mich. Wenigstens ist Anna diesmal auf meiner Seite. Sie war so wütend auf die Kredithaie, ich glaube, sie würde den Laden am liebsten selber aufräumen. Nicht, daß sie das nicht könnte, besonders wenn man sie reizt. Das ist es. Ich weiß jetzt, wie ich es anstelle. Sehr clever.

»*Tadaima*, na, hast du dich ohne mich sehr gelangweilt?«

Ich habe Hitomi, die vo ihrem Arzttermin zurück ist, überhaupt nicht bemerkt.

»Was? Ach so, nein. Ich meine ja, es war ganz still, bis du reinkamst. Und was sagt der Doktor? Wo ist deine Brille?« Ich habe mich schnell gefangen, Hitomi und die anderen brauchen ja nicht unbedingt von dem Besuch der drei Ganoven zu wissen. Hoffentlich halten die neugierigen Nachbarn dicht.

»Er meint, wenn ich unbedingt will, soll ich mir eine

Brille mit einfachem Glas kaufen, aber meine Augen seien die eines Adlers.« Ich bin nicht sicher, ob sie stolz oder enttäuscht klingt.

»Okay, Adlerauge, wie wäre es, wenn ich dich zum Sushi einlade?«

»Oh, wie kommt's, haben wir einen neuen Auftrag, oder bist du nur besonders großzügig?«

»Nein, heute ist Freitag, und mir ist jetzt nach Sushi. Alleine zu essen ist langweilig.«

»Danke, zu liebenswürdig.«

Ich schließe sorgfältig ab, als wir das Büro verlassen und schalte ausnahmsweise sogar die Alarmanlage ein. Hitomi schaut mich verwundert an, schüttelt leicht den Kopf, sagt aber nichts.

Gesättigt verlassen Hitomi und ich das kleine Sushi-Restaurant auf der Kagurazaka.

»Hitomi, ich muß noch was erledigen, ich komme nach.«

»Okay, ich gehe schon vor. Und keine Angst, ich werde unser Büro aufs Schärfste bewachen.« War das jetzt nur scherzhaft gemeint oder ahnt sie, daß am Morgen was passiert ist? Bei Hitomi weiß man das nie.

»Ja, danke, bis später.« Ich ignoriere ihre Bemerkung besser.

Sobald sie verschwunden ist, zücke ich mein Handy und rufe Anna an. In der Wohnung meldet sich nur der Anrufbeantworter. Ich hinterlasse eine Nachricht und versuche es auf ihrem Handy. Ich habe Glück, ausnahmsweise hat Anna das Ding eingeschaltet. Sie haßt Handys, sie nennt es analog zum italienischen *telefonino*, »Telefönchen«, und schaltet es erfahrungsgemäß nur ein, wenn sie selber jemanden anrufen möchte, oder wenn sie einen wichtigen Anruf erwartet. Dazu zählen meine Anrufe meistens nicht. Wahrscheinlich hat sie den Anruf einer ihrer Freundinnen erwartet oder höchstens noch einer ihrer Kunden, die sie bei der Inneneinrichtung ihrer Häuser berät.

»*Moshi, Moshi.*«

»Ich bin's, dein Lieblingsmann.«

»Wer?«

»Ich, Jan.«

»Ach so, Jan. Was ist, ich erwarte einen dringenden Anruf von Frau Inoue. Das ist mein größter Auftrag bisher. Das ganze Haus darf ich einrichten, und ein Riesenbudget hat sie mir gegeben. Toll nicht wahr? Also, schnell, was gibt es?«

Anna hat vor einigen Jahren angefangen, Japaner zu beraten. Es hatte als Beschäftigungstherapie angefangen, aber durch Mund-zu-Mund-Propaganda laufen ihre Geschäfte mittlerweile ganz gut. Ein willkommener Beitrag zu unserem Finanzhaushalt, besonders, seitdem ich mich selbständig gemacht habe. Der Nachteil ist, ich fühle mich manchmal vernachlässigt. Wie jetzt zum Beispiel.

»Du, sag mal, hättest du was dagegen, wenn wir Shûsaku heute Abend bei uns zum Essen einladen? Ich möchte mit ihm über die Kredithaie sprechen, vielleicht kann er denen ja auf die Pelle rücken.«

Sehr geschickt gemacht. Anna kann überhaupt nicht ablehnen, schließlich zeige ich ja ein hohes Maß an Vernunft, indem ich die Polizei einweihe, statt wie früher die Sache selber in die Hand zu nehmen, wie sie mir mal wütend vorwarf, als ich mich mit dem korrupten Minister anlegte und dabei ja fast als Holzkohle geendet wäre.

»Das finde ich klasse von dir. Ich koche dafür sogar. Wann kommt er denn?«

»Ich weiß noch nicht, ob er überhaupt Zeit hat. Ich wollte zuerst mit dir sprechen. Sagen wir um acht Uhr, wenn er kann?«

»Sag ihm, ich werde ein Poisson Cru zubereiten mit frischem Baguette, das ist bei der Affenhitze das beste, und außerdem ist es eine seiner Lieblingsspeisen.«

»Sehr klug. Und ich serviere dazu gut gekühlten Rheingauer. Ich habe bei Kinokuniya gesehen, die haben im Augenblick einen 2000er Hochheimer Kirchenstück Kabinett auf Lager. Der ist ideal zum Fisch. Ich fahr gleich hin und kaufe eine Kiste.«

»Rufst du mich an, wenn du weißt, ob er kommt?«

»Ja, mach ich. Du kannst das aber in jedem Fall machen, auch nur für mich.«

»Ach, ich weiß nicht. Soviel Aufwand für den eigenen Mann? Du, ich muß Schluß machen, kommt noch ein Anruf, das ist sicher Frau Inoue. Tschüß, bis später.«

Ich komme nicht dazu, meine Gefühle über diese freche Bemerkung auszudrücken. Ich bin tief verletzt, na ja, ein bißchen schon. Aber so ist sie halt.

»Shûsaku, hier ist Jan. Störe ich gerade?«

»Nein, ich sitze hier im Büro und langweile mich gerade schrecklich. Was kann ich für dich tun? Steckst du wieder in Problemen?«

Woher ahnt der das? Typisch Polizist, denkt immer gleich das Schlimmste.

»Nein, nicht direkt. Anna fragt, ob du heute Abend gerne Poisson Cru essen möchtest, bei uns auf der Terrasse?« Geschickt eingefädelt.

»Und dazu gibt es Rheingauer Riesling?«

Der Mann weiß, was gut ist, auch wenn er Polizist ist.

»Klar, habe ich extra besorgt. Acht Uhr ist okay?«

»Ich werde pünktlich sein. Und sag Anna, ich habe einen Bärenhunger. Ich habe nur ein kleines Sandwich zum Lunch gehabt.«

»Ich sag's ihr. Also zwei Kilogramm Thunfisch.«

»Und Baguette von eurem Bäcker, das ist am besten.«

Shûsaku ist überhaupt nicht anspruchsvoll. Typisch Junggeselle, zu Hause aus der Büchse essen oder Cup-Nudeln schlürfen, aber wenn er eingeladen ist, dann nur vom Feinsten. Gut, soll er haben, ich will ja schließlich auch was vom Feinsten von ihm.

»Wird gemacht. Bis heute Abend.«

»Ich bringe eine neue CD von Kinoshita Shin'ichi.«

»So was kennst DU?« Ich kann es kaum glauben. Shûsaku, so konservativ, wie der sonst ist. Kinoshita spielt Tsugaru Shamisen, die jahrhundertealte, dreisaitige Laute, aber auf ganz moderne, rockige Art, fetzig mit Wadaiko-Trommeln und Shakuhachi-Flöten als Begleitung. Musiker wie er haben das Shamisen, das sonst fast nur noch auf Kabuki- und Bunraku-Bühnen gespielt wurde, wieder extrem populär gemacht, besonders bei Jugendlichen.

»Klar, denkst du, nur weil ich bei der Polizei arbeite, kenne ich mich nicht in der Popszene aus?«

»Na, ich meine nur, eh, ich meine in deinem Alter, also, ich will ja nichts sagen ...«

»Dann sag's nicht. Bis heute abend und Gruß an Anna. Ich verstehe nicht, wie sie es mit dir aushält.«

Freitag, am Abend

Shûsaku ist pünktlich. Er bringt nicht nur die CD mit, sondern auch einen riesigen Strauß Sonnenblumen. Anna ist entzückt. Dieser Polizist schreckt nicht vor Bestechung zurück. Wir auch nicht, wie er bald herausfinden wird.

Anna ist auch ganz die perfekte Gastgeberin, heute im *yukata*, einem leichten, kühlenden Sommerkimono aus Baumwolle, und ich habe mich in meinen *samue* geworfen, eine weite Hose mit lose übereinander geschlagener Jacke aus indigoblauer Baumwolle und Leinen gemischt.

Shûsaku ist ganz beeindruckt von unserer japanischen Kleidung. Er selbst ist wie immer in dunkler Hose und weißem Hemd. Eine schlichte Krawatte und eine Jacke, und er wäre wieder im Dienst. Dabei sähe er im *samue* oder sogar im Herrenkimono toll aus, wie Anna immer anmerkt. Ich weiß nicht, was sie an ihm findet.

Es gibt ein Gläschen Champagner zur Begrüßung auf der Terrasse, dazu kleine Häppchen, pikant gewürzter Frischkäse auf Bleichsellerie.

Es ist schon dunkel, und ich habe, als Shûsaku klingelte, die Kerzen in allen Windlichtern angezündet. Durch das Wohnzimmerfenster schimmert Licht nach daußen, und die Terrasse hat sich in einen winzigen, romantischen japanischen Garten verwandelt, der Klang des Shamisen von der neuen CD setzt dem ganzen das I-Tüpfelchen auf.

Die Regierung hat es offiziell bestimmt, die Regenzeit ist vorbei, und das Wetter hält sich dran. Es ist zwar immer noch drückend heiß und schwül, aber der Himmel ist klar. Es sind sogar Sterne zu sehen. Bevor es dunkel wurde, haben die Zikaden einen Höllenlärm gemacht. Eines der musizierenden Zikadenmännchen hat sich genau in unserem

Ahorn eingerichtet, mindestens 110 Dezibel – einen zweifellos unzulässig hohen Wert – erreicht sein Liebeswerben, aber das ist der Klang des Sommers. Zum Glück musizieren Zikaden bei Dunkelheit nicht mehr, das Shamisen hätte keine Chance.

Wir sitzen am schweren Teaktisch mit den urbequemen Stühlen, auf dem Tisch eine riesige Glasschüssel mit Eiswürfeln, darin eine etwas kleinere Schüssel, gefüllt mit dem versprochenen Poisson Cru. Daneben ein Korb mit frischem Baguette, noch warm und duftend. Aus dem antiken Silberkühler, den ich geerbt habe, ragt der Hals der versprochenen Flasche Rheingauer Riesling. Alles ist perfekt angerichtet, ich denke, er wird nicht nein sagen können. Anna hofft das auch. Sie ist ganz bleich geworden, als ich ihr von dem kleinen Zwischenfall am Morgen erzählt habe. Sie kennt mich ja zur Genüge und weiß, daß ich ein außerordentliches Talent habe, mich bei gefährlichen Leuten unbeliebt zu machen.

Ich schenke den Wein ein, die Rieslinggläser beschlagen sofort, kleine Tropfen rinnen am Rand der Gläser runter. Wir probieren den Wein, leicht, eine feine Duftnote, sehr trocken, genau richtig zum Wetter und zum Poisson Cru.

Anna hat kurz vor Shûsakûs Ankunft ein Kilogramm frischen Thunfisch in Würfel geschnitten und im Saft von acht Limonen einige Minuten mariniert, gerade so lang bis der tiefrote Thunfisch weiß angelaufen ist. Sie hat eine rohe Möhre, eine Zwiebel, zwei aromatische Tomaten und eine Gemüsegurke hinzugefügt, alles ganz kleingeschnitten. Dann hat sie die Flüssigkeit abgeschüttet, den Salat gesalzen und zum Schluß das ganze mit Kokosmilch gemischt. Voilà, Poisson Cru, das Nationalgericht der Tahitianer. Anna und ich waren vor einigen Jahren auf Tahiti, wo wir das Rezept aufgeschrieben haben.

Es schmeckt köstlich, eine Zeitlang ist außer Schmatzen und gelegentlichem Schlürfen wenig von uns zu vernehmen. Wir reichen kräftig nach, von beidem, und Shûsaku sagt nicht nein.

Eine zweite Flasche wird geöffnet. Die Schüssel mit dem Fisch und der Brotkorb leeren sich schnell. Ein perfekter Abend, bis jetzt jedenfalls.

Ich bin nicht sicher, wie ich es anstellen soll, auf das eigentliche Thema zu kommen. Anna, ganz im Vertrauen in meine Fähigkeiten, zieht sich aus der Affäre und in die Küche zurück, um aufzuräumen, wie sie sagt.

»Anna, das war einfach köstlich. Wenn Jan nicht wäre, würde ich glatt um deine Hand anhalten. Liebe geht durch den Magen«, sagt er in fast akzentfreiem Deutsch. Anna ist hingerissen, zuviel, wie ich finde. Wo hat er den Spruch denn gelernt? frage ich mich.

»Shûsaku, das ist das schönste Kompliment, das ich heute bekommen habe«, antwortet sie und schaut mich strafend an, bevor sie in die Küche verschwindet. Der Korken, den ich ihr noch nachwerfe, verfehlt sie nur knapp.

»Shûsaku, sag mal, ich habe dir doch neulich von den Kredithaien erzählt«, falle ich mit der Tür ins Haus, wie es meiner subtilen Art entspricht.

»Hab ich's mir doch gedacht. Kerzen, feines Essen und Wein und so überraschend. Die Sache mußte doch einen Haken haben. Was hast du wieder angestellt?«

»Nein, nein, das hat damit nichts zu tun. Wir wollten dich wirklich wieder einmal einladen«, verteidige ich mich schwach. »Aber heute morgen ist was passiert.«

Shûsaku ist plötzlich ganz ernst geworden, wieder im

Dienst, sozusagen. Er schaut mich scharf an, sagt aber nichts. Ich schildere ihm die ganze Vorgeschichte, dieses Mal, ohne etwas auszulassen, einschließlich des Besuchs in der Ôsaka-Klinik. Er unterbricht mich kein einziges Mal. Sein Gesicht wird immer finsterer, besonders als ich die Klinik erwähne. Meine Geschichte endet mit der Schilderung der Schlägerei heute morgen. »Verklagen sollte man solche Typen wegen Wucher, Nötigung ... Landesverrat«, rede ich mich wieder in Rage.

»Du steckst ja mal wieder mittendrin.«

»Ja, aber dieses Mal kann ich nichts dafür, hätte ich Kôji im Stich lassen sollen? Du hast doch selbst gesagt, daß die Polizei nur eingreifen kann, wenn die Opfer aussagen, und Kôji hat sich geweigert. Der wäre seine Niere jetzt los, vielleicht wäre er sogar tot, so wie die Klinik aussieht.«

»Das ist es nicht. Ich hätte auch wie du gehandelt. Das Problem ist, die Gangster werden jetzt auf dich losgehen. Du hättest heute morgen nicht die Nerven verlieren sollen.«

»Ich weiß, ich weiß, aber diese Drecksäcke habe mich einfach zur Weißglut gebracht.«

»Jan, ich weiß nicht, was dein Sensei dir beim Aikidô beibringt, ich dachte, Aikidô sei rein defensiv?«

»Ist es auch, aber manchmal vergesse ich das eben. Wenn ich nicht Aikidô machen würde, wäre es wahrscheinlich noch schlimmer, dann wären die drei jetzt im Krankenhaus.«

»Jan, du kannst nicht die ganze Yakuza verprügeln, das sind zuviele.«

»Das ist mir auch klar, deswegen wollte ich dich ja auch um Hilfe bitten.«

»Ich? Was soll ich denn da machen? Alle verhaften? Und mit welcher Begründung? Daß du sie verprügeln mußtest, weil sie Geld von deinem Angestellten kassieren wollten, der seine Schulden nicht bezahlt hat?«

»Nein, natürlich nicht, ich meine nur, du hast doch gewissen Einfluß auf diese Leute.«

»Du meinst, ich rufe die Gangster an und befehle ihnen, dich und Kôji in Ruhe zu lassen? Ich glaube, du überschätzt meinen Einfluß auf die Yakuza.«

»Satô hat mich doch auch in Ruhe gelassen.«

Shûsaku hatte den Gangsterboß so stark unter Druck gesetzt, daß Satô seine Killer bis heute zurückgehalten hat.

»Ach, und du denkst, daß ich das jetzt wieder so machen kann? Du bist naiv, Jan. Wenn Satô auch nur die kleinste Gelegenheit sieht, sich zu rächen, ohne daß ich ihn damit in Verbindung bringen kann, bist du wieder in Lebensgefahr. Diese Leute vergessen nicht, sie haben Geduld und können warten.«

Mich schaudert, ich weiß, er hat recht. Manchmal träume ich nachts von Satô und wache dann regelmäßig schweißgebadet vor Angst auf. Nein, sicher fühle ich mich nicht, auch nicht unter dem Schutz von Shûsaku, aber geholfen hat es schon. Jedenfalls bisher.

»Kannst du nicht mal mit den Leuten von Matsuda Loan sprechen?« Mein Bitten klingt mehr wie ein Flehen.

»Ich weiß nicht, ob das was bringt. Mal sehen, was ich machen kann. Ich schlage vor, du machst dich vorläufig ganz klein und paßt auf deinen Rücken auf. Ich werde meine Kollegen in Iidabashi bitten, ein Auge auf eure Wohnung und auf die Firma zu halten. Ich möchte auch mit Kôji sprechen, wenn er aus Hawaii zurück ist.«

»Danke, Shûsaku. Es tut mir wirklich leid, daß ich dich schon wieder in so eine Sache reinziehe, aber ich weiß nicht, was ich sonst machen soll.«

»Jan, es wäre mir lieber, du würdest irgendwas ganz Harmloses machen, aber du schaffst es, auch beim Blumenzüchten irgendeinen Gangster zu reizen. Versteh mich nicht falsch, aber manchmal wünschte ich mir, du würdest in einem anderen Land leben, dann hätte ich ein ruhigeres Leben.«

Das sitzt tief. Er weiß, wie sehr Anna und ich uns in Japan wohlfühlen. Er ist ernsthaft besorgt um uns, wenn er so was zum Ausdruck bringt. Ich fühle mich miserabel.

Es scheint auf Gegenseitigkeit zu beruhen. Der schöne Abend ist plötzlich vorbei, die Stimmung ist hin. Anna, die sich wieder zu uns gesellt, versucht, den Abend zu retten, vergebens.

»Jan, ich werde mit dir gehen, wenn du das Geld abgibst, nur so. Ich habe keinerlei Handhabe, aber vielleicht hilft es ja, wenn ich klarstelle, daß du gewissermaßen unter Polizeischutz stehst.«

Ich will gerade widersprechen, aber ehe ich den Mund aufkriege, winkt Shûsaku schon ab.

»Jan, keine Diskussion.«

»Okay, aber es wäre wirklich nicht nötig. Ich gebe nur das Geld ab und bin gleich wieder weg.«

»So wie ich dich kenne, müssen die anschließend renovieren. Nein, nein, ich passe schön auf dich auf.«

Genaugenommen meinte ich auch nicht, was ich sagte. Im Gegenteil, ich bin heilfroh, daß er das angeboten hat. Die Vorstellung, alleine mit soviel Geld in diese Gangsterfirma zu gehen, ist alles andere als beruhigend, besonders falls die Typen, die ich heute verprügelt habe, da sein sollten.

»Danke, Shûsaku, du bist wirklich ein Freund.«

»Ich muß morgen früh raus und gehe jetzt besser. Anna, noch mal tausend Dank für das tolle Essen und Jan, der

Wein war Spitzenklasse. Nächstes Mal bin ich dran, ich lade euch in ein Restaurant in einem Tempel ein, alles vegetarisch, aber erstklassiges Essen. Ich war da neulich mit meinem Chef.«

Anna und ich stehen ziemlich verlegen an der Tür, als er sich verabschiedet.

»Jan, sei vorsichtig«, sagt er und dreht sich abrupt um, ehe ich was erwidern kann.

»Shûsaku ist sauer.«

»Kann ich mir denken. Ich glaube, es war keine gute Idee, ihn zum Essen einzuladen und dann um Hilfe zu bitten.«

»Du hast recht, aber ich wußte nicht, wie ich ihn sonst ansprechen sollte.«

»Na ja, es ist eh zu spät. Ich hoffe, er kann helfen.«

Ich nehme Anna fest in meine Arme und drücke sie lange. Ich habe Angst, und es ist mir beim Gespräch mit Shûsaku erst so richtig klar geworden, worauf ich mich da eingelassen habe.

Wir sitzen noch lange ziemlich schweigsam auf der Terrasse, bis auch das letzte Windlicht verloschen ist. In dieser Nacht schlafe ich schlecht, genau wie Anna, die sich immer wieder unruhig hin und her wälzt.

Samstag

Das muß ein Irrsinniger sein. Es ist Samstagmorgen und gerade mal halb sieben. Es dauert einige Zeit, bis ich das Telefon gefunden habe, wo ich doch gerade noch von meinem Haus am Meer geträumt habe.

»Hallo«, knurre ich unwirsch in den Hörer.

»Jan, einen wunderschönen guten Morgen, hier ist Tom. Ich habe dich hoffentlich nicht geweckt?«

»Nein, nein, ich stehe immer schon um fünf auf, um die Kühe zu melken und die Hühner zu füttern.«

»Kühe, Hühner? Ich wußte gar nicht …«

»Ich hoffe, du hast einen sehr guten Grund, mich mitten in der Nacht anzurufen.«

»Ja, habe ich. Ich habe es ganz vergessen, aber ich habe Tickets fürs Sumô-Turnier in Nagoya. Die Toyota-Leute, für die ich neulich das kleine Projekt gemacht habe, haben mir vier Karten für eine Box geschenkt, und ich hatte das total verschwitzt. Die Karten sind für morgen. Hättet ihr Lust, mit uns zu fahren?«

»Mmh? Anna, es ist Tom. Hast du Lust auf Sumô?«

Anna ist mehrfacher Weltmeister im Ignorieren des Telefons und hatte sich nicht mal bewegt, als es klingelte. Sie öffnet ganz langsam ein Auge, dann das zweite.

»Was willst du?«

»Ob du Lust hast, morgen Sumô zu sehen?«

»Sumô? Und warum fragst du mich das mitten in der Nacht?«

»Dieselbe Frage habe ich Tom auch schon gestellt. Also, willst du nun oder nicht?«

»Ja, kann ich jetzt weiterschlafen?«

»Tom, sie sagt ja. Wann willst du denn fahren?«

»Ich dachte, wir fahren heute Nachmittag, übernachten in Nagoya, schauen uns noch ein paar Sachen an und fahren am Sonntag nach dem Turnier zurück.«

»Willst du mit dem Auto fahren?«

»Nein, mit dem Shinkansen geht das doch viel schneller, und in Nagoya können wir uns einen Wagen nehmen.

Ich bekomme dort immer einen Mietwagen zum Sondertarif.«

»Na dann, wann fahren wir los?«

»Ich schlage vor, wir treffen uns um zwölf Uhr am Bahnhof Tôkyô. Ich reserviere uns vier Sitze auf dem »Hikari«, der geht um viertel nach.«

»Wir sind pünktlich da. Das heißt, wenn ich Anna bis dahin wach kriege.«

»Das schaffst du schon. Versuch's doch mit einer schönen Tasse Kaffee mit viel geschäumter Milch.« Tom weiß, was Frauen mögen.

»Danke für den Tip, bis nachher.«

Kaffee mit Milchschaum, der fast aus dem Becher quillt, frische Croissants und eine bereits aufgeschnittene, reife Mango schaffen es, Anna wach zu kriegen und sie bei guter Laune zu halten. Meine Frau ist sehr anspruchsvoll.

»Hallo, hier sind wir!« Tom und Yôko, seine Frau, winken wild vom Eingang zu den Plattformen für die Shinkansen-Züge. Ihre beiden Kinder haben sie in Omas Obhut zurückgelassen.

Karten hat Tom schon gekauft, und kurze Zeit später sitzen wir im »Hikari«, die beiden Sitzreihen zueinander gedreht, so daß wir uns gegenübersitzen. Tom hat Plätze auf der rechten Seite bekommen, mit Blick auf den Fuji, wenn wir dort vorbeirauschen.

Kaum sitzen wir, setzt sich der Zug langsam in Bewegung, nimmt schnell Fahrt auf, Tôkyôs Häusermeer gleitet an uns vorbei. In Shin-Yôkohama ein kurzer Stop und dann Richtung Nagoya. Gleiten geht jetzt in Fliegen über. Es ist fast unwirklich, der Zug rast mit dreihundert Stundenkilometern an Dörfern, Städten und weiten Feldern vorbei, aber im Zug hört man nur ein leises Rauschen. Wir passieren lange Hänge mit Teebüschen, dazwischen kleine Tempelchen oder einzelne Bauernhäuser mit leuchtend blauglasierten Steindächern. Ab und zu wird es plötzlich dunkel, wenn der Zug durch einen der vielen Tunnel schießt. Ein ebenso schneller Zug kommt entgegen, wir spüren, wie die Luft zwischen den beiden Zügen zusammengepreßt wird. Es dauert nur Sekunden.

»Da ist er!« Anna zeigt mit dem Finger auf den majestätisch daliegenden Fuji. Es ist ein wunderschöner Sommertag, blauer Himmel, und weil es nicht so feucht ist, auch klar. Der heilige Berg hat schon keine weiße Schneekappe mehr. Dafür sind die Hänge aber wahrscheinlich jetzt schon mit Coladosen übersät von den tausenden von Menschen, die während der kurzen Sommersaison Tag für Tag auf den Berg pilgern, um den Sonnenaufgang zu erleben. Vom aus Zug sieht man glücklicherweise weder die Menschen noch die Dosen. Von weitem sieht der Fuji-san einfach unvergleichlich schön aus, perfekte Harmonie und Ästhetik, mit und ohne Schneekappe.

Es dauert nicht lange, und der Zug hält kurz in Nagoya, der größten Stadt der Präfektur Aichi, gerade lang genug, damit wir aussteigen können, bevor er weiter Richtung Kyôto und Ôsaka fegt.

Wir holen den Leihwagen ab, laden unsere Taschen in den Kofferraum, und los geht es. Tom darf heute fahren. Es ist noch früh am Nachmittag, und wir beschließen, als erstes in das Museum Meiji-mura in Inuyama-shi zu fahren. Es dauert fast eine Stunde, und wir sind jeder 1600 Yen ärmer, aber es lohnt sich. Das Freilichtmuseum auf einer Fläche von ungefähr einer Million Quadratmeter liegt malerisch an den Hängen des Ikura-Sees.

Über sechzig Häuser aus der Meiji-Periode in der zweiten Hälfte des neunzehnten Jahrhunderts, als Japan sich nach über zweihundertfünfzig Jahren der fast völligen Isolierung unter der Herrschaft des Tokugawa-Shôgunats, der Welt und insbesondere der westlichen öffnete, sind zu besichtigen. Die Häuser stammen aus allen Teilen Japans, einige auch aus Hawaii oder von der Westküste der USA. Eines stammte sogar aus Brasilien, erklärt Tom, der einen Museumsführer gekauft hat und sich unserer Weiterbildung mit großem Ernst widmet.

Die Häuser, an der ursprünglichen Stelle vom Abriß bedroht, sind sorgfältig abgebaut worden und wurden anschließend wieder naturgetreu im Museum errichtet, erfahren wir. Ich bin ganz begeistert, als wir so durch die kleinen Straßen schlendern. Die Häuser aus dieser Zeit sind wirklich eine faszinierende Mischung aus traditionellem japanischem Design und japanischer Holzbauweise mit vielen Elementen zeitgenössischer westlicher Architektur und neuen Materialien wie Steinen und Ziegeln. In Tôkyô oder den anderen großen Städten sind ja leider nicht mehr viele Gebäude aus dieser Zeit zu finden. Große Erdbeben und Feuerstürme durch die Bombardierungen im Zweiten Weltkrieg haben fast alle Spuren ausgelöscht, den Rest hat der rapide Aufschwung Japans nach dem Krieg mit ungehemmter Bauwut erledigt. Aber hier im Museum können wir uns für kurze Zeit dank Dr. Taniguchi Yoshirô, dem ersten Museumsdirektor, und Tsuchikawa Motoo, dem damaligen Chef der Nagoya-Eisenbahngesellschaft, die das Museum aufgebaut haben, vorstellen, wie es im Japan des neunzehnten Jahrhunderts ausgesehen haben mag. Wir wandern an den Häusern vorbei, schauen in Gärten und bewundern die alten Bäume. Im Inneren der

Häuser gibt es zeitgenössische Möbel und Hausrat zu sehen. Eine kleine Ausstellung vermittelt uns einen Überblick über die Meiji-Periode und die Geschichte des Museums. Leider schmeckt der Kaffee, den wir in einem kleinen Laden trinken, so, als wäre er in der gleichen Ära aufgebrüht worden.

Yôko und Anna sind ganz aus dem Häuschen, als wir mit der alten Straßenbahn fahren, einer der ersten Japans. In Tôkyô, aus Richtung Higashi-Ikebukuro zur Endstation Waseda, gibt es auch noch so eine romantische alte Tram, die Arakawa-Linie mit Holzfußboden und Messingbeschlägen, aber wer weiß, wie lange noch.

Tom findet die steinalte Dampflokomotive interessanter und fährt gleich zweimal damit. Als der Zug an uns vorbei ruckelt, winkt Tom majestätisch aus dem Fenster wie seinerzeit Kaiser Wilhelm, wäre er denn jemals mit diesem Zug gefahren. Yôko verknipst einen Film nach dem anderen.

Das Museum schließt leider schon früh, und wir warten nur noch, bis Yôko eine Ansichtskarte für ihre Eltern beim original nachgebauten Uji-Yamada-Postamt abgegeben hat. Kurze Zeit später sind wir wieder auf dem Weg nach Nagoya. Wir haben zwei Zimmer im Hilton Hotel reserviert. Da kriege ich Rabatt.

Nagoya ist zwar eine große Stadt, aber sehr übersichtlich. Im Krieg ist die Stadt fast völlig zerstört worden, und im Gegensatz zu den Stadtvätern Tôkyôs, haben die Stadtväter Nagoyas den Wiederaufbau ihrer Stadt auf dem Reißbrett geplant. Ein symmetrisches Netz von Längs- und Querstraßen überzieht die Stadt und macht die Orientierung kinderleicht. In Tôkyô kann man getrost davon ausgehen, daß es so was wie Parallelstraßen nicht gibt, weswegen man sich auch permanent verfährt, es sei denn, man hat ein GPS im Auto. Wir finden daher auch das Hilton ohne weitere Probleme. Auf dem Weg kommen wir am Nagoya-jô vorbei. Das große, weiße Schloß mit fünf Etagen, eine Nachbildung des zerstörten Originals, ist berühmt für die beiden großen vergoldeten Delphine auf dem obersten Pagodendach. Die *shachi* glänzen in der Abendsonne, als wir an dem mächtigen Gebäude vorbeifahren.

Nach dem Einchecken ruhen wir uns kurz aus. Tom kennt ein kleines Yakitori-ya, in der wir leckere gegrillte Spießchen essen, alles vom Huhn und Gemüse. Dazu reichlich frischgezapftes Kirin-Bier. Keiner erwähnt die Sache mit den Kredithaien, obwohl ich ständig darüber nachdenken muß, was wohl nächste Woche passieren wird, wenn Andô und ich das Geld bei Matsuda Loan abliefern werden. Ich bin nicht so recht bei der Sache, und wir gehen alle früh ins Bett.

In der Nacht träume ich von Schulden und hin und wieder taucht Satô auf, der immer wieder eine blutige Niere hochhält und mich angrinst. Ich wache ständig auf. Anna kriegt auch nicht viel Schlaf, meine ständige Wälzerei hält sie wach. Wir sind beide froh, als der Wecker signalisiert, daß es Zeit zum Aufstehen ist.

Sonntag

Nach dem Frühstück brechen wir auf. Wir sind ja immerhin dank Toyota hier und haben daher beschlossen, ins Toyota-Automuseum zu fahren.

Das Museum ist nicht weit von Nagoya, auf halbem

Wege zu den gigantischen Autowerken in Toyota City. Beim Wandern durch die Hallen überlegen Tom und ich, welches der Autos wir haben wollen. Tom entscheidet sich für einen schnittigen 2000 GT, Baujahr 1968, mit immerhin 150 PS und 220 km/h schnell. Mir gefällt dagegen der erste Toyota Crown von 1955 mit bescheidenen 48 PS und ohne Höchstgeschwindigkeitsangabe. Unsere Frauen wirken angesichts unseres Enthusiasmus eher desinteressiert.

»Frauen und Technik«, flüstert Tom mir zu, und ich nicke nur zustimmend.

»Na, ihr Machos, wieder was zu flüstern? So was wie Frauen und Technik?«

Anna, sie kann wohl Lippen lesen. Die beiden Frauen kichern blöd. Tom und ich stehen über so was und verkneifen uns jeglichen Kommentar.

Es wird Zeit, nach Nagoya zurückzufahren, schließlich sind wir wegen des Sumô-Turniers gekommen. Die Junioren und die unteren Ränge sind schon den ganzen Tag dran, aber wir wollen die Hauptkämpfe sehen. Vierzig *sumôtori*, beginnend mit Ringern in den *maegashira*-Rängen wie Takanonami oder Ôtsukasa, die *komusubi* wie Miyabiyama, die *sekiwake* wie Asashoryu und dann die Meister, die *ôzeki* wie Kaio, Chiyotaikai und Tochiazuma, und als einziger *yokuzuna*, wie der höchste der Ränge bezeichnet wird, tritt Musashimaru auf. Der andere *yokuzuna*, Takanohana, ist seit sieben Turnieren wegen einer Verletzung nicht mehr angetreten.

Wir haben unsere Karten und werden vom Eingang des Aichi Kenritsu Taiikukan, der Sumô-Halle, von einem traditionell gekleideten Helfer zu unserer Sitzbox geleitet, nachdem wir vorher jeder eine große Papiertasche mit Speisen und kleinen Geschenken in Empfang genommen haben. Mit etwas Mühe und sorgfältiger Koordination der Gliedmaßen gelingt es uns nach einiger Zeit, einigermaßen komfortabel in der winzigen, ungefähr 120 x 120 cm großen Box umringt von Stahlrohren Platz zu nehmen, einschließlich der vier Tüten, vier Gläser und vier Flaschen Bier, nicht zu vergessen den Topf mit Tee und den Bechern und das sonstige Gepäck.

»Anna, du hättest die kleine Handtasche mitnehmen sollen.«

»Du kannst reden, deine Rettungsringe hängen schon über der Stange.«

»Frechheit, das ist nur mein Hemd, das so weit ist.«

»Hemd, my foot.«

»Tom hat auch ein großes Hemd an«, verschlimmert Yôko die Situation. Sie hat gut reden, sie wiegt höchstens achtundvierzig Kilo, schlank wie eine Gerte.

Wir haben uns jeder im Schneidersitz auf ein flaches Kissen gefaltet und versuchen, die anderen nicht über Gebühr mit unseren Füßen zu belästigen. In der Box vor uns sitzen vier ältere Japaner, alle im dunklen Anzug, die unseren Jeansaufzug wahrscheinlich nicht schätzen. Die vier sind schon länger da, scheint mir. Einige leere Bierflaschen und die Reste von Reis in den *bentô*-Dosen zeugen davon. Laut sind sie außerdem. Bei einem schwungvollen *»kanpai«* schüttet einer der alten Männer Anna Bier auf die Hose. Anna, ganz anders als ich, ignoriert diese Kleinigkeit, genau wie der Alte.

So hocken wir da fast zwei Stunden, mal im Schneidersitz, mal im Knien, im *seiza*, immer alle in abgestimmter Synchronbewegung.

Endlich geht es los. Beim dôhyô-*iri*, der Einmarschzeremonie der oberen Ränge, tragen die *sumôtori* reichverzierte *kesho-mawashi*, mit aufgestickten Motiven der Heimat oder schlicht mit den Logos der Sponsoren versehen. Heute ist der siebte Tag. *Yokuzuna* Musahimaru und *ôzeki* Chiotaikai führen eine kleine Gruppe von noch ungeschlagenen Kämpfern im Feld der vierzig an. Einer von ihnen wird am kommenden Sonntag wahrscheinlich Sieger des *basho*, des Turniers, sein.

Die Kämpfe dauern oft nur wenige Sekunden, aber die Vorbereitung der beiden Giganten benötigt lange und ist oft kampfentscheidend. Die Kontrahenten stampfen auf dem Boden des dôhyô, des erhöhten Ringes aus gestampfter Erde mit fast fünf Metern Durchmesser, auf, stehen sich gegenüber, gehen in die Hocke und stützen sich auf den Händen auf, den Gegner immer fest im Blick. Es ist ein psychologischer Kampf, der sich jetzt abspielt.

Im letzten Wettbewerb des Tages stehen sich der in Samoa geborene Musashimaru von der East Division und Kotonowaka von der West Division gegenüber. Junge Männer tragen Banner im Ring umher mit den Logos der Sponsoren, die speziell für diesen Kampf Geldpreise ausgesetzt haben. Der zweihunderteinunddreißig Kilogramm schwere Koloß Musashimaru, der bereits zehn Turniere gewonnen hat, schaut seinen Gegner so grimmig an, als wolle er ihn auffressen.

Kotonowaka, im Rang eines maegashira, läßt sich aber nicht verunsichern. Er erhebt sich noch einmal, geht in seine Ecke, trocknet sich lässig den Schweiß mit einem Handtuch ab, das ihm einer seiner Gehilfen reicht, und greift mit der Hand in eine kleine Kiste. Unter dem Tosen der Publikums wirft er reinigendes Salz in weitem Bogen in den Ring. Er leckt sich die Finger ab und hockt sich wieder nieder. Auch Musahimaru läßt sich wieder nieder, der

Bann seiner Blicke scheint gebrochen von der Ablenkung. Als der *gyôji*, wie der Ringrichter heißt, gekleidet in einen aufwendigen Seidenkimono, mit dem *gunbai*, dem Kriegsfächer, das Signal zum Kampfbeginn gibt, das *tachiai*, schnellen beide Giganten aus der Hocke hoch und prallen wie zwei Dampflokomotiven mit einem lauten Klatschen aufeinander. In unserer Box können wir den Aufprall regelrecht spüren. Es ist unglaublich, wie schnell diese Giganten sein können. Unter der dicken Fettschicht verbergen sich eisenharte Muskeln.

Kotonowaka greift in den *mawashi*, den stabilen Lendenschurz seines Gegners, und versucht ihn auszuheben, trotz dessen zweihunderteinunddreißig Kilogramm. Das Publikum röhrt. Der *yokuzuna* schafft es, auf den Beinen zu bleiben, und beginnt seinerseits, den Gegner aus dem Ring zu schieben. Es wird eng für Kotonowaka. Seine Füße stemmen sich gegen den Strohrand, der das *dôhyô* abgrenzt, um Halt zu finden. Wir halten den Atem an. Ein letzter gewaltiger Stoß des *yokuzuna*, des Großmeisters, dessen Beine Ausmaße von Elefantengliedmaßen haben.

Da, der *maegashira* hat sich blitzschnell zur Seite gedreht und gleichzeitig den *yokuzuna* am *mawashi* mitgezerrt. Der Vorwärtsdrang des Kolosses ist nicht zu stoppen, er saust am *maegashira* vorbei und fällt kopfüber vom *dôhyô* runter in die erste Reihe des Publikums.

Der ältere Herr, der den Riesen im Schoß sitzen hat, überlebt glücklicherweise.

Der Kampf ist entschieden. Die erste Niederlage Musashimarus im Nagoya-Turnier.

Nein, die Kampfrichter haben es anders gesehen, Kotonowaka war bereits mit einem Fuß außerhalb des Rings. Die Kampfrichter stehen zusammen auf dem *dôhyô* und beraten. Das Publikum wartet gespannt, atemlose Stille. Die beiden Kämpfer stehen scheinbar teilnahmslos da und erwarten das Urteil.

Der Kampf wird wiederholt, entscheiden die Kampfrichter. Das Publikum rast.

Die beiden Kämpfer steigen zurück auf das *dôhyô*, und alles fängt von vorne an. Doch die Luft ist bei Kotonowaka raus. Musashimaru hat ein leichtes Spiel und besiegt den *maegashira* mit einer klassischen *yori-kiri* Technik, er hat den Gegner mit beidem Händen am *mawashi* gepackt und schiebt ihn aus dem Ring.

Der *yokuzuna* hat gesiegt und beide verbeugen sich voreinander. Dutzende von Sitzkissen fliegen in den Ring als Zeichen der Begeisterung. Ich würde wie die anderen Zuschauer meines auch werfen, komme aber nicht dran, ich sitze ja festgeklemmt drauf.

Kotonowaka tritt ab, und Musashimaru nimmt hockend einen Umschlag mit einem Geldpreis entgegen. Für heute ist das Turnier vorbei, morgen geht es weiter. Ein *rikishi*, wie die Sumôkämpfer genannt werden und was soviel wie starke Männer heißt, führt den traditionellen Bogentanz auf, der das Ende des Tages anzeigt.

Wir sind froh, uns wieder entfalten zu können. Die Füße sind völlig eingeschlafen, und es dauert eine Weile, bis wir normal gehen können.

»Das war klasse, wie Kotonowaka den hat ins Leere laufen lassen«, stellt Tom begeistert fest.

»Genau, dabei hatte Musashi ihn praktisch schon draußen«, bestätige ich.

»Das sind Männer«, schwärmt Anna, und Yôkos Augen sind regelrecht verklärt. Tom und ich schauen uns nur an. Nicht auf den Bauch kommt es an, denke ich. Aber etwas nagt die Eifersucht schon. Ich muß zugeben, so ein bißchen wie mein Lieblingskämpfer, der große *yokuzuna* Chiyonofuji, der, als ich die ersten Male in Japan verbrachte, ein *basho* nach dem anderen gewann, insgesamt einunddreißigmal, möchte ich auch gebaut sein. Er war in seiner aktiven Zeit nicht fett, sondern sehr muskulös, wahnsinnig schnell und ein hervorragender Techniker, für mich der beste *yokuzuna* aller Zeiten. Gi Wäsche, die deutsche Malerin, hat ihn vor vielen Jahren in Acrylfarbe verewigt. Das Bild hängt an prominenter Stelle in unserer Wohnung.

Wir streben dem Ausgang zu, und nachdem wir den Leihwagen wieder abgegeben haben, erwischen wir gerade noch unseren Shinkansen nach Tôkyô.

»Das war ein tolles Wochenende, Jan«, sagt Anna, als wir kurz vor Mitternacht im Bett liegen. Hättest du noch Lust, nach meinem *mawashi* zu greifen?«

Klar habe ich Lust. Wie ein *yokuzuna* greife ich an.

Mittwoch

Heute habe ich meine Verabredung mit Professor Yasuda von der Universität Tôkyô. Ich hatte das fast vergessen. Nicht, daß mich die Sache mit dem Patent und Akiras verdächtigem Tod plötzlich nicht mehr interessiert, aber Kôjis Kreditgeschichte beschäftigt mich im Augenblick außerordentlich. Dieses Problem habe ich regelrecht vor Augen. Schon seit Montag steht jetzt jeden Tag ein dicker, schwarzer Benz auf der anderen Straßenseite unseres Büros. Durch die völlig verdunkelten Scheiben kann man nicht erkennen, wer sich im Wagen befindet, unsere Nachbarn sind es jedenfalls nicht. Ab und zu verschwindet der Wagen, steht aber kurze Zeit später wieder da.

Wir sind alle beunruhigt, aber es passiert nichts.

»Sollen wir nicht die Polizei holen«, schlägt Hitomi vor.

»Was sollen wir denen denn sagen? Da parkt ein Auto ganz legal an der Straße?« Tom ist ganz der Jurist.

»Ich glaube, es wird nichts passieren. Das sind die Typen von Matsuda, die warten darauf, daß Kôji zurückkommt.«

Ich hatte Andô schon gestern abend angerufen, aber er meinte auch, wir sollten sie einfach ignorieren.

»Das machen die nur, um euch unter Druck zu setzen. Vorläufig passiert da nichts, und wenn du das Geld zurückbezahlt hast, werden die schon wieder verschwinden. Die haben Wichtigeres zu tun.«

»Ich hoffe du hast recht, Shûsaku.«

»Jan, falls doch einer aussteigt, laß ihn nicht ins Büro und rufe mich an. Ich schicke dann eine Streife vorbei.«

So sitzen Tom, Hans-Peter, Hitomi und ich also seit Tagen wie in einer belagerten Burg. Als Kôji gestern anrief, um sich nach der Lage der Dinge zu erkundigen, erzählte ich ihm nur von der geplanten Rückzahlung am Donnerstag, aber nichts von den lauernden Schergen.

Es bleibt mir nichts anderes übrig, ich muß unsere Festung verlassen, um Professor Yasuda zu treffen.

»Schließt hinter mir ab, und hier ist die Telefonnummer von Andô, falls nötig.«

»Mach dir keine Sorgen, Tom ist ja auch Meister des Aikidô«, beruhigt Hitomi mich.

»Ich hab's im Kreuz«, mault Tom.

Als ich draußen stehe und höre, wie sich der Schlüssel im Türschloß hinter mir dreht, fühle ich mich für einen

Moment einsam. Drohend steht der schwarze Benz mit laufendem Motor da. Ich klettere schnell in meinen Land Cruiser und sause ab, den Rückspiegel immer im Blick. Der Benz folgt mir nicht. Sie sind hinter Kôji, nicht hinter mir her – trotz der Prügel. Wie beruhigend.

Ich finde das Büro des Professors in der Fakultät für Ingenieurwesen der Tôdai, und er wartet schon auf mich. Es ist ein freundlich dreinschauender Mann von Mitte sechzig, schätze ich. Mit seiner kleinen Brille und seinem verknautschten Anzug sieht er sehr professoral aus.

»Ah, Wolf-san. Schön, Sie kennenzulernen. Wie geht es meinem alten Freund Konô?«

»Yasuda Sensei, vielen Dank, daß Sie sich Zeit für mich nehmen. Herrn Konô geht es den Umständen entsprechend gut.«

»Was für Umstände? Ist er krank? Oder ist etwas mit seiner Frau?« Das Gesicht des Professors verzieht sich sorgenvoll.

»Nein, haben Sie nichts davon gehört?«

»Nein, wir haben uns seit Monaten nicht gesehen. Was ist denn passiert?«

»Akira, sein Sohn, ist am Tage seiner Hochzeit verstorben, Herzinfarkt vermutet man.« Von der wahrscheinlicheren Todesursache erzähle ich ihm lieber nichts.

Professor Yasuda starrt mich für Sekunden nur voller Entsetzen an.

»Was? Akira, mein bester Student, tot? Er war doch höchstens Anfang dreißig, wie kann denn das sein?«

»Der Arzt hat gesagt, daß sein Herz die ganze Aufregung und vielleicht auch die anstrengende Nacht davor nicht überstanden hat. Akira war ziemlich übergewichtig und hat viel geraucht.«

»Die armen Eltern. Akira war ihr ganzer Stolz. Ein Genie. Er sollte Konôs Firma übernehmen. Wie schrecklich.«

»Ja, es ist eine Tragödie auch für seine Braut.«

Wir sprechen noch einige Zeit über Akiras Tod, dann über die lange Beziehung des Professors zu Akiras Vater.

»Wolf-san, Sie schrieben in Ihrer E-Mail, daß Sie mich etwas über Mikrotechnologie fragen wollten, mein Spezialgebiet«, sagt der Professor, und wir kommen endlich auf das eigentliche Thema meines Besuchs.

»Ja, Herr Konô sprach von Ihnen und meinte, nur Sie könnten mir helfen. Ich bin als Berater tätig, und einer unserer Klienten ist an einer Zusammenarbeit mit der Firma Mori Research hier in Tôkyô interessiert. Der Chef der Firma ist Dr. Mori Mineo. Er hat bei Ihnen studiert. Es geht um sehr sensible Technologien, und mein Auftraggeber will ganz sicher sein, daß er mit einer seriösen Firma zusammenarbeitet.«

»Ach ja, ich erinnere mich an Mineo. Der war in der gleichen Klasse wie Akira.«

»So ein Zufall, waren die beiden gut befreundet?«

»Na, das eher nicht. Die beiden waren als Studenten nicht nur sehr gut, sondern auch sehr ehrgeizig, besonders Mineo. Ich konnte sie nie in ein Team stecken, schade, so hochbegabt, aber absolut nicht fähig, konstruktiv zusammenzuarbeiten. Die beiden arbeiteten nach ihrer Promotion kurz als meine Assistenten, aber ihre ständigen Querelen machten es ihnen unmöglich, für die Abteilung erfolgreich zu wirken. Ich habe Mineo dann eine neue Assistenzstelle an der Rika Daigaku besorgt. Mein Kollege, Professor Kino vom Institut für mechanisches Ingenieurwesen, hat ihn übernommen. Eine Schande, ein solches Talent abgeben zu müssen, aber Akira war der begabtere der beiden, und außerdem war ich mit seinem Vater befreundet.«

»Das ist ja interessant. Und heute hat Dr. Mori seine eigene Entwicklungsgesellschaft.«

»Ja, er hat einige Zeit am MIT in den USA gearbeitet, da habe ich in Fachzeitschriften schon mal was über ihn gelesen. Dann habe ich ihn aber aus den Augen verloren, im Gegensatz zu Akira, mit dem ich oft über seine Entwicklungen, an denen er für seinen Vater arbeitete, diskutiert habe. Ein begnadeter Wissenschaftler. Schrecklich, daß er tot ist.«

Ich stimme ihm zu. Aber ich will mehr über Mori wissen.

»Wie hat Mori denn seine Firma finanziert?«

»Keine Ahnung, aber in Amerika bekommt man ja leicht Kapital für ein Start-up-Unternehmen, ganz anders als hier. Hier ist so etwas ja fast unmöglich.«

»Herr Dr. Mori bietet uns eine Entwicklung an, die er gerade zum Patent angemeldet hat, eine Sonde mit einem neuartigen Antrieb. Hat er sehr viel Erfahrung auf diesem Gebiet?« Ich schildere Professor Yasuda die Details des Antriebs, den ich salopp als »*Ebi*-Drive« bezeichne.

»In der Mitte der Sonde befinden sich kleine Beinchen oder besser kleine Falten, die ihre Form durch Anlegen von Spannung ändern und das Gerät mit mehreren Millimetern pro Sekunde nach vorne oder hinten befördern.«

Ich kann es nur laienhaft erklären, aber er scheint das Prinzip genau zu verstehen.

»*Ebi*-Drive, wie zutreffend.« Er schmunzelt. »Ich weiß von Bemühungen, dieses Prinzip verwertungsreif zu machen, aber wir arbeiten hier nicht auf diesem Gebiet. Vielleicht hat Mineo am MIT damit begonnen.«

Wir unterhalten uns noch eine Weile über Technologie und Dr. Mori, bis mir nichts mehr einfällt, was ich noch fragen könnte.

»Also, Sie denken, wir können eine Zusammenarbeit wagen?«

»Mineo ist zwar ein schwieriger Mann, aber ich denke, er ist sehr gut. Sie sollten es versuchen.«

»Vielen Dank, Sensei, Sie haben mir wirklich sehr geholfen. Ich bin Ihnen zu Dank verpflichtet.«

»Ach, überhaupt nicht. Für einen Freund Konôs tu ich das gerne. Bitte richten Sie ihm mein herzliches Beileid aus, und sagen Sie ihm, ich werde mich bald bei ihm melden.«

»Mache ich noch heute. Noch mal vielen Dank.« Ich verbeuge mich tief, drehe mich um und bin fast aus der Tür.

»Übrigens, es ist zwar vertraulich, aber ich denke, Akira wird es mir verzeihen. Er hat auch an einem *Ebi*-Drive gearbeitet, er war schon sehr weit. Falls es mit Mineo nichts wird, können Sie ja mal Akiras Vater fragen, falls Mineos Patent nicht im Wege ist.«

Ja, wenn das Patent des Dr. Mori nicht im Wege ist, denke ich auch.

»Gute Idee, vielen Dank noch mal.«

Diese ganze Angelegenheit stinkt jetzt nicht nur bis zum Himmel, sondern bis zur nächsten Galaxis. Ich werde der Sache jetzt ganz bestimmt auf den Grund gehen. Ich habe schon eine Idee.

Statt zurück ins Büro fahre ich Richtung Yôkohama. Ich will mal sehen, ob ich nicht für Bosch etwas tun kann. Ich hatte den Landeschef vor kurzem getroffen und ihm von meiner neuen Tätigkeit berichtet. Wir haben uns für heute am frühen Abend in seinem Büro verabredet.

Unser Gespräch dauert wider Erwarten sehr lange und endet damit, daß wir ein Angebot für eine Studie über alternative Vertriebswege für Elektrowerkzeuge erarbeiten sollen. Gut gelaunt verlasse ich Bosch und renne schnell zu meinem Wagen. Taifun Nummer 33 ist eingetroffen. Der Himmel, vor kurzem noch strahlendblau, ist nun bleigrau, und die ersten schweren Tropfen fallen auf mein schütteres Haupthaar. Starke Windböen blasen alte Zeitungen, Zigarettenschachteln und sonstigen Müll über den Parkplatz. Ich schaffe es gerade bis in den Wagen, bevor sich die Schleusen öffnen. Ich kann kaum etwas sehen, als ich losfahre, selbst mit dem Scheibenwischer auf Stufe zwei.

Statt der Autobahn nehme ich normale Straßen, um diese Zeit ist der sogenannte Expressway nichts anderes als ein kilometerlanger Parkplatz, und das für siebenhundert Yen.

Es geht trotz des Unwetters und der Dunkelheit ganz gut voran. Jeder der nicht muß, vermeidet es, auf der Straße zu sein.

Ein großer Lastwagen überholt mich, obwohl die Straße reichlich eng ist. Laut hupend und mit aufgeblendeten Scheinwerfern quetscht er sich an mir vorbei, schert knapp vor mir wieder ein und setzt sich vor mich.

»Arschloch!« Mit meiner Lichthupe drücke ich mein Mißfallen aus. Statt Gas zu geben, wird der Laster langsamer, aber ich kann meinerseits nicht überholen. Ich sehe ohnehin kaum was, dank des Regens und der Wasserfontänen, die von den Reifen des Lasters hochspritzen. Die Scheibenwischer sind chancenlos, und ich fahre fast blind.

Es reicht mir bald. So ein Idiot.

Von hinten nähert sich sehr schnell ein zweites Paar Scheinwerfer, auch voll aufgeblendet. Das grelle Licht wird noch tausendfach von den Regentropfen und der nassen Straße reflektiert. Es ist so hell, daß meine Augen schmerzen. Im Rückspiegel sehe ich nur noch ein gleißendes Licht und kann gerade so die Konturen eines zweiten Lastwagens erkennen, der mir jetzt so nahe auf die Pelle rückt, daß er fast die Stoßstange meines Toyotas küßt.

Ich bin eingeklemmt zwischen den beiden Lastwagen wie in einem Sandwich. In meiner Magengrube zieht es sich zusammen, und ich werde ziemlich nervös. Ich hupe. Vielleicht haben die mein kleines Auto ja nicht bemerkt. Beide Lastwagen hupen aggressiv zurück, nur daß diese Hupen wie Schiffssirenen klingen und mir fast die Ohren abfallen.

»Scheiße, die haben mich auf dem Kieker!« Mir fällt der schwarze Benz ein.

Der Laster vor mir bremst kurz. Die riesigen Bremsleuchten blenden mich. Keine Chance, das Nummernschild zu erkennen. Er beschleunigt sofort wieder. Ich kann kaum verhindern, auf seine drohende Stoßstange aufzufahren.

Der hinter mir kommt verdammt nah, ehe auch er etwas abbremst.

Die wollen mich fertigmachen. Das flaue Gefühl im Magen verlagert sich Richtung Ausgang und geht vielleicht in die Hose. Ich habe jetzt schlichtweg panische Angst. Das Lenkrad habe ich so fest gepackt, als sei es ein Rettungsring. Ich bin noch nie in einer solchen Situation gewesen, so hilflos, eingeklemmt zwischen zwei riesigen Stahlungetümen und in Gefahr, dazwischen zerquetscht zu werden wie eine gare Kartoffel.

Eine kleine Seitenstraße auf der linken Seite. Ich denke nicht, ich handle instinktiv und reiße das Lenkrad herum.

Der Land Cruiser segelt auf zwei Rädern in die kleine Straße. Ich habe ein Riesenschwein. Weder überschlägt sich der Wagen, noch kommt mir gerade einer entgegen. Zumal ich mir eine Einbahnstraße ausgesucht habe, wenn man das so ausdrücken kann. Ich trete heftig auf die Bremse, und der Wagen kommt leicht schleudernd zum Halten. Das Heck des zweiten Laster donnert gerade an der Straße vorbei, wie ich im Rückspiegel sehen kann.

Für einen Moment bleibe ich zitternd einfach so sitzen. Mein Herz rast, und ich kann kaum atmen. Das war knapp. Bilder von zermatschten Autos gehen mir durch den Kopf.

Das Hupen eines kleinen PKWs vor mir holt mich zurück in die Wirklichkeit. Ich winke der pikierten Fahrerin entschuldigend zu und setzte rückwärts in die Hauptstraße. Keine Laster mehr in Sicht. Den Rest der Strecke bis nach Hause fahre ich sehr langsam, immer auf irgendwelche verdächtigen Fahrzeuge achtend, besonders auf große Lastwagen. Ich komme ohne weitere Zwischenfälle an. Anna erzähle ich nichts von der Sache, vielleicht waren es ja nur Ritter der Landstraße, die sich einen üblen Scherz mit einem armen Fahrer aus der Stadt erlauben wollten. Sehr wirkungsvoll, aber gar nicht komisch.

Donnerstag

Heute beim Frühstück komme ich mir vor wie bei der Henkersmahlzeit. Anna ist so freundlich zu mir, daß sich dieser Eindruck noch verstärkt. Wie eine Frau, die ihren geliebten Mann in den Krieg ziehen läßt und nicht weiß, ob er zurückkommt.

Nicht nur, daß heute Donnerstag ist und ich das Geld

bei Matsuda abliefern muß, nein, auch die Sache von gestern steckt mir doch mehr in den Knochen, als ich geglaubt habe. Ich habe noch schlechter geschlafen als letzten Freitag, eigentlich überhaupt nicht.

»Das stimmt nicht. Du hast geschnarcht wie ein Eisbär«, widerspricht Anna denn auch prompt, als ich ihr mein Leid klage. Als ob sie eine Ahnung hätte, ob und wie Eisbären schnarchen. Ihre Fürsorge läßt schon nach, bevor ich noch den letzten Kaffee getrunken habe. Immerhin läßt sie sich überreden, mir noch mal Milch für den Kaffee aufzuschäumen.

»Ich muß los.«

»Hast du das Geld?«

»Klar, hier in der Aktentasche.«

»Paß auf, daß es dir keiner klaut, das wäre ein dicker Hund.«

»In der Tat. Stell dir vor. Ja, lieber Herr Matsuda, leider ist mir das Geld von einem Ihrer Gangsterkollegen in der Bahn geklaut worden. Vielleicht kriegen Sie es ja von ihm direkt. Ich glaube, die würden mir was abschneiden.«

»Was denn?«

»Du weißt genau, was.«

»Ach, das.«

In meinen Ohren klang das nicht besonders besorgt.

Ohne weitere Kommentare gehe ich los. Das Auto bleibt heute stehen, im Kabuki-chô, wo die feine Matsuda Loan Kabushiki Kaisha angesiedelt ist, gibt es keine Parkplätze, es sei denn, man hat einen weißen oder schwarzen Benz mit mindesten fünf Liter Hubraum und drei Antennen.

Ich gehe zur Sôbu-Line, die mich direkt von Iidabashi zum Bahnhof von Shinjuku bringt. Der Bahnhof Shinjuku ist eine Stadt für sich, mehrere Ebenen erstrecken sich über eine Fläche nicht viel kleiner als die Innenstadt von Frankfurt. Fast vier Millionen Menschen steigen hier täglich ein und aus. Menschenmassen schieben sich an unterirdischen Geschäften, Restaurants und Kneipen vorbei, strömen nach oben zu den JR-Gleisen oder weiter nach unten zu einer der U-Bahnen. Vier große Kaufhäuser, wie das Odakyû oder das Keiô, sind integriert und unterhalten gleichnamige Bahnlinien, alle gehen von Shinjuku aus. Die einzige wichtige Veränderung, die mir in letzter Zeit aufgefallen ist, ist die Tatsache, daß dort, wo früher ein Meer von schwarzen Haaren die Treppen runterzufließen schien, heute alle Farben des Spektrums von Orangerot bis Kobaltblau leuchten. Jede Menge blonde Japaner gibt es plötzlich, die Haarkosmetikindustrie muß boomen.

Ich nehme den Ostausgang, der zum Kabuki-chô führt. Das Kabuki-chô, eines der größten Amüsierviertel Tôkyôs, eine wilde Mischung aus Rotlichtviertel, Kinos, Restaurants und Kneipen, schläft nie. Für Besucher ist das Viertel relativ sicher, da die Mafia, früher die Yakuza, heute fast nur noch die Chinesen-Mafia, streng darauf achtet, daß die Kundschaft nicht zu Schaden kommt. Schlecht fürs Geschäft. Ärger gibt es überwiegend untereinander, und da endet auch schon mal einer mit einem Messer im Bauch oder einer Kugel im Rücken im Leichenschauhaus. Die Polizei hält sich weitgehend raus und greift nur ein, wenn entweder ein »Zivilist« zum Opfer wird, oder die Bandenfehden außer Kontrolle geraten. Dann ist die Polizei allerdings schnell und effizient. Im Kabuki-chô gilt »leben und leben lassen«, meistens jedenfalls. Ich hoffe, Matsuda hat die gleiche Philosophie.

Am Ausgang wartet Shûsaku schon auf mich, gekleidet im unauffälligen grauen Anzug, eine leichte Ausbeulung in der linken Jackenseite. Andô hat auch eine Philosophie: Vorsicht ist besser als Nachsicht.

»Ach, da bist du ja. Hast du das Geld?«

»Ja, hier drin.«

»Okay, laß uns gehen.«

Es dauert nur einige Minuten. Wir überqueren die große Yasukuni-Straße und dringen in das verwirrende Gewimmel der kleinen Straßen und Gassen des Kabuki-chô ein. Am Ende einer engen, kurzen Stichstraße entdecken wir das Gebäude, in dem Matsuda sich befindet. Es ist ein schmales, altersschwaches Bürogebäude mit fünf Stockwerken und sieht so aus, als ob es das nächste größere Erdbeben auf keinen Fall überleben wird, wenn es nicht schon vorher abbrennt, wie das schon mal im hiesigen Viertel passiert. Bau- und feuerpolizeiliche Vorschriften scheinen hier weitgehend unbekannt, und Fluchttüren markieren offensichtlich nur die Stellen, an denen möglichst viele Kisten oder Fässer aufzustapeln sind, damit auch wirklich keiner rauskommt, wenn es pressiert. Erst neulich sind über vierzig Menschen in einem dieser Gebäude bei einem Brand ums Leben gekommen.

Im Erdgeschoß ist eine kleine Pachinko-Halle. Im zweiten Stock gibt es eine Bar mit dem schönen Namen »Liebe«, den dritten und vierten Stock hat Matsuda Loan K.K. belegt und im letzten Stock gibt es noch eine Bar, »No Pants Please« genannt. Vor dem Gebäude steht eine Tafel mit Fotos, auf denen das überdeutlich illustriert wird.

Wir gehen durch die gläserne Eingangstür. Links noch mehr Fotos, dieses Mal noch spezifischer und ohne schwarze Balken.

»Sollen wir das Geld nicht lieber zum fünften Stock bringen?«

»Shûsaku, du bist ein Lüstling. Du bist in Begleitung eines glücklich verheirateten Mannes.«

»Gut, dann kann ich ja alles alleine ausgeben.«

Unser Dialog ersetzt das Pfeifen im Walde. In Wirklichkeit ist mir ziemlich flau im Magen, am liebsten würde ich das Geld in den Briefkasten stopfen und wegrennen – und das, obwohl ich einen bewaffneten Polizisten mitgebracht habe.

Shûsaku dagegen wirkt entspannt. Er hat eben mehr Erfahrung im Umgang mit Gangstern.

Der Empfang des Büros ist im dritten Stock. Es gibt zwar einen Aufzug, wir klettern aber lieber die steile Stiege rauf. Es erscheint uns sicherer als der klapprige Blechkasten, der sich Aufzug nennt. Es riecht sehr streng nach Urin und Alkohol, die Wände sind schmuddelig grau.

Vor der Tür gibt Andô mir kurz Anweisungen, und wir betreten die Hallen der Matsuda Loan K.K.. Im Empfangsbereich sitzt eine junge Frau, die gerade etwas in einen Computer tippt. Sie schaut auf, erhebt sich und begrüßt uns höflich. Ich stelle mich vor und sage ihr, warum ich da bin. Shûsaku stelle ich nicht vor, und er sagt auch nichts.

Sie telefoniert kurz, und Sekunden später erscheinen zwei kräftige, junge Männer im dunklen Anzug. Beide krause Haare. Die beiden kenne ich schon. Sie schauen erst mich feindselig an, dann Andô, mit dem sie aber nichts anfangen können.

Ich gehe unwillkürlich in eine Verteidigungsposition, man weiß ja nie.

»Da sind Sie ja. Präsident Matsuda wartet schon auf Sie. Haben Sie das Geld für Yamamoto mitgebracht?«

»Ja, natürlich. Glauben Sie ich bin hier, um einen Kredit aufzunehmen?«

»Das kann man nie wissen. Eines Tages stehen Sie vielleicht auch hier und brauchen dringend Knete.«

»Nicht in tausend Jahren.«

»Egal, kommen Sie hier rein. Wer ist das?«

»Mein Bekannter.«

»Der kann hier warten.«

»Kommt nicht in Frage, er hilft mir beim Zählen.«

»Der bleibt draußen.«

»Bleibt er nicht, oder wir gehen wieder.«

»Kazuo, komm, laß doch, wir haben es eilig, wir müssen noch was erledigen«, wirft der andere Ganove ein.

»Meinetwegen. Los, hier rein.«

Wir gehen durch eine Tür in das Büro des Chefs, der hinter seinem Schreibtisch sitzenbleibt. Höflichkeit ist wohl nicht seine Stärke, oder er hält es bei seiner Art von Kunden für überflüssig.

Es ist stickig in seinem Büro trotz der Klimaanlage, die erschöpft vor sich hin wummert. Die Luft ist zum Schneiden dick. Ein Berg von Zigarettenstummeln türmt sich in einem riesigen Kristallaschenbecher auf dem Schreibtisch auf, rundherum liegt Asche verstreut. Auf dem Tisch stapeln sich Berge von Akten. Vor dem Schreibtisch steht ein einzelner, ziemlich kleiner Metallstuhl mit Sitz und Lehne aus beigefarbenem Kunstleder. Ich nehme Platz, obwohl er mich nicht aufgefordert hat. Darauf kann ich wahrscheinlich auch lange warten. Shûsaku muß stehen.

An den Wänden hängen Fotos von Golfspielern und die ganze Tristesse wird gnadenlos grell beleuchtet von einer riesigen Neondeckenlampe. Wer hier hereinkommt, um Geld zu leihen, erwartet wohl keine Atmosphäre wie bei einer vornehmen Bank. Ich stelle mir den armen Kôji vor, wie er auf dem Armesünderstühlchen gesessen und den

Kreditvertrag unterschrieben hat. Meine Wut steigt schon wieder auf.

»Haben Sie das Geld?«

»Ich wünsche Ihnen auch einen guten Tag.«

Hinter mir werden die beiden »Mitarbeiter« unruhig. Shûsaku tritt unauffällig einen Schritt zur Seite, um die beiden besser im Blick zu haben. Es liegt Spannung in der Luft.

»Also, haben Sie jetzt das Geld von Yamamoto?«

»Ja, haben Sie den Kreditvertrag?«

Matsuda zieht eine dünne Mappe aus einem der Stapel, ohne hinzuschauen und ohne den Stapel zum Einsturz zu bringen. Der Mann hat seine Ablage im Griff. Ich weiß, er ist es höchstpersönlich, weil ich mittlerweile im Chaos auf dem Schreibtisch sein Namensschild entdeckt habe, Matsuda Mamoru, Präsident. Ich bin sehr beeindruckt.

»Hier ist er. Yamamoto schuldet mir zwanzig Millionen plus Zinsen und Zinseszinsen für die Zeit, die er noch nicht bezahlt hat. Steht alles ganz genau hier. Macht alles zusammen einundzwanzig Millionen und fünfhundertzweiundsiebzigtausend Yen.« Er schiebt mir die Akte geöffnet rüber.

Ich schaue kurz drauf, nehme meine Aktentasche, öffne sie und ziehe ein Bündel nach dem anderen mit 10 000-Yen-Scheinen heraus und stapele sie vor Matsuda auf. Den scheint das viele Geld überhaupt nicht zu berühren. Er sitzt einfach da und schaut mir gelassen zu. Der Mann geht halt täglich mit solchen Beträgen in bar um.

»So, das sind die zwanzig Millionen. Und jetzt noch die Zinsen.«

»Wenn ich das richtig sehe, sollten es nicht mehr als ungefähr zweihundertachtzigtausend pro Monat sein, also höchstens sechshunderttausend alles in allem«, wirft Andô völlig unerwartet von hinten ein. Das erste Mal, daß er überhaupt etwas sagt.

»Wer ist das denn?« Matsuda schaut mich an und zeigt mit dem Finger auf Andô.

»Ich bin Hauptkommissar Andô Shûsaku von der Kripo, Herr Wolf ist mein Freund, und Sie sind ein mieser Kredithai, der Leute in Notlagen ausnimmt.« Shûsaku zeigt ihm seine Dienstmarke.

Die beiden jungen Männer drehen sich zu Andô um, bereit, ihn anzuspringen, und Matsuda kann plötzlich doch stehen. Er winkt den beiden zu, ruhig zu bleiben. Ich bin auch aufgestanden, da schlägt es sich besser, falls nötig.

»Was fällt Ihnen ein. Ich bin Geschäftsmann. Ich verleihe Geld ohne Sicherheiten, also mit hohem Risiko, dafür bekomme ich angemessene Zinsen.«

»Angemessen«, spuckt Andô fast aus. »Sie wissen doch, daß die Höchstgrenze für Zinsen im Augenblick bei ungefähr siebzehn Prozent liegt, und Sie verlangen fünfunddreißig, das ist Wucher und strafbar. Soll Ihnen das einer meiner Kollegen vom Finanzdezernat erklären?«

Wie bei einem Luftballon, der angestochen wurde, entweicht plötzlich die Luft aus dem aufgeblasenen Matsuda. Er setzt sich wieder.

»Nein, das ist nicht nötig. Bei Herrn Yamamoto kann ich natürlich eine Ausnahme machen, auch wenn ich da drauflege.« Er ist plötzlich scheißfreundlich, der Wink mit den Finanzbullen hat wohl gewirkt.

»Na, es geht doch. Also, was schuldet Herr Yamamoto Ihnen noch an Zinsen?« Andô ist an den Schreibtisch herangetreten und schaut den in sich zusammenschrumpfenden Matsuda streng an.

»Ja, also, mmh. Ich würde sagen, bei einem Mitarbeiter Ihres Freundes, na also, ich denke, er hat ja schon etwas an Zinsen bezahlt. Ich denke, es ist in Ordnung, daß ich auf weitere Zinsen verzichte. Aber, wie gesagt, da lege ich wirklich drauf, und das kann ich nur ausnahmsweise machen, Sie verstehen.« Matsuda windet sich bei seinen umständlichen Ausführungen, als ob er ein heißes Eisen im Hintern hätte oder Hämorrhoiden.

»Mir kommen die Tränen. Also zwanzig Millionen und keinen Yen mehr. Jan, mach die Tasche zu. Matsuda, quittieren Sie den Erhalt des Geldes und die Erfüllung aller Restforderungen und geben Sie Herrn Wolf die Unterlagen. Er wird sie an Yamamoto weitergeben.«

Ich bin sprachlos, wie Shûsaku mit diesem Gangster umspringt. Der Mann ist ja plötzlich handzahm, und seine beiden Schläger stehen da wie Chorknaben.

Matsuda tut, wie ihm befohlen, und ich stecke die Unterlagen in meine Aktentasche, in der sich immer noch fast zwei Millionen Yen befinden, die wir eingespart haben. Prima!

»Noch etwas. Wenn Yamamoto, Herrn Wolf oder irgend jemand in seiner Umgebung auch nur ein Nasenhaar gekrümmt wird, komme ich persönlich und nehme Ihren Laden auseinander. Sie können sich dann in Rußland niederlassen, so fertig mache ich Sie, mit Zinseszins.« Andos Gesicht ist steinern, Matsuda hat sicher keine Zweifel, daß mein Freund genau meint, was er sagt.

»Aber Herr Kommissar, es ist doch alles erledigt. Wir sind ehrenwerte Geschäftsleute, keine Kriminellen. Sie brauchen sich keine Gedanken zu machen, wir müssen zwar schon mal säumige Schuldner sanft an ihre Verpflichtungen erinnern, das ist nun mal so in unserer Branche, aber Herr Yamamoto hat ja alles bezahlt, und damit ist die Sache für uns gestorben.«

»Matsuda, sparen Sie sich das Gesülze, halten Sie sich nur fern von meinen Freunden. Komm, Jan, wir gehen. Es riecht so streng hier.«

Wir gehen auf die Tür zu.

»Und noch mal vielen Dank für die prompte Bezahlung und die faire und vernünftige Lösung, die wir gemeinsam gefunden haben«, ruft Matsuda zuckersüß hinterher. Einer der beiden Männer geht nicht schnell genug aus dem Weg, und Andô versetzt ihm einen Stoß, der ihn bis zur Wand segeln läßt.

»Geh mir aus dem Weg, sonst nehme ich dich gleich wegen Widerstand gegen die Polizei mit«, knurrt Andô.

Der Mann hebt nur beschwichtigend die Arme.

Ich drehe mich beim Rausgehen noch einmal kurz zu Matsuda um und sehe noch gerade den mörderischen Blick, den er Andô nachwirft und der überhaupt nicht zu seiner freundlichen Stimme paßt. Als er bemerkt, daß ich mich umgedreht habe, ändert sich der Gesichtsausdruck blitzschnell, und er schaut mich unverbindlich an. Mir läuft es kurz eiskalt den Rücken herunter. Diesem Matsuda ist nicht zu trauen.

Ich folge Andô auf dem Fuße, und kurze Zeit später stehen wir vor dem Gebäude. Ich bin erleichtert.

»Mann, du hast aber mächtig aufgedreht.«

»Ja, denkst du ich bin nur mitgegangen, um dir den Weg zu zeigen? Ich weiß, wie man mit denen umgeht, und außerdem wollte ich klarstellen, daß ihr für ihn und seine Schläger absolut tabu seid. Du kannst mir vom gesparten Geld ein paar Sushi und ein Bier kaufen, das habe ich mir jetzt verdient.« Andô grinst über alle vier Backen.

»Hast du, auch zwei. Du bist mein Gast. Kôji wird sich freuen, und wir sind dir wirklich dankbar, daß du uns aus diesem Schlamassel befreit hast. Du bist ein wahrer Kumpel, Kommissar Andô.«

»Vorsicht, keine Frechheiten, sonst gibt es beim Kendô wieder eins aufs Dach.«

Ich verziehe nur schmerzverzerrt das Gesicht und grinse wieder.

»Das werden wir sehen. Also, auf zum Sushi.«

Donnerstag – mittags

Beim Essen unterhalten wir uns natürlich noch eine ganze Zeit über Matsuda, und aus den zwei Bier werden drei und vier, für jeden versteht sich. Da man im Dienst nicht trinken soll, gehen wir beide nach Hause, Shûsaku, um ein Nickerchen zu machen, ich, um Anna vom glücklichen Ausgang der Sache zu erzählen. Mir ist nämlich plötzlich eingefallen, daß weder sie noch meine Leute in der Firma wissen, ob wir immer noch bei Matsuda sind oder vielleicht schon leblos in einer Ecke des Kabuki-chô liegen. Alle haben ein Recht darauf, umgehend informiert zu werden; auch Kôji auf Hawaii, egal welche Uhrzeit dort gerade ist. Per Handy informiere ich Hitomi und Anna ganz kurz. Kôji werde ich von zu Hause anrufen. Die beiden sind hörbar erleichtert, daß wir noch leben.

»Shûsaku, noch mal vielen Dank von uns allen, besonders von Kôji. Er wird sich sicher bei dir melden, wenn er zurück ist. Also dann, bis nächste Woche beim Kendô.«

»War doch selbstverständlich. Und Jan, kannst du mir wirklich einen riesigen Gefallen tun?«

»Na klar, was denn?«

»Halte dich verdammt noch mal aus weiteren Problemen raus. Ich bin es satt, dein Kindermädchen spielen zu müssen.«

Das hat gesessen. Recht hat er ja.

»Shûsaku, es tut mir leid. Ich gebe mir Mühe, ehrlich.«

»Mühe allein reicht nicht. Mach es einfach.«

»Ich habe verstanden. Danke.«

Unsere Wege trennen sich am Bahnhof. Shûsaku nimmt die Marunouchi-U-Bahn, und ich will zur Sôbu-Line. Die Tasche in der Hand, überquere ich die Straße vorm Osteingang. Kein schlecher Tag, denke ich.

»Ach, hallo Wolf-san.« Ich drehe mich, um zu sehen, wem die angenehme, weibliche Stimme gehört. Es ist Hisako, die Tochter Konôs.

»Konô-san, welch ein Zufall, guten Tag. Wie geht es Ihnen?«

»Danke, sehr gut und Ihnen?«

»Mir geht es ausgezeichnet, ich habe gerade etwas Wichtiges erledigt.«

Hisako sieht wirklich gut aus in ihrem leichten Sommerkleid und dem weiten Strohhut. Sie trägt eine große Einkaufstasche von Mitsukoshi in der rechten Hand, in der Beuge des anderen Arms baumelt eine schicke kleine Handtasche. Wirklich toll sieht sie aus.

Lautes Hupen erinnert mich daran, daß wir immer noch mitten auf der Straße stehen und die Ampel mittlerweile die Farbe gewechselt hat. Wir retten uns auf den Bürgersteig.

»Haben Sie Lust, einen Kaffee und ein Stück Kuchen mit mir zu essen, bei Isetan?«

Es ist mir plötzlich so in den Sinn gekommen, sie zu fragen. Ich laufe auch sofort rot an.

»Oh, gerne. Die Tüte ist so schwer. Eine kleine Pause wäre jetzt sehr gut.«

Also gehen wir ein paar Schritte bis zum altehrwürdigen Kaufhaus Isetan, wo es im siebten Stock nichts als Kaffeehäuser und Restaurants gibt, alles vom Besten. Jan, der Gentleman, trägt natürlich die schwere Tüte der schönen Hisako.

»Ich nehme einen Caffè latte und ein Stück Schwarzwälderkirsch.«

»Für mich das gleiche«, schließe ich mich an, obwohl Schwarzwälderkirsch eigentlich nicht mein Fall ist, aber Hisako.

Ich erkundige mich nach den Eltern und erfahre, daß es Hisakos Mutter etwas besser geht und ihr Vater sich ohnehin noch mehr in seine Arbeit vertieft oder sich vielleicht auch versteckt. Es entgeht mir nicht, daß sich Hisakos Gesicht beim Erwähnen ihres Vaters verdunkelt. Ich hatte das schon bei meinem Besuch bemerkt, Vater und Tochter stehen wohl etwas auf Kriegsfuß miteinander. Na ja, das kommt in den besten Familien vor. Ich erzähle ihr kurz, was ich noch alles über Mori herausgefunden habe.

»Ihr Bruder hat beim gleichen Professor studiert wie dieser Mori. Ich habe mich mit Professor Yasuda lange unterhalten. Hat Akira seinen Kommilitonen Mineo nie erwähnt?«

»Nein, nie. Mein Bruder und ich hatten nie ein besonders enges Verhältnis. Der hat sich immer nur für sein Studium interessiert und später für die Firma. Na ja, mein Vater hat ja von Anfang an klargestellt, wer sein Nachfolger werden soll.«

Bei Konôs hängt wohl wirklich der Haussegen schief. Schade, ich mag sie alle, Akira war mir ebenso sympathisch wie seine Schwester und seine Eltern.

»Was haben Sie eigentlich studiert? Darf ich Sie übrigens Hisako nennen? Ich bin Jan.«

»Klar doch, Jan. Ich hätte gerne wie Akira Physik studiert, in der Schule war ich besser als er, aber mein Vater hat darauf bestanden, daß ich was »Nützliches« für eine Frau studiere.« Hisako wirkt wieder etwas verbittert.

»Ich habe Medizin studiert und bin jetzt Kinderärztin an der Frauenklinik in Wakamatsu-chô.«

»Ach, das ist ja ganz nahe an unserem Aikidô *dôjô*, da können wir uns ja ab und zu zum Kaffee treffen«, schlage ich locker vor. Jan, Vorsicht! Anna geht auch zum *dôjô* und mag es vielleicht nicht, wenn du mit Hisako ein Kaffeechen trinken gehst, warnt mein Gewissen. Im Geiste erkläre ich dem Gewissen, daß mein Herz und meine Seele rein sind oder so ähnlich. Jedenfalls höre ich zum ersten Mal mein Gewissen laut lachen.

Ach nein, es ist Hisako die lacht.

»Nein, Wolf-san, das kann ich nicht machen, sehr nett von Ihnen, aber ich glaube, das wäre Ihrer Frau gar nicht recht, Sie mit einer unverheirateten Frau.«

Wieder werde ich puterrot. Erwischt.

»Nein, ich meine ja nur, eh, also, hmm. Kaffee ist doch wohl nicht gefährlich, oder?«

»Und was wollen Sie jetzt wegen Mori weiter unternehmen?«

Stimmt, da war ich ja eigentlich stehengeblieben.

»Ich werde noch mal mit ihm reden und versuche rauszufinden, was das mit seinem Patent so auf sich hat. Als ich ihn zum ersten Mal traf, hat er übrigens abgestritten, daß er Akira kennt, obwohl die beiden zusammen bei Yasuda Sensei promoviert wurden. Seltsam nicht?«

»Schon, aber vielleicht hat er es auch nur vergessen, oder er hat es gesagt, weil er ihn nicht mochte, wie Yasuda Sensei Ihnen erzählt hat. Ich würde da nicht zuviel reinlesen. So, ich muß jetzt aber wirklich los.«

»Bitte grüßen Sie Ihre Eltern. Ich werde mich in ein paar Tagen melden, wenn ich mehr von Mori weiß.«

»Mache ich. Ich sehe sie morgen, wenn ich zu ihnen fahre.«

»Ach, Sie wohnen nicht bei Ihren Eltern?« Diesmal lacht mein Gewissen nicht, es runzelt nur besorgt sein imaginäres Gesicht. Schließlich weiß ich das doch schon.

»Nein, schon seitdem ich als Ärztin arbeite. Ich habe eine kleine Eigentumswohnung in Mejiro.«

»Da haben wir auch früher gewohnt. Gute Gegend.«

»Ja, und nahe zum Krankenhaus.«

»Na, bis bald mal.«

»Bis bald.« Hisako packt ihre Einkaufstüte, die ich ihr noch bis zur Straße getragen habe, und macht sich auf zum Parkhaus, wo ihr Wagen steht, während ich noch einen Versuch mache, per Bahn nach Hause zu kommen. Die Aktentasche mit dem Geld hätte ich dabei vor lauter Begeisterung bald im Café stehengelassen.

Auf dem Weg zur Wohnung kaufe ich schnell einen großen Strauß mit Sonnenblumen für mein Gewissen, äh, ich meine für Anna.

Ich nehme die Sôbu-Line nach Iidabashi und gehe leicht federnden Schrittes nach Hause.

»Hast du was angestellt?« fragt Anna auch prompt, als ich ihr die Blumen mit einem dicken Kuß überreiche.

»Dir bringe ich nie mehr Blumen mit.« Ich bin beleidigt.

Sie versöhnt mich mit einem Glas Champagner, für einen Kaffee ist es jetzt zu spät, erkläre ich ihr. Aber bei Champagner diskutiert Anna sowieso nie, höchstens wenn ich vergessen habe, eine Flasche in den Kühlschrank zu legen.

Es ist noch früh und schönes Wetter. Nachdem sich der Taifun Richtung Norden verzogen hat, ist nicht nur die Luft sehr klar, es ist auch angenehm kühl, so um die achtundzwanzig Grad, schätze ich.

Wir beschließen, statt unseres üblichen Spazierwegs entlang der Sotobori-dôri, dem äußeren Wassergraben des Kaiserpalastes, zum Yasukuni Jinja zu gehen. Der große Schrein ist kaum eine Viertelstunde entfernt, am Iidabashi-Bahnhof vorbei, die schmale Straße rauf, und schon bald ist das riesige Dach des Budôkan zu sehen. Wir biegen nach rechts ab und stehen vor dem ersten der beiden kolossalen Torii, das Eingangstor ist ganz aus Metall, die Pfosten und der Querbalken wirken wie mächtige astlose Riesenbäume. Durch das Tor sehen wir die Statue des General Ômura Masujirô, einem der Führer der Meiji-Restauration. Wäre es Sonntag, stünden vermutlich an der kleinen Querstraße die schwarzen Busse der Rechtsradikalen, um mit irrsinnig lauter Marschmusik den Besuchern die einzig wahre politische und patriotische Gesinnung in die Ohren zu blasen. Ich bin überzeugt, es gibt ein inoffizielles Abkommen zwischen Polizei und den Radikalen, daß man sie in Ruhe läßt, solange ihre Aktionen rein akustischer Art sind. Hier und da kann man dann auch einen alten Opa in Uniform sehen, der noch vom Anfang des zwanzigsten Jahrhunderts stammt. Diese Männer haben noch nicht mitgekriegt, daß der Krieg vorbei ist. Aber eben meistens nur sonntags oder an bestimmten

Feiertagen. Heute sind keine Besucher da, also kein Publikum für die Ewiggestrigen.

Wir klettern über die Stufen des zweiten Torii, ganz aus Holz, links und rechts gigantische Schreinwächter mit furchterregenden Fratzen und der obligatorische Fotograf für die schnelle Gruppenaufnahme der Seniorenvereine, die per Bus angekarrt werden. Heute steht nur eine junge Familie mit einem kleinen Kind da.

»Jetzt hab ich's! Es liegt an den Genen.«

»Was liegt an den Genen?« will Anna wissen, sie schaut verwirrt drein.

Ich zeige nur stumm auf das kleine Mädchen, höchstens anderthalb Jahre alt, das von Papa fotografiert wird, während es sich mit der rechten Hand an Mamas Rock festhält.

Anna hat kapiert und lacht schallend, so daß sich die Leute zu ihr umdrehen. Peinlich.

Die Kleine steht da in Pose, mit erhobenem Arm, die Finger zum Victory-Zeichen hochhaltend. Wenn etwas typisch ist, dann das. Es scheint, daß Japaner schon bei der Geburt die Welt mit dem V-Zeichen begrüßen, und Milliarden von Fotos, die fotografierbesessene Japaner jedes Jahr schießen, zeigen Erwachsene oder Kinder vor Sehenswürdigkeiten, und zwar fast immer in der gleichen Pose. Wir winken der Familie zu und gehen weiter.

Vor uns öffnet sich weit der Innenbereich der Schreinanlage. Auf den Bäumen sitzen Tausende von weißen Tauben, die plötzlich wie auf ein geheimes Kommando alle hochflattern, eine riesige Formation gegen den wolkenlosen blauen Himmel bilden und mehrmals über dem Schrein kreisen, ehe sie sich wieder auf den Bäumen niederlassen. Ein irres Bild, jedes Mal bin ich begeistert.

Wir gehen nach dieser Einlage weiter, rechts das alte Nô-Theater, geradeaus die Haupthalle, wo mehr als zweieinhalb Millionen Gefallenen der Kriege seit der Meiji-Periode gedacht wird, darunter auch einigen im Zweiten Weltkrieg als Kriegsverbrecher hingerichteten Offizieren und Offiziellen, was immer wieder zu heißen Protesten führt, wenn Politiker oder gar der Premierminister es wagen, dem Schrein ihre Aufwartung zu machen. Es ist ein Thema, über das man hervorragend und endlos debattieren kann. Im Auftrag des Kaisers Meiji ist der Schrein 1869 errichtet worden. »Yasukuni« bedeutet soviel wie »sicheres, friedliches Land« und deutet auf den Zweck hin, zu dem der Kaiser den Schrein errichten ließ. Aber das sehen nicht alle so.

Wir umrunden die Halle und wandern am Kriegsmuseum vorbei, das gerade renoviert und erweitert wird. Vorbei an alten Kanonen, einer Dampflokomotive und einem Einmann-U-Boot, kommen wir zum schönsten Teil des Schreins. Ein kleiner japanischer Garten mit einem Teich, über den eine Steinbrücke führt, rechts alte Teehäuser. Im Teich dicke *koi*, japanische Karpfen, einige mehr als fünfzig Zentimeter lang. Weiden, japanischer Ahorn und schöne blühende Sträucher säumen den Teich, dazwischen alte Steinlaternen. Am Rand plätschert ein kleiner Wasserfall. Hier würde ich gerne ein Häuschen bauen, ist meine Standardbemerkung. Anna ist hier ausnahmsweise ganz meiner Meinung.

Wir wandern langsam weiter über einen Schotterweg durch dichten Baumbestand, bis wir zu »meiner« Steinlaterne kommen. Eine kleine, grob behauene und vollkommen mit dunkelgrünem Moos überwachsene Laterne, die wie ein verhutzelter Pilz aussieht. Dutzende von Fotos habe ich schon geschossen, und je nach Lichtfall sieht sie anders aus, am interessantesten bei Streiflicht am späten Nachmittag.

Am Ausgang des Schreins kommen wir an der Gedenktafel von Saitô Yakurô vorbei. Saitô war im 19. Jahrhundert einer der großen Fechtmeister, viele bekannte Samurai der Meiji-Zeit haben bei ihm gelernt.

Durch ein Seitentor kommen wir auf die große Yasukuni-dôri, und wir laufen bis zur Sotobori-dôri und dann am Wasser entlang zurück nach Hause. Eine gute Stunde hat es gedauert, und wir sind durstig und hungrig geworden.

Ich erzähle Anna während des Spaziergangs ausführlich vom aufregenden Besuch bei Matsuda und wie Shûsaku die Sache elegant gelöst hat. Auch das Treffen mit Hisako erwähne ich kurz, natürlich nicht so ganz im Detail.

»Ich bin froh, die Sache mit Kôji und diesen Widerlingen ist vorbei, und ich brauche mir jetzt auch keine Sorgen mehr um dich zu machen. Shûsaku hat vollkommen Recht, daß er dir mal deutlich die Meinung gegeigt hat. Du schaffst es immer wieder, dich in Lebensgefahr zu bringen und andere auch.«

»Aber Anna, dafür konnte ich doch nun wirklich nichts. Hätte ich denn Kôji im Stich lassen sollen?«

»Natürlich nicht, aber du ziehst Probleme wie ein Magnet an und läßt nie ein Fettnäpfchen aus.«

»Deine Worte schmerzen mich, ich meine es doch nur gut.« Ich spiele den Gekränkten, na, ein bißchen bin ich auch gekränkt.

»Das sind die schlimmsten – jene, die es gut meinen.«

»Phhh …«

»Übrigens, die Geschichte mit Akiras Entwicklung und dem Patent bringt uns doch nicht auch wieder in Schwierigkeiten?«

»Nein, Blödsinn, wie denn. Ich versuche doch nur, herauszufinden, ob Akiras Entwicklung überhaupt von Konô verwertbar ist, oder ob das Mori-Patent alles blockiert. Eine rein wirtschaftliche Frage. Nichts anderes, ehrlich.« Na ja, und dann will ich noch wissen, warum Akira vielleicht umgebracht worden ist und warum Mori verschweigt, daß er Akira gekannt hat und warum beide ausgerechnet an der gleichen Entwicklung arbeiteten. Aber davon erwähne ich nichts. Es soll ja ein schöner Abend werden.

Wird es dann auch.

In unserem Stammlokal aus den ersten Jahren in Tôkyô, dem Kaiseitei in Shimotakaido, wo wir auch heute noch mindestens einmal im Monat auftauchen, erzählten uns Kubota Isamu und seine Frau Motoko, die Besitzer des Restaurants und seit vielen Jahren Freunde, daß das Hawaii-Projekt endlich anläuft. Die beiden werden Ende des Jahres in Honolulu ein Teppanyaki-Restaurant eröffnen und es für einige Jahre selbst führen. Ihre drei Lokale in Tôkyô werden durch langjährige Mitarbeiter weitergeleitet, die wir auch alle kennen.

Es war schon lange der Traum der Kubotas, einige Jahre auf Hawaii zu leben, und das werden sie jetzt verwirklichen. Die beiden sind ganz aus dem Häuschen, das heißt, Motoko ist es. Isamu muß man schon genau kennen, um zu merken, daß er aufgeregt ist.

Wir sind auch aufgeregt, denn wir werden Teilhaber am Restaurant in Honolulu sein. Unsere nicht unerhebliche Einlage ist bereits eingezahlt, und wir hoffen, daß diese Anlage profitabler wird als unsere Aktieninvestitionen im Neuen Markt. Na, und sonst können wir wenigstens einmal im Jahr zur Aktionärsversammlung nach Hawaii, und das mit Hilfe des japanischen Finanzamts.

Heute ist im Kaiseitei zu allem Überfluß noch *megane-no-hi*, Brillentag. Einmal im Monat gibt es einen Tag, an dem jeder Gast mit Brille, egal ob er sie braucht oder nur zur Schau trägt, als erstes Getränk ein Bier in einem Glaskrug im Münchner Oktoberfestformat auf Kosten des Hauses bekommt. Es ist klar, durch große Gläser sieht man besser. Es ist schon faszinierend, welche Brillenmodelle man zu sehen bekommt, vom feinsten Armani-Gestell bis zur selbstgemachten Brille aus roten, grünen oder orangefarbenen Pfeifenreinigern.

Mit oder ohne Brille, wie immer schmeckt es ausgezeichnet: würzige, saftige Würstchen aus Obihiro in Hokkaidô, gebratene *renkon*, Lotuswurzeln mit mildem Käse überbacken, dann ein erfrischender Salat von *daikon*, Rettich, getrocknetem Tintenfisch, in dünne Streifen geschnitten in Reisweinessig und Öl.

Weiter geht es mit Scheiben von gebackenen Kartoffeln, dann *eringi*, Pilze in Butter auf der heißen Teppanyaki-Platte geschmort. Und dann gibt es butterzarte, nur ganz kurz auf der Platte gebratene Rindfleischwürfel mit gerösteten Knoblauchscheibchen und frischer Kresse. Tierisch gut.

Ich winke Isamu, der schwitzend hinter der Teppanyaki-Platte steht, zu. Wir brauchen dringend noch zwei eiskalte Bier, die auch sofort kommen. Die Glaskrüge sind von der Kälte beschlagen, das Kondenswasser läuft am Glas herab und formt Muster auf den Gläsern. Ah, köstlich, der Schaum cremig, das Bier rinnt erfrischend herunter. Jetzt noch zum Abschluß einen goldbraun gebackenen, innen noch saftigen *hirame*, Heilbutt, und später noch ein Bier.

Gesättigt und zufrieden wollen wir aufbrechen. Trotzdem entkommen wir Motoko nicht, ohne unsere halbgefrorene Passionsfrucht mit Vanilleeis gelöffelt und den Tee getrunken zu haben.

Später auf der Heimfahrt mit der Keiô-Line planen Anna und ich die erste Dienstreise nach Hawaii im Dezember.

Montag

Es war ein ereignisreiches Wochenende. Samstagmorgen Frisör, kurz die Sommerfrisur nachschneiden lassen, längere Nackenmassage, am Nachmittag eine Stunde Aikidô bei fünfunddreißig Grad im Schatten und gut neunzig Prozent Luftfeuchtigkeit. Selbst Sugawara Sensei hatte kleine Schweißtropfen auf der Stirn.

Dann schnell nach Hause, wir hatten nämlich zu K & K, Kultur und Konversation, eingeladen. Natürlich gab's auch Essen und ausreichend Getränke, nur wegen der Kultur wäre wohl kaum einer gekommen.

Alle waren da. Tom und Hans-Peter mit ihren Ehefrauen, Hitomi mit einem Freund (ein Experiment, hatte sie erklärt), Yoshie, die Töpferin, Mari, Haruko, ihr Mann Satoru, ihre Mutter, Vicente, der Spanier, und Sumie, seine Frau, Thomy, der Lebenskünstler aus New York, der glaubt, er sähe aus wie Tiger Woods, Satô Ichirô, der vielseitige Designer, den wir vor einigen Jahren im Issey Miyake Studio kennengelernt hatten, und seine Eltern: er ein bekannter Skulpteur, seine Bronzen von Frauen und Pferden stehen im ganzen Land, sie die ehemalige Leiterin der Kunstabteilung der Mädchenschule in Kawagoe. Dame Kusuda, die mystische Malerin unbekannten Alters aus Shiroganedai, begleitet von ihrer Galeristin Yôkomori, kam ebenso wie einige ehemalige Kunden aus meinen VIW-

Tagen, der eine oder andere Aikidô-Lehrer, ausnahmsweise mal nicht im *dôgi*, und kurz bevor es losging, tauchte auch Stephan Hauser, der Herausgeber des Tokyo Journal, auf, seine langen blonden Haare sorgfältig zu einem Pferdeschwanz gebunden.

Es gab einen Begrüßungstrunk und Reisgebäck, und dann mußten alle mal kurz helfen, die Möbel zu rücken, was dank Annas hochentwickeltem Sinn für Zen ganz schnell ging. Alle setzten sich eng zusammen auf Stühle, Kissen, Teekisten oder einfach auf den Boden. Die Vorhänge des Wohnzimmers waren dicht geschlossen. Ich bediente die Stereoanlage und die Illumination, bestens instruiert von der Attraktion des Abends.

Mit Hilfe des Dimmers verdunkelte ich den Raum ganz langsam, während gleichzeitig sphärische Klänge aus den Lautsprecherboxen ertönten.

Dann richtete ich ein Spotlicht auf die Tür, die zum Flur führte.

Mit kaum wahrnehmbarer Bewegung schwebte eine Gestalt mit kahlem Schädel, grellweiß geschminkt, gehüllt in einen weiten, blutroten Umhang, barfuß und unendlich langsam in den Raum, scheinbar getragen von den Klängen der Musik.

Es war Joan, ein Meisterschüler des *butô*. Der junge Spanier mit einer klassischen Ballettausbildung in New York lebt seit Jahren in Tôkyô und studiert diesen einzigartigen, abstrakten und höchstjapanischen Ausdruckstanz unter *butô*-Meister Ono Kazuo, einem der letzten noch lebenden Denkmäler dieser Kunstform.

Er stand jetzt mitten im Raum, das Spotlicht erlosch, und ich drehte den Dimmer etwas auf, der Raum war jetzt in mildes Licht getaucht. Das Publikum war mucksmäuschenstill, gebannt von der Wirkung des Tanzes. In Zeitlupe glitt der rote Umhang zu Boden, sein fast nackter, muskulöser Körper, er trug nur so etwas wie einen winzigen G-String, war vollkommen weiß geschminkt und über und über mit kleinen, silbern glitzernden Fragmenten übersät. Er tanzte in höchster Konzentration, fast wie in Trance, mit für uns manchmal quälend langsamen Bewegungen. Als ich an der richtigen Stelle das Licht löschte und die Musik stoppte, war es in dem pechschwarzen Raum sekundenlang vollkommen still. Erst als ich wieder Licht machte – Joan war verschwunden, nur etwas silberner Glanz auf dem Parkett, wie die Schleifspur einer Schnecke, zeugte davon, daß er überhaupt jemals existiert hatte – brach das Publikum in frenetischen Beifall aus, den Joan, wieder in der roten Umhüllung, mit tiefen Verbeugungen dankbar entgegennahm, als er den Raum wieder betrat.

Nach kurzem Umbau konnte der zweite Teil, die Konversation beginnen, unterstützt durch Berge von Essen und ausreichende Mengen an Bier, Wein und Sake. Joan tauchte nach einiger Zeit auf, geduscht und ohne Glitter, dafür aber in Jeans und T-Shirt, leider, wie Anna und Mari übereinstimmend feststellten.

Der Abend wurde dank Joan ein voller Erfolg. Anna und ich kamen erst gegen zwei Uhr morgens ins Bett, was uns nicht daran hinderte, um neun Uhr morgens am Training bei Kanazawa Sensei teilzunehmen. Wir trainierten allerdings zusammen, um das Tempo selber bestimmen zu können. Der Kopf brummte doch noch leicht.

Nach dem Training ging es wieder ganz gut. Den Rest des Sonntags verbrachten wir mit Spazierengehen, Mittagsschlaf, den Abend vor dem Fernseher.

Heute morgen im Büro haben wir alle erst mal ausführlich über Samstagabend gesprochen. Hitomi hat Bedenken, daß ihr »Experiment« nicht mehr so attraktiv erscheint, nachdem sie Joan gesehen hat. Ich kläre sie auf, daß Joan glücklich oder zumindest verheiratet ist.

Tom und Hans-Peter haben aushäusig zu tun. Ich arbeite am Bosch-Angebot, und Hitomi ist ebenfalls beschäftigt.

Mori geht mir nicht aus dem Kopf. Unauffällig stiehlt sich die Hand zur Computermaus, klick, ins Internet. Nach einigen Fehlversuchen finde ich in einem weiteren Artikel über Mori – welches Thema seine Doktorarbeit hatte. Hat wirklich nichts zu tun mit *Ebi*-Drive-Technologie. Nichts paßt hier zusammen, aber ich kann nicht erkennen, was genau an der Sache stinkt. Mein Instinkt sagt mir nur, es gibt einen Zusammenhang zwischen dem verdächtigen Tod Akiras, dem Einbruch im Hause der Konôs, bei dem nichts Wichtiges gestohlen wurde, und Moris Patentanmeldung ausgerechnet zum selben Thema wie Akiras Arbeit, und das eine Woche nach dessen Ableben. Aber was? Die Mosaiksteinchen passen irgendwie nicht zusammen. Mori hat geschwindelt, aber das kann ganz simple, nachvollziehbare Gründe haben, oder er hat Akira wirklich vergessen. Er ist Chef einer Firma, die in der Lage wäre, eine solche neuartige Technologie zu entwickeln. Er hat vielleicht am MIT an so etwas gearbeitet. Ich beschließe, vorerst aufzugeben, also wieder raus aus dem Netz. Moment mal, da ist ja noch ein Artikel über Dr. Mori, von vor zwei Jahren. »Dr. Mineo Mori, junger Wissenschaftler am MIT in Cambridge, tritt in die amerikanische Tochtergesellschaft der japanischen Kaneda Electronics als Seniorentwickler für Mikrotechnologie ein.«

Für einen Augenblick wird mir regelrecht schwarz vor

Augen. Ich stöhne so laut auf, daß Hitomi sich besorgt umdreht.

»Jan, hast du was?«

»Nein, nein, ich habe noch einen dicken Kopf vom Wochenende«, lüge ich reaktionsschnell. Niemand darf wissen, was ich gerade herausgefunden habe.

»Kann ich verstehen, mir geht es auch noch ganz bescheiden. Soll ich dir einen Espresso machen?«

»Nein, nein, es geht schon, danke.«

Sie wendet sich wieder ihrer Arbeit zu, und ich sitze bewegungslos vor dem Bildschirm. Ich wage nicht, die Worte Kaneda Electronics, die als Link unterstrichen im Artikel stehen, anzuklicken. Wie eine gefährliche Drohung stehen sie da. Es kann kein Zufall sein.

Endlich kann ich mich nicht weiter zurückhalten, ich muß es wissen. Klick!

Dieses Mal kann ich ein Stöhnen unterbinden, ich hatte es ja ohnehin innerlich schon gewußt. Es ist *DIE* Kaneda Electronics, die legale Front von Satô Masahisa, der *oyabun* der Yakuza und mein Erzfeind.

Satô und seine Yakuza steckten hinter dem Tod meines Freundes Ikeda vor zwei Jahren, und ich war ihm in die Parade gefahren, als ich darauf kam, daß Ikeda ermordet worden war, und verhinderte, daß Ikedas Firma in die Hände Satôs geriet. Ich stand seitdem auf Satôs Abschußliste. Die Tatsache, daß ich ihm ein Jahr später nochmal in die Quere geriet, als er illegal ein Hotel bauen wollte, machte die Sache noch schlimmer. Ich habe es nur Andô zu verdanken, daß ich noch lebe. Er hatte Satô dermaßen unter Druck gesetzt, daß dieser die Idee aufgab, mich zu beseitigen. Jedenfalls bis heute.

Jetzt wird mir einiges klarer. Aber es kann doch nicht

wahr sein, daß Satô mir schon wieder über den Weg läuft, bei hundertsechsundzwanzig Millionen Menschen. Anna hat Recht, ich ziehe Probleme magnetisch an.

Was nun? Wenn Satô erfährt, daß ich irgendwas an Mori auszusetzen habe, läßt er mich wahrscheinlich schneller beseitigen, als Shûsaku hinschauen oder mich vielleicht mal wieder beschützen kann. Shûsaku hat ja deutlich zum Ausdruck gebracht, was er von seiner Rolle als Kindermädchen und Leibwächter hält.

Wenigstens habe ich jetzt eine Ahnung, woher Dr. Mori das Startkapital für seine aufwendige Firma herbekommen hat. Satôs Strategie ist es, legal Firmen zu kaufen oder aufzubauen, als Ergänzung zu den vielen illegalen Unternehmungen wie Prostitution, Glücksspiel oder Schutzgelderpressung. Natürlich, jetzt verstehe ich. Aus der Vita Dr. Moris, die ich vorher schon gelesen hatte, geht hervor, daß er in Kôbe geboren wurde, als einziger Sohn eines Angestellten bei der dortigen Hafenbehörde. Kôbe ist eine Hochburg der Yakuza, und es ist nicht auszuschließen, daß der Vater Beziehungen zur Yakuza hatte. Wahrscheinlich hat der weitsichtige, strategisch denkende Satô den jungen, hochbegabten Mori sogar gefördert, die Uni bezahlt, ihn nach Amerika gebracht, ihm Kapital gegeben. Das entspräche der Karriere, die Satô selbst hinter sich hat. Andô hat mir das mal ausführlich erzählt. Vielleicht baut Satô hier seinen Nachfolger auf.

Mir wird wieder schummrig. Und nun? Ich glaube, es wäre am besten, ich lasse die ganze Sache auf sich beruhen. Akira ist tot, und Konô kommt auch ohne den *Ebi-Drive* gut zurecht. Und ich habe keine Lust auf den nächsten Waffengang mit Satô. Entschlossen gehe ich aus dem Internet.

Überhaupt ist das ganze Blödsinn, völliger Zufall, daß Mori bei Kaneda gearbeitet hat, schließlich ist Kaneda eine große Firma, selbst VIW hat schon Produkte von Kaneda bezogen.

Vielleicht ist Dr. Mori ja völlig unschuldig, es kommt ja nicht selten vor, daß mehrere Teams an der gleichen Sache arbeiten, vielleicht sogar Patente zugleich in verschiedenen Ländern anmelden. So ist es recht, Jan, das ist die richtige Denke.

Ich widme mich wieder ganz meinem Kunden und dessen ganz harmlosen Elektrowerkzeugen für den privaten Haushalt. Ein vollkommen ungefährliches Thema.

Ungefähr zwanzig Sekunden arbeite ich konzentriert an den ersten Ideen für die Vertriebsstrategie, dann schleicht sich Mori wieder in meine Gedanken. Wenn er nun doch was mit dem Tod Akiras zu tun hat? Kann das einfach ungesühnt bleiben, nur weil ich Schiß habe?

NEIN!!!

Jan wäre nicht Jan, wenn er der Sache nicht auf den Grund ginge. Meine schlechten Seiten, wie Ungeduld, Sturheit, Rechthaberei, eine gewisse Aggressivität, die ich überwiegend von der väterlichen Seite geerbt habe, sind ebenso Bestandteil meiner Persönlichkeit, wie mein ausgeprägter Gerechtigkeitssinn, der schon mal bis zur drohenden Selbstzerstörung gehen kann. Mein Vater, ruhe er selig, würde es mir nicht verzeihen, wenn ich hier den Schwanz einzöge.

Und meine Mutter, die auch nicht ohne war, hätte mir für zwei Pfennig (also für ca. 1 Eurocent) die Meinung gesagt, würde sich ihr Sohn als Feigling erweisen. Sie kannte zwar weder Aikidô noch sonstige Martial Arts, aber ihre Art der Selbstverteidigung war trotzdem höchst wirkungsvoll. Ihre Spezialität: K.O. durch Handtasche. Vor vielen Jahren, als sie gerade von der Bank kam, wo sie ausreichend Hartgeld in Form mehrerer Rollen Markstücke und Groschen geholt hatte, das in unserem Restaurant als Wechselgeld gebraucht wurde, trat ihr plötzlich ein junger Mann in den Weg mit der Aufforderung, just jene schöne Handtasche abzugeben. Ein Messer in der Hand unterstrich die Dringlichkeit der Anfrage.

Meine Mutter, nicht leicht einzuschüchtern, holte kurz entschlossen mit der Handtasche weit aus und schwang das gute Stück, das mit den vielen Groschen und Markstücken gerade die richtige Masse hatte, mit aller Kraft, so daß sie dem Räuber an den Kopf knallte, als habe ihn ein Pferd getreten. Die Polizei brauchte den bewußtlosen Mann nur noch einzusammeln.

Wie die Eltern, so der Sohn.

Von meiner Mutter habe ich nicht nur Schlagkraft geerbt, sondern auch Temperament und schauspielerisches Talent. Unsere Vorfahren mütterlicherseits waren Italiener, und die Familie meiner Mutter setzte sich aus Schauspielern und Musikern zusammen, meine Oma war Souffleuse, die alle Theatertexte auswendig zitieren konnte, eine Tante gar die Chefin einer Schauspielschule, alle sehr begabt, unterhaltsam und riesig nett, aber meistens mittellos. Nur meine Mutter fiel aus der Reihe, sie war eine tüchtige Geschäftsfrau, wenn auch nicht ohne beträchtliche schauspielerische Begabung.

Dieses Talent werde ich jetzt brauchen. Ich kann ja wohl schlecht zu Mori hingehen und fragen, ob er die Erfindung geklaut hat und nebenbei noch Akira mit einem Giftpfeil den Garaus gemacht hat, oder?

Ich beginne, einen Brief zu tippen.

Sehr geehrter Herr Dr. Mori,
ich möchte mich nochmals für den freundlichen Empfang in Ihrem Hause am soundsovielten bedanken, bei dem ich die Dienstleistungen unseres Unternehmens vorstellen konnte. Leider ist es ja bisher noch nicht zu einer Zusammenarbeit gekommen, aber ich hoffe, daß sich dafür in Zukunft eine Gelegenheit findet.

Heute möchte ich Sie im Auftrag eines Klienten in einer konkreten Angelegenheit ansprechen und bitte Sie um einen baldigen Gesprächstermin. Unser Klient, der aus begreiflichen Gründen zu diesem Zeitpunkt ungenannt bleiben möchte, hat von Ihrer neuen Entwicklung erfahren und ist eventuell an einem Abkommen zur Verwertung interessiert. Er hat mich gebeten, Kontakt mit Ihnen aufzunehmen. Selbstverständlich bin ich bereit, eine Geheimhaltungsvereinbarung, die auch für meinen Klienten bindend ist, zu unterschreiben.

Ich würde mich sehr freuen, wenn Sie an einem Treffen interessiert wären und sehe Ihrer Antwort mit großem Interesse entgegen.

Mit freundlichen Grüßen etc. etc.

Ich habe noch Moris Visitenkarte und schicke das Schreiben ab. Hitomi wundert sich zwar, warum ich selbst den Briefumschlag beschrifte und mit einer Marke aus meinem eigenen kleinen Vorrat frankiere, aber ich erkläre ihr, es sei was Privates.

Anna begrüßt mich schon an der Tür. Höchst ungewöhnlich.

»Ist was passiert?«

»Ich habe eine Überraschung.«

Mir schwant Übles.

»Guck nicht so böse drein, los komm.«

Meine Sorge entpuppt sich als vollkommen ungerechtfertigt. Unsere neuen italienischen Ledersofas sind da, weizengelb. Und der Tisch mit den neuen Stühlen. Die Zen-Periode ist vorüber.

»Toll, jetzt sieht es wieder gemütlich aus«, befinde ich und mache mich auf einem der Sofas breit.

»Und wo ist der Champagner?«

»Kommt sofort, mein Gebieter.«

Manchmal kann Anna richtig nett sein.

Mittwoch

Es ist Mittwochmorgen sieben Uhr, Anna und ich frühstücken gerade. Es gibt das übliche Werktagsmenü: Joghurt, Orangensaft und Espresso.

»Jan, meinst du nicht, du trägst heute besser einen dunklen Anzug?«

»Wieso, gefällt dir mein Leinenjackett nicht? Hitomi findet es cool, vor allem, weil es so schön verknittert ist.«

»Du hast es vergessen! Was für ein Tag ist heute?«

»Mittwoch?«

»Und was ist heute noch?«

Ich überlege angestrengt. Annas Geburtstag ist es nicht, unser Hochzeitstag auch nicht. Ein Termin in der Botschaft? Nein.

»Sag's schon, ich weiß nicht, was du meinst.«

»Heute ist *tai-an*.«

Offensichtlich will sie das Spiel fortsetzen.

»Wir sind doch schon verheiratet.«

»Du hast wirklich Alzheimer. Diesen Glückstag hat die VIW ausgewählt für die *jichin-no-gi*-Zeremonie für ihr neues Firmengebäude, und du bist als ehemaliger Chef einer der Ehrengäste. Hast du das wirklich vergessen? Unglaublich.«

Ach, du schöne Scheiße, das habe ich bei der ganzen Aufregung um Kôji und Akira vollkommen verschwitzt.

»Natürlich nicht, ich wollte nur nicht im Pyjama am Frühstückstisch sitzen.«

»So? Dein Jackett sieht aber wie eine Schlafanzugsjacke aus.«

»Du kränkst mich. Ich muß mich jetzt umziehen für die Grundsteinlegung.«

Noch mal die Kurve gekriegt. Und ich schaffe es auch, rechtzeitig an der Baustelle in Shinagawa zu sein. Meine alten Kollegen begrüßen mich freudig, jedenfalls die meisten, und ich werde den anderen Ehrengästen von der Bauträgergesellschaft, dem Bauunternehmen und dem Shintô-Priester vorgestellt.

Um die Stelle, an der die Zeremonie stattfinden wird, ist eine rotweiß gestreifte Zeltbahn geführt – wir treten ein. Der Zeremonienmeister erklärt uns ganz präzise, was jeder von uns wann zu tun hat. Wie Schulbuben passen wir ganz genau auf. Mein Teil besteht nur darin, immer an der richtigen Stelle aufzustehen und mich wieder zu setzen. Sollte ein Klacks sein. Als nächstes reinigen wir uns die Hände mit gesegnetem Wasser.

Wir setzen uns streng in Rangfolge auf die Stühle, die vor dem Altar aufgereiht stehen. Neben mir (ich sitze zwar in der ersten Reihe, aber außen) steht eine Tafel, an der jedes nun folgende Ritual bezeichnet ist wie auf einer Speisekarte. Außerdem verkündet der Zeremonienmeister alles in einem besonders salbungsvollem Tonfall.

Der Altar, eher ein Minischrein, ist reich verziert mit weißen und roten Papierstreifen, kunstvoll geflochten, Bambuszweige an den Seiten, in der Mitte auf dem hölzernen Altar die Opfergaben von Obst und gestampftem Reis. Auf kleinen Bänkchen links und rechts stehen elegant verpackte Sakeflaschen mit den Namen der Sponsoren. Meine mittendrin. Zum Glück hatte Hitomi das alles schon vorher erledigt. Sie hätte mir gestern ja wirklich noch mal sagen können, daß die Feier schon heute ist.

Und das Wichtigste, vor dem kleinen Schrein ist auf dem festgestampften Boden ein Sandkegel von etwa vierzig Zentimetern aufgehäuft, vollkommen gleichmäßig und glatt, und oben ist ein Sakaki-Zweig, ein Immergrün, eingesteckt.

Es geht los.

Der Shintô-Priester im reichen Gewand steht auf, seine Seidenkleidung raschelt laut. Mit einer Art Zweig aus Papier, den er über die Anwesenden schwenkt, reinigt er die ganze Zeremonie von schlechten Geistern als Vorbereitung auf die Ankunft der Götter. Dabei spricht er kurze Gebetstexte, die ich nicht verstehe und wahrscheinlich sonst auch keiner.

Im zweiten Akt beschwört er mit einer nasalen Singstimme die Götter, herabzusteigen, was dann auch durch einen langgezogenen Laut symbolisiert wird. Es klingt wirklich so, als ob die Götter gerade gelandet wären, wie bei einem Flugzeug, das sich nähert.

Der Priester berichtet den Göttern dann im Detail vom heutigen Projekt. Ich verstehe nur den Namen der Baufirma und der VIW, bevor das eigentliche *jichin-no-gi*-Ritual beginnt. Es wird wieder gereinigt, diesmal mit Salz und Sake.

Der erste Ehrengast, es ist der Eigentümer des zukünftigen VIW-Gebäudes, tritt vor und schneidet mit einer Holzsichel symbolisch den Zweig ab. Dann kommt Peter Schmidt, mein Nachfolger als Mieter, dran. Mit einer Holzschaufel darf er dreimal leicht in den Sandhaufen stechen und dabei kräftig »eei-eei-eei« ausrufen. Als nächster ist der Chef der Baufirma dran, er macht das gleiche, aber mit einer Holzhacke.

Eine Box mit den wichtigsten Symbolen der menschlichen Kultur, Messer und Gabel und mit den Hoheitssymbolen Spiegel, Schwert und Juwel, wird ebenfalls symbolisch vergraben.

Zum Abschluß dürfen die Gäste in der ersten Reihe noch einen gesegneten Sakaki-Zweig unter strengen Regeln des Verbeugens und richtigen Drehens des Zweigs auf den Altar legen. Ich darf auch, und es klappt auch einigermaßen. Jedenfalls liegt der Zweig am Schluß in der richtigen Richtung.

Der Priester läßt dann die Götter mit einem heulenden Ton wieder aufsteigen. Bei der anschließenden Feier geht es noch mal förmlich zu, als die Ehrengäste den ersten Sake aus einer flachen Schale trinken dürfen und sich bei den anderen Gästen bedanken.

Danach wird es ganz fröhlich, und es gibt reichlich Snacks, Bier und Sake für alle. Ich unterhalte mich kurz mit Peter und versichere ihm, daß das Proton-Projekt große Fortschritte macht. Dabei fällt mir ein, daß Kôji eigentlich morgen wieder bei der Arbeit auftauchen müßte. Es wird auch Zeit. Nach knapp zwei Stunden, die Feier ist vorbei, rollen die vielen Limousinen von der Baustelle, mein Land Cruiser auch, und der Bau kann bald losgehen.

Donnerstag

Tatsächlich, heute ist Kôji pünktlich um neun im Büro. Braungebrannt und richtig gut erholt sieht er aus.

Wir sticheln, daß er sich das Ganze wohl nur ausgedacht habe, um mal richtig lang Urlaub auf Hawaii zu machen, aber er kann nicht so richtig darüber lachen.

Ich erzähle ihm vom Besuch bei Matsuda, und er läuft rot an.

»Furchtbar, ich habe euch so einen Ärger eingebrockt, das kann ich nie wieder gutmachen.«

»Doch, du kannst uns das Geld zurückzahlen.« Hitomi ist nicht zimperlich mit Kôji.

Kôjis Gesicht wird noch dunkelroter.

»Ich versichere euch, ich zahle das so schnell wie möglich ab, wirklich.«

»Beruhige dich, Hitomi meint es nicht so. Zahl so, wie du kannst und vor allem, leih dir nichts bei Matsuda«, tröstet Hans-Peter den armen Kôji, gefühlvoll, wie er nun mal ist, ins nächste Fettnäpfchen tretend.

Es geht noch einige Zeit so weiter, bis Kôji uns alle zum Mittagessen einlädt, da geben wir Ruhe.

Den ganzen Nachmittag arbeiten Kôji und ich intensiv am Proton-Auftrag.

Montag

Dr. Mori reagiert schneller als erwartet. Letzten Freitag rief mich seine Sekretärin an und teilte mir mit, daß ihr Chef mich Montag, also heute, um zehn Uhr erwartet. Ich habe mich in meinen Akquisitionsanzug geworfen, dunkelgrau, dezente Streifen, weißes Hemd, elegante Krawatte, Farbe und Muster nicht zu schreiend. Zwar ist mein Klient, der sich für seine Entwicklung interessiert, reine Erfindung, aber ich muß die Charade so durchspielen, als ob es Realität wäre, nur dann wird es glaubwürdig sein.

Ich bin überpünktlich und sitze schon zehn Minuten vorher in der kleinen Empfangshalle und warte.

Neben mir sitzt ein jüngerer Mann und wartet ebenfalls. Er ist nach mir gekommen, hat mich kurz beäugt und sich dann in einen der unbequemen Sessel gesetzt und angefangen, in seiner Aktentasche zu wühlen. Wahrscheinlich ein Vertreter für irgendeine Firma, und er denkt sicher das gleiche von mir.

Ich betrachte ihn unauffällig, ich habe ja sonst nichts zu tun, und die abstrakten Gemälde an den Wänden sind nicht mein Fall, typische Wartezimmerkunst. Der Mann trägt einen blauen Anzug, etwas zu leuchtend, finde ich. Schwarzes Hemd und eine schreiend orange-gelb-grün gemusterte Krawatte, die eher wie eine Tapete aus den Sechzigern aussieht. Weiße, kurze Socken und beige Schuhe, igitt, der Mann braucht einen Ausstattungsberater.

Und die Haare erst, gut geölt, kurz geschnitten, etwas sehr kraus gelockt. Also ehrlich, ohne jedes Vorurteil, der Mann sieht aus wie von der Yakuza. Ich drehe mich etwas ab von ihm und prüfe den Sitz meiner Etro-Krawatte, doppeltgelegte reine Seide. Ich sehe aus wie ein Berater, Topklasse versteht sich.

»Gotô-sama, bitte kommen Sie, Herr Dr. Mori hat alles vorbereitet«, sagt die Sekretärin, als sie eintritt und ich mich schon erwartungsvoll erhebe.

»Ach, Herr Wolf, Sie müssen sich noch einen kleinen Augenblick gedulden.«

»Kein Problem.« Es ist schon kurz nach zehn, und ich finde es aus Prinzip schon nicht richtig, daß dieser Paradiesvogel, der immerhin nach mir gekommen ist, vor mir dran ist, aber ich lasse mir das natürlich nicht anmerken. Jahrelanges Training. Und dann noch *-sama*, die höfliche Form von *-san*, für diese Pfeife!

Die Zeit vergeht, die Bilder gefallen mir immer noch nicht, die Fachzeitungen auf dem Tisch habe ich schon durchgeblättert, ich werde langsam ungeduldig.

Es ist fast elf Uhr, immerhin hat mir die Sekretärin ein Glas Wasser gebracht und mir noch einmal versichert, daß ich gleich dran sei.

Da kommt Dr. Mori mit dem Vertreter aus der Tür, die ich durch das Glasfenster sehen kann und geleitet ihn bis zum Ausgang. Mori wie immer erstklassig gekleidet.

»Und richten Sie Satô-san aus, er braucht sich keine Gedanken zu machen, wir werden das rechtzeitig hinkriegen …«, höre ich einen Gesprächsfetzen, als die Sekretärin die Tür öffnet, um mich abzuholen. Bei der Erwähnung des Namens Satô sträuben sich wieder meine Haare, ich bekomme eine Gänsehaut und habe für einen Moment Probleme aufzustehen, so weich sind meine Beine. Satô ist ein Name wie in Deutschland Müller oder Meier, aber ich weiß, daß Mori bei Satô gearbeitet hat und offensichtlich immer noch arbeitet. Meine Hoffnung, daß Mori und Satô nichts mehr miteinander zu tun haben, ist dahin. Vielleicht wäre es klug, jetzt schnell zu verschwinden und aufzugeben, aber ich bin eben nicht klug.

»Herr Wolf, es tut mir leid, daß Sie noch einen kleinen Moment warten mußten, ich hatte überraschend noch einen wichtigen Besucher, ein Kunde, Sie verstehen.«

Ich verstehe, offensichtlich betrachtet er mich weder

als wichtig noch als Kunden. Eine geschlagene Stunde hat er mich schmoren lassen.

»Das macht überhaupt nichts, ich war sowieso zu früh da.«

Wir setzen uns, und die Sekretärin bringt einen Grünen Tee, ein Signal, daß die Audienz nicht mehr allzu lange dauern wird, obwohl sie noch gar nicht so richtig angefangen hat. Trotz meines vornehmen Anzugs fühle ich mich jetzt original wie ein Klinkenputzer, und Dr. Mori läßt auch keinen Zweifel daran, daß er nicht sehr an meinem Besuch interessiert ist. Warum hat er dann überhaupt zugesagt?

Na gut, ich beschließe, den Stier bei den Hörnern zu packen. Nach einigen einführenden Sätzen über meinen nicht vorhandenen Klienten und dessen Interesse an Moris Entwicklung komme ich auf den Punkt. Honigsüß beglückwünsche ich Mori noch mal zu seinem Patent und wie schnell er das in seiner doch noch ziemlich jungen Firma entwickelt hat.

»Ich sollte Sie vielleicht auch besser informieren, daß mein Auftraggeber mich gebeten hat, auch mit Kono Micro Motors zu sprechen, wir wissen, sie haben an einer ähnlichen Technologie gearbeitet. Vielleicht haben Sie gehört, daß Konô Akira, der Chefentwickler kürzlich gestorben ist.«

»Nein, habe ich nicht, und ich glaube auch nicht, daß eine Firma wie Konô überhaupt in der Lage wäre, solche bahnbrechenden Technologien wie unseren neuen Mikroantrieb zu entwickeln. Herr Wolf, ich bin nicht sicher, wie ich Ihnen jetzt weiterhelfen kann. Wir arbeiten noch an der Serienreife, und vielleicht sollte sich Ihr Auftraggeber bis dahin gedulden. Wir können uns ja dann bei Ihnen melden.«

Das war deutlich, er will das Gespräch möglichst bald abbrechen, aber ein echter Berater läßt sich nicht so leicht abwimmeln.

»Können Sie sich eigentlich an Konô Akira erinnern, Sie haben doch mit ihm zusammen bei Professor Yasuda studiert und promoviert?«

Er braucht einen Augenblick, um sich zu sammeln. Endlich tauchen in der glatten Fassade Risse auf.

»Ach ja, das hatte ich ganz vergessen. Ach, er ist gestorben? Unfall oder Krankheit? Wir hatten aber nicht viel miteinander zu tun. Woher wissen Sie das denn?« Er wirkt jetzt noch merklich kühler als zuvor schon, eiskalt wäre der treffendere Ausdruck, und die Nachricht von Akiras Tod ist ihm entweder nicht neu oder völlig gleichgültig.

»Von Professor Yasuda, als ich mich für den Auftrag meines Klienten vorbereitet habe, habe ich ihn besucht.«

»Yasuda Sensei, ja ganz gut in Basiswissenschaft, aber ich habe erst am MIT mit den Arbeiten an unserem Antrieb begonnen. Die beiden habe ich seit meiner Zeit in den USA nie mehr gesehen«, erklärt er ungefragt.

»Yasuda Sensei hat mir gesagt, Akira habe an dem gleichen Thema gearbeitet, deswegen bin ich ja auf Konô als mögliche Alternative gekommen, falls Sie nicht an einer Zusammenarbeit interessiert sind.«

»Kann schon sein, aber er war immer sehr eigenbrötlerisch und ein Geheimnistuer, aber ich denke, an der Tôdai standen ihm dafür die Mittel nicht zur Verfügung, und Konô entwickelt und baut im Vergleich zu uns nur ziemlich primitive Mikromechanik.« Arrogant ist er, und offensichtlich weiß er nicht, wie hypermodern die Entwicklungslabors von Konô ausgestattet sind.

»Herr Dr. Mori, ich möchte trotzdem im Interesse meines Klienten sicherstellen, daß es keine Schwierigkeiten gibt zwischen Konôs Entwicklung und Ihrer, auf die Sie ja bereits ein Patent haben.«

»Das Patent ist angemeldet, bis es erteilt wird, kann noch ein Jahr vergehen. Aber ich denke, da wird es keine Probleme geben, es sei denn, Konô hätte irgendwie bei uns abgeguckt. Hahaha.« Sein Lachen klingt nicht fröhlich, es klingt ironisch, häßlich.

»Hahaha, so was macht man doch nicht, oder? Aber ich nehme an, Sie haben nichts dagegen, wenn ich mich da nochmals rückversichere?« Ich kann auch ironisch lachen, wenn ich will.

Mori sieht einige Schattierungen blasser aus, trotz Sonnenstudiobräune. Sein Gesicht wirkt wie versteinert.

»Das ist Ihr gutes Recht, wenn es Probleme geben sollte, sagen Sie mir Bescheid, ich werde dann mit Konô sprechen und ihm vielleicht eine Lizenz erteilen. So, Herr Wolf, Sie müssen mich jetzt entschuldigen, mein Terminkalender ist etwas durcheinander geraten.«

Ich weiß nicht, ob ich was erreicht habe bei dem Gespräch, außer schnell hinauskomplimentiert worden zu sein, aber mir ist ja noch nicht mal klar, was ich eigentlich vom Besuch bei Mori erwartet habe.

Moris Sekretärin geleitet mich nach draußen. Im Flur schaue ich durch das Glasfenster in den Warteraum.

Ich traue meinen Augen kaum, Sasaki, Akiras Stellvertreter in der Entwicklung bei Kono Micro Motors, sitzt genau da, wo ich vorher gewartet habe. Er hat mich auch gesehen und macht ein genauso überraschtes Gesicht, wie ich es wahrscheinlich habe. Schnell blickt er nach unten in seine Unterlagen, die er auf den Knien liegen hat. Er tut so, als habe er mich nicht bemerkt, aber wir wissen beide, daß es nicht so ist. Was macht der Mann bei der Konkurrenz? Habe ich gerade die Erklärung gefunden, warum Mori so schnell bei der Entwicklung war? Oder gibt es eine plausible und harmlose Erklärung?

Wäre der Mann heute morgen nicht vor mir drangekommen und hätte sich mein Termin nicht eine Stunde verspätet, hätte ich Sasaki nie getroffen. Es war sicher nicht so geplant gewesen.

Im Auto grübele ich nach, was jetzt zu tun ist. Soll ich Konô erzählen, daß ich seinen wichtigsten Entwickler bei Mori getroffen habe? Aber was ist, wenn Sasaki etwas ganz Harmloses zu erledigen hatte oder vielleicht bloß im Auftrag von Konô da war? Dr. Mori muß ja nicht automatisch wissen, wenn seine Firma und andere auf Teilgebieten Beziehungen haben, oder? Und wenn ich es bei Konô erwähne, wird der vielleicht wissen wollen, was ich denn so bei Mori gesucht habe.

Ich beschließe, die Sache vorläufig für mich zu behalten, aber Sasaki bei Gelegenheit persönlich darauf anzusprechen.

Außer der Überraschung mit Sasaki hat mein Besuch eigentlich doch einiges ergeben, wenn ich es so recht bedenke. Ich sitze alleine bei einem schnellen Mittagessen in einem *Kaiten-Sushi*-Restaurant, wie die Läden heißen, in denen man sich an eine ovalförmige Theke setzt, vor sich einen Heißwasserhahn, aus dem man sich selbst Wasser in einen Becher füllt und einen Teebeutel aus einer kleinen Dose reinhängt. Auf einer Art Förderband fahren kleine Plastiktellerchen an einem vorbei, auf denen jeweils ein oder zwei verschiedene *Sushi* mit fettem *toro* oder magerem *maguro*, Thunfisch, *ebi*, Shrimps, *ikura*, Lachseier, *tako*, Oktopus, und vielen anderen Sushi-Sorten »Nimm mich!« zu rufen scheinen. Ich nehme mir sechs Tellerchen und tauche ein Sushi-Röllchen nach dem anderen in die bereitstehende Sojasoße, bis ich satt bin. Aus einer Schüssel schaufele ich mir noch reichlich köstlichen eingelegten Ingwer auf die Tellerchen. Die Tellerchen habe verschiedene Farben, die den Preis repräsentieren, es gibt welche für 130 Yen oder 380 Yen, manchmal steckt ein Fähnchen mit Werbesprüchen im Sushi, wenn es etwas ganz Besonderes und damit sehr Teures ist.

Gesättigt bezahle ich an der Kasse, das Personal zählt einfach die Tellerchen zusammen. Tee ist im Preis inbegriffen. Einfach und köstlich und sehr schnell, ganz wie wir geschäftigen Japaner es mittags mögen.

Von meinem Mobiltelefon rufe ich Konô an. Er ist da, und wir verabreden, daß ich abends bei ihm zu Hause vorbeikomme. Es geht um Akiras Entwicklung, habe ich erklärt.

Den Nachmittag widme ich wieder einem Thema, daß unserer Firma nützen soll. Ich habe schon ein schlechtes Gewissen den anderen gegenüber, daß ich mich mehr als Detektiv denn als Berater betätige. Aber schließlich ist Konô einer unserer besten Kunden, und ich finde, so was gehört zum Service. Anna hätte jetzt sicher etwas zu diesem Thema zu sagen und auch Shûsaku, aber die beiden sind ja nicht hier.

Ich hinterlasse eine Nachricht auf dem heimischen Anrufbeantworter, daß ich etwas später komme.

Montag – abends

»Kommen Sie herein, Wolf-san, schön Sie zu sehen.«

»Konô-san, ich hoffe, ich störe nicht zu sehr, ich bleibe auch nur ganz kurz.«

Konôs Frau, die auch gerade die Treppe herunterkommt und mich sieht, besteht darauf, mir einen Eistee zu machen, ehe sie sich zurückzieht.

Konô und ich sitzen im kleinen Garten, es ist zwar schwül, aber einigermaßen auszuhalten. Ich fange gerade an zu erzählen, was ich bei Professor Yasuda herausgefunden habe, als das Tor zur Straße aufgeht und Hisako hereinkommt. Mein Herz macht einen kleinen Hupfer, wirklich nur einen ganz kleinen, es hat überhaupt nichts zu sagen, erkläre ich schnell meinem Gewissen.

»Ach, Herr Wolf, ich wußte gar nicht, daß Sie heute zu Besuch kommen wollten. Wie geht es Ihnen?«

»Ach, sehr gut, ich hoffe Ihnen auch. Ich bin nur ganz kurz gekommen, um was zu berichten.«

»Hisako, hol Wolf-san noch einen Eistee«, brummt Konô seine Tochter fast unfreundlich an.

Als Hisako in der Küche ist, knurrt er: »Ich wünschte, die alte Jungfer würde endlich einen Mann finden, sie ist ja schon nicht mal mehr ein Weihnachtskuchen.«

Ich stimme Konô da überhaupt nicht zu, und die Bemerkung finde ich gemein. Als Weihnachtskuchen werden manchmal junge Frauen bezeichnet, wenn sie mit sechsundzwanzig immer noch nicht verheiratet sind. Es ist dann wie mit den Weihnachtskuchen, wenn der Weihnachtstag vorbei ist, sie sind alt, vertrocknet und zu nichts mehr zu gebrauchen.

Hisako ist nun wirklich das Gegenteil davon, und auch

wenn es mich nichts angeht, bin ich irgendwie ganz froh, daß sie unverheiratet ist. Es interessiert mich ja eigentlich überhaupt nicht.

Ehe ich eine vorsichtig korrigierende Antwort geben kann, ist Hisako schon mit meinem Glas Eistee zurück.

Ich bedanke mich gleich mehrfach, und sie freut sich offensichtlich.

Ich berichte kurz vom Gespräch mit Yasuda Sensei und was er über Mori erzählt hat.

»Komisch, daß Sie Mineo nie kennengelernt haben, die beiden haben ja lange zusammen studiert.«

»Ach, Akira hat immer hart gearbeitet und selten Freunde oder Bekannte mit nach Hause gebracht. Hisako, kennst du diesen Mori?«

»Nein, nie gehört, du weißt doch, daß Akira und ich wenige gemeinsame Freunde hatten.«

»Wie geht es denn meinem alten Yasuda?«

»Ich glaube sehr gut. Er war sehr traurig, als ich ihm von Akira erzählt habe, und er wird sich bei Ihnen melden, hat er gesagt.«

»Ach, schön. Akira war einer seiner liebsten Studenten. Ich weiß gar nicht, warum wir vergessen haben, den Professor vom Ableben Akiras zu informieren. Na ja, wir waren eben alle sehr mit uns selbst beschäftigt.«

Vom Besuch bei Mori und von der zufälligen Begegnung mit Sasaki erwähne ich nichts, ich habe eine bessere Begründung für meinen Vorschlag, den ich Konô machen möchte.

Ich erkläre ihm, daß ich die Entwicklung Akiras, so gut es mein Laienverstand zugelassen hat, mit der Patentschrift Moris, die ich mir besorgen ließ, verglichen habe und befürchte, es könne zu einer juristischen Auseinandersetzung kommen, falls sich herausstellen sollte, daß die Arbeiten zu ähnlich sind.

»Ich bin zwar kein Spezialist auf dem Gebiet des Patentrechts, aber sicher ist sicher, und ich schlage vor, ich lasse Akiras Unterlagen und Moris Patentschrift unauffällig von Professor Yasuda prüfen. Der ist Ihnen verbunden und hält sicher dicht oder kann Ihnen sogar raten, was zu tun ist, wenn es nötig ist.«

»Das ist eine sehr gute Idee, Wolf-san. Ich bin Ihnen wirklich dankbar für Ihre Hilfe. Es wäre eine Schande, wenn Akiras geistiges Erbe nicht zum Erfolg kommen würde, weil es irgendein Patent gibt, was dem im Weg steht. Wer weiß, ob das Patent dieses Mori überhaupt gültig ist. Die Ämter machen da oft Fehler, das habe ich selber schon erlebt.«

»Prima, ich werde den Professor so schnell wie möglich besuchen. Ich möchte Sie nur bitten, mir ein Begleitschreiben mitzugeben, damit er weiß, daß ich die Unterlagen Akiras nicht stibitzt habe. Ich werde sie Ihnen natürlich quittieren und verbürge mich für die sichere Aufbewahrung.«

»Daran zweifele ich nicht. Ich mache das Schreiben sofort fertig. Hisako, hol mal Akiras Mappe, sie liegt im Tresor.«

»Vater, ich meine, wir sollten das nicht machen. Akira ist tot, und wir sollten ihn endlich ruhen lassen. Du brauchst doch diese Entwicklung überhaupt nicht, Kono Micro Motors kommt auch so bestens zurecht.«

Konôs Gesicht verfinstert sich.

»Es geht um meinen Sohn, das verstehst du nicht. Es geht um die Erinnerung an einen großartigen Wissenschaftler und an meinen Nachfolger, wenn er nicht ...«

Er schluckt und kann einen Augenblick nicht weitersprechen.

»Ich weiß, Akira bedeutet dir wenig, aber für deine Mutter und mich ist es ein enormer Verlust.«

»Ich weiß. Ich bin ja nur deine Tochter.«

»Rede nicht so mit mir. Hol jetzt die Unterlagen, Herr Wolf hat es eilig.«

Er ist wütend, und Hisako dreht sich abrupt um und verschwindet nach drinnen. Mir ist das ganze sehr peinlich, und Hisako tut mir leid. Das alte Thema, ein Kind der Sonnenstern, das andere kriegt die Hiebe ab.

Konô steht auch auf, geht nach drinnen und kommt kurze Zeit später wieder mit einem beschriebenen Bogen Papier, auf dem sein Siegel prangt, sowie einem Umschlag zurück. Mein Legitimierungsschreiben. Eine Empfangsbestätigung will er nicht von mir.

»Sie sind schließlich ein enger Freund unserer Familie.«

Hisako braucht ziemlich lange, und als sie zurückkommt ist mir sofort klar, warum. Ihre Augen sind noch rotgerändert.

Ich verschwinde so schnell, wie es die Höflichkeit zuläßt. Die Atmosphäre im Hause Konô war heute unerträglich. Ich fürchte, zwischen Vater und Tochter ist keine Liebe, und die Mutter scheint sich seit dem Tode Akiras ganz zurückgezogen zu haben. Ich hoffe, ich kann wenigstens helfen, Akiras Vermächtnis zu schützen und vielleicht auch dahinter zu kommen, ob an seinem Tod nicht doch etwas anderes als sein Herz Schuld hat. Der Giftpfeil ist ja schließlich nicht von der Decke gefallen, und dann noch das Foto mit dem kleinen, verwischten Fleck, das ich genau in dem Moment geschossen habe, als Akira seinen Anfall bekam.

Von zu Hause schicke ich Yasuda Sensei eine E-Mail. Akiras Unterlagen stecke ich vorsichtshalber in unseren kleinen Safe im Schlafzimmer, hinter dem Munakata-Holzschnitt.

Ich möchte sie nicht im Büro aufbewahren, wo Tom und die anderen die Mappe sehen würden und sicher wissen wollen, was es damit auf sich hat. Nach dem Abenteuer mit Kôji möchte ich sie nicht mit einer weiteren Geschichte belasten.

Es ist kurz vor vier, es wird schon langsam hell. Mein innerer Seismograph muß mich geweckt haben. Plötzlich fängt erst das Bett, dann das ganze Gebäude an zu schwanken, erst langsam und bedächtig, dann heftig und rüttelnd. Alles fängt an zu rappeln, die Fenster, die Türen, Möbel, die Schubladen an meinem Nachtschränkchen springen auf, der Wecker fällt um, und von der Küche her höre ich ein verdächtiges Klirren. Eine höllisch laute Kakophonie begleitet das Schwanken, als seien wir auf hoher See.

Anna und ich sitzen senkrecht im Bett, bereit aufzuspringen. Außer »oh, oh« sagt keiner was. Unsere Rucksäcke mit dem Erdbebennotfallgepäck stehen immer bereit. Wir haben viel Erfahrung mit Erdbeben, ständig werden kleinere oder auch größere Beben von den sich verschiebenden Platten der Erdkruste in und um Japan ausgelöst. Das Problem ist, daß keiner weiß, wie stark das Beben wird. Dieses Mal ist es wieder gutgegangen, das Epizentrum scheint weit draußen auf dem Meer zu liegen, ich schätze, wir haben vielleicht Stärke drei oder vier auf der Richterskala gespürt, und es ist nichts Wichtiges ist zu Bruch gegangen, wie ich am Morgen feststellen kann. Unser Gebäude ist eine moderne Stahlbetonkonstruktion und ausgelegt, wesentlich stärkeren Erdbeben zu widerstehen, hoffe ich jedenfalls jedes Mal.

1995 in Kôbe, als bei dem großen Hanshin-Erdbeben, das mehr als Stärke sieben hatte, über sechstausend Menschen ums Leben kamen, lag das hauptsächlich daran, daß die wackligen Holzhäuser der Altstadt zusammenklappten und die Menschen unter den schweren Steindächern gefangen waren. Riesige Feuer, verursacht durch aufgerissene Gasleitungen, ließen den Opfern keine Chance.

Erdbeben machen mich immer nervös. Ich fühle mich hilflos ausgeliefert und werde mich nie daran gewöhnen. Anna schläft bald wieder, aber ich liege noch wach, bis die Sonne ohnehin so kräftig scheint, daß ich aufstehe und die Espressomaschine einschalte.

Mori und seine Beziehung zu Satô und seinen Yakuza sind mir ständig durch den Kopf gegangen. Immer mehr bekomme ich das Gefühl, wieder in eine gefährliche Geschichte verwickelt zu sein, und falls Satô wirklich seine Finger im Spiel hat und ich ihm schon wieder in die Quere komme … Ich wage es nicht, mir auszudenken, was passieren kann. Ich hoffe nur, das Erdbeben war kein böses Omen.

Es ist erst sechs, und um die finsteren Gedanken zu vertreiben, gehe ich zum ersten Mal nach längerer Zeit wieder in die erste Aikidô-Klasse, die *dôshu* Ueshiba Moriteru selber leitet. Anna verzichtet, als ich sie frage, winkt sie nur unwillig mit dem dicken Zeh, der unter der Decke hervorlugt.

Mittwoch

Gestern fand ich die Antwort von Professor Yasuda in der E-Mail, als ich nach dem Training gestärkt bei Wolf & Partner einrollte. Ich sei für morgen nachmittag eingeladen, prima, das war eine prompt Antwort.

Mittwochmorgen ist bei uns die wöchentliche Kriegssitzung. Wir haben uns alle auf diesen Tag geeinigt, weil montags immer so ein zäher Tag ist, vor allem nach anstrengenden Wochenenden. Als Berater ist Kommunikation Trumpf, und deswegen fällt der Termin nur aus, wenn mindestens zwei von uns auf Reisen sind.

Tom, unser Wirtschaftsanwalt, berichtet von einigen neuen Regeländerungen in Malaysia, die beim Proton-Projekt Auswirkungen haben können. Hans-Peter, unser Steuerspezialist, wird sich sofort darum kümmern. Kôji und ich stellen den neuesten Entwurf der Präsentation für den guten Dr. Bogenhardt und seine Mannen vor. Kôji hat noch rasch alles mit tollen Statistiken ergänzt, er hat ja einiges nachzuholen. Tag und Nacht hat er gearbeitet.

Wir beschließen, Peter Schmidt diesen Entwurf nächste Woche zusammen mit den Ergänzungen von Hans-Peter und Tom vorzulegen. *Nemawashi* nennt man das, alle ins Boot zu holen, bevor man ein offizielles Gremium um Genehmigung bittet. Peter wird Dr. Bückling, unser größtes Risiko bei VIW, sicherlich mit der Aussicht auf die Reise nach Penang zur Zustimmung bringen. Das Meeting ist nach zwei Stunden vorbei. Hitomi hat alles protokolliert, ganz wie bei einer richtigen Sitzung.

Mittags sind alle unterwegs, und ich beschließe, alleine etwas essen zu gehen. Vom Büro gehe ich die Kagurazaka hoch, ganz gemächlich, es ist nämlich wieder brütend heiß und schwül. Es wird sicher später ein Mordsgewitter geben.

Ich will nur eine Kleinigkeit essen und biege in eine schmale Straße ab, die an einer Treppe endet. Von dort führen Stufen hinunter zu einem winzigen Lokal, das ausgezeichnetes Reiscurry anbietet, für ganze vierhundert Yen einschließlich Tee.

Auf der Treppe bin ich nicht ganz alleine, ich höre Schritte hinter mir, noch ein hungriger Gast auf dem Weg zum Curry.

Autsch, ich spüre einen stechenden Schmerz im Nacken. Scheiß Mücken. Mit der rechten Hand wische ich über die Stelle und fege etwas zur Seite, einen kleinen, harten Gegenstand, bestimmt keine Mücke. Ich schaue nach unten und sehe einen kleinen bunten Federbusch mit metallener Spitze.

Ein Giftpfeil, schießt es mir durch den Kopf. Schnell will ich mich umdrehen, um zu sehen, woher der kam, aber plötzlich fährt ein leichtes Zittern durch meinen ganzen Körper. Ich halte inne mit der Drehung, um die Balance nicht zu verlieren. Mein Herz fängt an wie wild zu pumpen, mir wird schwindlig.

Mein Atem geht plötzlich nur noch ganz langsam, unregelmäßig mit einem Röcheln, als ob meine Atemröhre verstopft ist. Unkontrolliert fangen meine Muskeln an zu zucken. Irgendwie dreht sich jetzt alles. Ich merke kaum, daß ich zu Boden sinke, einige Stufen der Treppe hinunterrolle und auf einem Absatz liegenbleibe. Es ist merkwürdig, ich verspüre keine Schmerzen, es ist so, als ob mein Körper gefühllos geworden ist. Ich versuche, um Hilfe zu rufen, aber ich bekomme keinen Ton heraus. Zäher, schleimiger

Schaum quillt mir aus Mund und Nase, aber ich kann keinen Arm bewegen, um ihn wegzuwischen, beide Arme, die Beine, mein Nacken sind gelähmt. Nur mein Verstand scheint vollkommen klar zu arbeiten. Aus den Augenwinkeln sehe ich eine schemenhafte Gestalt auf der Treppe oberhalb, die statt mir zu helfen, sich kurz bückt und die Treppe hinauf verschwindet.

Ich liege einfach so da, beobachte alles, als sei ich eine andere Person und nur zufälliger Zeuge wie in einem Alptraum.

Ich bin vergiftet worden, warum hilft denn keiner. Ich weiß jetzt, was mit Akira passiert ist. Mir ist eiskalt. Jetzt habe ich einen stechenden Schmerz in den Ohren, und es hört sich an wie das Brausen eines heißen Wüstensturms.

Ein besorgtes Gesicht beugt sich über mich. Ich kann es kaum erkennen, irgendwie scheint es mir, daß das Tageslicht plötzlich grell geworden ist. Ich erkenne in ihm den Wirt des Lokals.

Meine Luft wird knapp, ich fange an, danach zu schnappen wie ein Fisch auf dem Trockenen.

Das Gesicht ist verschwunden. Es ist der letzte Eindruck, den ich habe, mir wird schwarz vor Augen.

Mittwoch

Ein Engel! Ich habe gerade die Augen vorsichtig geöffnet, und es ist das erste, was ich sehe. Aber Engel schauen doch immer lieblich drein?

»Idiot! Hast du noch alle Tassen im Schrank?«

Eindeutig kein Engel. Ich schlage die Augen ganz auf. Anna! Ich bin nicht tot!

Ich bin nach dieser herzlichen Begrüßung ganz hellwach.

Anna hat Tränen in den Augen und sie sieht ganz schmal und blaß aus.

Ich kann meine Arme bewegen, prima. Ich nehme ihre Hände in die meinigen.

»Was für ein Tag ist heute?«

»Mittwoch.«

»Ach, ich habe hier nur ganz kurz gelegen?«

»Seit letzten Mittwoch. Du warst mehr tot als lebendig. Worauf hast du dich schon wieder eingelassen?«

»Eine Woche? Was ist denn passiert?« Ich weiß nur zu gut, was passiert ist, aber erst mal sehen, was andere so zu sagen haben.

»Die Ärzte sagen, man hat versucht, dich zu vergiften, mit einer Spritze oder so, man hat einen Stich im Nacken gefunden. Hast du das denn nicht gemerkt? Du bist doch sonst so auf Draht? Jan, sag die Wahrheit, das hat was mit den Kredithaien oder mit Akira zu tun. Lüg mich nicht an.«

»Reg dich nicht auf, das würde ich nie wagen.«

»Reg dich nicht auf, reg dich nicht auf. Du hast gut reden. Ich sitze hier seit Tagen, zittere um dein Leben, und ich soll mich nicht aufregen.« Ihr vorher blasses Gesicht ist jetzt puterrot. Sie ist sauer.

»Entschuldige, ich meine es nicht so, und ich liebe dich.«

»Mann, kannst du nicht wie ein normaler Mensch leben, arbeiten, mich lieben und in einem biblischen Alter eines natürlichen Todes sterben?« Sie scheint besänftigt, wenn sie so was sagt.

»Schrecklicher Gedanke. Nein, aber im Ernst, das will ich ja auch. Ich weiß nicht, wer versucht hat, mich zu beseitigen. Aber das finde ich noch raus, und dann gehe ich zu Andô.«

»Das brauchst du nicht, Shûsaku hat mich gebeten, ihn sofort zu informieren, wenn du aufwachst. Und das werde ich jetzt auch machen.« Sie gibt mir einen Kuß, ehe ich protestieren kann, und ist schon fast aus der Tür.

»Wo bin ich hier eigentlich?«

»Im Shinjuku-Polizeihospital, und vor der Tür steht ein Polizist, damit du nicht wegläufst, bevor Andô dich verhört hat.«

»Verhört, wieso verhört? Ich bin doch das Opfer.«

»Wer weiß das schon so genau.«

Anna ist garantiert besser gelaunt.

Ich starre an die weiße Decke, und als ich den Kopf drehe, sehe ich einen Schlauch, der an einem Katheter in meinem Arm steckt. Der Schlauch kommt aus einer Flasche, die an einem Metallständer hängt und aus der langsam Flüssigkeit runtertropft. Mein Mittagessen!

Shûsaku taucht kurz nach Mittag auf. Eine zutrauliche Krankenschwester hat mir vorher eine Bettpfanne untergeschoben und mich gründlich gewaschen. Erst war es ja peinlich, aber das mit dem Waschen war gar nicht so schlecht. Als sie die Mitte mit dem Schwamm bearbeitete, hörte ich sie einmal kurz »oh« sagen. Ich nehme an, sie fand meinen Bauchnabel auch ausgeprägt.

»Shûsaku, welche Überraschung«, begrüße ich meinen Freund.

»Jan, wenn ich könnte, würde ich dich jetzt verhaften und auf eine unbewohnte Insel deportieren lassen, da könntest du wenigstens keinem in die Quere kommen, der dich anschließend unbedingt umbringen will.«

»Was ist denn genau passiert?«

»Wenn du mir jetzt genau erzählst, was hinter der Sache steckt, sage ich es dir vielleicht und lasse dich noch mal laufen.«

»Ich bin wirklich unschuldig. Ehrlich, Hochwürden.«

»Was ist ein Hochwürden?«

»Vergiß es.«

»Also los. Wer und warum?«

Ich habe nicht nur Anna und Shûsaku verstanden, sondern auch kapiert, daß ich es mit skrupellosen und sehr gefährlichen Verbrechern zu tun habe, die vor Mord nicht zurückschrecken.

»Vielleicht war Matsuda doch nicht glücklich mit der gefundenen Regelung?«

»Nein, das glaube ich nicht. Ich hatte ja reichlich Zeit, bis du freundlicherweise wieder aus dem Dauerschlaf aufgewacht bist. Ich habe mir Matsuda natürlich vorgeknöpft und bin sicher, er hat nichts damit zu tun. Jemanden mit Gift umzubringen, ist nicht seine Sache. Solche Typen bevorzugen Baseballschläger oder höchstens noch Pistolen und Messer, vielleicht überfahren sie noch säumige Schuldner, aber Pfeilgift, nee, wirklich nicht.«

»Pfeilgift? Was meinst du damit, so ein Pfeil, wie der, den wir bei Akira gefunden haben?«

»Das wissen wir nicht, weil wir bei dir zwar einen Einstich im Nacken, aber keinen Pfeil oder sonst was gefunden haben. Aber die forensische Analyse hat ergeben, daß das Gift, das wir an dem Pfeil bei Akira gefunden haben und die Spuren am Einstich und im Blut identisch sind.

Vielleicht erinnerst du dich, Physostigmin und auch Spuren von Strychnos toxifera und Apocynaceae Ouabain.« Shûsaku kann das jetzt schon sagen, ohne sein kleines Büchlein zu Rate zu ziehen.

»Ach ja, die Kalabarbohne. Also ein Gottesurteil, die Götter müssen mir gnädig gewesen sein. Wieso lebe ich eigentlich noch?«

»Die Ärzte sagen, du hast unverschämtes Schwein gehabt und nur überlebt, weil du so dick bist.«

»Ich kann mir nicht vorstellen, daß sie das gesagt haben.« Ich bin indigniert.

»Nicht genau mit diesen Worten, aber der Täter hat vermutlich deine Körpermasse unterschätzt und die Dosis zu gering gewählt, und außerdem hat der Wirt des Restaurants sehr schnell reagiert. Er hat erst einen Krankenwagen gerufen und dann die ganze Zeit Mund-zu-Mundbeatmung gemacht und dir damit das Leben gerettet, bis der Rettungsarzt da war.«

»Wenn ich hier raus bin, muß ich den Mann sofort besuchen und mich bedanken.«

»Der Rettungsarzt war zufällig einigermaßen fit auf dem Gebiet Vergiftungen und hat dir sofort noch auf der Treppe ein Emetikum verabreicht und dich dann künstlich beatmet.«

»Du meinst, ich habe dem Wirt vor die Tür gekotzt?«

»So ähnlich, aber auf Griechisch klingt es besser. Der Rest war dann Routine, Atropinspritze oder so was, Senfpflaster und so weiter.«

Woher weißt du das denn alles so genau?«

»Hier habe ich alles genau aufgeschrieben, was die Ärzte und die Toxikologen gesagt haben.« Er zückt jetzt doch das kleine Büchlein. Ich hätte mich auch gewundert, Andô und Griechisch.

»Toll, und dieses Zeug wirkt so schnell. Ich konnte nicht mal mehr sehen, wer mich angegriffen hat.«

»Ja, der Toxikologe sagt, dieses Gift ist hochlöslich,

dringt blitzschnell in die Blutbahn ein und verteilt sich schnell im ganzen Körper, parenteral.«

Angeber, denke ich.

»Also, ich hab dir jetzt gesagt, was passiert ist, und du sagst mir jetzt warum, sonst ziehe ich den Katheter raus.«

»Ich bin sowieso satt«, antwortete ich trotzig.

»Komm schon, Anna ist ganz krank vor Angst gewesen, hast du nicht gesehen, wie sehr sie abgemagert ist. Raus jetzt mit der Wahrheit, und ich kümmere mich ab sofort darum. Ich bin der Polizist, falls du das vergessen hast.«

Shûsaku ist kurz davor, die gute Laune zu verlieren. Ich habe das nicht vergessen, im Gegenteil, und der Anblick Annas hat mir schon einen Stich versetzt.

Ich erzähle Shûsaku, was passiert ist, nachdem ich Konô an Andô wegen des Giftpfeils verwiesen habe. Wie ich die Patentanmeldung Dr. Moris gefunden habe, mein Treffen mit Professor Yasuda, die beiden Treffen mit Dr. Mori, seine Lügen, von der Beziehung zwischen Akira und Mori, vom merkwürdigen Besuch Sasakis, Akiras Stellvertreter und zum Schluß von der Beziehung Dr. Moris zu Satô, dem *Oyabun* der Yakuza.

Shûsaku sitzt die meiste Zeit still da und macht sich Notizen, hin und wieder hinterfragt er eine Information. Erst bei der Erwähnung Satôs pfeift er laut durch die Lippen.

»Satô, da hast du dich ja wirklich tief in die Scheiße gesetzt. Ich glaube, ich behalte dich vorläufig hier, da bist du einigermaßen sicher. Ich weiß zwar nicht, ob das, was du mir erzählst, nicht nur alles Zufall ist, aber wenn nicht, wird Satô mächtig sauer auf dich sein. Ich glaube nicht, daß ich ihn wieder daran hindern kann, es dir heimzuzahlen. Und zu den Yakuza paßt so ein Anschlag mit Pfeilgift sehr wohl. Satô beschäftigt einige echte Ninjas als Killer, keine Komparsen.«

»Ich weiß, deswegen wollte ich dir das ja auch letzte Woche alles berichten und dich bitten, die Sache in die Hand zu nehmen.«

»Du wirst ja nicht mal mehr rot, wenn du lügst.«

»Ehrlich.«

»Ich weiß, bei den Augen deiner Kinder.«

Es ist nicht fair, daß er diesen Standardspruch meiner seligen Mutter zitiert, die er früher des öfteren bei ihren Besuchen in Tôkyô getroffen und deren Ratschlägen und Sprüchen er im Gegensatz zu mir gerne gelauscht hat.

»Aber eins muß ich zugeben, du hast erstklassige Arbeit geleistet. Wenn deine Beratung mal nicht läuft, kannst du bei mir als Juniorermittler anfangen.«

Ein echtes Lob aus Shûsakûs Mund, eine Rarität.

»Danke, ich werde es mir überlegen. Und was machen wir jetzt?«

»Was heißt hier wir? Du machst überhaupt nichts, geh nach Hause, sei nett zu Anna, und kümmere dich um Wolf & Partner, und ich mache meine Arbeit. Oder mach es wie Yamamoto-san, fahr weg nach Hawaii. Klar?«

»Klar.«

»Und Jan, paß auf deinen Rücken auf. Ich werde dir ein Team schicken, das ein Auge auf dich hat.«

»Das ist nicht nötig.«

»Aber sicher. Keine Widerrede. Sonst nenne ich es einfach Beschattung eines potentiellen Selbstmörders.«

Als Andô weg ist, nehme ich mein Handy, das auf dem blechernen Nachttisch liegt und rufe Anna an. Glücklicherweise kann sie bestätigen, Akiras Akte liegt unberührt in unserem Safe.

Mein nächster Anruf gilt Wolf & Partner. Alle vier klingen glücklich, daß ich wieder unter den Lebenden weile. Sie hatten mich im Krankenhaus besucht, aber ich war wohl nur ganz selten und dann auch nur halb wach und kann mich nicht daran erinnern.

»Wir vermissen dich, wegen der Arbeit, du verstehst.« Hitomi ist wie immer sehr liebenswürdig.

»Übrigens, es gibt eine schlechte Nachricht. Letzten Donnerstag ist eingebrochen worden. Die Diebe haben versucht, den Safe zu öffnen, hat aber nicht geklappt. Sie haben nichts geklaut, außer meiner kleinen Kasse mit dem Bargeld, und ziemlich viel Durcheinander in unseren Akten haben sie gemacht. Drei Tage habe ich zum Aufräumen gebraucht.«

»Hast du Andô informiert?«

»Nein, nur die normale Polizei. Die haben alles untersucht und geraten, wir sollen uns eine bessere Alarmanlage anschaffen. Habe ich schon bestellt.«

»So, okay, ist schon in Ordnung. Na, ich denke ich bin spätestens am Montag wieder im Büro. Bis dann.«

Freitag

Freitagmorgen ist es soweit, das Krankenhaus braucht mein Bett fürs Wochenende, weil man wohl viele neue Kunden erwartet, und erklärt mich für geheilt, jedenfalls körperlich.

Anna holt mich mit dem Auto ab. Wir fahren Richtung Iidabashi und kommen auf der Ôkubo-dôri an einem kleinen, ganz neuen buddhistischen Tempel vorbei, an der Ecke, wo es zu unserer Wohnung geht. Der winzige Friedhof ist noch fast leer, ganz kahl sieht er aus.

»Schau mal, Jan. Gestern bin ich da vorbeigegangen, und die haben mir einen Werbezettel in die Hand gedrückt, schön bunt und nett aufgemacht. Der Tempel sucht noch Kundschaft für den Friedhof«, teilt sie mir fröhlich und, wie ich finde, mit leicht hoffnungsvollem Unterton mit.

Bin ich etwa zu empfindlich?

Unsere Wohnung und vor allem der Dachgarten sehen besser aus als jemals zuvor. Ich kann mächtig froh sein, noch unter den Lebenden zu weilen und den Anblick genießen zu können.

Ich dusche erst ausgiebig, irgendwie, finde ich, rieche ich nach Krankenhaus. Gehüllt in einen frischen Leinen-*samue*, fühle ich mich schon fast wieder wie neu.

Anna bemüht sich um mich, wie ich es sonst nur aus dem Bali Ritz Carlton kenne oder auch von der netten Krankenschwester im Polizeihospital. Caffè latte, frischer Orangensaft, ein Omelette mit Speck und Zwiebeln auf frischem Graubrot, Kirschtomaten, zum Schluß ein Stück Baguette mit Butter bestrichen und darauf dick Honig aus Thassos. Unsere griechischen Freunde haben mal wieder ein Carepaket geschickt.

Dieses königliche Frühstück genieße ich auf dem Dachgarten, ein Anblick, wie er süßer nicht sein kann, denke ich. Es ist zwar achtunddreißig Grad im Schatten, und die Luft ist feucht und schwer, aber das ist mir heute völlig egal. Ich erfreue mich an jedem Baum, jedem Strauch und jeder Pflanze. Die *koi* im Teich, sie sind immer noch vollzählig, begrüße ich alle persönlich. Selbst die dicke, fette, schwarze Krähe, die gerade am Teich landet, ist heute willkommen. Ich lebe noch.

Die Krähe, sie scheint schon etwas reifer zu sein, interessiert sich nicht für meine *Koi*. Sie hat ein großes Stück Brot im Schnabel, das aber so alt und hart aussieht, daß sie es nicht zerteilen und schlucken kann.

Aber sie ist clever und tunkt das steinharte Stück Weißbrot zum Einweichen in den Teich. Sie hat das sicher bei den Franzosen im benachbarten Institut Français gelernt, wo die Franzosen ihre Croissants in den Kaffee tunken.

»Jan, wenn du bereit bist, möchte ich deine physischen Reaktionen testen, um zu sehen, ob du keinen bleibenden Schaden erlitten hast.«

Anna steht, nur mangelhaft bekleidet, in der Tür. Eine meiner physischen Reaktionen funktioniert sofort, wie ich spüre, und ich eile.

Am Nachmittag, es ist alles noch prima in Ordnung, wie wir feststellen konnten, rufe ich Professor Yasuda an und entschuldige mich dafür, letzten Donnerstag nicht aufgetaucht zu sein. Lebensmittelvergiftung, erkläre ich. Er ist froh, zu hören, daß es mir wieder gut geht und bietet mir an, ihn Montagnachmittag zu treffen.

Die weiteren Ermittlungen zu Akiras Tod und dem verdächtigen Dr. Mori werde ich natürlich, wie versprochen, Andô überlassen. Dieses Mal habe ich echt genug. Das war verdammt knapp, und man soll sein Schicksal nicht zu oft herausfordern. Ich habe zwar keine Ahnung, wer mich umbringen wollte, ob es was mit Mori oder auch Satô zu tun hatte, oder ob Shûsaku vielleicht doch die Kredithaie unterschätzt hat, aber die Tatsache, daß bei Akira und mir das gleiche Gift zum Einsatz kam, spricht eigentlich dagegen. Es sei denn, es gibt in Tôkyô so eine Art Fachgeschäft für Mordwaffen und Gifte aller Art.

Aber die Unterlagen Akiras, die sicher in unserem Safe

liegen, wie ich bei der Ankunft aus dem Krankenhaus noch mal kontrolliert habe, werde ich noch zu Professor Yasuda bringen. Wenn Akiras Arbeit und die von Mori verschieden sind, werde ich es Konô mitteilen, und dann kann er Akiras »*Ebi*-Drive« auf den Markt bringen. Vorsichtshalber werde ich dann auch erwähnen, wo ich Sasaki, seinen Entwicklungschef, getroffen habe. Konô soll dann selber entscheiden, was er davon zu halten hat.

Und wenn Yasuda Sensei doch findet, daß die beiden Arbeiten zu ähnlich sind, werde ich es ihm ebenfalls mitteilen, dann muß er abwarten, ob Shûsaku Licht in die Affäre bringen kann. Wenn nachzuweisen ist, daß Mori sich das Wissen irgendwie erschlichen hat, kann er ihn verklagen, wenn nicht, dann muß er die Entwicklung Akiras eben einmotten. Irgendwie erscheint es mir nicht mehr so wichtig, wie die Sache ausgeht. Ich bin etwas enttäuscht von Konô, wie er seine Tochter behandelt – er ist doch der typische Patriarch. Natürlich will ich immer noch, daß Andô den oder die Mörder Akiras faßt, schon aus purem Eigennutz.

Ich erkläre das alles auch Anna.

»Gut, mach das, aber keine weiteren Aktionen, sonst kannst du ausziehen, du weißt ja, der Tempel.«

»Aber Anna, du kennst mich doch.«

»Eben.«

»Ich rufe jetzt auch bei Shûsaku an und erzähle ihm, was ich mache, wie findest du das.«

»Toll, aber laß nicht wieder irgendeine Kleinigkeit aus.«

»Ich schwöre.«

»Vergiß es.«

Von Andô bekomme ich Ähnliches zu hören, immerhin ist er zufrieden, daß ich ihm überhaupt sage, was ich vorhabe und wie ich mir die weiteren Schritte vorgestellt habe.

»Ruf mich sofort an, wenn dein Professor ein Ergebnis hat. Klar?«

»Klar, Chef.«

»*Buchô* heißt das, wenn schon.«

»Klar, *buchô*.« Ich übe schon mal für meine zukünftige Karriere als Shûsakûs Junior.

Der letzte Anruf gilt Konô. Ich will ihn nur unterrichten, daß ich bis heute keine Gelegenheit hatte, Professor Yasuda Akiras Unterlagen zu bringen, Lebensmittelvergiftung muß auch hier als Erklärung herhalten. Er hat sich schon Gedanken gemacht, warum er nichts von mir gehört hat, und ist wirklich sehr besorgt, ob ich die Vergiftung auch ohne Schaden überstanden habe. Ich kann es ihm versichern und grinse dabei breit, weil ich an den Vormittag denken muß – gut daß er mich nicht sehen kann.

»Also, Konô-san, ich melde mich sofort, wenn ich das Ergebnis habe. Ich sehe Yasuda Sensei am Montag, und ich denke, er wird nicht mehr als eine Woche benötigen.«

»Lassen Sie sich Zeit, und achten Sie auf Ihre Gesundheit.«

So, alle wesentlichen Dinge erledigt, zurück auf den Dachgarten, Anna folgt mir, als mache sie sich Sorgen, irgendein bezahlter Killer lauere auf dem Dach.

Es ist jetzt noch drückender geworden, und von Nordosten ziehen Gewitterwolken auf, wie gewaltige, grauschwarz aufgetürmte Berge sehen sie aus. Oh, oh, da kommt was Dickes auf uns zu. Aber noch ist es über uns blau, und die Sonne im Westen steht noch ziemlich hoch.

Anna und ich löffeln genüßlich aus winzigen Bechern mit gut gekühltem und köstlichem Birnenfruchtgelee, *ochûgen*, kleine Geschenke von Lieferanten. Das ist so üblich während der heißen Sommertage von Juli bis August, als Dankeschön für gute Geschäftsbeziehungen. Unser Reisebüro hat eine Palette mit verschiedenen Fruchtgelees geschickt. Wolf & Partner hat auch *ochûgen* an seine Kunden verschickt, Gelee oder auch kleine Paletten mit niedlichen »Ein-Schluck«-Bierdosen.

»Jan, ich habe übrigens gestern beim Reisebüro eine Reise gebucht.«

»Was für eine Reise, wohin willst du denn?«

»Nicht ich, wir. Wir machen es Kôji nach. Ich war lange nicht in Hawaii, und du kannst dann gleich mal gucken, wo Isamu das Restaurant aufmachen will. Du hast schon so lange keinen Urlaub gemacht, du hast es dir redlich verdient.«

Soviel Fürsorge, und das für mich? Ich bin überzeugt, sie will mich nur für eine Zeit aus Tôkyô haben, bis Andô vielleicht Erfolg hat. Vielleicht keine schlechte Idee.

»Wann willst du denn los?«

»Nächste Woche Freitag, vorher war nichts zu machen.«

»Ach, das ist prima, da kann ich das mit dem Professor noch erledigen, und außerdem fangen die Woche drauf die *obon*-Feiertage an, da sind unsere Kunden eh fast alle in den Ferien.«

Obon ist ein Reihe von buddhistischen Feiertagen Mitte August. In dieser Woche nimmt ein großer Teil der Bevölkerung einen Kurzurlaub, um in ihren jeweiligen Heimatorten den Geistern der Ahnen zu gedenken, die dem Glauben nach an diesen Tagen zu ihren ehemaligen Wohnorten und Familien zurückkehren. Viele Firmen haben während dieser Zeit ebenfalls geschlossen. In Tôkyô laufen während *obon* und auch in den Tagen davor und danach viele Menschen, auch junge, im Sommerkimono, dem *yukata*, herum. Es ist die Zeit der Straßenfeste, der Umzüge und der Feuerwerke. Besonders das am Sumida-Fluß im Herzen Tôkyôs ist berühmt, und Hunderttausende von Zuschauern säumen den Fluß während des Spektakels.

Das beste an dieser Zeit ist aber, daß Tôkyô fast wie ausgestorben ist, man kann Auto fahren ohne Staus, die Bahn ist nicht überfüllt, alles geht ruhig und gemächlich zu, fast wie auf dem Land. Dort ist es dann wahrscheinlich eher wie sonst in der Stadt.

»Also, die Sache ist beschlossen, ich rufe gleich beim Reisebüro an und bestätige.«

Wir gehen sowieso besser ins Innere, die Wolkentürme haben unsere Gegend erreicht und die Sonne verdunkelt. Es fängt an zu grummeln. Das Gewitter geht los. Die ersten dicken Tropfen fallen auf mein Haupthaar, noch ehe ich die Flucht ergreifen kann.

Wir schließen sorgfältig die Tür zum Dachgarten und alle Fenster des Hauses. Statt dessen schalten wir die Klimaanlage ein, sonst wird es unerträglich.

Von der gemütlichen Couch am Fenster betrachten wir das Schauspiel der entfesselten Naturgewalten. Es ist jetzt fast dunkel wie die Nacht, die Sonne ist vollkommen verdeckt.

Plötzlich zerreißt ein greller Blitz die Dunkelheit, teilt sie regelrecht in zwei Hälften, ein ohrenbetäubendes Krachen nur eine Sekunde später macht uns klar, das Gewitter ist fast genau über uns. Unser Kater springt entsetzt aus seinem kuscheligen Ledersessel, aus seinen Träumen gerissen. Gebuckelt und mit Haaren, die wie elektrisiert zu Berge stehen, starrt er entsetzt auf das Drama vor dem Fenster.

Ein gewaltiger Sturm hat eingesetzt und peitscht den

Regen gegen die Fenster. Ein scharfer Knall wie von einer Explosion erinnert uns daran, daß wir die Markise nicht eingerollt haben. Schnell betätige ich den Schalter neben der Tür, die Markise hält und ist rechtzeitig eingerollt, dafür klatscht der Regen jetzt noch heftiger gegen die Scheiben.

Da, zwei Blitze gleichzeitig, einer Richtung Korakuen-Park, wo der Tokyo-Dome steht. Hoffentlich kann die gigantische Traglufthalle, das Heimstadium der Yomiuri Giants, wo der meistgefilmte Mann Japans, Nagashima Shigeo, bis vor kurzem Cheftrainer war, das Unwetter ab. Heute ist glücklicherweise kein Baseballspiel angesagt.

Der zweite Blitz in Richtung des kaiserlichen Gästehauses im nahen Akasaka ist nur durch die schwarzen Wolken, die an den Rändern grell aufleuchten, zu erkennen.

Ein dröhnender Doppeldonnerschlag läßt uns drei, Anna, unseren Kater und mich, vor Schreck einfrieren. In der Entfernung ist die Sirene eines Feuerwehrwagens zu hören. Entweder steht ein Keller voll, oder es hat irgendwo eingeschlagen.

Genauso schnell, wie es heranzog, ist das Gewitter wieder abgezogen. Der Himmel ist wieder klar, die Sonne zwischenzeitlich aber fast untergegangen. Wir schauen auf dem Dach nach, ob es Schäden gegeben hat. Die *koi* sind noch vollzählig und scheinen auch nicht aus der Ruhe gebracht worden zu sein, jedenfalls machen sie sich wie gewohnt sofort über das Futter her, das ich in den Teich streue. Einen Ast an unserem Ahorn hat es erwischt, er ist halb abgebrochen, schade. Mit Hilfe einer kleinen Säge ist der Schaden schnell weitgehend behoben, man sieht überhaupt nicht, daß etwas fehlt.

Der Rest des Dachgartens hat den Sturm und die Wassermassen einigermaßen gut überstanden. Es ist jetzt angenehm kühl geworden, und wir gönnen uns ein Bier im Freien. Der Blick auf die Stadt ist nach so einem Wetter ungetrübt. Wir beschließen, einfach hierzubleiben und uns eine Pizza zu bestellen.

Montag

Heute ist ein typischer Montag. Nach meiner Woche Zwangsurlaub hat die Realität mich wieder. E-Mails aus Deutschland, Rechnungen aus Tôkyô, eine Einladung zu einer Veranstaltung der deutschen Industrie- und Handelskammer in Japan, der Kanzler kommt. Das ist mutig, so kurz vor den Wahlen in Deutschland. Mal sehen, wer denn kommt. Die American Chamber of Commerce lädt uns ein, einen Vortrag über die neuen gesetzlichen Regeln zum Thema Holdingfirmen zu halten. Schon besser, das ist gut für unser Geschäft.

Hitomi ist ungewöhnlich nett, sie umsorgt mich wie eine Glucke ihr Küken, Cappuccino, Kekse, eine geschälte Apfelsine, ich kann es kaum glauben. Es hat auch seine Vorteile, wenn man fast »tödlich gestorben« ist, wie eine thailändische Bekannte es auszudrücken pflegt.

Meine Kollegen wollen natürlich genau wissen, was sich zugetragen hat und warum. Ich gebe ihnen eine etwas verkürzte Version der Geschichte und kann Kôji beruhigen, daß er mir diesen Anschlag nicht eingebrockt hat, jedenfalls sei es höchst unwahrscheinlich, wie ich ihm versichere. Kôji ist nicht hundertprozentig überzeugt.

»Und was unternimmt die Polizei jetzt als nächstes?«

»Andô hat sich der Sache selber angenommen, und ich

denke, er wird schon dahinterkommen, wer was gegen mich hat und warum.«

»Ich hoffe, er beeilt sich, bevor dir noch was passiert«, wirft Hitomi besorgt ein.

»Vielleicht solltest du auch Urlaub nehmen«, schlägt Hans-Peter vor und guckt dabei Kôji an, der sofort wieder rot im Gesicht anläuft.

»Gut, daß du das erwähnst, Anna war auch der Meinung und hat schon zwei Flüge und ein Hotel in Hawaii gebucht. Freitag geht der Flieger.«

»Hawaii entwickelt sich für unsere Firma immer mehr zum sicheren Hafen«, findet Tom. »Vielleicht bin ich als nächster dran, wenn mein Projekt mit den philippinischen Thunfischimporteuren nicht bald läuft. Die sind schon ganz nervös, aber ich kann doch auch nichts dafür, daß die Genehmigungen von Gesundheitsamt und Zoll so lange dauern.«

»Ich beschütze dich schon, Tom«, sagt Hitomi.

Jetzt bin ich eifersüchtig.

»Los jetzt, Schluß mit dem Geschwätz, alle an die Arbeit, Zeit ist Geld, besonders für Berater. Ich will am Freitag mit gutem Gewissen in meinen verdienten Urlaub gehen, drei Wochen.«

»Verdient, my ass«, meint Tom und die anderen, außer Kôji, finden ähnlich abfällige Bemerkungen. Kôji hält sich lieber bedeckt.

Ausnahmsweise gehen wir alle zusammen zum Essen. Die vier nehmen mich in die Mitte und schirmen mich ab wie Bodyguards den amerikanischen Präsidenten, keine Chance für einen potentiellen Mörder. So ganz unrecht ist mir die Fürsorge nicht.

Es gruselt mich zwar ziemlich, als wir an die Stelle auf der Treppe kommen, wo ich fast verreckt wäre, aber ich habe darauf bestanden, zu dem kleinen Lokal zu gehen, um mich beim Wirt dafür zu bedanken, daß er mein Leben gerettet hat. Am Wochenende habe ich eine edle Flasche Malt Whisky und einen großen Korb mit feinen Lebensmitteln gekauft, wir schleppen die Sachen mit zum Lokal. Ich hoffe, er freut sich. Mehr als ein kleines Zeichen der Dankbarkeit kann ich eh nicht setzen, wieviel ist ein Leben wert?

Dem Wirt ist das Ganze eher peinlich, und er winkt nur ab. Über den Whisky freut er sich aber, auch über den Korb. Er besteht drauf, uns ein festliches Mahl zu servieren, als ob er mir zu danken hätte. Verkehrte Welt.

Wenigstens kann ich ihn überreden, daß ich die Rechnung bezahle, obwohl er schwindelt, wir bezahlen höchstens die Hälfte von dem, was wir wirklich verzehrt haben.

Nach der langen Mittagspause mache ich mich auf zu Professor Yasuda, ich habe nur ein Bier getrunken, obwohl der Wirt ständig drängte. Ich nähme noch Medikamente, sagte ich zur Entschuldigung, aber die anderen sind für mich eingesprungen, echte Kumpel.

Im Inneren meines Land Cruisers fühle ich mich auch ohne meine Bodyguards einigermaßen sicher, bis ich einen großen Lastwagen sehe, genauso wie einer von denen, die mich neulich auf die Hörner nehmen wollten. Vielleicht waren das doch keine Trucker, die mir nur einen Schreck einjagen wollten. Aber heute ist blauer Himmel und Tôkyô eine friedliche Stadt, und kein Lastwagen kommt mir zu nahe.

»Kommen Sie herein, Wolf-san. Ich hoffe, Sie haben Ihre Lebensmittelvergiftung gut überstanden?«

»Vielen Dank, Sensei, ja, ich bin wieder völlig in Ordnung. Nur ein paar Kilo habe ich abgenommen, aber das schadet mir nicht.«

Yasuda lacht und bietet mir einen Tee an.

»Dann zeigen Sie mal her, was Sie da haben.«

Ich überreiche ihm die Akte mit der Arbeit Akiras und das Schreiben von Konô an den Professor, aus einem anderen Umschlag in meiner Aktentasche ziehe ich die Kopie der Patentschrift, die Dr. Mori eingereicht und die Borsig mir besorgt hat.

»Wolf & Partner beraten Herrn Konô in Lizenzfragen, und er hat mich beauftragt, zu Ihnen zu kommen. Das sind die beiden Entwicklungen. Herr Konô bittet Sie um ein vertrauliches Gutachten, ob Akiras Entwicklung die Patente von Dr. Mori nicht verletzen würde und um eine Beurteilung, wie ähnlich die beiden Technologien überhaupt sind. Selbstverständlich werden wir für die Kosten des Gutachtens aufkommen.«

Vom wahren Grund für das Gutachten erzähle ich ihm lieber nichts.

»Schon gut, wenn es nicht zu viele Recherchen erfordert, mache ich das für meinen alten Freund kostenlos. Richten Sie ihm aus, ich werde die beiden Akten selbst sorgfältig prüfen und sonst niemanden einschalten.«

»Wie lange werden Sie schätzungsweise dafür brauchen? Ich möchte Sie nicht drängen, ich werde nur ab Freitag einige Zeit auf Reisen sein und würde Herrn Konô natürlich gerne vorher Bericht erstatten.«

»Ach, ich denke, das kriege ich hin, wir haben ja Ferien, und da habe ich nicht so viel zu tun.«

»Herzlichen Dank. Sie rufen mich dann an?«

»Ja, mache ich, sobald ich fertig bin.«

Es ist noch früh, und ich kehre zum Büro zurück, ich habe viel aufzuarbeiten.

Dienstag

Ich habe gerade den Computer hochgefahren und Hitomi hat den ersten Cappuccino des Tages gemacht. Die endgültige Version unserer Proton-Studie soll heute fertig werden und kann dann nach Deutschland geschickt werden. Es paßt mir zwar nicht, daß ich nach Hawaii gehe, falls es Rückfragen gibt, aber ich bin ja erreichbar und habe außerdem sehr kompetente Kollegen, beruhige ich mich.

Mein Telefon klingelt, und ich hebe ab.

»Yasuda hier, spreche ich mit Wolf-san?« Der gute Professor klingt ja ganz aufgeregt.

»Ja, ich bin es, Sensei, haben Sie etwa schon was herausgefunden?«

»Und ob, und ob.«

»Donnerwetter, Sie haben ja sehr schnell gearbeitet, da bin ich Ihnen wirklich dankbar. Wie beurteilen Sie denn die beiden Arbeiten?«

»Ich habe gestern abend eigentlich nur durchblättern wollen, aber ich war so geschockt, daß ich die ganze Nacht durchgearbeitet habe. Die Erfindung Akiras und die Patentanmeldung von Mori sind praktisch identisch. Es ist unwahrscheinlich, daß das ein Zufall sein soll. Selbst die Gliederung und der Text sind fast deckungsgleich.

Wolf-san, hier hat jemand vom anderen abgeschrieben, eine Riesensauerei.«

»Sagen Sie das noch mal.«

»Ein Skandal. Einer von beiden hat geistiges Eigentum gestohlen, um es klar zu sagen.«

»Sind Sie ganz sicher?«

»Hundertprozentig. Er hat sich nicht einmal Mühe gegeben, es zu verdecken. Wahrscheinlich hat er überhaupt nicht damit gerechnet, daß das jemand herausfinden würde.«

»Wer ist es Ihrer Ansicht nach?«

»Das kann ich Ihnen nicht sagen. Ich hoffe nur, es war nicht Akira, um ehrlich zu sein. Was werden Sie jetzt unternehmen?«

»Ich werde zuerst die Unterlagen wieder abholen und dann zu Konô-san gehen und mit ihm sprechen. Vielleicht kann er ja einen Hinweis geben, und er muß auch entscheiden, ob er die Sache bei der Polizei meldet. Ich kann mich doch darauf verlassen, daß es vorläufig unter uns bleibt, Sensei?«

»Natürlich, ich möchte Konô-san und Akira nicht in Probleme bringen. Aber wenn es doch Mori ist, stehe ich gerne als Sachverständiger zur Verfügung.«

»Sensei, ich danke Ihnen sehr. Darf ich gleich vorbeikommen?«

»Ja, ich werde alles in einem verschlossenen Umschlag bei meiner Sekretärin hinterlegen. Ich habe leider einen Termin.«

»Danke, und ich melde mich wieder bei Ihnen, sobald ich mehr weiß.«

So schnell bin ich noch nie bis zur Tôdai gekommen. Die Unterlagen liegen in der Tat bereit, und ich mache mich sofort auf den Weg, Konô in seiner Firma aufzusuchen. Von unterwegs rufe ich ihn kurz an, er ist da und hat auch Zeit, sich mit mir zu treffen.

Eigentlich müßte ich Shûsaku auch sofort informieren, aber ich denke, ich rede zuerst mit Konô, und dann hole ich das sofort nach. Irgendwie möchte ich doch Akira schützen, falls er derjenige war, der die Idee geklaut hat, obwohl ich innerlich eigentlich sicher bin, daß Mori der Übeltäter ist.

Wenn Konô einverstanden ist, kann Shûsaku ja so tun, als ob Konô ihn geschickt hätte, um Mori auf den Zahn fühlen, ich kann mich dann fein raushalten, und vielleicht tauche ich nicht mehr auf Moris oder Satôs Radarschirm auf oder wer immer hinter dem Giftanschlag auf mich steht.

»Wolf-san, das ist ja schrecklich. Aber ich bin sicher, daß Akira selbst an der Entwicklung gearbeitet hat, ich habe ihm manchmal über die Schulter geschaut. Und außerdem kann Herr Sasaki, sein Stellvertreter, das auch bezeugen, die beiden haben immer eng zusammengearbeitet.«

Wir sitzen in Konôs Büro, und ich habe ihm gerade vom Ergebnis der Untersuchung des Professors erzählt. Konô ist kreidebleich geworden. Es gibt jetzt auch keinen Zweifel mehr für ihn, daß Akiras Tod und die Erfindung in engstem Zusammenhang stehen.

Bei der Erwähnung Sasakis beiße ich mir auf die Zunge, um nicht zu erzählen, daß ich ihn bei Mori gesehen habe. Ich will noch immer zuerst mit ihm sprechen.

»Was machen wir jetzt, Wolf-san?«

»Ich schlage vor, Sie rufen Andô von der Polizei an und bitten ihn, die Untersuchung zu übernehmen. Er ist bei der Mordkommission, und ich fürchte, bei Akiras Tod handelt es sich um Mord.«

Konô zuckt bei dem schrecklichen Wort zusammen.

»Ja, Sie haben recht. Ich werde sofort anrufen. Sie haben mir das mit der Mordkommission damals gar nicht gesagt.«

»Ich wollte Sie nicht beunruhigen. Da gab es ja noch

keinen Anlaß, zu glauben, daß es sich um ein Verbrechen handelte.«

»Verstehe, also ich rufe jetzt an.«

»Mmh, geben Sie mir kurz Gelegenheit, ein Telefonat mit Andô zu führen, bevor Sie anrufen. Ich denke, dann geht es schneller.« Mit Mühe werde ich nicht rot bei meiner kleinen Notlüge.

»Klar doch, bitte nehmen Sie mein Telefon. Ich gehe solange raus. Sagen Sie meiner Sekretärin, wenn Sie fertig sind.«

Ich rufe Shûsaku an und erzähle ihm vom Untersuchungsergebnis.

»Shûsaku, und was soll ich jetzt tun?«

»Gut, daß du anrufst, ich sehe, du besserst dich. Also, ich schlage vor, du gehst zu Konô-san, gibst ihm die Unterlagen und rätst ihm, sich an mich zu wenden. Ich kümmere mich dann um alles weitere, und du hältst dich fein raus.«

Ganz meine Worte, denke ich feixend. Gut, daß wir kein Bildtelefon haben.

»Danke, Shûsaku, mache ich sofort, noch in den nächsten Minuten fahre ich zu ihm hin. Ich bin dir wirklich dankbar, daß du das übernimmst. Vielleicht lassen die Gangster mich ja jetzt in Ruhe.«

»Ich denke schon. Und Jan, ich bin stolz auf meinen Assistenten.«

Jetzt werde ich doch rot und hänge schnell ein, ehe ich noch was Dummes sage.

Konô kommt zurück, und wir vereinbaren, daß er Andô am Nachmittag anruft. Ich bitte ihn, Andô gegenüber nichts von meinem vorherigen Anruf zu erwähnen. Hat er nicht gerne, wenn ich mich einmische, erkläre ich ihm. Konô versteht.

Wir unterhalten uns noch eine Weile über Akira und irgendwann auch über Hisako, Akiras jüngere Schwester.

»Hisako wollte ja eigentlich auch Physik studieren und dann in der Firma arbeiten. Ich habe immer gedacht, das ist nichts für Frauen, und außerdem hatte ich schon entschieden, daß Akira die Firma einmal übernehmen würde.«

»Hisako hat doch auch ein ordentliches Studium und einen tollen Beruf als Kinderärztin.«

»Schon, aber jetzt denke ich, vielleicht hätte ich ihren Wunsch unterstützen sollen, jetzt, wo ich keinen Nachfolger mehr habe. Sie war in der Schule sehr gut in Mathematik und Physik, eigentlich noch besser als Akira. Sehr ehrgeizig war sie. Während Akira schon mal das Leben genossen hat, hat sie immer fleißig gelernt.«

»Ich habe Hisako neulich zufällig in der Nähe ihres Krankenhauses getroffen, mir scheint ihr macht die Arbeit als Kinderärztin viel Spaß.«

»Schon, dabei hatte sie eigentlich ursprünglich etwas ganz anderes gemacht. Wir sind ja nicht besonders gut miteinander ausgekommen, wie Sie vielleicht bemerkt haben, und sie wollte immer weg von hier. Und heiraten wollte sie auch nicht. Nach dem Studium ist sie zwei Jahre nach Sabah auf Borneo gegangen, in ein Tropenkrankenhaus in Kota Kinabalu. Kennen Sie Sabah vielleicht?«

»Ja, ich war schon einmal in einem Hotel dort, sehr schöne Gegend. Das finde ich aber toll, als Kinderärztin im Urwald.«

»Nein, nicht als Kinderärztin. Hisako hat ein Zusatzstudium abgelegt als Toxikologin, sie hat an diesem Tropeninstitut gearbeitet, um Gegengifte für alle möglichen Gifte zu entwickeln, Schlangen und so, gruselig.«

»Na, aber es hilft doch, Menschenleben zu retten.« Ich

denke zum Beispiel an mich selbst. Konô weiß nichts von dem Anschlag auf mich.

»Schon, aber Hisako ist doch eine Frau.«

»Konô-san, bei allem Respekt, aber es gibt viele Frauen, die hervorragende Wissenschaftler sind.«

»Sie haben ja recht, ich bin eben immer noch ein alter Chauvinist. Ich meine es auch gar nicht so. Ich wünsche mir jetzt wirklich, daß sich meine Beziehung zu Hisako wieder bessert, und vielleicht kann sie ja immer noch in die Firma einsteigen.«

»Vielleicht müssen Sie es ihr nur mal sagen.« Es ist mir peinlich, dem Älteren Ratschläge zu erteilen, aber es ist mir so rausgerutscht.

»Wolf-san, Sie sind ein wirklicher Freund, ich schätze Ihren Beistand sehr. Ich werde Hisako nächste Woche bitten, mit mir ein Wochenende wegzufahren, und dann rede ich ganz offen mit ihr. Vielleicht klappt es ja.«

»Das ist eine tolle Idee, und ich wünsche Ihnen beiden, daß es gut läuft.«

Konô hat einen Termin, und ich möchte auch zurück in unser Büro. Auf dem Weg nach draußen kommt mir eine Idee. Ich werde Hisako anrufen, vielleicht kann sie mir einige Tips geben, wer vielleicht Zugang zu Pfeilgiften in Japan haben könnte. Schließlich bin ich ja ehrenhalber Assistent bei Andô, und außerdem ist es eine prima Gelegenheit, die schöne Hisako mal wieder zu treffen, nur so, versteht sich. Ich beschließe, sie gleich anzurufen und hole mein Handy aus der Tasche.

Das ist doch Sasaki, der vor mir im Gang geht.

»Sasaki-san, einen Moment bitte.«

Er reagiert nicht und geht schnell weiter.

»Sasaki-san, bitte, nur ganz kurz.« Ich gehe schneller, um ihn einzuholen.

Vor dem Aufzug muß er stoppen, und ich habe ihn eingeholt.

»Sasaki-san, nur ganz kurz. Bitte.«

»Ach, Wolf-san, was machen Sie denn hier?« Er tut so, als hätte er mich nicht bemerkt.

»Können wir uns irgendwo ungestört unterhalten?«

»Wozu denn? Ich habe keine Zeit.«

»Ich kann Konô-san ja von unserem zufälligen Treffen bei Mori Research erzählen, wenn Ihnen das lieber ist.«

»Gehen wir in mein Büro.«

Na also, es geht doch.

»Ich weiß, es sieht nicht gut aus, daß ich bei einem unserer Konkurrenten auftauche, in meiner Position. Aber ich kann Ihnen versichern, die Sache ist ganz harmlos«, platzt Sasaki ungefragt heraus, als wir in seinem Büro sitzen.

»In der Tat, zumal es da einige Fragen zu einer Patentanmeldung gibt, die Mori eingereicht hat. Das gleiche Thema, an dem Akira und Sie gearbeitet haben.«

Sasaki wirkt plötzlich entschieden nervöser, als er schon vorher war.

»Was wollen Sie damit sagen, beschuldigen Sie mich etwa, Mori etwas über unsere Entwicklung erzählt zu haben?«

»Nein, ich beschuldige niemanden, ich möchte nur gerne wissen, was Sie bei ihm gemacht haben.«

»Und was geht Sie das an?«

»Ich bin mit der Familie befreundet, bin Berater Konôs und außerdem damit beauftragt, herauszufinden, was es mit dem Patent, das so plötzlich angemeldet wurde, auf sich hat.« Letzteres ist etwas geschwindelt, aber das weiß er ja nicht.

»Mori hat mich zu einem Gespräch eingeladen, über einen Headhunter, er sucht einen Leiter für sein Labor, weil er sich selbst auf die rein unternehmerische Führung konzentrieren will. Eine riesige Chance für jeden Ingenieur. Sie sollten mal sehen, wie die ausgestattet sind, nur vom Feinsten, und ein viel höheres Gehalt hat er mir geboten.«

Kein Wunder bei dem Geldgeber, denke ich, und sehe Satô, den Yakuza-Boß, vor mir.

»Heißt das, Sie wollen weg von Konô? Und gibt es da keine Konkurrenzklausel?«

»Nein, eigentlich nicht. Nach Akiras Tod wußte ich nicht, wie es weitergehen würde und ob ich überhaupt eine Chance von Konô bekommen würde, Akiras Aufgabe zu übernehmen. Akira und ich haben sehr gut zusammengearbeitet, und wenn er eines Tages Chef geworden wäre, wäre ich bestimmt sein Nachfolger geworden. Aber jetzt, wo Akira tot ist, ich war einfach verunsichert, und da kam dann dieser Anruf von dem Headhunter.«

»Ja und?«

»Ich habe abgelehnt. Meine Frau war auch der Meinung, daß ich das Konô nicht antun kann. Und um ganz ehrlich zu sein, Dr. Mori war mir nicht sehr sympathisch.«

»Und das war es?«

»Ja, die Sache ist erledigt, und ich wäre Ihnen sehr dankbar, wenn Sie das gegenüber Konô-san nicht erwähnen würden, Sie verstehen sicher?«

»Ja, ich verstehe. Ich werde es nicht erzählen.« Klar, für Mori wäre es natürlich prima, einen der Entwickler des »*Ebi*-Drives« im Team zu haben, falls er die Entwicklung wirklich irgendwie geklaut haben sollte. Ich bin zwar nicht sicher, ob ich Sasaki glauben kann, aber vorerst werde ich sein Treffen mit Mori für mich behalten.

»Wo ich schon hier bin, wie könnte Mori an Akiras Erfindung gekommen sein?«

»Was meinen Sie?«

»Nun, sein Patent ist so ähnlich, da stellt sich eben diese Frage.«

»Das kann nicht sein, nur Akira und ich haben daran gearbeitet, und die Unterlagen waren immer im Tresor eingeschlossen, wenn wir nicht da waren. Die Kombination im Büro hatten nur Akira und natürlich Konô, sonst niemand. Ich auch nicht. Sie denken doch nicht etwa ...?«

»Nein, ich denke nichts, ich gehe nur der Frage nach. Danke, Sasaki-san, ich muß jetzt gehen.« Zweifellos, Sasaki könnte es gewesen sein, vielleicht hat er mich doch belogen.

Im Auto, auf dem Weg zurück ins Büro, rufe ich endlich Hisako an, auf ihrer Visitenkarte, die sie mir gab, als wir uns neulich trafen, steht ihre Handy-Nummer. Ich erzähle ihr vom neuesten Stand der Dinge und vom Besuch bei ihrem Vater. Sie scheint nicht sehr begeistert zu sein, als ich ihn erwähne. Ich fürchte, Konô-san wird einiges gutzumachen haben, wenn er seine Tochter wieder zurückholen will.

»Ihr Vater hat mir von Ihrer früheren Tätigkeit als Toxikologin erzählt, und ich wollte Sie etwas zum Thema Pfeilgifte fragen. Wenn Sie Zeit hätten, würde ich Sie sehr gerne heute treffen, ich fahre nämlich bald in Urlaub und möchte vorher noch etwas rausfinden. Ich lade Sie auch gerne zum Essen ein.«

Sie zögert einen Moment.

»Mein Vater redet zuviel. Nein, heute Abend geht es leider nicht, aber wie wäre es mit morgen abend, bei mir in Mejiro?«

»Prima, ich bin da, sagen wir um acht?«

»Gut, ich erwarte Sie um acht.«

Das ist ja mehr, als ich zu hoffen gewagt habe. Jan, vorsichtig. Denk dran, Anna dreht dir den Dingsda ab, warnt mein Gewissen. Frechheit, ich ermittle nur in einer Mordsache, weise ich mein Gewissen energisch zurecht, als Assistent von Andô.

Ich notiere die Adresse und verabschiede mich. Eine aufregende Stimme hat die Frau.

Am Abend, zurück im trauten Heim, erinnert mich Anna daran, meine Badehose abzustauben. Sie hat die Tickets für den Flug nach Hawaii, und die Hotelreservierung ist bestätigt. Wir werden im Halekulani wohnen, wo der berühmte Inspektor Charlie Chan am Anfang des zwanzigsten Jahrhunderts im Kriminalroman »Das Haus ohne Schlüssel« einen Mörder überführt hat. Anna hat das sehr passend ausgewählt, finde ich.

»Hast du nichts bemerkt?«

»Was?«

»Na!«

Ich schaue mich im Raum um, sehe aber nichts Ungewöhnliches. Ich schnuppere, vielleicht gibt es was Besonderes zum Abendessen, nichts.

»Habe ich wieder was vergessen?«

»Nein, ich war beim Friseur.«

»Ach, genau, toller Schnitt.«

»Vergiß es.«

Anna verzeiht mir wie fast immer schnell, und wir verbringen den Abend mit Urlaubsplanung. Zum Essen gibt es nur Tomaten mit Mozzarella und Basilikum, dazu Baguette und Wasser! Das reicht vollkommen nach dem großen Mittagessen, und Anna macht Diät, für den Strand. Vom Besuch bei Konô erzähle ich nur kurz und unterstreiche mehrfach, daß Shûsaku die Sache jetzt in die Hand genommen hat. Das bringt mir Punkte bei Anna. Von dem Telefonat mit Hisako erzähle ich nichts, das gäbe einen Punktabzug, vielleicht sogar die gelbe Karte.

Es wird ein guter Abend, und wir sitzen noch lange draußen und genießen die milde Temperatur der späten Sommernacht und ihre Geräusche. Wir sind mitten in Tôkyô, ein Moloch, wie die einen sagen, die beste Stadt der Welt, wie Anna und ich finden.

Ich höre Anna gern und aufmerksam zu, als sie mir von ihrem Plan erzählt, endlich mit Iaidô anzufangen. Anna hat auch eine aufregende Stimme, und außerdem lacht sie so toll wie sonst keine. Ich liebe Anna.

Mittwoch

Hitomi hat das ganze Paket mit der Proton-Studie schon an einen Kurierservice übergeben. Der erste Teil unserer Arbeit ist gemacht. Wolf & Partner hat erfolgreich den ersten großen Auftrag abgewickelt, und wir sind sicher, daß wir auch bei der praktischen Durchführung des Projekts eingeschaltet werden. Wir sind alle schon ganz aufgeregt. Hans-Peter und Kôji besonders, sie sind noch nie in Malaysia gewesen.

Mir fällt sofort wieder Sabah ein, der malaysische Teil

Borneos, wo Hisako gearbeitet hat. Ach ja, heute abend werde ich sie sehen. Vorsichtshalber habe ich gestern im La Tourelle an der Kagurazaka reserviert, falls sie meine Einladung annimmt. Anna habe ich heute morgen beim Frühstück, so ganz nebenbei, auch informiert, damit es keine Mißverständnisse gibt. Sie war wohl noch im Halbschlaf, jedenfalls gab es weder Punktabzug noch die gelbe Karte, nicht mal eine ironische Bemerkung, sie war ganz bestimmt noch im Halbschlaf.

Sie schien überhaupt nicht beunruhigt oder gar eifersüchtig, daß ich mich mit einer jungen, unverheirateten Frau treffe, die obendrein auch noch bildhübsch ist. Es hat mich schon ein bißchen gewurmt, wie sicher sie sich meiner wähnt. Als ich das andeutete, meinte sie nur: »Ach, Hisako könnte doch fast deine Tochter sein, für die bist du doch nicht mehr interessant.«

Das tat sehr weh. Dabei gibt es immer mehr jüngere Frauen, die auf ältere Männer stehen, das liest man doch überall.

Nun gut, heute abend werden wir ja sehen, ob ich noch wirke, ein bißchen Flirten schadet ja nicht und hält mich jung.

Den Rest des Mittwochs verbringen wir mit kleineren Projekten und Aufräumen. Besonders ich, ich fliege schließlich am Freitag nach Honolulu.

»Jan-san, kommen Sie doch bitte herein. Entschuldigen Sie bitte die Unordnung.«

Im Eingang ziehe ich die Schuhe aus, überreiche eines kleines Mitbringsel, feinster, aromatischer Honig aus Thassos, erkläre ich. Sie scheint sich zu freuen.

Sehr sinniges Geschenk, denke ich und muß grinsen, was

mein Gewissen sofort mit einer kleinen Bemerkung straft, Bären, nicht Bienen fängt man mit Honig, Blödmann.

Ich sehe keine Unordnung, im Gegenteil, die kleine Wohnung ist schick eingerichtet, alles im westlichen Stil und picobello.

Wir setzen uns in die Ledersessel in ihrem Wohnzimmer. Durch das Fenster kann ich den Park der Gakushûin-Universität sehen. Prima Gegend und nicht weit von da, wo wir früher gewohnt haben.

Sie bietet mir ein kühles Bier an, sehr anständig, draußen ist es nämlich mal wieder mindestens siebenunddreißig Grad, und das um acht Uhr abends, von wegen milder Spätsommer.

In der Wohnung ist es angenehm kühl. Ich fühle mich schon richtig wohl.

»Jan-san, was kann ich für Sie tun? Ich habe nämlich leider nicht sehr viel Zeit.«

Die kalte Dusche kommt etwas überraschend. Die Reservierung im La Tourelle kann ich vergessen. Na gut, sie ist eh viel zu jung für mich. Ich könnte ja fast ihr Vater sein.

»Hisako-san, Sie erinnern sich an den kleinen Giftpfeil, den Ihre Mutter in Akiras Raum gefunden hat. Die Polizei vermutet, daß Akira damit umgebracht wurde, aber man kann das ja nicht mehr feststellen.«

»Ja, was ist damit?« Hisako ist plötzlich nicht mehr entspannt, sie schaut mich jetzt sehr aufmerksam an.

»Ich habe es fast niemandem erzählt, aber vor knapp zwei Wochen hat jemand versucht, mich umzubringen. Wahrscheinlich mit einem Giftpfeil. Als man mich fand, war der Pfeil weg, aber ich hatte einen Einstich im Hals, und man hat Spuren von Pfeilgift an der kleinen Wunde und in meinem Blut gefunden.«

»Was? Das ist ja schrecklich. Das kann doch nicht sein.« Hisako ist sichtbar erschüttert, ganz blaß ist sie geworden. Richtig wütend sieht sie aus. Vielleicht kann sie mich doch leiden.

»Und Sie glauben, es hat etwas mit meinem Bruder zu tun?«

»Ich bin ziemlich sicher, es könnten theoretisch auch einige Gangster gewesen sein, mit denen ich aneinander geraten bin.« Ich erzähle ihr von den Kredithaien. Hisako sitzt da nur mit ungläubigem Staunen.

»Mein Bekannter Andô glaubt aber nicht, daß die Typen mit Giftpfeilen um sich schießen, ich übrigens auch nicht.«

»Und wer könnte es denn dann gewesen sein?«

»Das wollte ich Sie ja fragen. Sie waren doch in Borneo in diesem Tropenkrankenhaus und verstehen was von Giften, hat mir Ihr Vater erzählt.«

Hisako schaut sofort wieder finster drein, als ich ihn erwähne.

»Vielleicht können Sie mir sagen, woher das Gift stammt und wer Zugang dazu haben könnte. Physostigmin, Strychnos toxifera und Apocynaceae Ouabain hat man gefunden.« Was Andô kann, kann ich schon lange. Ich sage die Gifte auf, ohne abzulesen.

»Gifte der Kalabarbohne. Das könnte afrikanisch sein. Aber Physostigmin wurde früher von den Kopfjägern in Borneo benutzt. Komisch, so eine Mischung von Giften habe ich noch nie gesehen. Sind Sie sicher?«

»So sagen die Spezialisten der Polizei. Wenn ich solche Gifte haben wollte, könnte ich sie in Japan organisieren?«

»Sie? Kaum, und ich glaube, nicht einmal eine Ärztin wie ich könnte so etwas finden. Die Mediziner benutzen zwar solche Gifte in abgeschwächter Form für alle möglichen Zwecke, zum Beispiel in der Ophthalmologie, aber natürlich niemals in tödlichen Konzentrationen. Nein, ich weiß nicht, wie man an solche Gifte kommen könnte.«

»Schade, es würde sicher der Polizei weiterhelfen, wenn man das herausfinden könnte. Vielleicht findet man dann auch heraus, wer Akira ermordet hat.«

»Wieso ermordet? Das ist doch gar nicht bewiesen. Der Pfeil kann doch zufällig dort hingekommen sein.« Es ist ihr offensichtlich unangenehm, über ihren Bruder zu sprechen, ich kann es verstehen.

»Oder er galt Ihnen bei der Hochzeit und hat überhaupt nichts mit Akira zu tun.«

Jetzt bin ich platt. Ich muß zugeben, der Gedanke war mir noch nicht in den Sinn gekommen. Ich überlege kurz und erwidere dann rasch:

»Nein, das kann nicht sein. Ich war nie in der Nähe Akiras, weder als er tot umfiel noch danach, als der Notarzt da war, und in seinem Zimmer bin ich noch nie gewesen. Nein, ich glaube, derjenige, der mich umbringen wollte, hat auch Akira auf dem Gewissen.«

Ich erzähle ihr kurz davon, was Professor Yasuda herausgefunden hat und daß ich Mori im Verdacht habe.

Hisako steht auf und geht hin und her.

»Wolf-san, ich weiß nicht, was das alles zu bedeuten hat, aber ich glaube, Sie sollten sich nicht weiter darum kümmern.« Nichts mehr mit »Jan«, »Wolf« heißt es jetzt wieder.

»Es geht Sie doch eigentlich nichts an. Akira ist tot, und niemand kann ihn wieder lebendig machen. Und mir ist vollkommen egal, ob er oder dieser Mori zuerst diese Entwicklung gemacht haben. Verstehen Sie, meine Familie und ich haben genug durchgemacht. Mein Vater hat genug, er braucht nicht noch eine Technologie für seine Firma, und mir ist das alles zuwider. Ich bitte Sie, lassen Sie uns in Ruhe.«

Ihr plötzlicher Ausbruch überrascht, ja verletzt mich.

»Hisako-san, man hat versucht mich umzubringen, das kann ich nicht einfach ignorieren. Und ich kann nicht glauben, daß es Ihnen egal ist, was mit Ihrem Bruder passiert ist. Die Probleme, die Sie mit Ihrem Vater haben, haben nichts mit Akira zu tun.«

»Was wissen denn Sie schon. Ich mache Ihnen einen Grünen Tee.«

Ohne abzuwarten, verschwindet sie in ihrer Küche. Ich habe verstanden, der Tee ist das Zeichen zum Aufbruch. Ich bin nicht weiter erwünscht. Das hatte ich mir anders vorgestellt. Na ja, vielleicht ist sie auch nur fertig mit den Nerven.

Ich stehe auch auf und schaue mich im Wohnzimmer um, an den Wänden abstrakte Bilder, auf den weißen Holzregalen einige Holzskulpturen aus Südostasien. Auf dem Tisch zwischen den Sesseln steht eine Skulptur aus sehr hartem, fast schwarzem Holz, eine nackte Frau mit einem Baby im Arm darstellend. Über dem niedrigen Regal an der Wand ein langes Blasrohr. Wahrscheinlich ein Andenken aus Borneo, vermutlich bin ich mit so einem Ding abgeschossen worden. Mich fröstelt bei dem Gedanken.

In der Küche höre ich Hisako rumklappern. Neugierig wie ich bin, wage ich einen kurzen Blick in das Schlafzimmer, die Tür steht ja fast auf.

Mir fallen fast die Augen aus dem Kopf.

Auf dem Nachttisch steht ein Foto in einem Holzrahmen, ähnliches Holz wie die Skulptur. Es ist ein Schwarzweißfoto. Hisako in Shorts und T-Shirt in den Armen eines Mannes, ebenfalls in Shorts und mit nacktem Oberkörper, ein Liebespaar. Sie stehen vor dem Eingang des Zoos in Kota Kinabalu, der Hauptstadt Sabahs. Ich kenne den Zoo, und ich kenne den Mann, der Hisako im Arm hält – Dr. Mori Mineo.

Es kommt noch schlimmer, an der Wand hängt ein Foto von Hisako und Mineo als Studenten, auch hier Hand in Hand, daneben auf dem Foto Akira, der aber etwas abseits steht und grimmig dreinschaut.

Ich habe mich kaum von meinem Schock erholt, da höre ich Hisako aus der Küche kommen. Ich ziehe die Schlafzimmertür blitzschnell wieder zu und bewege mich zur anderen Seite des Wohnzimmers. Gerade noch rechtzeitig.

»Hier ist Ihr Tee. Ich muß jetzt auch bald gehen.«

Mir ist ganz mulmig in den Knien. Ich muß mich schnell setzen. Hisako stellt die beiden Teebecher auf den Tisch, dann steht sie erneut auf und geht zurück in die Küche.

»Ich habe den Herd nicht abgestellt.«

Ich sitze da, vor mir der Tee. Ich zögere. Mein Magen signalisiert schrille Warnungen.

Wie ein Zauberer vertausche ich schnell die Tassen, ehe Hisako zurückkehrt, ich bin jetzt mehr als mißtrauisch. Sie wird mir einiges zu erklären haben.

Ich beobachte sie unauffällig, als ich meinen Tee in einem Zug austrinke. Sie sieht wieder ganz gelassen aus. Auch sie leert ihren Becher. Ich muß mich zusammenreißen, um sie nicht anzustarren. Aber nichts passiert.

»So, Wolf-san, wenn Sie mich jetzt entschuldigen, aber ich muß wirklich los.«

»Hisako-san, Sie haben nicht die Wahrheit gesagt.« Es platzt einfach so aus mir raus. Ich will jetzt wissen, was los ist, nichts mehr mit niedlicher Frau, die mir gut gefällt. Vor mir sitzt möglicherweise eine Mörderin.

»Was? Was meinen Sie? Was soll das?«

»Sie haben gesagt, Sie kennen Dr. Mori nicht.«

»Ja, und?«

»Sie kennen ihn schon seit Ihren Studententagen, vielleicht schon länger.«

»Sie sind ja verrückt.«

»Hisako, bitte. Ich habe die Fotos mit Ihnen und Mineo gesehen.« Ich deute mit dem Kopf auf ihr Schlafzimmer.

»Was fällt Ihnen ein. Sie sind unverschämt, und wenn schon, es geht Sie überhaupt nichts an, wen ich kenne.«

»Die Polizei wird es aber interessieren. Dr. Mori wird verdächtigt, Ihren Bruder umgebracht zu haben, und er steckt vielleicht auch hinter dem Anschlag auf mich. Ich habe jetzt auch eine Idee, wie Mori an die Entwicklungsunterlagen von Akira gekommen ist.«

»Frechheit, was wollen Sie damit sagen? Daß ich ihm die Sachen gegeben habe? Wie sollte ich das denn? Ich war seit Jahren nicht mehr in der Firma.« Sie ist puterrot vor Zorn und steht wild fuchtelnd vor mir. Ich bleibe einfach sitzen.

»Akira hatte seine Unterlagen zu Hause im Safe, und die Kombination kennen Sie. Erinnern Sie sich, Sie haben die Unterlagen selbst geholt, als ich neulich bei Ihrem Vater zu Hause war.«

»Na also, Sie sehen, es war doch noch alles da.«

»Vielleicht haben Sie ja alles kopiert?«

»Das können Sie nie beweisen.« Sie ist jetzt außer sich.

»Beweisen? Vielleicht nicht, aber die Polizei kann Mori

nachweisen, daß er Akiras Arbeit irgendwie gestohlen hat. Mori hat auch gelogen, als er gefragt wurde, ob er Akira kannte. Vielleicht findet man auch Gift bei ihm, oder vielleicht hier bei Ihnen? Sie waren oder sind Moris Geliebte, Sie haben alle belogen, Sie sind Toxikologin und waren in einer Tropenklinik in Sabah. Sind das alles Zufälle? Und Sie beide werden erklären müssen, wo Sie an dem Tag waren, an dem man versucht hat, mich umzubringen. Ich denke, die Polizei hat genug Indizien, um Mori und vielleicht auch Sie der Taten zu überführen.«

Hisako stützt ihren wankenden Körper am Wandregal ab, sie bedeckt ihr jetzt fahles Gesicht mit einer Hand. Ich sehe Tränen zwischen den Fingern hervorquellen. Hisako stöhnt und schluchzt wie ein verwundetes Tier.

»Sie verstehen überhaupt nichts. Ich habe Akira gehaßt, und meinen Vater hasse ich auch. Alles, was mir wichtig war, was ich geliebt habe, haben die beiden mir genommen. Mineo hat mir nur geholfen, und Akiras Entwicklung – er war doch nur erfolgreich, weil mein Vater alles dafür getan hat, auf meine Kosten. Akira hat immer alles auf Kosten anderer bekommen, auch an der Universität. Er hat Mineo verdrängt, und jetzt hat Mineo seine Erfindung, das ist doch nur gerecht.«

»Und mich wollten Sie beseitigen, weil ich Ihnen auf der Spur war?«

»Sie, nein. Davon wußte ich nichts. Ich habe doch überhaupt nichts gegen Sie. Und was hätten Sie denn beweisen können? Nichts!« Sie schaut mich an, und ich glaube ihr.

»Hisako, ich glaube, du redest zuviel. Und Sie, Wolf, Sie geben wohl nie auf?«

Ich fahre herum. Dr. Mori ist aus dem Flur ins Wohnzimmer getreten. Er muß wohl einen Schlüssel zu Hisakos Wohnung haben, und ich habe ihn nicht hereinkommen hören. Er muß alles mitgehört haben.

Hisako scheint ebenso überrascht wie ich.

»Mineo, was machst du hier?«

»Ich habe Wolf beobachten lassen, und man hat mir berichtet, er sei auf dem Weg zu dir. Ich wollte dich nicht alleine lassen mit einem solchen Mann.« Seine Stimme trieft vor häßlichem Sarkasmus.

»Und ich sehe, ich komme gerade rechtzeitig, bevor du Wolf dein Herz ausschüttest.«

Mori hält plötzlich eine Pistole in der Hand, die er wohl hinter dem Rücken verborgen hatte. Ich erstarre in meinem Sessel zur Salzsäule. Sitzend, mindestens drei Meter entfernt, keine Chance, nicht mal für Bruce Lee.

»Mineo, hast du versucht, Wolf-san umzubringen?«

»Liebling, was kümmert es dich. Dieser miese Schnüffler war uns auf der Spur.«

»Aber er hätte doch nichts beweisen können. Akiras Leiche wurde doch eingeäschert. Und die Sache mit dem Antrieb war eben Zufall. Niemals hätten die was rausfinden können. Du hast die Nerven verloren und versucht, einen Unschuldigen zu töten.«

Hisako ist jetzt wieder völlig gefaßt, man sieht ihr an, daß sie wütend ist auf Mori.

»Ich die Nerven verlieren? Spinn nicht 'rum. Du siehst ja, der gibt nicht auf, und du blöde Kuh, du verlierst gleich die Nerven und erzählst ihm alles. Jetzt muß ich ihn umlegen.«

»Nein, bitte nicht!«

»Was hast du, ist Wolf dein neuer Liebhaber? Vielleicht sollte ich euch beide erledigen.«

»Mineo, was ist los mit dir. Wir lieben uns doch?«

»Lieben, vergiß es, du hängst jetzt schon seit Jahren an mir wie eine Klette. Es geht mir auf die Nerven. Ich werde Yôko nie verlassen, da bekäme ich nur Ärger mit Satô. Und dein Geld brauche ich jetzt auch nicht mehr, das Patent wird Milliarden von Yen einbringen.«

Hisako starrt ihn fassungslos an. Und ich sitze da, wie ein Zuschauer bei einer Seifenoper im Fernseher, wie unbeteiligt.

»Schluß jetzt!« Mori hebt die Pistole an und zielt auf mich.

Es ist, als ob ich es überhaupt nicht fassen kann, ich empfinde nicht mal Panik oder wenigstens Angst, höchstens, daß es vielleicht sehr schmerzen wird, wenn die Kugel in meinen Körper eindringt. Alles scheint wie in Zeitlupe abzulaufen.

Aus dem Augenwinkel sehe ich Hisako in Richtung Wand greifen. Mori ist ganz auf mich konzentriert, kneift ein Auge zusammen und sein Finger krümmt sich langsam, sehr langsam um den Abzug der Pistole.

Mein Körper spannt sich wie in Erwartung der Kugel. Ich kann nicht denken, kann mich nicht aus dem Sessel werfen, wozu auch. Es ist zu spät.

Hisako greift gedankenschnell hinter sich, reißt das Blasrohr von der Wand, setzt es an die Lippen und bläst kurz und hart rein. Die Entfernung ist nur kurz, und Mori hat keine Chance. Der kleine Pfeil trifft ihn mitten auf der Brust, bohrt sich durch sein Hemd tief ins Fleisch.

Für einen Bruchteil einer Sekunde ist Mori abgelenkt. Vollkommen überrascht schaut er Hisako an.

Das genügt, mein Lebenswille ist wieder erwacht, ich

zögere nicht, springe hoch, drehe mich und springe mit dem Kopf voran über den Sessel, rolle vor Mori ab und komme hoch. Meine Faust landet knallhart unter seinem Kinn, und er taumelt rückwärts, die Pistole immer noch im Anschlag. Sie entlädt sich krachend, aber die Kugel schlägt irgendwo in die Wand.

Mit beiden Händen greife ich die Schußhand kurz hinter dem Handgelenk, wirble ihn herum und gehe unter seinem Arm durch, verdrehe das Handgelenk jetzt in einem schmerzhaften Hebel. Ein harter Ruck, die Pistole fällt zu Boden, und Mori folgt ihr nach. Er fällt mit dem Kopf zuerst und dann mit dem Rücken auf den Boden. Die Pistole trete ich mit dem Fuß weit weg.

Er gibt aber noch nicht auf. Er rollt rückwärts und versucht aufzustehen.

Die nackte Frau mit dem Kind bereitet dem Versuch ein Ende.

Hisako hat die Figur auf dem Tisch ergriffen und schlägt Mori die schwere Skulptur mit Wucht auf den Kopf, es knirscht regelrecht. Mori sackt zusammen und rührt sich nicht mehr.

Hisako steht da, in der einen Hand die Figur wie eine Keule, in der anderen das Blasrohr, wie eine Kriegsgöttin sieht sie aus. Ihre Augen scheinen vor Wut Feuer zu speien.

Nein, ich bilde mir das nur ein. Sie steht einfach da. Plötzlich fängt ihr ganzer Körper an zu zittern, wie bei einem starken Fieber. Wieder schießen Tränen in ihre Augen. Ich habe eine Frau vor mir, die am Tode ihres Bruders schuldig ist, aber ich habe trotzdem Mitleid. Ich nehme sie in den Arm, um sie zu beruhigen.

»Hisako, es ist vorbei. Beruhigen Sie sich.«

Sie antwortet nicht, heult nur und zittert. Ich führe sie zu einem der Sessel und drücke sie sanft hinein. Ich werde ihr ein Glas Wasser holen.

Gerade will ich mich umdrehen, da stöhnt Mori. Er ist wieder bei Bewußtsein. Um den muß ich mich zuerst kümmern.

Was ist das? Mori zuckt, Schleim tritt aus Mund und Nase. Er scheint Atemprobleme zu haben. Die Symptome kenne ich. Der Giftpfeil!

Hisako kennt die Symptome auch, schließlich ist sie Expertin.

»Das kann doch nicht sein, der Pfeil war nur als Dekoration gedacht. Es war kein Gift daran. Nein!«

Sie stürzt auf Mori zu.

»Mineo! Nein, das wollte ich nicht. Bitte, bleib wach. Schnell, Wolf-san, rufen Sie einen Krankenwagen. Einen Notarzt, sagen Sie, Mineo braucht künstliche Beatmung und Atropin. Schnell doch.«

»Ich bin schon dabei.«

Während wir auf den Notarzt warten, versucht sie, Mori mit Mund-zu-Mund-Beatmung am Leben zu halten. Ich nehme währenddessen die Pistole, die noch in der Ecke liegt, an mich und hänge das Blasrohr wieder an seinen Platz.

Ihr Liebhaber bewegt sich kaum noch, als der Rettungswagen eintrifft. Sie gibt schnelle Anweisungen. Der Notarzt ist erstaunt, aber als sie erklärt, daß sie Ärztin ist, reagiert er ohne weitere Fragen.

Hisako will mitfahren, aber ich zwinge sie dazu zu bleiben. Sie kann ihm jetzt sowieso nicht helfen, und ich habe noch viele Fragen, ehe ich Andô anrufe.

Ich mache uns noch einen Tee, und nach einigen Minuten bringe ich sie langsam dazu, mir alles zu erzählen.

»Mein Vater hatte nur immer Akira im Sinn«, beginnt sie stockend.

Sie erzählt mir davon, daß ihr Vater sie gezwungen hat, Medizin statt Physik zu studieren, daß er nicht wollte, daß sie in seiner Firma arbeitete. Daß er sie immer nur wie eine zweitklassige Person behandelt hat. Ich kann mir das lebhaft vorstellen, nach dem, was Konô so ab und zu von sich gegeben hat.

Und Akira, Akira hatte nur sich selbst im Sinn. Auf der Universität hatte er Mineo immer versucht zu diskreditieren, was ihm auch schließlich gelang. Mineo verließ das Institut im Streit. Aber wirklich zu hassen begann Hisako ihren Bruder, als dieser dafür sorgte, daß die enge Beziehung zwischen Hisako und Mineo zerbrach.

»Eines Tages sagte Mineo, es ist aus zwischen uns, ohne daß er mir eine weitere Erklärung gab. Ich war total verzweifelt, versuchte, mir das Leben zu nehmen, aber die Tabletten wirkten nicht richtig und ich wurde gerettet. Ich habe natürlich meinen Eltern nie gesagt, warum ich das getan habe, sie wußten nichts von Mineo, und ich wollte ihn nicht in Schwierigkeiten bringen. Ich liebte ihn immer noch, obwohl er mich verlassen hatte.«

Akira hatte ihr gesagt, Mineo sei ohnehin nichts für sie gewesen und er habe Mineo mit einer anderen Frau gesehen. Sie haßte ihren Bruder dafür. Einige Zeit später versuchte sie, Mineo wiederzutreffen, aber er war weg, in die USA gegangen.

Hisako beendete ihr Studium und begann mit ihrer Arbeit.

»Ich wollte weg von zu Hause. Meinen Vater und meinen Bruder konnte ich nicht mehr ertragen. Es tat mir leid wegen meiner Mutter, aber es ging einfach nicht mehr. Ich fand dann diese Aufgabe in Kota Kinabalu im Tropeninstitut, wo ich zwei Jahre arbeitete und Mineo wiedertraf.« Ein Weinkrampf erschüttert ihren Körper, und ich halte sie fest im Arm, bis sie sich beruhigt und weitererzählt.

Mineo und seine Frau Yôko, er war mittlerweile zurück aus den USA, sie hatten die Firma gegründet und geheiratet, machten zufällig Urlaub in einem Luxushotel im selben Ort, und eines Tages sind Mineo und ich uns auf der Straße begegnet.

»Es war ein gewaltiger Schock für uns beide. Es dauerte einige Sekunden, bevor wir miteinander reden konnten. Ich spürte, meine Gefühle für Mineo waren unverändert, und bei ihm war es wohl genauso. Wir gingen in ein Café, und redeten stundenlang. Seine Frau Yôko war beim Golf, wofür Mineo sich nicht sonderlich interessiert.

Ich habe Mineo schließlich gefragt, warum er damals weggelaufen ist, und erfuhr die schreckliche Wahrheit. Akira hatte uns gegeneinander ausgespielt, weil er Mineo nicht ausstehen konnte. Für ihn war es nur ein Spiel gewesen, für Mineo und mich eine lebenslange Katastrophe. Akira, der mir von Mineos angeblich Neuer erzählte, hatte Mineo in der Universität angedeutet, ich hätte erwähnt, daß Mineo nur an meinem Geld interessiert sei. Mineo, ein stolzer Mensch, war völlig enttäuscht darüber und beschloß, mich nie mehr zu treffen.«

Mir fällt nichts ein, was ich dazu sagen kann. Akira war wohl doch nicht der nette Mensch, den ich kannte. Hisako fährt fort:

»Wir sind dann in meine Wohnung gegangen und haben uns geliebt, es war wie früher, als ob wir keine Sekunde getrennt gewesen wären. Als Mineo und seine Frau abreisen mußten, versprach er mir zurückzukommen. Er kam tatsächlich ein bis zweimal im Monat nach KK. Seiner Frau erzählte er was von Geschäftsreisen oder von Konferenzen. Ich bin dann bald wieder nach Tôkyô gezogen, um in seiner Nähe zu sein, und wir trafen uns immer häufiger.«

»Wollte er sich denn nicht von seiner Frau trennen?«

»Nein, er hatte Angst.«

»Angst, wieso?«

»Seine Frau kommt aus einer Familie aus Kôbe, er erzählte mir, ihr Vater war ein Unterboß bei der dortigen Yakuza. Und Mineo war auch dem Chef dieser Organisation verpflichtet, er hatte Geld von ihm bekommen, um seine Firma zu gründen.«

Ich habe es doch gewußt, Satô und seine Tentakel, sage aber nichts.

»Er hatte also schreckliche Angst vor diesen Gangstern und was sie machen würden, falls er seine Yôko, die von allem ja nichts ahnte, verließe. Irgendwann sind wir dann auf die Idee gekommen.«

»Was für eine Idee?«

»Wie wir Yôko loswerden und endlich heiraten konnten.«

»Was?«

»Ja, ich weiß, was Sie denken, aber wir waren beide verrückt aufeinander. Es ist schrecklich, aber ich wollte seine Frau umbringen, um Mineo für mich alleine zu haben. Ich konnte es einfach nicht mehr ertragen, ihn mit ihr zu teilen.

In Sabah hatte ich aus Spaß gelernt, mit dem Blasrohr umzugehen, und wie man Gifte macht, habe ich ja schließlich studiert. Mineo wollte zuerst nicht, aber dann fing auch er an, mit dem Blasrohr zu üben. Wir sind immer in die Wälder um Nagano gefahren, um ungestört üben zu können.«

»Und? Haben Sie Ihre Tat ausgeführt?«

»Nein, im letzten Augenblick war die Angst vor den Yakuza stärker, wie er sagte.«

»Aber die Idee, jemanden mit dem Blasrohr zu töten, war geboren?«

»Ja. Eines Tages erfuhr ich bei einem Gespräch zu Hause, zwischen Vater und Akira, daß mein Bruder eine wichtige Erfindung gemacht hatte, die kurz vor der Patentanmeldung stand. Schon wieder hatte Akira etwas, womit er angeben, seine Überlegenheit beweisen konnte. Ich erzählte Mineo davon, der sehr interessiert war und sofort das Potential der Erfindung erkannte. Mit einem solchen Produkt hätte er genug Geld verdienen können, um seine Schulden bei den Yakuza zu bezahlen, und dann, wer weiß, vielleicht hätten wir einfach in ein anderes Land gehen können, vielleicht nach Europa, weit weg von allem, von seiner Frau, von meiner Familie, von den Yakuza.

Der Gedanke, Akira um seine Erfindung zu bringen, gefiel mir, endlich bot sich eine Gelegenheit zur Rache, er hatte schließlich einen Teil meines Lebens zerstört.

Wir haben dann alles präzise geplant. Akira wollte heiraten, und alles paßte genau zusammen. Ich war bei der Hochzeit, Mineo stand draußen mit dem Blasrohr. Am Abend davor hatte ich die Unterlagen aus dem Safe geholt und kopiert und den Einbruch vorgetäuscht. Keiner hat irgend etwas gemerkt.«

»Als Akira dalag, warum haben Sie nicht den Pfeil weggenommen, wie bei mir? Ich hätte niemals Verdacht geschöpft.«

»Wollte ich ja, aber ich konnte ihn nicht finden, er hatte sich irgendwo im Kimono verfangen.«

»Waren Sie dabei, als Mineo auf mich geschossen hat? Haben Sie den Pfeil entfernt?«

»Nein, ich wußte überhaupt nicht, daß Mineo das gemacht hat. Ich hätte es ihm auch nicht erlaubt. Der erste Fund des Pfeils bei Akira konnte ja noch irgendwie Zufall sein, aber ein zweiter Tod in Tôkyô durch Pfeilgift, das hätte für entsprechendes Aufsehen gesorgt, und dann wären wir bald dran gewesen.«

»So war es ja auch. Hisako, Sie wissen, ich muß jetzt Andô anrufen?«

Hisako nickt nur. Sie sitzt still da, gefaßt. Es scheint, sie hat sich alles von der Seele geredet, Frieden mit sich geschlossen.

Sie tut mir leid, wie auch Konô und seine Frau. Es scheint, fast jeder trägt einen Teil der Schuld, Konô und Akira, natürlich Hisako und Mineo, vielleicht auch ich, weil ich alles aufgedeckt habe. Vielleicht wäre es besser gewesen, es wäre nie herausgekommen. Konô war gerade dabei, Frieden mit seiner Tochter zu schließen. Vielleicht hätte Mori sich ja wirklich mit dem Geld freikaufen können.

Nein, Mori hat sein wahres Gesicht gezeigt, bevor Hisako ihn mit dem Blasrohr beschossen hat.

»Wieso war eigentlich der Pfeil vergiftet?«

Sie schaut mich an, Bitterkeit zeichnet ihr schönes Gesicht.

»Mineo muß ihn ausgetauscht haben, ich fürchte, er war für mich bestimmt.«

Epilog

Dr. Mori Mineo überlebte nur wenige Stunden im Krankenhaus, ohne aus der Bewußtlosigkeit zu erwachen. Andô hatte gehofft, ihm einige Fragen stellen zu können. Mori starb keineswegs am Pfeilgift, sondern durch den heftigen Schlag mit der Holzfigur, den Hisako ihm verpaßt hatte, es hatte sich ein kleines Blutgerinnsel im Gehirn gebildet, das sein Leben beendete.

Es kam zu keiner Anklage gegen Hisako. Sie widerrief fast alles, was sie mir an jenem denkwürdigen Mittwoch in ihrer Wohnung erzählt hatte, gab lediglich zu, Mori seit ihrer Schulzeit gekannt und mit ihm heimlich eine Affäre gehabt zu haben.

Den Mord an Akira, wenn es denn einer war, konnte sie nicht begangen haben, sie war ja unter den Hochzeitsgästen. Vielleicht war es Mori, der konnte allerdings dazu nichts mehr sagen. Eine elektronische Bildverstärkungsanalyse des Fotos mit dem mysteriösen Fleck, das ich im Augenblick des Todes von Akira geschossen hatte, zeigte, daß der kleine Fleck tatsächlich ein Pfeil war, das Bild war durch die hohe Fluggeschwindigkeit verwischt. Aber keine Leiche, kein Befund.

Mori konnte auch nichts mehr dazu sagen, ob er oder Hisako versucht hatten, mich mit einem Giftpfeil zu ermorden. Irgendwie glaubte ich Hisako immer noch, daß er es gewesen war und verzichtete auf eine Strafanzeige. Sie ist eben doch eine sehr attraktive Frau.

Beihilfe zum Mord war angesichts der ungeklärten Sachlage auch keine Beschuldigung, die man Hisako vor Gericht hätte anlasten können.

Blieben nur noch Moris Patentanmeldung und Akiras

Entwicklung. Professor Yasuda bestätigte zwar, daß die beiden Arbeiten identisch waren, wer aber von wem abgekupfert hatte, ließ sich nicht mehr mit Sicherheit feststellen, da beide tot waren, und wen interessierte das auch noch. Moris Witwe wollte nichts mit dem Patent zu tun haben, überhaupt wollte sie nichts mit Moris Firma zu tun zu haben, sie zog nach Kôbe um.

Konô war nicht an einer Anklage interessiert, Mori war tot, und seine eigene Tochter anklagen? Niemals.

Und das Patent von Mori? Konô löste das ganz einfach, er verhandelte mit Moris Witwe und übernahm Mori Research K.K.. Sasaki wird in wenigen Wochen neuer Chef der Firma, die nun als Tochterfirma von Kono Micro Motors operiert.

Ja, und Hisako – seit einer Woche arbeitet sie als Kinderärztin in Nairobi. Gestern bekam ich eine Postkarte von ihr. Ich habe mich ehrlich gefreut.

Andô und Anna waren dieses Mal nicht böse auf mich, ich hatte mich schließlich genau an ihre Anweisungen gehalten. Das Auftauchen Moris bei Hisako konnte ja schließlich keiner voraussehen.

Beratung ist genauso gefährlich, wie Firmenchef zu sein, ich glaube, ich mache ein kleines Kaffeehaus auf und bin nett zu den Leuten, mal sehen, was Anna dazu sagt.

Eigentlich war jetzt alles wieder in Butter. Alles in allem eine sehr traurige Geschichte, aber mit einem einigermaßen gerechten Ausgang, fand ich.

Anna und ich hatten volle drei Wochen in Hawaii verbracht und ausgiebig genossen. Ein Problem nagte jedoch auch am Strand von Waikiki ständig an mir:

Was würde Satô, der Yakuza-Boß, tun, wenn er herausfände, daß wieder mal eines seiner Projekte geplatzt war und sein Erzfeind Jan Wolf nicht ganz unschuldig daran war?

Aber wir konnten nicht ewig in Honolulu bleiben, Wolf & Partner brauchte mich.

Seit unserer Rückkehr aus Hawaii gehe ich kaum auf die Straße. Shûsaku hat mir zwar versprochen, ein Auge auf Satô zu haben, aber jeder Lastwagen, der mir zu nahe kommt, jede Person, die längere Zeit hinter mir her geht, macht mich nervös, läßt mich ein Kribbeln im Hals spüren, genau an der Stelle, wo der Pfeil mich getroffen hat.

Es ist jetzt schon Oktober, und die Taifunzeit ist vorbei. Es ist angenehm kühl, und die Ahornbäume beginnen, sich zu verfärben, aber so richtig kann ich dieses Mal die goldene Pracht nicht genießen. Ich habe ständig Angst vor Satôs Rache.

»Jan, soll ich dir noch einen Kaffee machen, bevor du ins Büro gehst?«

»Klar, Schatz, immer doch. Und hast du auch noch ein Croissant?« Heute ist Freitag, die Asahi Shinbun listet die Veranstaltungen auf, die das kommende Wochenende bietet.

»Anna, hast du mal wieder Lust auf ein Konzert? Bob Dylan ist in der Stadt.«

Ehe Anna antworten kann, klingelt das Telefon.

»Jan, hier ist Andô Shûsaku.«

»Shûsaku, welche Überraschung, was kann ich für dich tun?«

»Satô ist tot.«

»Was? Sag das noch 'mal.«

»Ja, er ist auf einem Golfplatz erschossen worden.«

»Golfball?«

»Nein, Gewehrkugel Kaliber 7.62.«

»Gut!«

»Genau.«

»Wer? Warum?«

»Wissen wir nicht, aber vermutlich die Konkurrenz oder seine eigenen Leute. Sein Nachfolger wird ein Watanabe Hideo aus Ôsaka, einer seiner Unterbosse.«

»Kenne ich nicht.«

»Ich hoffe, das bleibt auch so. Er steht Satô nämlich in Sachen Gefährlichkeit in keiner Weise nach.«

»Da kannst du ganz sicher sein, mit denen lege ich mich nicht mehr an.«

»Prima, wenn ich es nur glauben könnte. In jedem Fall, dachte ich, das würde dich interessieren. Bis bald beim Kendô.«

»Und ob! Und danke, das mit Satô ist die beste Nachricht seit Monaten. Übrigens, willst du nicht mal wieder zu uns zum Essen kommen?«

»Morgen abend?«

»Okay.« Ich hänge auf und erzähle Anna von der tollen Neuigkeit. Noch nie habe ich mich so über das Ableben einer Person gefreut.

»So, ich gehe jetzt.«

»Zieh dir eine Strickjacke über, es ist kühl draußen. Du wirst dich sonst erkälten, in deinem Alter.«

Ich bin froh, daß ich Anna zur Frau habe. Sie ist immer so besorgt um mich.

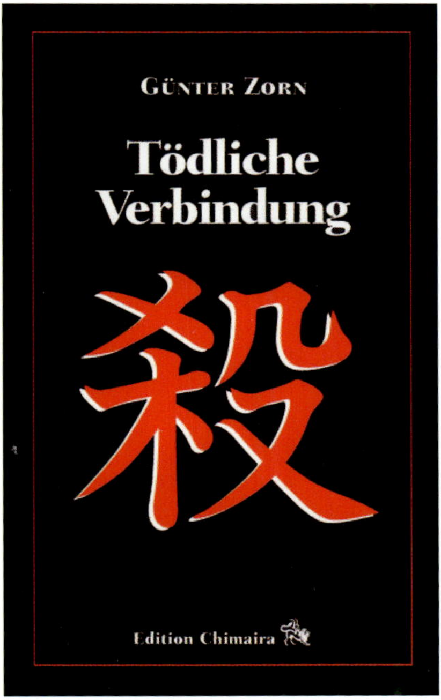

»Tödliche Verbindung« lautet der erste Auftritt für Jan Wolf, Chef der Tochtergesellschaft eines deutschen Großkonzerns in Japan, mit einem ausgeprägten Talent, sich und andere in Gefahr zu bringen, obwohl er eigentlich nur helfen will. Er ist Experte in den japanischen Kampfkünsten Aikidô und Kendô und lebt seit vielen Jahren in Japan.

Als sein bester Freund Ikeda, Präsident der Ikeda Industries, und dessen Partner Hosokawa unter mysteriösen Umständen ums Leben kommen, geht er der Sache auf den Grund und dabei fast drauf. Sein Freund Andô, der Polizist, warnt Jan vor der Yakuza, der japanischen Mafia.

Ikedas Sohn Kazuô und Satô, Chef einer Elektronikfirma in Ôsaka, haben große Pläne, aber irgendetwas ist faul daran. Warum will Satô mit Ikedas Firma zusammenarbeiten? Warum ist Kazuôs Vater strikt dagegen. Generationen prallen aufeinander.

Japan, das Land der extremen Gegensätze: Tradition, Ästhetik, Kultur auf der einen Seite, wilder Kommerz, schreiende Farben, verrückte und kurzlebige Trends auf der anderen; kleine Dörfer, in denen die Zeit stillzustehen scheint und Tôkyô, die Metropole, in der sich alles in rasender Geschwindigkeit vollzieht.

Die Erlebnisse Jan Wolfs führen von Tôkyô und Ôsaka bis in die einsamen Berge um Kyôto. Auf einem abgelegenen menschenleeren Parkplatz in der Nähe des Meeres wird sich alles entscheiden.

Jan Wolf kann es nicht lassen. Ein Wochenende in seinem Ferienhaus in Toba entwickelt sich zum Horrortrip. Was hat das spurlose Verschwinden zweier junger Mädchen mit dem illegalen Bau eines Hotels zu tun? Warum zieht Jans Freund Nagai seinen Einspruch bei der Stadtverwaltung plötzlich zurück? Wer hat den Wagen des Ministers gestohlen, und warum will dieser nicht, daß in der Presse darüber berichtet wird? Was hat die Baufirma Yamaha Kômuten zu verbergen, und wer steckt hinter Nippon Investors K.K.?

Ohne es zu ahnen, kommt Jan seinem Widersacher Satô, dem Chef der größten Yakuza-Familie, erneut in die Quere.

Günter Zorn beschreibt in seiner zweiten Jan-Wolf-Episode die dunklen Seiten der japanischen Gesellschaft: Bestechung, illegale Sexindustrie, Machtkämpfe in der Unterwelt, die oft allzu enge Verknüpfung von Politik und organisiertem Verbrechen. Vor diesem Hintergrund vollziehen sich die Ereignisse, in die Jan Wolf und seiner Freunde hineingeraten. Die kleine Stadt Toba auf der Halbinsel Honshû, der magische Ise-Schrein und das kleine Fischerdorf Wagu mit seinen Perlentaucherinnen werden zufällig zu Schauplätzen der gefährlichen Auseinandersetzung, die sich zwischen den Drahtziehern aus Tôkyô und Ôsaka anbahnt.